철학의 위로

철학의 위로

불확실한 삶을 위한

단단한 철학 수업

윤재은 지음

현대
지성

차례

2부 소크라테스·플라톤·아리스토텔레스의 위로

3부 중세 철학의 위로

4부 근대 철학의 위로

5부 현대 철학의 위로

질문과 반성을 통해
삶의 본질을 들여다보는 철학의 위로

『철학의 위로』는 2,600년 동안 서양철학을 중심으로 펼쳐진 철학적 담론의 주제를 삶의 문제와 연계시켜 다루고 있다. 철학은 본질적 질문을 통해 진리에 접근하려는 의지를 담고 있다. 철학적 의지는 인간이 동물되기를 거부하고 진정한 인간 되기를 갈망하는 의지로부터 생겨난다. 하지만 인간은 지식을 통해 많은 것을 알고 있기에 자신의 권위를 포기하려 하지 않는다. 그러나 지식으로부터 추론된 주장에 조금만 관심을 기울이면 그 주장들은 불완전하다는 것을 알게 된다.

철학은 끊임없이 질문하고 반성하며, 본질에 접근하려고 하는 성질을 가지고 있다. 본질이란, 지식으로 정의 내려질 수 없는 것들에 대해 질문을 통해 답을 구하는 것이다. 이러한 질문의 답은 지식보다 지혜를 통해 가능하다. 지혜를 통해 삶의 본질을 인식한다면 물질적 삶에 집착하지 않는 삶을 살 수 있다. 하지만 대부분의 삶은 본질을 보지 못하고 피상적 대상과 물질을 추구하며 자신을 매몰시켜 버리고 만다.

철학적 진리를 추구하지 못하는 사람은 진정한 위로와 안식을 얻을 수 없다. 진정한 안식이란 본질적 삶을 추구하며 자신이 살아가야 할 방향성을 잃지 않는 것이다. 현대사회의 불안한 삶 속에서 『철학의 위로』는 본질을 직시하고 철학적 사유를 통해 그 가치를 찾으려고 노력한다. 우리는 내면에 울리는 깊은 삶의 파동을 끌어올려 철학적 담론을 통해 행복한 삶을 살아가야 한다.

『철학의 위로』는 헤시오도스와 호메로스의 이야기를 시작으로 신과 인간의 관계를 되돌아보며 시작된다. 헤시오도스의 『신통기』, 『일과 나날』, 그리고 호메로스의 『일리아스』, 『오디세이아』는 신과 인간, 전쟁과 영웅의 이야기를 인간의 삶과 함께 이야기하고 있다. 본격적인 철학의 시작은 최초의 철학자 탈레스로부터 만물의 근원에 대한 질문과 답을 찾으려는 것으로부터 시작되었다. 탈레스는 아낙시만드로스, 아낙시메네스와 함께 밀레토스 지방에서 자연에 대한 본질적 질문을 통해 철학에 접근하였다. 그들이 주장하는 자연철학은 세계의 형성에 대한 본질적 질문을 통해 원인을 묻고 답하는 최초의 철학적 담론이다. 『철학의 위로』에 등장하는 인물로는 엠페도클레스, 아낙사고라스, 플로티노스, 데모크리토스, 프로타고라스, 헤라클레이토스, 파르메니데스, 고르기아스, 소피스트 철학자, 스토아학파 등이 있으며, 그들은 자신들의 철학적 담론을 중심으로 우주의 원리와 근원에 대해 자신들만의 학설을 펼치고 있다. 『철학의 위로』는 이들의 철학적 주장을 새로운 시선으로 바라보며 삶의 문제와 연계시켜 풀어나가고 있다.

고대 철학의 아버지라 불리는 소크라테스, 플라톤, 아리스토텔레스의 철학은 진정한 철학의 시대를 열었다. 『철학의 위로』에서는 이들에 대한 철학적 사상을 깊이 있게 살폈다. 특히 플라톤에 의해 기록된 소크라테스의 일대기와 그의 사상들은 서양철학의 구심점이 되었으며 서양

철학을 이해하기 위해 필수적으로 알아야 할 내용이다. 플라톤의 철학에 등장하는 국가론, 정의론, 이데아 이론은 서양철학을 이해하는 첫 단추이다. 아리스토텔레스의 형이상학은 실체의 문제에 대한 한층 깊은 성찰을 요구하고 있다. 이를 통해 인간의 삶에 대한 본질적 문제를 함께 고민해 보는 시간을 갖게 된다. 아리스토텔레스가 제기하는 실체의 문제는 창조에 대한 신과의 관계를 정립하는데 필연적이다.

고대 철학을 기반으로 정립된 철학적 사고는 중세 천년을 이어오는 교부 철학과 스콜라 철학의 기초가 되었다. 당시의 철학은 신학으로 신과 인간의 관계를 좀 더 명확하게 정의 내리는 학문적 기초가 되었다. 특히 플라톤의 이데아 이론은 교부 철학에 영향을 미쳤으며, 아리스토텔레스의 철학은 스콜라 철학에 영향을 미쳤다. 이들의 철학 사상은 신의 존재에 대한 절대적 믿음을 가져다주는 신앙의 기초가 되었다.

계몽주의 철학은 신과 인간의 이성을 등장시켜 신의 존재에 대한 이성적 믿음을 좀 더 합리적으로 증명하고자 하였다. 특히 데카르트의 코기토 이론과 『방법서설』은 이성의 해석에 대한 합리적 사고를 하였다는 점에서 계몽사회로의 첫걸음이라 할 수 있다. 『철학의 위로』에 있어 계몽주의는 매우 중요한 부분이다. 근대과학의 발전과 이성 중심의 사회는 깨어 있는 인간의 이성을 발견하였다. 이러한 시도는 데카르트뿐 아니라 스피노자와 라이프니츠를 통해서도 나타났다. 이들은 합리적 이성을 통해 실체에 대한 본질적 접근을 시도하였다.

유럽 대륙을 중심으로 일어난 합리주의적 사고는 영국을 중심으로 한 경험주의적 사고에 영향을 미쳤다. 로크의 『인간오성론』과 버클리, 흄의 경험주의적 사고는 인간의 관념에 대한 경험적 관계를 경험, 지각, 인상, 관념으로 구체화시켰다. 하지만 경험적 이성에 대한 관념론은 칸트의 『순수이성 비판』을 통해 비판되었다. 칸트는 순수이성을 통해 잘못된 이성을 들춰냈다. 칸트에 의해 제기된 순수이성은 피히테, 셸링, 헤겔에 이르러 관념론의 완성을 이루어낸다. 그중에서도 헤겔의 절대정신은 우리가 반드시 생각해보아야 하는 중요한 철학적 주제이다.

철학은 끊임없이 질문하고 반성하며, 새로운 철학적 이상을 제시하는 것이기에 니체의 니힐리즘, 프로이트의 꿈의 해석, 마르크스의 공산주의 선언, 키에르케고르의 불안의 개념 등을 통해 다양한 철학적 사상이 제시되었다. 후설에 이르러 현상학이라는 학문적 전환기를 맞게 되었다. 후설의 지향성과 반성은 현상학적 환원을 통해 새롭게 태어났다. 사르트르와 하이데거의 실존주의 철학도 당 시대의 철학적 사상에 중대한 영향을 미쳤다. 소쉬르의 언어학과 기호학은 언어의 기호에 대한 구조적 관계를 정립하였다. 삶에 있어 구조화된 사고는 절대주의로 인식되며 사회의 기본 원칙으로 자리 잡았다. 소쉬르의 언어학은 레비스트로스의 문화인류학과 『슬픈 열대』를 통해 구조주의 철학의 기반을 마련하였다. 이러한 사상은 근현대 사회의 예술, 문학, 정치, 사회의 핵심 사상이 되었다.

하지만 1960년대를 거치면서 자크 데리다, 미셸 푸코, 질 들뢰즈에 의해 탈구조주의 철학이 등장하였다. 이러한 탈구조주의 사상은 현대철학뿐 아니라 모든 분야에서 다양한 영향을 미쳤으며, 인간의 삶에 있어 다양성과 자유에 대한 중요성을 재조명하는 계기가 되었다.

『철학의 위로』는 위와 같은 서양철학의 흐름을 통해 각 시대적 철학 언어와 개념을 통해 인간의 삶과 본질에 대한 깊은 성찰을 요구하면서 저술되었다. 『철학의 위로』는 철학적 사유를 통해 삶의 위로를 스스로 구하게 하는 책이다. 『철학의 위로』는 일생을 살아가는 과정에서 삶의 방향성을 설정하고, 행복한 삶을 살아가는 가치관을 형성시켜주는 책이다. 마음의 안식은 사회적 관습과 편견을 뒤로 하고 철학적 사유를 통해 인식의 전환을 통해서만 도달할 수 있다. 인간은 자유의지에서 삶의 목표를 정해야 한다. 이러한 삶의 목표설정에 철학은 필연적이다. 철학은 기존 절대주의적 가치에 대해 끊임없이 질문하고 자아를 반성하고 새로운 삶을 살아갈 수 있도록 도움을 준다.

『철학의 위로』는 철학을 지식의 대상으로 바라보지 않고 지혜를 찾아 떠나는 자유로운 사유의 대상이 되길 바란다. 현대를 살아가며 삶의 본질을 망각하고 물질주의에 매몰되어가는 우리들의 모습에서 길 잃은 자화상을 발견한다. 이제 우리는 좀 더 본질적인 정신을 가져야 한다. 본질은 변치 않는 진리의 영역에 속하기 때문이다. 『철학의 위로』는 어렵고 힘든 책이 아니라, 우리가 고민하고 되돌아보아야 할 방향을 설정해 주는 책이다.

제1부

고대 철학의 위로

1

신과 인간

헤시오도스와 호메로스의 이야기

인간에게 삶의 문제는 “생존의 문제를 넘어 가치의 문제”이다. “살기 위해 사는 것이 아니라, 가치 있게 살아가기 위해 살아 있는 것”이다. 하지만 자본주의에 있어 인간의 욕망은 삶의 가치보다 물질을 획득하는데 대부분 소진하고 있다.

신은 인간에게 물질보다 더 소중한 것을 주었다. 그것은 생의 시간이다. 생의 시간은 인간의 삶에 있어 그 어떤 것과도 비교할 수 없다. 생의 끝자락에 서면 세상의 모든 것들은 사소하게 느껴지기 때문이다. 인간은 이러한 순간을 맞이하게 되면 나약하기만 한 존재가 된다. 육신과 정신으로부터 나약해진 인간은 할 수 있는 것이 아무것도 없다. 오직 신의 자비와 은총만을 바랄 뿐이다.

인간에게 삶을 선사한 신은 무엇을 위해 침묵하고 있는가? 신은 음성으로 세계를 창조했지만, 창조의 시간 이후 침묵하고 있다. 신의 침묵은 말 없는 고요함이 아니고 ‘바라봄’이다. 신은 자신이 창조한 세계를 관조하며 침묵하고 있다. 신은 말 없는 자연처럼 인간의 움직임을 관조하고 있다. 신의 침묵은 깊은 고요함이다. 그 고요함이 너무 깊어 두렵기도 하다. 신의 침묵 속에 고요함을 깨우는 것은 무엇인가? 그것은 신과 인간의 이야기이다. 그리스 신화는 이러한 신과 인간의 문제를 서사시를 통해 세계에 던져놓는다.

신과 인간의 문제에 있어 그리스 신화를 빼놓을 수 없다. 그리스 신화는 서양에서 하나의 역사를 이야기하는 물줄기이다. 그리스 서사시의 아버지라 불리는 헤시오도스Hesiodos의 『신통기』*Theogony*와 『일과 나날』*The Works and Days*은 그가 남긴 2편의 서사시이다.

헤시오도스는 음유시인으로 영웅들의 시를 암송하면서 서사시의 어휘를 사용했다. 어느 날 그가 양 떼들을 돌보고 있을 때, 시의 여신인 뮤즈Muse가 나타나 그에게 시적 재능을 주었다. 뮤즈는 헤시오도스에게 지팡이와 목소리를 주면서 영생을 누리며 축복받은 신들을 찬양하고 노래하라는 명령을 내렸다. 헤시오도스는 뮤즈의 명에 따라 신을 찬양하고 진지한 삶의 태도를 취했다.

헤시오도스는 카오스Chaos, 가이아Gaia, 에로스Eros를 등장시키며 신들의 역사를 찬양했다. 우라노스Uranus: 하늘의 어머니이자 아내인 가이아(대지)는, 그들 사이에서 맨 마지막으로 태어난 거신 크로노스Cronus가 둘의 사이를 떼어 놓으려 하자 기간테스Gigantes, 에리니에스Erinyes, 키클로페스Cyclopes를 낳았다. 하지만 크로노스는 우라노스를 폐하고 형제인 헤카톤케이레스Hecatonchires, 키클로페스, 우라노스의 피로 태어난 기간테스를 타르타로스Tartarus의 지하세계에 감금해 버린다. 그러나 크로노스와 티탄들은 크로노스의 막내아들 제우스Zeus를 포함한 형제들과 10년 간의 싸움에서 패하게 되어 지하세계로 감금되어 버렸다.

가이아는 올림포스 신들이 자신의 자식들을 지하세계에 가둔 것에 불만을 품고 거인족인 기간테스를 통해 제우스와 맞서게 한다. 제우스와 올림포스Olympos 신들은 기간테스와의 힘겨운 싸움에서 헤라클레스Heracles의 도움으로 이 싸움을 끝낼 수 있다는 신탁을 받고 헤라클레스를 소환하여 기간테스와 싸우게 했다. 기간테스의 하반신은 뱀의 형상이며, 거인의 상반신을 하고 있어 땅에서는 불사의 몸이기 때문에 부상만 당하고 죽지 않는 불멸의 신이었다. 헤라클레스는 불사의 기간테스를 하늘로 들어 올려 죽여 버렸다. 헤라클레스는 기간테스를 비롯한 알키오네우스Alcyoneus를 죽이고 전쟁을 승리로 이끌었다. 이러한 신들의 전쟁은 결국 올림포스 신들의 승리로 끝나게 되었다. 제우스가 이끄는 올림포스의 신들과 크로노스를 지지하는 티탄Titan족 사이에서 벌어진 티타노마키아Titanomachy 전쟁은 제우스의 승리로 끝나고 만다. 이러한 신들의 탄생과 계보를 다루는 서사시가 신통기이다.

헤시오도스의 또 다른 서사시 『일과 나날』은 『신통기』보다 개인적인 성향을 갖는 서사시이다. 이 작품은 노동과 농사의 신성함을 강조하며, 근면성과 성실성을 바탕으로 노동할 것을 권장하는 작품이다. 일은 삶을 위해 반드시 행해야 하는 노동을 말하며, 나날은 농민의 일상을 소재로 적절한 노동의 역할을 실천적 주제로 다룬다. 이 시의 제작 배경은 헤시오도스가 형 페르세스Perses 사이에서 발생하는 재산 다툼을 소재로 하고 있다. 이 작품에서 인간의 시대를 황금시대, 은의 시대, 청동시대, 영웅의 시대, 철의 시대로 구분하고 있다. 이러한 시대적 구분 속에서 이 시의 핵심주제는 노동의 신성함이다. 그는 노동의 필연성을 권유하며 농부의 처세훈, 농사력, 예의를 강조하고 노동의 과정을 항해에 비유해 설명했다.

이 책은 신에 대한 인간의 사랑도 담겨 있다. 인간을 너무나 사랑한 신은 프로메테우스Prometheus에게 불을 선물하게 한다. 프로메테우스는 제우스가 감추어둔 불을 훔쳐 인간에게 줌으로써 인간 문명에 새로운 장을 열었다. 불을 잃어버린 제우스는 복수를 위해 판도라Pandora라는 여성을 만들어 프로메테우스에게 보냈다. 프로메테우스의 동생 에피메테우스Epimetheus는 형의 제지에도 불구하고 그녀를 아내로 맞이하며 판도라 상자Pandora Box의 사건이 발생한다. 이 사건으로 인류는 죽음과 병으로부터 벗어날 수 없게 되었으며, 재앙을 맞이하게 된다. 헤시오도스에 의하면 판도라는 상자가 아니고 항아리였다. 항아리가 상자로 바뀌는 것은 르네상스 이후이다. 이 항아리는 식품을 보존하는 피토스라는 용기로서 이 안에 온갖 재앙이 봉인되어 보존되어 있었다. 하지만 인간의 호기심 때문에 판도라 상자를 열어 제우스의 복수가 시작되었다.

헤시오도스는 불의에 맞서 싸우는 정의의 힘에 대한 믿음을 신화의 내용에 담고 있다. 헤시오도스의 정의는, 교만과 음모를 포기할 줄 모르는 페르세스와 그 지지자들에게 노동을 통해 정당한 대가를 받아야 한다는 충고이다. 노동은 힘들지만, 자신의 명예를 지키는 것이며 행복으로 가는 유일한 길이다. 헤시오도스는 『신통기』에서 신과 신의 관계, 『일과 나날』에서는 신과 인간의 관계를 서술적으로 이야기했다.

신과 인간 이전에 신과 신의 세계에서 벌어지는 다양한 신화는 인간사의 문제들과도 비슷하다. 특히 신들의 전쟁에서 주요한 화두는 신들의 전쟁보다 그들이 택한 사랑과 증오이다. 신들도 사랑과 질투의 감정을 가지고 있으며, 이러한 질투의 감정은 전쟁으로 비화된다. 결국, 신들도 사랑 앞에선 인간과 같이 어쩔 수 없는 감정을 가지고 있다고 말할 수밖에 없다. 헤시오도스의 『신통기』와 『일과 나날』은 후에 호메로스의 영웅적 서사시와는 조금 다른 해석을 담고 있다.

기원전 8세기경 호메로스Homeros는 『일리아스』*Iliad*와 『오디세이아』*Odyssey*를 통해 신과 인간, 그리고 전쟁과 영웅들의 이야기를 서술적으로 그려내었다. 호메로스의 문헌은 최초의 의구심을 통해 철학적 질문을 제기한 밀레토스학파Milesian school보다 약 200년 정도 앞선다. 철학이 존재와 실체에 대한 의구심을 찾아가는 학문이라면, 서사시는 국가나 민족이 가지고 있는 역사적 사건과 관련 있는 신화나 전설 또는 영웅들의 이야기를 서사적으로 기술한다.

호메로스는 이러한 서사적 사고를 통해 당 시대의 역사적 상황과 신화적 상상력을 두 권의 문헌으로 남겼다. 물론 두 권의 서사시가 호메로스에 의해 쓰였는지 아닌지의 문제는 학자들의 주장에 따라 다르기 때문에 명확하지 않다. 호메로스의 『일리아스』*Iliad*와 『오디세이아』*Odyssey*는 밀레토스학파, 소크라테스Socrates, 플라톤Plato, 아리스토텔레스Aristoteles가 제기하는 철학적 질문 이전에 신과 인간의 문제를 역사적 상상력을 통해 기술한 책이다.

『일리아스』*Iliad*는 호메로스의 작품 중 그리스 최고의 서사시로 손꼽힌다. 일리아스는 트로이의 별명인 일리오스Ilios에서 유래되었으며, 10년간에 걸친 그리스군의 트로이 공격 중 마지막에 일어난 전쟁을 기술한 서사시이다. 일리아스에서 전쟁의 주원인은 세 여신인 헤라Hera, 아프로디테Aphrodite, 아테나Athena의 불화에서 시작되었고, 트로이 왕자 파리스Paris가 아프로디테Aphrodite를 선택함으로써 스파르타Sparta의 왕비 헬레나의 사랑을 얻게 되었다. 파리스에게 헬레나를 빼앗긴 메넬라오스Menelaos는 형 아가멤논Agamemnōn과 함께 트로이 전쟁Trojan war을 시작하게 된다.

일리아스에서 신들과 영웅 들 중 가장 두드러진 영웅은 아킬레우스Achilles이다. 아킬레우스는 아가멤논과의 불화로 더 이상 전투에 참여하지 않겠다고 다짐하지만, 그가 가장 아끼는 친구 파트로클로스Patroklos가 전사하자 다시 전쟁에 참여하여 헥토르Hektor를 죽이며 전쟁을 역전시킨다. 일리아스는 트로이 전쟁 10년 사에 있어 50일 동안의 공방을 통해 신과 인간, 그리고 전쟁의 비극성을 강조한다. 이러한 이야기들 속에서 그리스 신화에 나오는 영웅들의 이야기는 유럽인의 정신과 사상을 낳은 원류가 된다.

2

만물의 근원은 물이다

물을 통한 존재의 근원에 대한 물음

세계를 이루는 물질의 근원은 무엇인가? 이에 대한 질문은 생명을 갖는 인간이라면 누구나 갖는 의구심이다. 광활한 우주에 비해 작은 지구의 별! 그 속에서 살아가는 수많은 생명체들, 이들의 생명을 유지시켜주는 것은 무엇인가? 그것은 바로 '물'이다.

물은 지구에 생명체가 살아갈 수 있는 중요한 원인 중 하나이다. 약 46억 년 전 카오스의 우주는 작은 운석들의 합체를 통해 우주의 행성들을 만들었고, 뜨거운 용광로와 같은 불덩이들이 서로 합체되어 지구의 별이 되었다. 이러한 과정에서 물은 뜨거운 열에 의해 수증기가 되어 하늘로 올라가고 온도가 내려가면서 엄청난 비를 내렸다. 이렇게 내린 비들은 강이 되고 바다가 되었다. 인간은 물과 육지로 구분된 지구에서 하나의 생명체로 살아가는 존재이다.

지구의 형성과정에서 물은 생명체에 있어 존재의 근원이 된다. 실체란 반드시 있는 것이어야 하는데, 물은 반드시 무엇인가를 있게 하는 실체의 원인이다. 원인은 결과를 동반한다. 결과는 물을 통해 지구상의 생명체로 존재한다. 그리스의 밀레토스Miletus 철학자 탈레스Thales는 이러한 물의 존재론을 처음으로 제기한 서양 철학자이다. 그는 세계를 이루는 만물의 근원이 무엇인지 질문하고 답했다. "만물의 근원은 물이다."

탈레스는 물 없이 살아갈 수 있는 생명체는 없다고 보았다. 물은 만물을 살아 있게 하고, 살아 있음을 통해 생명체를 존재하게 한다. 그의 존재론은 물을 통한 일원론이다. 하나의 근원에서 모든 만물이 존재하고 소멸된다. 플라톤의 제자 아리스토텔레스Aristoteles가 주장하는 만물의 근원에서도 물은 존재의 요소가 된다. 그는 탈레스와는 다르게 만물을 이루는 것은 물 이외에도 불, 흙, 공기라는 4원소로 이루어졌다고 주장하였다. 이처럼 고대 철학자들이 물을 만물의 근원 중 하나로 본 것은 물의 역할 때문이다. 살아 있는 생물체에 담겨 있는 물의 질량은 몸을 구성하는 물질의 약 70~80%를 차지한다. 이러한 신체의 구성을 통해 보면 물은 만물의 근원 중 하나임에 틀림없다.

물은 다양한 성질을 모두 수용한다. 액체의 물에 열이 가해지면 기체가 되고, 기체는 열이 식으면서 액체로 돌아온다. 그리고 액체는 온도가 내려가면 얼음이 되어 고체가 되고, 열이 올라가면 또다시 액체로 돌아온다. 이처럼 물은 하나의 성질에서 온도에 따라 다양하게 변화한다. 물의 변화능력은 자연의 변화능력만큼 다양하다. 이러한 물의 변화는 자연의 변화를 가져오고 생명의 변화를 가져온다.

만약 지구상에 인간이 없었다면 누가 신의 존재를 논하겠는가? 동물은 살아 있지만 신을 찾지 않는다. 그들의 생존은 살아 있기 위한 투쟁이다. 하지만 인간은 이러한 생물적 본성만으로 삶을 살아가지 않는다. 인간은 삶의 본질을 생각하며 살아간다. 인간은 존재로서 자신이 누구인지 아는 것을 중요하게 생각한다. 이러한 생명의 근원 앞에 물이 존재하고 있다. 탈레스는 물의 근원을 통해 본질로 다가서고자 했다.

물은 인류의 문명에 있어서 가장 중요한 원인이 된다. 물은 모든 것의 원인이 되며, 물이 있는 곳에서 문명이 시작된다. 인류의 4대 문명인 이집트 문명, 메소포타미아 문명, 인더스 문명, 황하 문명은 물과 함께 시작되었다. BC 3,500년경 메소포타미아 문명, 이집트 문명은 지구의 북반구에 위치하며 큰 강을 끼고 발생한 문명이며, 인더스 문명은 인더스 계곡 문명으로서 하라파 문명Harappa civilization이라고 한다. 그리고 황하 문명은 양쯔강 북쪽의 황하 유역에서 발생된 문명으로 인류 문명과 물의 관계는 필연적 관계이다.

4대 문명의 공통점은 기후가 온화하며, 큰 강을 끼고 있어 농업과 목축업이 가능했다. 신석기시대 이후 정착 생활이 가능해지면서 농업을 통한 생산력의 증대는 부족 단위의 공동체를 구성했다. 이러한 공동체가 커지면서 초기 도시국가의 면모를 갖추었다. 그리고 농업혁명과 더불어 청동기와 철기 시대로 이어지는 기술의 발전은 문명의 발전을 더욱 가속시켰다. 문명의 발전에 있어 가장 중요한 물질 중 하나가 물이다. 물은 생명체를 살아 있게 할 뿐 아니라, 자연의 생명을 유지시켜준다. 물은 문명의 시작이고 역사이다.

탈레스처럼 물을 만물의 근원으로 여기는 또 하나의 철학자는 노자이다. 노자는 도덕경 8장에서 물을 '상선약수上善若水'라 하고, 물을 이 세상에서 가장 중요한 물질로 보았다. 그는 인간이 가장 훌륭하게 되는 것은 물처럼 되는 것이라고 했다. 물은 만물을 섬길 뿐, 어떤 것들과 다투는 일이 없고, 모두가 싫어하는 낮은 곳을 향해 흘러갈 뿐이다. 따라서 물은 도道에 가장 가까운 것이다. 인간은 무릇 물처럼 낮은 데를 찾아가는 자세, 심연을 닮은 마음, 사람됨으로 사귀는 마음, 믿음을 주는 확신, 정의로운 판단, 힘을 다한 섬김, 때를 가리는 움직임을 가져야 한다. 이러한 성질이 물이 가지고 있는 본질적 성질이며, 도라 할 수 있다.

노자의 물에 대한 교훈은 물처럼 살아가는 삶의 자세를 말한다. 물은 만물을 이롭게 하며 삶의 근원으로서 우리와 가장 가까이 있다. 물이 없는 삶은 상상조차 할 수 없다. 물은 삶의 근원으로서 모든 것이다. 동양과 서양의 두 철학자가 물을 존재의 최고 원인으로 바라보는 이유는 물의 근원 때문이다. 물의 근원은 모든 생명체 이전에 있었고, 생명체를 살아 있게 하는 원인이다. 물의 본질적 성질은 조화를 통해 세계와 하나 된다.

물을 통한 본질적 질문은 탈레스만으로 끝나지 않고 아낙시만드로스Anaximandros: BC 611~546, 아낙시메네스Anaximenes:BC 585~525로 이어진다. 이들은 탈레스가 제시한 물의 일원론적 존재론에 의구심을 갖는다. 그들은 물이 모든 생명체에 있어 중요한 요소이지만, 물만 가지고 세계의 존재 원인을 설명하는 것에 대해 의구심을 제기했다. 탈레스와 함께 아낙시만드로스의 아페이론Apeiron, 아낙시메네스의 공기는 탈레스의 물과 함께 사물의 원리를 아는 아르케Arche:원리, 원인 이론에서 논의되었던 중요한 논제들이다.

밀레토스 철학자들이 제기한 존재의 근원에 대한 질문은 현 세계의 구성에 대한 질문이다. 이러한 질문은 이성으로 묻고, 직관으로 답한다. 세계의 존재에 있어 어떠한 결과를 위해서는 그에 상응하는 원인이 동반되어야 한다. 원인은 결과의 발생 근거이기 때문이다. 세상에 아무리 작은 결과라도, 무엇인가가 생겨난다는 것은 그것의 원인이 있기 때문이다.

탈레스로부터 시작된 본질적 질문은 우주를 오가는 현대과학의 발전 속에서도 그 답을 구할 수 없다. 과학이 답을 구할 수 없는 이유는 정신으로부터 시작된 본질을 물질을 통해 규명하고자 하기 때문이다. 과학은 있는 것으로부터 그 원인을 찾으려 하지만, 생성은 없는 것으로부터 그 원인을 찾으려 한다.

세상의 존재증명을 위한 수많은 물음 속에서, 인간은 자신이 구할 수 없는 답을 어디에서 찾으려 하는가? 이러한 본질의 답은 오직 신만이 알고 있다. 우리는 그 답을 구하기 위해 신에게 의지해야 한다. 신은 최초의 근원이며, 모든 것이다. 만약 신이 없다고 부정한다면 무엇으로 최초의 실체를 이야기할 수 있단 말인가? 신은 아무것도 없는 것에서 로고스Logos를 통해 자연을 만들어 냈다. 우리는 창조에 대한 의구심을 거둬들여야 한다. 만약 신이 존재하지 않는다면 무엇이 존재한단 말인가? 이러한 부정은 우리의 존재 자체도 부정되기 때문이다.

세계에는 많은 것들이 존재하고, 인간 또한 그 속에 존재하는 하나의 속성이다. 세계의 속성이 존재의 근원으로 다가서는 노력은, 자신을 낳아준 부모를 찾으려는 것과 같다. 인간이 인간이기를 갈구한다면, 세계의 본질을 통해 존재의 근원을 찾아야 한다. 이러한 길이 바로 철학의 길이다. 철학자의 길은 스스로 묻고, 스스로 답하는 것이다.

3

한계를 가지지 않는 아페이론Apeiron

만물의 근원은 양적·질적으로 무한한 것이며, 신적인 것이다

우주의 중심에서 인간은 원숭이의 꼬리표를 떼어내고 또 다른 눈으로 세계를 바라본다. 이제 인간은 먹고 마시며 삶을 마감하는 동물적 삶에서 벗어나 나를 있게 한 근원을 찾는다. 세계의 존재자로서 존재의 근원을 묻는 것은 이성적 인간의 정신에서 나온다. 정신의 깊은 곳에 본질의 세계가 있다. 본질은 영원히 사라지지 않는 신의 속성을 가지고 있다. 신은 실체의 원인이며, 그 자체로 본질이다.

세상의 이치에서 있는 것은 있다 하고, 없는 것은 없다 하는 것은 이성을 가진 인간의 본성이다. 하지만 본질적 오류로 실체를 보지 못하고, 있음과 없음의 차이를 불완전한 감각에 의존한다면, 우리의 이성은 욕망과 기만으로 가득 차게 될 것이다. 모든 실체는 물질과 대상의 보편적 존재 문제에 물음을 제기하고, 물질은 실체의 실재가 된다. 세계의 자연은 그 무엇과도 바꿀 수 없는 물질이며, 대상이다. 이러한 물질적 대상은 실체이기도 하고, 속성이기도 하다.

우리의 지각은 의지에 따라 본질적 세계를 향한다. 하지만 하나의 대상에 있어 본질은 지각의 결과보다 의식의 결과이다. 의식은 지각의 세계를 넘어 정신과 통한다. 정신은 직관을 통해 세계의 존재 문제를 보편적 실체로 바라보며 자기 안에 있다. 이러한 정신이 자기 정신이다. 자기 정신은 대상적 관계를 떠나 정신 안에 존재하는 직관의 표상이다. 직관의 표상이 정신으로 들어서면 대상은 이미지의 관념으로 정신 안에 자리 잡는다. 정신 안에 자리 잡은 이미지는 무한의 정신세계를 확장한다.

정신에 대한 인식의 관념은 대상의 있음과 없음을 넘어 실체의 근원적 원인을 찾는다. 실체에 대한 의구심은 질문에 질문을 낳아 세계의 본질적 욕구로 발전한다. 본질적 욕구는 스스로 던진 질문을 통해 시작되며, 반성을 통해 불완전성을 극복한다. 인간의 반성은 사실적 진리에 대해 알지 못하는 것으로부터 발생하는 것이 아니고, 반성 없는 자만에서 발생한다. 자만은 자신의 관념적 한계를 극복하지 못하고 스스로 만족하고, 결론지어 버리는 성급함에서 생겨난다. 철학에 있어 반성은 스스로 부족함을 깨닫고, 끝없는 자기반성을 통해 본질의 세계에 접근하려는 의지이다.

자연에 대한 자기반성과 의구심은 한계를 가지지 않는 욕망으로 고대 철학에서 제시된다. 그리스 철학자 아낙시만드로스Anaximandros는 BC 6세기에 제기된 우주론의 한 개념으로 '아페이론Apeiron'을 통해 실체의 근원을 말했다. 그가 말하는 아페이론은 보이지 않고 정의되지 않은 원소로 무한의 뜻을 담고 있다. 이 이론이 갖는 '무한'은 우주의 근원으로 불멸의 무한성을 의미한다. 무한한 생성은 창조의 에너지처럼 끝없는 생산성을 유발하며, 세계를 이끌어 간다. 모든 사물은 필연적으로 무한에서 유한한 것이 생겨나며, 다시 그곳으로 사라져 버린다. 이러한 순환의 세계가 아낙시만드로스의 철학이다.

우주에는 만물의 근원인 무한정의 아르케Arche가 존재한다. 아르케는 무제한적이며, 무정량적으로 모든 것의 근원이다. 무한정의 아르케는 초월적 성질을 가지고 있으며, 소멸되지 않는 영원성을 가진다. 세계는 무한정의 아르케를 통해 끝없는 생성과 소멸의 역사를 써 내려간다. 생성과 소멸에서 아르케는 세계의 근원이다. 아낙시만드로스의 우주론과 철학적 세계관은 그를 천문학의 창시자로 만들었다. 그는 세계의 무한한 성질에 주목하며 아페이론Apeiron을 통해 모든 존재가 실재한다고 보았다. 그는 물질이 가지고 있는 뜨거움과 차가움은 어느 한쪽도 영원히 상대방을 지배할 수 없고 양자 간에 균형을 이룬다고 했다.

아낙시만드로스에 대한 후대의 평가는 최초로 만물의 근원이 되는 존재 문제를, 어떻게 개별적 대상으로 변화하는지를 제시했기 때문이다. 그는 세계를 이루는 본질적 입자들은 물hydor, 불pyr, 흙gē, 공기aēr로 이루어졌다고 보았다. 이러한 4요소들은 서로의 결합을 통해 만물을 생성, 소멸시킨다. 만물의 4요소는 대립의 힘으로 뜨겁거나Thermon 차가워지고psychron, 건조하거나xēron 축축해지는데hygron, 이러한 대립들을 통해 서로의 힘이 커질 때 상대적 힘이 약해지며 생성과 소멸을 만들어 낸다. 아낙시만드로스가 말하는 만물의 근원은 양적·질적으로 무한의 것이며, 신적이다. 만물은 이러한 무한자에서 생성과 소멸을 거쳐 만물이 생겨난다. 세상의 모든 것은 원인으로부터 생겨나고, 원인으로 돌아간다.

아낙시만드로스는 우주의 탄생에서 수많은 운석들은 뜨거움과 차가움을 동반하며, 아페이론Apeiron을 통해 분리되어 나왔다고 보았다. 그 불꽃들은 원기둥을 둘러싸며 증기가 되고, 파편화되어 분리되는데, 이러한 분리에서 태양, 달, 별이 생겨났다. 현대과학에서는 지구 형성의 시기를 46억 년 정도로 예측하고 있는데, 아낙시만드로스의 이야기는 지구의 형성과정에서 생겨난 우주의 생성과정과 유사함을 가진다. 그는 세상의 물질을 보면 가벼운 것은 위로 올라가고, 무거운 것은 아래로 떨어지는 기본적 원리에 따라 이러한 물질적 구분을 시도하였다. 아낙시만드로스는 4원소의 물, 불, 흙, 공기 중 흙이 가장 무겁고 불이 가장 가볍다고 생각하여, 흙이 땅을 이루고, 불이 천체를 이룬다고 보았다.

아낙시만드로스는 공간의 대상이 되는 우주를 설명하는 데 있어 기하학적 방법론을 적용한다. 그는 우주를 원통형으로 보고 원기둥의 높이를 지름의 1/3로 보며, 원기둥은 3개의 불의 바퀴에 의해 둘러싸여 있는데, 3개의 불은 지구의 먼 거리로부터 태양, 달, 별들이 자리 잡고 있다. 이렇게 지구를 중심으로 위치한 3개의 불 중 태양은 지구의 27배, 달은 지구의 18배, 별은 지구의 9배의 크기에 해당한다. 아낙시만드로스의 아페이론이 갖는 무한자는 철학적 의미에서 추상적 개념을 내포하고 있다. 하지만 그는 우주 만물의 근원에 대한 설명으로 탈레스의 물은 물질적 한계를 갖지만, 아페이론은 무한의 성질을 통해 세계의 모든 파동과 에너지를 만들어 내기 때문에, 세계를 존재하게 하는 근원에 더 가깝다고 했다.

아낙시만드로스는 인류의 기원에서 인간은 바다에서 물고기의 형태와 같은 가시 돋친 외피로 둘러싸여 살았다고 했다. 그러던 중 물을 떠나 땅 위로 올라오면서 태양의 열기로 인해 습기가 증발하고 건조한 상태로 외피가 벗겨지고, 육지에서도 살아남을 수 있는 사람으로 거듭났다. 이러한 그의 주장을 현대과학으로 보면 우스꽝스러운 점이 없지 않다. 하지만 이러한 상상은 신화의 시대에서는 가능한 추론이며, 불가사의한 인류 탄생의 상상적 이야기가 될 수 있다.

아낙시만드로스의 인간생성 신화처럼, 인간은 생성의 원인으로부터 삶이 시작된다. 인간에게 있어 삶의 원인은 죽음과 연계된다. 이러한 삶과 죽음의 구분은 단지 시간의 한계로 구분지어질 뿐 본질은 같다. 세계의 모든 시작은 하나에서 출발하는데, 그것을 받아들이는 과정에서 서로 다른 판단과 의견이 존재한다. 의견은 자신의 판단기준에 의해 결정되지만, 그것만을 통해 진리를 주장할 수는 없다. 왜냐하면, 의견은 일방적인 주장에 불과할 뿐, 상대성에 따라 얼마든지 달라질 수 있기 때문이다.

세계는 극단적 선택에 따라 한쪽으로 치우쳐 진리를 판단하는 경우가 발생한다. 이성의 오류는 인간이 가지고 있는 한계에서 시작되는 것이며, 모든 진리는 세계의 흐름 속에서 본질에 접근하려는 의지의 표상만이 반성을 불러일으켜 진리에 도달할 수 있다. 눈물 없는 반성과 의식 없는 주장은 욕망의 껍데기에 자신을 가둬두는 것과 같다. 세계에 있어 하나의 점은 아페이론으로부터 생성된 하나의 사건이며, 과정이다. 인간의 삶과 죽음이 하나의 점에서 선으로, 그리고 선의 연장을 통해 다양한 형태들로 변해간다. 하지만 그 점도 선들의 연장을 통해 만들어진 형태일 뿐이다.

4

만물의 근원은 공기이다

공기는 세상의 모든 것을 살아 있게 하는 원인이다

질문에 대한 인간의 욕구는 무엇인가? 이러한 질문은 생명체의 원초적 욕구이다. 지구상에 살아 있는 모든 생물은 욕구를 가지고 있다. 이러한 욕구는 다양하다. 대부분의 생명체는 생존에 대한 욕구를 시작으로 행복에 대한 욕구, 사랑에 대한 욕구, 소유에 대한 욕구 등 수많은 본능적 욕구를 가지고 있다. 그러나 철학자의 욕구는 일반적 욕구와 다르다. 본질에 대한 물음을 통해 자신의 의지를 불태우는 철학자의 욕구는 일생을 질문 속에서 살아간다. 이러한 질문은 일상적 질문이 아닌 본질적 질문이다. 본질에 대한 철학자들의 질문은 머릿속에 쉽게 떠오르지만, 그에 대한 해답은 쉽지 않다. 왜냐하면, 인간의 기본적 욕구는 성취의 욕구일 뿐 반성의 욕구가 아니기 때문이다.

고대 그리스 철학자 아낙시메네스Anaximenes는 밀레토스학파에 속한다. 그의 스승은 아낙시만드로스Anaximandros, BC 610~546년이다. 그는 스승처럼 자연철학을 통해 만물의 근원을 밝히려는 철학자였다. 과학이 발달되지 않은 당시의 사회에서 오직 의지와 직관을 통해 만물의 근원에 도달하려는 그의 생각은 철학자의 의지를 보여준다. 밀레토스 철학자 탈레스Thales나 아낙시만드로스Anaximandros처럼 자연을 통해 세상의 근원을 증명하려는 아낙시메네스는 본질적 질문을 통해 스스로 묻고, 답하였다. 세상을 이루는 만물의 근원은 무엇인가? 이 질문은 스승들의 질문과 같은 맥락이지만, 그 속에서 자신이 구하고자 하는 답은 달랐다. 그는 자신의 의식 속에서 만물의 근원은 물, 아페이론도 아닌 '공기'였다. 그의 철학적 질문과 의식 속에서 공기는 세상의 모든 것을 살아 있게 하는 원인이다.

아낙시메네스는 세상을 이루는 만물의 생성과 소멸은 공기가 아니면 해결될 수 없다고 보았다. 공기는 그 농도에 따라 물, 흙, 눈, 바람 등으로 변하고, 공기의 농도가 뜨거워지면 불과 천체Celestial body로 변한다. 세계의 모든 변화는 이러한 공기의 농도를 통해 나타난다. 지구의 자연현상인 지진, 태풍, 번개 등도 공기의 농도에 따라 무한한 힘이 발생된다. 이처럼 자연을 변화시키는 공기는 만물의 생성원인이며, 본질 그 자체이다.

아낙시메네스가 세상을 이루는 만물의 근원을 설명할 수 있는 것은, 그의 생각이 공기의 무한한 변화를 인식하였기 때문이다. 세계를 이루는 수많은 다양체의 근원을, 각각의 발생 원인을 통해 찾아내려는 것은 생성의 본질을 이해하는데 한계를 가지고 있다. 따라서 아낙시메네스는 세계의 다양한 대상을 하나의 본질로 묶어놓고 생성의 근원에 눈을 돌렸다. 그리고 그는 만물의 생성원인을 공기라고 결론지었다.

아낙시메네스가 말하는 공기는 어떻게 보면 아낙시만드로스가 말하는 무한자의 구체적 표상처럼 보인다. 하지만, 공기는 실재하고, 표상되지만, 실체가 될 수 없다. 왜냐하면, 실체는 반드시 어떤 것이거나 무엇이어야 하기 때문이다. 아낙시메네스가 말하는 공기의 성질은 만물의 생성원인이며, 다양성을 포함하는 힘이지만 실체는 아니다. 공기는 다양성의 힘을 통해 여러 생명체에 힘을 부여함으로써 실재의 대상을 있게 하는 원인이다. 아낙시메네스의 주장은 구체성을 갖는 것 같으면서도 추상적이다. 그에게 지속성의 무한한 힘은 운동에 의해 가능한데, 그가 생각하기에 공기는 무한한 힘을 가진 존재이다. 탈레스가 주장하는 물도 공기의 운동성이 없으면 생성의 힘을 잃게 되고, 아낙시만드로스가 말하는 무한자의 힘도 공기에 의해서만 연장될 수 있다.

아낙시메네스가 말하는 공기의 실재적 현상은 아페이론보다는 구체적이며, 쉽게 이해될 수 있다. 왜냐하면, 공기는 아페이론보다 실재적이기 때문이다. 공기가 물질의 생성원인이라는 주장은 이후 많은 철학자들에게 논쟁의 대상이 되었다. 왜냐하면, 그의 공기는 현상의 원인은 될 수 있지만, 실체가 될 수는 없기 때문이다. 아리스토텔레스의 형이상학적 실체처럼 존재가 되기 위해서는 반드시 실재하는 것이어야만 존재하는 것이 된다. 실체는 반드시 물질적이어야 하는데, 공기는 실재하지만 물질적이지 않기 때문에 실체의 범주에 들어갈 수 없다.

아낙시메네스의 학설을 통하면 세상의 모든 물질은 비물질의 공기로부터 생성되었다. 이러한 논리는 물질의 근원이 비물질로부터 생성된 것이라는 주장과 같다. 결국, 물질의 생성원인은 비물질적 공기에 의해서이며, 공기는 비물질을 통해 물질의 생성원인이 된다. 그의 말처럼 현상으로서 공기는 실체의 원인은 될 수 있지만, 존재가 될 수 없고, 원인으로만 남아 있을 수 있다. 아낙시메네스는 생성의 원인인 공기가 실체적 대상으로 변하는 원리를 설명하는 데 있어 공기의 희박성과 농후성의 대립적 개념을 사용한다. 여기서 대립적 개념이란 생성과 소멸의 과정으로서 지속 가능한 연장성의 개념으로 후일 후설Husserl의 현상학phenomenology에 등장한다.

아낙시메네스는 공기의 농후에 따라 질적 차이와 양적 차이가 결정된다고 보았다. 공기의 본질적 성질이 갖는 힘의 에너지는 팽창하면 농도가 희박해지고, 농도가 희박해지면 뜨거운 온기를 불러들여 불이 되고, 수축하게 되면 바람을 만들어 세상을 흔든다. 이처럼 공기의 수축이 지속되면 물, 땅, 암석의 형태로 변한다. 이러한 변화는 공기의 농도에 따라 세계의 만물이 다양한 물질로 생성, 소멸한다는 주장이다. 아낙시메네스의 공기는 비물질적 자연의 요소를 통해 세계의 본질을 다시 생각하게 한다. 그의 수축과 팽창을 통한 우주 만물의 동적 세계관은 후일 에페소스의 헤라클레이토스Heraclitus of Ephesus의 동적 세계관에도 큰 영향을 끼쳤다.

그는 자신의 스승처럼 천문학에도 관심이 있어 지구가 평평한 모습으로 태양, 달, 별 등의 천체가 지구주위를 돌고 있다고 생각했다. 인간의 행동과 시각적 현상으로 보면 지구는 평평한 대지의 모습을 가지고 있다는 것은 당연한 것처럼 보인다. 눈에 보이는 것만을 믿는 경험적 관점에서 지구는 대지처럼 평평한 구조로 모든 사물을 떠받쳐주는 것처럼 보인다. 하지만 과학적으로 보면 이 이론은 전혀 사실이 아니라는 것을 잘 알고 있다. 하지만 아낙시메네스는 우주의 행성들이 공기로 떠받들어져 있다고 생각했다. 밤에 빛나는 달빛은 태양 빛의 반사를 통해 지구로 돌아온 것으로 보았고, 지구는 원판 모양을 하고, 밑은 공기로 떠받들어져서 공중에 떠 있다고 생각했다. 그가 그리는 지구의 모습을 그림으로 그려보면 지구는 공기에 의해 떠 있는 배와 같다.

아낙시메네스가 말하는 만물의 순환은 수축과 팽창의 원리를 통해 설명하는데 뜨거움을 상징하는 불과 차가움을 상징하는 물은 지구와 지구 밖의 경계를 가르는 구멍에 의해 빠져나가고, 이렇게 빠져나간 에너지는 다시 공기가 되어, 지구로 들어와 만물을 생성하고 소멸하는 연속적 순환구조의 현상이다. 이러한 공기의 순환을 통해 인간은 호흡하고, 숨 쉬며 생명을 연장하는데, 아낙시메네스는 공기가 세계의 전체를 순환을 통한 생명의 에너지로 채우면서 인간의 영혼을 강화한다고 보았다.

철학자의 일생에 있어 앎에 대한 욕구는 물고기가 먹이를 찾아 물속을 떠다니는 물질적 욕구를 넘어 본질에 대한 탐구이다. 철학자는 본질에 대한 끝없는 욕망을 해결하기 위해 어떤 때는 이글거리는 사막을 걷기도 하고, 어떤 때는 오아시스의 달콤함에 취해 모든 것을 놓아 버리기도 한다. 이처럼 철학자의 삶은 어둡고 긴 고독의 터널을 견뎌내야 하는 삶이기도 하지만, 고독의 한복판에서 삶의 진정한 의미를 찾는 신화 속 인물이기도 하다. 아낙시메네스처럼 철학에 있어 본질적 질문에 대한 답은 언제나 반성과 의문에서 시작된다.

5

신이 되기를 원하는 자

신이라 불리기를 원했던 엠페도클레스Empedocles

우주의 중심에 서서, 그저 나약하기만 한 인간. 신이 되기를 원하는 자! 죽음이 바로 앞에 있다는 것을 모르는 자이다. 존재의 근원인 신 앞에서 은혜도 모르고 그 자리를 탐하려는 자! 욕망이 눈앞을 가려 한 치 앞도 보지 못한다. 살아서 숨 쉬는 자! 멀리 뛰기를 시도하지만, 신 앞에 서면 나약한 인간일 뿐이다.

신과 인간! 그 이름만으로도 비교할 수 없는 두 개의 대상. 인간의 한계를 뛰어넘어 신이 되기를 갈망하는 자! 그 욕망의 끝은 어디일까? 유한한 인간으로 삶의 한계를 느낀 인간은, 죽음에 대한 불안 속에서, 바람 앞에 촛불처럼 나약하기만 하다. 힘과 명예, 그리고 물질 앞에선 인간은 알 수 없는 언어로 신의 자리를 넘보려 한다.

육체의 나약함은 인간을 병들게 하지만, 정신의 나약함은 인간을 잠들게 한다. 병은 운동과 치료를 통해 극복할 수 있지만, 정신은 영혼을 잠들게 하여 영원한 어둠으로 인도한다. 어둠의 끝은 죽음뿐이며, 빛의 세계로 다시 태어나기 위해서는 영혼의 정화를 통해 다시 태어나야 한다. 정신은 육체와 하나가 되어 인간으로 태어나지만, 순수한 정신의 세계를 버리고 타락으로 회귀하면, 정신은 육체를 버리고 본래의 세계로 되돌아가 버린다.

생명의 시작으로부터 죽음을 향해 달려가는 자! 먼저 뛰는 사람이 목적지를 빨리 도달하겠지만, 그곳이 죽음의 나락이라면, 어느 누가 빨리 가려 하겠는가! 인간의 나약함은 죽음으로부터 오고, 인간의 강인함은 살아 있음에 있다. 죽지 않고 살아 있는 자! 승자의 기쁨을 맛보리라. 신의 은총은 살아 숨 쉬는 인간 안에 있고, 그것을 유지하는 자 축복 속에 머물 것이다.

인간이면서 신으로 남고자, 자신의 몸을 죽음의 골짜기로 던진 고대 그리스인 엠페도클레스Empedocles는 철학자, 정치가, 예언자였다. 그의 죽음에 관한 이야기는 정확하지 않지만, 자신의 제자들에게 신적 존재임을 증명하기 위해 에트나 화산Mount Etna의 분화구 속에 몸을 던져 초자연적 신처럼 신화적 신이 되고자 했다는 설이 있다. 그는 자신의 육체를 던져 신이 되고 싶어 한 인간이었다. 엠페도클레스처럼 인간이면서 신이 되고자 하는 욕망은 영혼 불멸의 신을 부러워하기 때문이다.

죽음 앞에서 인간은 신 앞에 죄인처럼 숙연하다. 죽음을 바라보거나, 생각하는 순간부터 인간은 나약한 존재로 죄인이 된다. 하지만 죽음의 한계가 육체와 정신의 분리로 초연해지면, 죽음은 영혼의 회귀일 뿐이다. 엠페도클레스는 철학자의 영혼을 통해 본질을 바라보았고, 그 본질을 통해 죽음으로 다가갔다. 죽음은 단지 존재의 사라짐이 아니고, 현실의 수면 상태에서 깨어나는 것이다.

엠페도클레스의 사상은 신과 인간의 관계처럼 서로가 상반된 입장을 취하고 있다. 그가 남긴 두 개의 시를 보면, 그리스 밀레토스 철학자들처럼 자연철학에 대한 합리적인 사고력과 판단력을 가지고 있다. 하지만 정신적인 측면에서는 영혼에 대한 자신을 신이라고 말하는 등 전혀 다른 사고를 가졌다. 인간이면서도 신이 되고자 했던 엠페도클레스는 죽음으로 마감되는 인간의 한계를 극복하고자 이중적 태도를 취했다.

엠페도클레스는 출생에 대한 시기는 정확하지 않지만, 기원전 490년 혹은 470년경 그리스 식민시 시칠리아섬 남서부의 소도시 아크라가스Akragas에서 태어났다고 전해진다. 그는 철학, 정치, 의학, 시에 능통했으며, 물, 불, 흙, 공기에 의한 4원소론을 주장한 철학자로도 유명하다. 그의 철학적 삶은 자연철학을 통한 생성의 본질 탐구였다.

엠페도클레스는 4원소를 통해 뜨겁고, 차갑고, 습하고, 건조한 상태가 세계를 움직인다고 보았다. 4원소의 서로 다른 대립자의 성분들이 세상의 물질을 소멸시키고 생성시키며 세상의 모든 사물을 생성, 변화시킨다는 것이다. 4개의 성질로 이루어진 원소들은 기하학의 형태로 재구성되는데, 불은 정사면체, 흙은 정육면체, 공기는 정십이면체, 물은 정이십면체의 기하학적 성질을 가진다.

그는 4원소론, 기하학적 사고와 함께 창조론적 맥락에서 생명을 갖는 유기체, 식물과 동물, 인간의 순서로 생명들이 탄생했다고 보았다. 생성 초기에 모든 생명체는 하나의 성으로 이루어졌으나, 시간이 가면서 서로 다른 성들로 분리되어 다양한 생명체로 생겨나게 되었다고 보았다.

엠페도클레스는 세상을 구성하는 모든 물질이 본질적 4원소들이 결합된 합성물이며, 물질들은 원소의 비율에 따라 형태를 바꿀 뿐, 어떤 사물도 새롭게 탄생하거나 소멸되지 않는다고 보았다. 4원소에 의해 생성된 모든 물질들은 사랑과 대립이라는 두 힘이 상호작용을 통해 서로 결합되고 분리된다고 보았다. 만약 물질들의 대립된 싸움이 일어나면, 원소들은 상호 분리되고, 사랑이 일어나면, 원소들은 서로 섞이게 되어 생명의 물질로 다시 태어난다. 이렇게 두 힘에 의해 움직이는 세계는 소멸되지 않고 끊임없이 지속되는 힘으로 존재하게 된다.

최초의 세계는 조화와 사랑이 모든 것을 지배했으나, 카오스의 시대에 물질에 대한 대립과 충돌 등으로 인해 원소의 결합과 분리가 이루어져 4원소로 분리되면서 다양한 생명체들이 생겨나게 되었다. 충돌과 분리의 반복적 활동은 부분적으로 결합되어 새로운 세계의 물질로 생성되고, 이러한 과정이 연속되어 생명들의 생성과 소멸이 지속되었다. 엠페도클레스는 생명을 가진 인간의 영혼에 대한 윤회를 믿었다. 죄지은 인간은 죽음의 형벌로 우주를 떠다니다 영혼의 정화를 통해 다시 태어난다고 믿었다.

엠페도클레스는 밀레토스 학파들처럼 새로운 철학을 주장하기보다는 이전의 철학자들이 가지고 있었던 사상을 결합시키거나 조화시키려고 노력했다. 물질의 4원소론에서 세상의 모든 현상은 원인으로서 상반된 대립자의 운동을 통해 나타나게 되는데 이러한 대립이 생성의 힘이 되고, 생성은 소멸의 과정을 통해 또 다른 생성으로 태어난다.

엠페도클레스처럼 신이 되고자 한 철학자의 삶도, 일상을 살아가는 일반인의 삶도 세계의 시간 속에서 동일하다. 죽음을 눈앞에 둔 사람이라면 세상의 모든 것은 사소한 것일 수 있다. 하지만 인간은 가끔씩 자신을 망각한다. 신과 인간의 갈래에서 망각을 통해 신이 되고자 하거나, 자신의 무지를 통해 신이 된 것으로 착각하기도 한다. 이러한 망각은 인간의 부질없는 욕망으로부터 생겨나는 정신착란증이다.

세상에 살아 있는 생명체 중 인간처럼 많은 말을 하고, 많은 것을 요구하는 생명체는 없을 것이다. 어떤 이들은 삶이 힘들어 신을 원망하고, 신의 존재를 부정한다. 어떤 사람들은 신의 존재를 믿으며, 나약한 자신의 존재를 신에게 의지하며 따른다. 어떤 사람은 자신의 존재를 망각하고 마치 자신이 신인 것처럼 행동한다. 이들의 다양한 욕망은 어디에서 멈출까? 브레이크가 고장 난 기관차처럼 인생의 철로를 질주하는 욕망의 전차는 인간의 부질없는 욕망을 버리지 않는 한 멈추지 않는다. 인생의 전차는 도시의 무한한 질주에서 간이역의 짧고, 달콤한 휴식을 원하고 있다. 살아 숨 쉬는 시간의 공간, 그리고 휴식과 여유! 이러한 공간이 인생의 간이역이다. 어둠으로부터 태어나 다시 죽음으로 되돌아갈 수밖에 없는 것이 인간의 한계라면, 뒤돌아보지 않고 질주해온 인생의 시간을 간이역에서 한 번쯤 뒤돌아보는 것은 어떨까?

인간이면서 인간이기를 갈망하는 사람은 평범한 보통의 삶을 살아가는 사람들이다. 그러나 신의 이름을 팔아 페르소나Persona로 자신의 얼굴을 가린 사람은, 신의 이름을 빌려 신을 기만하는 것이다. 엠페도클레스는 신이 되기를 원했지만 신을 기만하지 않았고, 자신의 몸을 던져 신의 세계로 되돌아가고자 했던 신화 같은 사람이다.

6

본질적 구성과 시간적 구성

자연은 각각의 존재 자체로 순수체이며 존재체이다

세상에는 인간을 포함해 참 많은 것들이 있다. 어떤 것들은 생명체를 가지고 있기도 하고, 어떤 것들은 물질로만 이루어져 있는 것들도 있다. 세상을 이루는 각각의 물질과 각각의 생명체는 세계를 이루는 구성물들이다. 만약 이러한 구성물들이 세계에 존재하지 않는다면 세계는 존재 자체가 무의미하게 된다. 따라서 수많은 구성물들은 저마다의 특징을 가지며 세상에 존재한다. 세계는 이러한 것들에 의해 존재체가 형성되고 하나의 세계로 나아간다. 이처럼 수많은 구성체들의 자연은 각각의 존재 자체로 순수체이며, 존재체이다.

세상은 본질적 구성물과 시간적 구성물로 나뉜다. 본질적 구성물은 보편적 성질을 가지고 있는 것으로서 공간, 시간, 빛, 공기, 바람, 물, 흙, 나무, 인간, 동물 등을 말한다. 이러한 구성요소들은 세상을 이루는 모든 구성물의 최상위층에 해당한다. 여기서 언급된 본질적 구성물들 중 어떤 것들은 물질을 가지기도 하고 어떤 것들은 현상만 가지고 있다. 그러나 이러한 구성물들은 조화를 통해 세계를 이루어 간다.

본질적 구성은 세계가 이루어져 있는 자체를 말하는 것이며, 그 자체가 세계이며 본질이다. 고대 철학자 엠페도클레스Empedocles, BC 492~432는 세계가 본질적 구성물 들 중 4원소에 의해 이루어져 있다고 보았다. 그는 물, 불, 흙, 공기가 세상을 구성하는 본질적 요소로서 각각의 구성물들은 사랑과 미움을 통해 서로를 결합하고 분리한다고 보았다.

세상은 본질에 의해 존재되고 본질을 제외한 그 이외의 것들은 잠시 왔다가 사라지는 임시체로 보았다. 여기서 말하는 임시체란 시간성에 의해 잠시 왔다가 사라지는 구성체로서 보편성을 지닌 본질에서 벗어나 본질적 성질만을 지닌 유사한 형태로 이루어지며, 시간적 구성물이다.

시간적 구성물은 생명을 가지고 있다고 생각하는 것들로부터 시작된다. 보편적 구성물에서 나온 인간이 A인간, B인간, C인간 등으로 분화하고, 나무의 본질적 구성물은 A나무, B나무, C나무 등으로 분화한다. 이처럼 세계는 많은 분화를 통해 수많은 구성체를 이룬다. 이러한 구성체가 세계의 존재 속성을 질문하게 하는 요소들이다.

고대 철학자 아낙사고라스Anaxagoras, BC 500~425는 수없이 다른 구성체로 이루어진 세계가 스페르마타라는 많은 씨앗이 누스Nous의 운동에 의해 세계를 구성하고 진화시킨다고 보았다. 여기서 누스란 세계를 이루는 물질이 형태를 부여받고 운동을 하게 하는 원리로서 이성의 힘, 생각하는 능력을 말한다. 이후 플라톤Plato, BC 428~348은 누스를 현실 세계와 반대되는 이데아의 세계로 인식하고 이를 마음, 정신, 이성이라고 하였다.

시간적 구성물의 하나인 각각의 인간은 시간에 의해 존재되기도 하고, 시간에 의해 존재되어진 것처럼 느껴지기도 한다. 시간은 끊임없이 흘러가 버리는 것이기 때문에, 모든 시간적 구성체들에게는 각각의 구성물 자체의 존재적 유한성을 느끼게 만든다. 하지만 인간의 보편성을 세계에 던져 버리고 물질적 구성물만을 본질이라고 보는 사람들은 이러한 사실에는 관심을 두지 않는다. 물질은 시간에 따라 있다가도 없고, 없다가도 있는 것이기 때문이다. 시간적 구성물의 하나인 우리는 시간의 중요성이 세상 어느 것보다 고귀하다는 것을 알아야 한다. 시간은 그 무엇과도 바꿀 수 없는 소중한 것이며, 항상 우리 곁에 있다.

시간은 이 세상 그 어떤 황금이나 명예보다도 소중한 본질적 구성체이다. 우리는 시간적 구성체로서 나 자신이고, 본질적 구성체로서 인간이다. 나 자신에게서 인간으로 나아가는 것, 시간 속에서 본질 속으로 나아가는 것은 우리가 걸어가야 할 필연적 여정이다. 하지만 복잡한 현대사회를 살아가다 보면 이러한 본질 인식은 공허한 메아리처럼 들릴 수 있다. 먹고 사는 문제가 우선인 사람들에게 본질이나 시간이라는 것은 형이상학적 단어에 불과할 뿐이기 때문이다. 하지만 인간으로 태어나 기계처럼 일만 하면서 자신의 유한한 인생을 허비할 수는 없다. 일이란 삶을 행복하게 살아가기 위해 하는 것이지, 일을 위해 삶을 사는 것은 아니기 때문이다. 삶을 위한 인간으로서 다시 태어나기 위해서는 나 자신에 대한 삶의 방향 설정이 우선되어야 한다. 삶의 방향 설정은 나를 다시 태어나게 할 뿐만 아니라 내 삶의 행복도 다시 태어나게 한다.

7

사물은 본질적 누스Nous에 의해 생겨난다

생성과 반복의 무한한 운동

사과는 낙타가 될 수 없고, 낙타는 사과가 될 수 없다. 근본적으로 서로의 생김새와 생각이 다르면, 어떠한 환경 속에서도 하나의 사물은 다른 사물이 될 수 없다. 생명체가 사는 지구도 이와 같다. 서로의 다름은 요소의 성질 자체로부터 결정되기 때문에 같은 것이 될 수 없다.

세계를 이루는 수많은 생명체들은 각각의 종자Spermata를 가지고 있다. 모든 생명체의 탄생과 소멸은 이 종자의 영향을 받는다. 이처럼 종자를 통해 세계의 생명성이 끝없이 연장되는 것은 누스Nous의 무한한 운동 때문이라고 아낙사고라스Anaxagoras는 말한다. 하나의 대상은 하나의 종자에서 생겨나며, 이러한 종자들은 무한한 반복을 통해 생성, 소멸한다.

누스는 생성과 반복의 무한한 운동을 통해 사물의 생성원리로서 이성의 힘과 함께 정신으로 작용한다. 생성의 힘으로 작용되는 본질적 누스는 만물의 근원이며 힘이다. 만물이 생성과 소멸을 반복하는 것은 각각의 요소들이 생명을 연장시키려는 힘을 갖고 있기 때문이다. 세계는 이성의 정신과 누스에 의해 지배되고 발전한다.

아낙사고라스에 의하면, 무한한 우주는 누스가 지배하고 있기 때문에 우리들은 누스를 파악하고, 알아차릴 수 있다고 했다. 고대 철학자 플라티노스Plotinus도 누스를 만물의 일자로부터 유출된 기능으로 보았으며, 스토아학파에서는 누스를 창조적 로고스와 동일시했다.

고대 그리스 철학자 아낙사고라스는 소피스트Sophist로 활동하며 과학에도 뛰어난 재능을 보였다. 그는 천문학에 대한 지식이 풍부하여, 태양을 불타는 돌로 보고, 달은 태양의 빛을 반사시킬 뿐 스스로 빛을 내지 못한다고 주장하였다. 그리고 태양은 펠로폰네소스Peloponnesos 반도보다 조금 더 큰 돌덩어리에 불과하며, 빛을 내고 있을 뿐이라고 주장했다. 그의 천문학적 소양은 우주론과 일식의 원인을 발견한 것으로도 유명하다. 당시 자연 철학자들이 세계의 구성요소를 자연의 현상에서 찾으려고 할 때, 그는 생성의 본질적 힘에 관심을 가졌다.

아낙사고라스는 그의 나이 36세 때 그리스 아테네로 이주하였고, 소피스트로서 이오니아 철학을 아테네로 전파하였다. 또한, BC 447년에 착공된 아크로폴리스의 건설에 커다란 영향을 미친 페리클레스Pericles를 제자로 두어 당시 정치와 학문에도 영향을 미쳤다. 당시 페리클레스는 낡은 족벌정치에 대항하여 대중투표라는 민주적 절차를 이용하여 아테네에 민주정을 확립한 정치가이다.

아낙사고라스의 중심 사상인 종자론은 세상 모든 만물에 그것을 이루는 종자가 있다는 것이다. 낙타의 종자에서 낙타가 생기고 사자의 종자에서 사자가 생긴다는 주장이다. 그의 주장에 따르면, 세계는 각기 다른 요소들의 조합으로 이루어진 각각의 실체이며, 서로 같음은 그 종이 같은 것으로서, 종의 유사성 때문이다.

아낙사고라스의 종자 이론과 우주론은 자연철학에 기반하여 물리적 세계를 우주 생성의 근본요소에 의해 설명하려 한 고대 그리스 사상가들의 이론을 기반으로 하였다. 그리고 그는 물질을 이루는 대상의 요소들이 누스에 의해 생성된 실체로 보았다.

인간과 동물이 생명의 연장을 위해 영양분을 섭취하는 것처럼, 각각의 종자들은 그 자체적인 영양분과 성분에 따라 각기 다른 사물의 모습으로 발전한다. 세계 속에서 대상들의 모습이 각기 다른 이유는, 각 사물의 요소에 각기 다른 성분이 포함되어 있기 때문이다. 그 성질의 분포되는 양에 따라 각기 다른 생명체들이 생겨나고 소멸된다.

아낙사고라스는 생명체의 생성과 소멸이 물질적 유기체 속에 있는 누스의 힘 때문이라고 보았다. 종자로부터 생성된 실체는 누스의 힘을 통해 주변의 물체들로부터 영양분을 흡수할 수 있다. 이렇게 흡수된 영양분은 서로 다른 각각의 실체들로 태어나고 이들이 모여 세계를 이룬다.

아낙사고라스의 우주론과 종자론은 2가지의 단계를 걸친 누스에 의해 형성된다. 첫 번째 단계는 우주의 회전과 혼합에 의한 합체의 과정이고, 두 번째 단계는 다양한 생명체의 생성이다. 현대과학에서 주장하는 지구 46억 년의 역사는 아낙사고라스의 이론과 유사한 경향이 있다.

46억 년 전 카오스 상태의 우주에 무수히 많은 운석들이 회전하며 움직이는데, 이러한 움직임의 힘이 누스이다. 그리고 액체를 포함해서 운석들에 포함되어 있는 많은 물질들이 서로 합체되고 결합되면서, 세계의 생명체들이 존재하게 된다는 이론은 아낙사고라스의 이론과 유사성을 가진다.

그의 이론에 따르면, 첫 번째 단계에서의 회전과 혼합은 카오스의 단계를 말한다. 카오스의 우주는 깊은 흑암의 상태로서 이러한 어둠이 모여 밤을 이루고, 모든 액체가 모여 바다를 이룬다. 카오스의 우주는 서로 비슷한 원소들의 결합을 통해 합체되고, 원소들의 합체는 대규모의 결합과 비슷한 혼합물의 재결합을 통해 다양한 생명체로 발전한다.

무한한 우주에서 세계를 움직이는 힘은 무엇인가? 나를 있게 하고, 그것이 있게 한 그것은 무엇인가? 세계의 중심에 선 인간의 눈에 누스는 단순한 힘의 단계를 넘어 창조의 힘이다. 세계의 다양성 속에서 하루하루의 일상을 살아가는 인간의 눈에 누스는 물, 공기, 바람을 넘어 세계를 움직이는 생성의 힘이다.

인간의 한계에 도전하는 이성은 정신의 힘으로 유한함을 극복하고자 한다. 세계의 시작과 끝이 알 수 없는 카오스의 상태에서 우리의 이성은 무엇을 알고자 하는가? 세상의 모든 논리와 이론은 진리를 탐구하지만, 그들이 말하고 있는 것은 그저 단순한 주장일 뿐 본질이 아니다.

8

세상의 모든 것은 닮은꼴들로 이루어져 있다

살아 있지 않은 인간은 존재나 실체를 논하거나 생각할 수 없다

닮은 꼴이란 비슷하거나 유사한 성질을 이야기한다. 세상에 존재하는 모든 물질은 서로가 서로를 닮았거나 닮아가려는 성질들의 원인과 결과이다. 세상의 모든 현상이 원인 없이 일어난 것이 없듯, 모든 결과는 원인에 의해 일어난다.

원인과 결과의 과정에는 사건의 시간이 있다. 시간의 진행 과정에 따라 그 결과가 각각의 객체들에게 다르게 나타난다. 자식은 부모를 닮고, 장미꽃은 장미를 닮으려는 성질이 바로 자연의 닮은꼴이며, 생산력이다. 세상의 모든 것들은 닮은꼴의 생성으로부터 소멸로 이어진다.

세상에는 닮은꼴들로 이루어져 있다. 내 집 앞에 있는 나무 한 그루는 나무라는 보편성을 닮았고, 들판을 날아가는 나비 한 마리는 나비의 보편성을 닮았다. 세상에 존재하는 수많은 나무와 나비는 서로 닮은 꼴을 하면서 서로 다르고, 서로 다르면서 보편적으로 같다. 이처럼 많은 물질들이 서로를 닮았으면서 서로 다른 것은, 그 물질을 이루는 원자의 구조가 비슷하지만 다르기 때문이다. 각각의 보편성을 갖는 물질들은 서로 유사한 원자로 구성되어 있으며 분열과 운동을 통해 비슷하면서도 다른 물질로 태어난다.

고대 철학자 데모크리토스Demokritos, BC 460~370는 세상을 이루는 많은 물질들의 구성을 원자들의 결합에 의해 이루어져 있다고 했다. 삶과 죽음 또한 이러한 원자들의 결합과 해체라고 했다. 삶은 원자들의 활발한 결합을 통해 태어나고, 죽음이란 결합된 원자들의 해체를 통해 일어나는 현상으로서 인간이 느끼는 희로애락이나 동·식물들의 감정도 원자의 운동에 의해 일어나는 하나의 현상이다. 각각의 보편성을 구성하는 원자들은 원자들의 보편적 성질을 갖고 있으면서, 서로 다른 조합을 통해 조금씩 다른 성질로 변화한다.

살아 있는 생명체로서 삶과 죽음은 실체의 문제를 증명할 수 있는 가장 좋은 방법이다. 살아 있지 않은 인간은 존재나 실체를 논하거나 생각할 수 없다. 활발한 원자들의 활동이 삶의 방향으로 운동을 지속할 때 인간은 삶의 문제 위에서 있음과 없음을 논할 수 있고, 죽음 또한 논할 수 있다. 결국, 살아 있는 삶만이 모든 존재의 본질이 될 수 있다.

고대 철학자 프로타고라스Protagoras, BC 485~414는 인간은 모든 것의 척도라고 했다. 사람만이 있는 것들에 대해 있다고 말할 수 있고, 없는 것들에 대해 없다고 할 수 있는 척도이다. 이는 우주 만물의 다양체 중 인간이라는 보편자의 속성을 세상의 중심에 두는 것으로서 결국 세상의 중심에 모든 것의 척도가 되는 나의 존재만이 살아 있는 실체이다.

인간의 관점에서 보면 프로타고라스의 말은 틀림없는 사실이다. 생각하는 존재로서의 인간이 모든 사물과 현상의 있고 없음을 말할 수 있는 것은 인간 중심적 관점에서 보면 지극히 타당한 이야기이다. 하지만 인간의 관점이 아닌 다른 생명체의 관점에서 본다면, 이러한 문제는 전혀 다른 결론을 도출할 수 있다. 인간은 생각하는 인간으로서 모든 것의 척도가 되는 것을 거부할 필요가 없다.

세상에 존재하는 수많은 생명체가 각자의 수명을 다하고 세상에서 사라진다. 존재했던 생명체가 사라지고 나면 빈 공간을 채우는 것은 또 다른 생명체이다. 각각의 생명체가 지속되면서 세계의 근본 질서를 유지하는 것은 삶을 지속하려는 생명체들의 닮은꼴 속성 때문이다.

생명이란 태생 자체가 유한하기 때문에 언젠가는 소멸되는 촛불과 같다. 활발한 원자의 활동을 통해 사랑과 열정을 꽃피우고, 그 힘을 다하면 생명의 불꽃은 시들어 소멸된다. 인간의 삶 자체가 촛불과 같이 불꽃처럼 타올랐다가 소멸되는 찰나의 존재이다. 보편적 인간으로 태어나 한 사람으로 살아가는 각자의 인생은 자신의 존재를 세상에 드러낼 뿐 아니라 한 사람이 만들어 낼 수 있는 역사의 한 과정이다. 모든 만물의 척도인 인간이 누군가를 닮아가려는 의지는 신이 인간에게 부여한 자연의 의지이다.

사람으로서 세상을 살아가는 동안 누군가를 닮고 싶다면 그 닮은꼴은 이상적이어야 한다. 세상을 사랑하고, 자신의 삶을 사랑하며, 모두에게 이익이 되고, 사회적 약자에게 배려의 마음을 가지고 살아가는 사람이 있다면 그 사람은 우리가 바라는 닮은꼴의 이상적 인간일 것이다. 세상에는 수많은 인간이 있다. 이기적이고, 자신밖에 모르며, 탐욕적이고, 물질적인 인간이 있는가 하면, 사랑하고, 배려하며, 살아 있음 자체에 행복하고 만족할 줄 아는 인간이 있다. 데모크리토스의 말처럼 보편적 인간의 속성을 가지고 있는 인간이라면, 자신의 닮은꼴이 누구인지를 한 번쯤 생각해볼 시간이다.

9

하나의 세계, 두 가지 생각

헤라클레이토스와 파르메니데스의 이야기

하나의 우주는 수많은 것들의 생성과 소멸의 공간이다. 우주의 근원은 하나에서 시작되지만, 그곳에서 파생되는 것은 다양하다. 세계의 시간은 한줄기 섬광처럼 지나가지만, 시간이 맞닿는 곳에서 다양한 사건들이 생겨난다. 하나의 사건은 하나의 세계이며, 그 무엇이다. 우리는 그 무엇에서 길을 찾고자 한다. 그것에 대한 다양한 의견이 내재된 이 세계는 카오스의 세계이다. 우리는 이 세계에서 무엇을 찾고자 하는가?

파생의 미학은 생성의 순환구조를 가지고 있다. 세계의 다양성은 하나로부터 출발한다. 하나가 다수이고, 다수가 하나이다. 다수를 위해 하나가 희생되고, 하나를 위해 다수가 뭉친다. 이러한 파생의 미학은 하나와 다수가 동일하다는 것이다. 하나의 근원은 다수를 생산해내고, 자신을 희생한다. 자신의 희생을 통해 다수를 살리고 세계를 살린다.

조화로운 사회는 하나의 생각, 그리고 다수의 생각이 서로 화합하며, 아름다운 하모니를 구성하는 사회이다. 아름다운 오케스트라의 화음도 하나의 팀에서 구성된 조화 때문이다. 오케스트라의 연주는 서로의 음을 존중하며, 다수의 음에 순응하는 조화에서 시작된다. 이러한 오케스트라의 연주에서 단원 중 하나가 조화의 화음을 깨고 튀어나온다면, 그 화음은 깨져 버린다. 화음이 깨져 버린 오케스트라의 연주를 상상해 보라!

조화로운 사회를 파괴하는 것은 돌출된 사고와 행동 때문이다. 다수의 삶보다 개인의 삶, 다수의 생각보다 혼자만의 생각이 조화로운 사회를 파괴하는 것은 아니다. 편협한 생각, 이기적 사고, 광기적 행동들이 조화로운 사회를 파괴하고 혼란으로 이끈다. 이러한 사회는 불안한 사회를 넘어 불쌍한 사회이다. 불행한 사회는 그것을 일으키는 사람뿐 아니라 구성원들에게도 피해를 끼친다.

하나가 다수가 되고, 다수가 하나가 된다는 것은 조화로움 때문이다. 조화는 세상을 살아가는 아름다움이다. 이러한 아름다움은 가식적 아름다움이 아니라 진정한 아름다움이다. 진정성은 마음을 울리는 소리 없는 행동으로 상대를 감동하게 한다. 서로가 서로에게 감동을 주는 사회! 이러한 사회가 인간적 삶이 존재하는 사회이다. 인간적 사회의 중심에 배려가 있다. 배려는 상대의 실수를 따뜻하게 감싸주고, 상대의 불행을 자신의 일처럼 생각하며 행동하는 것이다. 나의 마음이 상대의 마음이 되고, 상대의 마음이 나의 마음을 알아줄 때, 배려는 사랑의 힘으로 태어난다.

들판에 서 있는 나무를 보라! 나무는 하나이면서 다수이다. 하나의 나무가 다수를 이루어 숲을 이룬다. 이렇게 이루어낸 숲속에 많은 생명이 살아간다. 나무는 배려를 통해 또 다른 생명에 나눔과 베풂을 실천한다. 배려가 살아 있는 숲을 보라! 그곳은 신의 사랑과 축복이 넘쳐나는 미래가 있다.

나무의 조화는 뿌리, 기둥, 가지, 나뭇잎의 조화이다. 하나의 나무가 여러 개의 구조를 통해 이루어지고, 그 구조에서 생명이 피어난다. 하나의 나무에서 다양한 요소가 조화를 이루는 것은 나무가 가지고 있는 조화로움 때문이다. 서로 다른 기능과 구조를 하나의 완성체로 만들기 위해 대지에 뿌리내린 나무는 쉼 없이 영양분을 공급한다. 나무는 서로의 기능과 역할에 따라 주어진 일에 최선을 다하는 하나의 세계이다. '바람이 나무를 대하고, 나무가 바람을 대하듯' 나무는 항상 그 자리에 있다.

하나이면서 다수인 것은, 정적이면서 동적이다. 이는 하나의 세계, 두 개의 생각이 공존하는 것이다. 세계는 수많은 변화를 통해 존재한다. 시간의 선상에서 살아 있는 모든 것은 끊임없이 변화하는 세계이다. 하지만 변화도 본질적 시간에 들어가면 변하는 것은 아무것도 없다. 우리가 매순간 느끼는 세계는 분명 다른 세계이다. 하지만 변화는 세계 안에 있다. 그 세계는 끊임없이 변하면서 영원히 하나가 되는 세계이다.

고대 철학자 헤라클레이토스Heracleitos는 이러한 세계의 변화를 동적 세계관으로 바라보았다. 그는 세상 만물은 단순히 흘러가고 변화하는 것을 넘어, 다양한 모순을 통해 새롭게 변화한다고 보았다. 이러한 모순은 끊임없는 투쟁을 통해 극복되고, 투쟁은 만물의 변화를 설명하는 근본 원인이 된다. "사람은 똑같은 강물에 두 번 들어갈 수 없다. 흐르는 것은 강물만이 아니라 그 강물에 들어간 나도 흐른다. 세상에 동일한 나는 없다. 오직 변한 것은 나뿐이다. 어제의 강물은 흘러가 버려서 없고, 나 또한 어제의 내가 아니다."

헤라클레이토스에 의해 설명되는 흐르는 강물의 인간은 동적 세계관의 시간성을 표현하고 있다. 동일한 사람이 같은 강물에 두 번 들어간다 해도 그것은 어제의 그것과 동일한 것이 아니다. 어제의 시간은 오늘의 시간과 다르고, 나 또한 다르기 때문이다. 하지만 일상적 사람들은 변화되어 버린 자신과 강물을 보지 못하고 피상적 현상만으로 세계를 바라본다. 이들의 눈에 세상은 변하지 않는 일상이다. 헤라클레이토스는 변화에 의한 우주의 생성을 세계의 원인으로 보았다. 그가 말하는 생성과 변화의 근원에 불이 있다. 그는 세상을 구성하는 변치 않는 물질을 불로 보았다. 불은 만물의 생성원인이며, 세계질서는 불에 의해 생성되고 소멸된다.

이 세계는 신에 의해 만들어진 것도 아니며, 인간에 의해 만들어진 것도 아니다. 불은 완전한 생성체로서 세계의 질서에 따라 연소되고, 꺼지면서 영원한 것이 된다. 생성의 불은 언제나 있었고, 또 있으며, 언제까지나 있을 것이다. 만물은 살아 있는 실체로서 움직이고 있기 때문에 무릇 모든 것이 머물러 있지 않고 유전한다.

세계에 있어 선과 악도 하나인 것이다. 위를 향해 나아가는 길이나, 아래를 향해 나아가는 길 모두 다 동일한 하나의 길이다. 인생에 높고 낮음이 없고, 귀하고 천한 게 없는 세상의 이치가 여기에 있다. 우리의 삶에 있어 생과 사, 기쁨과 슬픔, 선과 악 같은 것도 모두 같은 것이다. 선이 있음에 악이 있고, 기쁨이 있음에 슬픔이 있는 것과 같이, 세계는 투쟁을 통해 대립되고 다시 하나가 된다. 대립은 본질에서 시작하며, 이것은 하나이며 여럿이다. 모든 것은 하나의 본질에서 대립으로 나뉜다. 이러한 대립은 본질적으로 하나의 명제에 대한 의견일 뿐 같은 것이다. 대립에서 답을 구하려는 자! 우주의 이치와 본질에 순응하라!

세계를 끊임없는 변화의 세계로 인식하고 생성의 변화를 설명한 헤라클레이토스의 동적 세계관에 반해 파르메니데스Parmenides는 모든 존재의 통일성을 통한 정적 세계관을 주장하였다. 그는 세계의 변화는 단순한 사물의 변화일 뿐 그 본질은 동일한 것이라고 보았다. 그는 존재하는 세계의 물질들은 그들의 형태를 포함한 외형적 변화일 뿐, 영원한 실체의 모든 것은 하나라고 보았다. 그는 존재의 본질에 들어서면 조그마한 현상이나 변화를 보고 비존재를 주장하는 것은 논리에 어긋난다고 보았다. 인간의 판단과 이성은 자신의 한계를 깨닫지 못하고 불확실한 관념에 믿음을 넘겨주고 그것이 진리인 양 주장한다.

그는 『자연에 대하여』*On nature*에서, 존재하는 다수의 사물과 변화는 영원한 하나의 실재 현상일 뿐이라고 했다. 세계의 모든 것은 하나다. 그의 주장은, 하나의 세계는 하나일 뿐이라는 주장에 설득력을 더한다. 인간의 일생이 수많은 사건과 변화를 거쳐 죽음에 이를 때, 이러한 삶의 시간은 어느 것 하나 같은 것이 없다. 하지만 삶의 순간을 우리의 일생으로 바라볼 때 그 삶은 그저 자신의 삶일 뿐이다. 이처럼 하나의 삶도 생각과 방식에 따라 한 개가 되기도 하고, 두 개가 되기도 한다. 인간의 영혼과 육체가 하나이기도 하고, 두 개이기도 한 것처럼, 하나의 세계는 두 가지 생각으로 가득 찬다.

세계를 바라보는 두 가지 생각! 세계는 끊임없이 움직이고 변화한다는 주장과, 생성 소멸은 없고, 변화하는 것도 없으며, 운동은 있을 수 없다는 주장은 하나의 세계를 놓고 전혀 다른 해석을 내놓은 것이다. 하지만 이러한 상반된 주장은 세계를 보는 인식의 차이에서 발생한다. 조그마한 가치에 큰 가치를 포함하는 것과, 큰 가치에 작은 가치를 묻어버리는 두 개의 세계관은 생각의 다양성을 표현하는 것이다. 서로 다름을 인정하지 않고 조화가 멈춘다는 것—그것은 종말을 말한다. 우리는 하나의 인간이면서, 영혼과 육체를 가진 두 개의 인간이기도 하다. 세계의 시간은 끝없는 종말을 향하고 있지만, 그 끝은 또 다른 시작이다. 인생의 시간도 이와 같다. 탄생의 시간에서 죽음으로의 시간! 이러한 두 개의 서로 다른 생각은 헤라클레이토스와 파르메니데스의 철학을 대립적으로 보여준다.

10

인간의 마음

마음은 행복과 불행의 이중구조

인간의 마음은 참으로 다양한 감정을 담고 있다. 기쁨과 슬픔이 하나의 마음에서 생겨난다. 어떤 때는 사랑과 환희가 마음 깊은 곳에서 깨어나 삶의 에너지로 작용하고, 어떤 때는 슬픈 감정이 깊은 늪에 빠져 삶의 에너지를 저하시킨다. 삶의 에너지는 마음의 방향에 따라 극대화될 수도 있고, 최소화될 수도 있다. 유한한 삶을 사는 인간에게 마음의 방향은 올바른 항해를 위한 등대와 같고, 마음의 빛은 어두운 밤을 밝히는 등불과 같다.

인간의 마음이 기쁨을 느끼는 것은 행복하다고 생각하기 때문이다. 마음은 행동에 따라 행복하기도 하고 불행하기도 하다. 마음이 행복하다는 것은 행복의 시간이 함께 있다는 것을 뜻하며, 자신에게 주어진 시간에 만족한다는 것이다. 인간에게 시간만큼 중요한 것은 없다. 시간은 마음이 갖는 행복과 불행의 이중구조를 다스린다. 인간의 삶은 시간을 어떻게 활용하는 것에 따라 행복한 마음을 생산해 낼 수 있고, 그렇지 못할 수도 있다. 마음은 스스로 행복하기를 원하는 사람에게 행복을 주고, 그것을 찾지 못한 사람에겐 슬픔을 준다.

자연은 인간의 마음처럼 기쁨과 슬픔을 만들어 내지 않는다. 자연은 스스로 생겨난 여건에 따라 주어진 환경에 적응한다. 하지만 인간은 다른 생명체와 달리 마음에 따라 기뻐하기도 하고 슬퍼하기도 한다. 이처럼 마음이란 선과 악, 기쁨과 슬픔, 행복과 불행의 이중구조를 담고 있다. 하나의 마음에서 서로 다른 느낌과 행동이 생겨나는 것은 마음이 갖는 불안한 구조 때문이다. 마음으로부터 불안이 생겨나는 것은 시간의 구조가 다르기 때문이다. 시간의 구조는 자유와 구속으로 구분된다. 자유는 삶의 시간을 긍정으로 이끌고, 구속은 부정으로 이끈다.

마음이 갖는 행복과 불행의 이중구조는 세상을 보는 두 개의 생각이다. 하나의 마음에서 두 개의 생각이 나오는 것은 흔들림 때문이다. 인간의 마음은 바람에 따라 움직이는 갈대와 같다. 기쁨의 바람은 세상을 환희의 노래를 부르는 천국으로 만들고, 슬픔의 바람은 불행의 시간을 지속시킨다. 마음에 있어 천당과 지옥의 차이는 바람 앞에 흔들리는 갈대와 같다. 삶의 시간 속에서 천당과 지옥은 자신의 마음속에 있다. 마음은 차분한 상태에서 모든 것을 담아내는 우주와 같다. 하지만 마음은 조그마한 충격에도 파도처럼 흔들거린다. 하나의 마음이 넘실대는 파도처럼 방향을 잡지 못하는 것은 인간의 마음이 흔들리기 때문이다.

인간은 태어나면서 선한 마음을 가지고 태어나지만 삶을 살아가면서 악을 경험하게 된다. 선과 악은 서로 다르지 않고 대립적일 뿐이다. 이러한 대립은 때론 상대적이다. 어떠한 선은 악이 되기도 하고, 어떠한 악은 선이 되기도 한다. 선과 악의 구분은 이중적이다. 선과 악이 마음에서 만나면 거대한 파도에 위태로운 난파선이 된다. 폭풍처럼 밀려오는 거친 파도의 휘몰아침은 하나의 마음이 두 개의 갈림길에 선 난파선과 같다. 이처럼 마음의 구조는 거친 파도에 따라 서로 다른 생각을 만들어 낸다.

난파선에서 구조를 기다리는 사람들은 마음의 이중구조를 잘 보여준다. 어떤 이들은 구조가 어려운 상황에서도 살아날 수 있다는 희망을 버리지 않는다. 이러한 사람들은 긍정적인 마음을 가진 사람들이다. 이들은 자신의 상황을 긍정적으로 해석하며 살아남기 위해 최선을 다한다. 하지만 믿음이 약한 사람들은 곧 닥쳐올 불안만을 생각하며 모든 것을 부정적으로 해석한다. 이처럼 인간은 하나의 상황에서 마음의 상대적 이중구조를 가진다. 만약 긍정적 희망을 꿈꾸는 사람들은 위기를 극복하기 위해 최선을 다하지만, 부정적 생각으로 미래를 포기하는 사람들은 갈등과 불안을 증폭시킨다. 부정이 만들어 내는 불안은 삶의 기회를 송두리째 흔들어 스스로를 죽음으로 몰아간다.

마음이 갖는 이중구조처럼 세계는 두 개의 서로 다른 생각이 존재한다. 이러한 두 개의 생각은 헤라클레이토스Herakleitos의 동적 세계관과 파르메니데스Parmenides의 정적 세계관이다.

헤라클레이토스가 주장하는 동적 세계는 시간의 선상에서, 마음은 언제나 투쟁을 통해 변한다고 본다. 마음의 투쟁은 로고스Logos의 원리에 의해 지배되며, 로고스는 참되고 유일한 법칙으로서 마음속에 존재하는 서로 다른 두 개의 생각이 끊임없이 투쟁한다. 마음이 갖는 이중구조는 하나의 시간을 낮과 밤으로 나누고, 인간의 삶을 생과 사로 나누며, 마음을 행복과 불행으로 나눈다.

마음의 속성은 하나로 통일되지 않는다. 어떤 순간에는 행복할 것만 같던 인생이 어떤 순간에는 불행하게 느껴진다. 인생에 있어 행복과 불행은 시간과 상황에 따라 천 개의 길을 다르게 해석한다. 마음은 행복할 때 행복한 순간을 즐기지 못하고, 불행할 땐 그 순간을 그리워한다.

하지만 이러한 행복과 불행도 찰나처럼 지나가 버리기 때문에, 마음은 이중적 모순을 담고 있다. 마음은 단순히 변하는 것을 넘어 행복과 불행을 오가며 모순을 통해 새로운 인간의 모습으로 태어난다. 따라서 마음의 이중구조는 자신의 내면적 투쟁을 통해 극복될 수 있으며, 이러한 투쟁은 마음을 통한 순수한 투쟁이라 할 수 있다.

헤라클레이토스와 달리 정적 세계관을 갖는 파르메니데스Parmenides는 인간의 마음을 흔들리지 않는 하나의 상태로 보았다. 그는 인간이 하나의 사건에 갈등하고 고민하는 것은, 사건의 시비를 가리고자 하는 부분적 생각일 뿐, 본질은 변하지 않는다는 것이다. 파르메니데스에게 있어 마음은 진리의 빛과 같이 하나의 본질을 추구하며, 다중적으로 해석되는 것을 거부한다. 그는 인간이 갖는 행복과 불행은 서로 다른 두 개의 생각이 아니고, 순간적 오류에 의해 구분되는 지엽적인 것으로 보았다. 마음이 갖는 진정성은 빛과 같은 진리로써 이성을 추구하지만, 어둠은 그것을 덮어 버린다. 어둠의 그림자는 마음의 눈을 덮는 가림막처럼 우리의 마음을 덮어 버린다. 마음의 감각은 진리로서의 빛과 오류로서의 어둠이 합쳐서 생겨나는 것이다. 행복과 불행의 이중적 구조는 감각의 불완전성 속에서 생겨난 일시적 현상일 뿐 본질적 가치는 변하지 않는 마음속에 있다.

인간이 갖는 마음의 이중구조 속에서 한편으로는 행복하고, 한편으로는 불행한 현대인들에게 마음은 생각에 따라서 행복과 불행을 동시에 가져다줄 수 있는 유동체이다. 우리는 마음의 행복을 극대화하기 위해서 사소한 일상 속에서 찾는 행복의 의미를 잊지 말아야 한다. 오늘 하루 햇살을 볼 수 있다는 것, 오늘 하루 맑고 깨끗한 물과 공기를 마실 수 있다는 것, 오늘 하루 가족과 친구의 얼굴을 볼 수 있다는 것, 오늘 하루 눈을 뜨고 세상을 바라볼 수 있다는 것, 오늘 하루 자신의 두 발로 세계를 걷고 있다는 것은 행복의 가치가 그렇게 크고 높은 곳에 있지 않다는 것을 보여준다.

11

절제된 정신에서 나오는 받아들임

소박한 삶의 스토아주의

소박함은 상태에 순응하는 것을 말한다. 소박한 삶이란 주어진 자신의 운명과 처지에 순응하고, 세계의 구성원으로서 순수함, 그 자체로서의 삶을 말한다. 소박한 삶을 사는 사람들은 절제된 정신에서 나오는 받아들임으로 살아가는 순응적 삶이다. 그들은 삶으로써 정신을 받아들이고, 정신으로써 삶을 받아들인다. 그들의 삶은 꾸밈이 없고 솔직 담백하다.

자연의 이름 없는 풀 한 포기도 세계를 이루는 구성원이다. 소박한 인간의 삶도 풀 한 포기와 같다. 자연과 인간은 소박한 자연의 한 속성이다. 소박함은 윤리를 넘어 자연 상태에 순응하는 것이다. 소박한 삶은 생의 완성을 통해 죽음에 다다랐을 때 뒤돌아볼 필요가 없는 삶을 말한다. 이들에게 삶은 과거도 미래도 아닌 현재의 상태이다. 시간 관념에서 소박한 삶은 본질적 삶이다. 소박한 삶을 사는 사람들은 과거를 뒤돌아볼 필요가 없다. 과거는 지나가 버린 시간들이기 때문이다.

세계의 수많은 물질들은 사람들의 눈과 마음을 현혹한다. 높이 솟아오르는 마천루의 도시, 수많은 자동차, 하루에도 수천 가지씩 쏟아져 나오는 물질의 풍요로움 속에서 소박한 삶의 추구는 불가능해 보인다. 물질사회에서 인간은 하나를 가지면 또 하나를 갖고 싶어 하는 욕망이 싹튼다. 하지만, 소박한 삶을 사는 사람들의 눈에 물질은 삶의 대상일 뿐 필요 그 이상의 어떤 것도 아니다. 삶의 끝자락에 서면 물질은 삶의 수단 이상이 아니기 때문이다. 죽음의 문턱에 서면 이러한 것들을 깨닫게 되지만 삶의 과정에서 그것을 깨닫지 못한다.

세계의 물질은 인간에게 있어 신발과 같은 것이다. 신발은 발의 보호 기능과 함께 인간에게 꼭 필요한 물건 중 하나이다. 인간은 세계를 걸을 때 한 켤레의 신발이면 충분하다. 한 켤레 그 이상의 신발은 걷는 사람의 자유를 구속하기 때문이다. 한 켤레의 신발은 억제와 충족을 동시에 가지고 있다. 한 켤레의 신발이 가지고 있는 상징적 의미는 물질의 집착에서 벗어나 최소한의 삶으로 세상을 살아가겠다는 의지이다. 강한 소유욕으로부터 자유는 집착을 버리는 것이다. 집착을 버리면 세계는 자유롭다. 축적의 욕망을 넘어 자유를 향한 발걸음은 소박한 삶을 살아가는 지혜이다.

인간에게 주어진 한 켤레의 신발은 소박함을 넘어 삶의 본질이다. 가질 수 없는 것을 가지려고 하는 욕망보다, 가진 것에 만족하는 것은 현자의 선택이다. 이러한 현자는 삶의 끝자락에서 승자의 나팔을 불 수 있다. 진리의 길을 가고자 하는 사람은 자신의 발보다 조금 큰 신발을 신어야 한다. 자신의 발보다 조금 큰 신발을 신고 걷는 사람은 물질적 욕망의 속도를 올리고 싶어도 속도를 올릴 수 없다. 물질적 욕망이 커지면 커질수록 큰 신발은 쉽게 벗겨져 버리기 때문이다. 세계에 있어 자신의 크기를 알고 세계에 순응하는 것은 현명한 사람이다. 물질의 많고 적음에 관여하지 않는 사람은 더 자유로운 세계를 맛볼 수 있다. 현대사회는 정주停住의 시간을 넘어 유목적 시간으로 나아간다. 유목적 삶은 정주의 길 위에 있는 것이 아니고 이동의 길을 통해 깨달음에 도달하는 것이다.

이제 땅의 크기가 세계의 중심이 되는 사회는 지나갔다. 인간은 한 곳에 거주하기보다 세계와 소통한다. 거주의 자유보다 소통의 자유를 원한다. 그들은 칭기즈칸Genghis Khan의 말발굽 소리처럼 정주의 세계를 벗어나 광야로 질주한다. 유목적 삶은 소박한 삶의 한 표본이다. 그들의 주거는 이동에 편리하게 최소화되어 있다. 이러한 이동의 편리성은 절제를 기본으로 한다. 삶의 방식에 있어 절제는 이동의 자유를 위한 소박한 삶이다.

유목적 삶은 세계를 향한 외침이다. 한 장소에서의 정주는 물질적 욕망을 만들어 낸다. 하지만 유목적 사고는 물질보다 자유를 택한다. 자유는 신이 인간에게 준 최고의 선물이다. 신의 의지는 세계를 향한다. 정주의 사회에서 이동의 사회로 삶의 방향을 옮겨가는 것은, 소박한 삶을 살아가는 유목민의 선택이다. 현대사회는 유목 사회를 갈망한다. 유목 사회는 장소가 사라지고 소통만이 존재한다. 소통은 대상의 욕망을 넘어 자유로 발전한다.

현대사회는 세계가 하나로 소통하는 사회이다. 디지털 시대의 비트Bit가 추구하는 기표의 자유처럼 0과 1은 현대사회의 기호이다. 이러한 디지털 사회는 서로의 위계가 없는 사회이다. 디지털의 최소 생성 기호인 0과 1은 모든 컴퓨터 언어의 기본 구조이다. 그리고 어떠한 정보도 두 개의 기표를 통해 해석되고 정보화된다. 디지털의 기표체계는 소박하면서도 광범위하다. 이제 디지털의 기표는 모든 사회의 소통기호이다. 이러한 소통은 절제된 소통으로 시작하여 광활한 세계를 향한다. 이러한 소통이 유목적 소통이다. 유목적 소통은 유목적 기호로 세계와 대면한다.

세계를 향한 유목민의 발걸음이 자유를 향할 때 최소화된 삶은 인간의 삶을 자유롭게 한다. 만약 인간이 새처럼 날개가 있다면 거추장스러운 신발을 벗어 던지고 자유롭게 하늘을 날아다닐 수 있다. 하지만 직립보행의 인간은 두 발을 대지에 의존해야 한다. 그러나 두 발로 걸을 수 있는 자유는 소박한 이동의 자유이다. 이동성의 자유를 추구하는 유목민의 생활은 스토아주의Stoicism와 유사하다.

스토아학파The stoic school는 BC 3세기부터 AD 2세기까지 활동한 학파로 키프로스의 제논Zenon에 의해 만들어졌다. 이들은 아테네 광장의 공회당 기둥에서 제자들을 가르쳤기 때문에 기둥Stoa을 뜻하는 스토아학파로 불렸다. 이 학파에는 제논, 로마 황제 네로Nero의 스승 세네카Seneca, 노예 출신 철학자 에픽테토스Epiktetos, 로마 황제 마르쿠스 아우렐리우스Marcus Aurelius, 크리시포스Chrysippos 등이 있다. 이들의 철학적 과제와 삶의 방향은 욕망을 억제하고 금욕적 삶을 통해 소박한 인간의 본질을 찾는 것이다.

소박한 삶을 철학적 사상으로 실천에 옮긴 스토아주의stoicism 철학자들은 정신의 문제를 넘어 실천의 문제를 철학의 과제로 삼았다. 그들이 철학적 이상으로 주장하는 것은 자신의 힘을 넘어 그 범위 바깥에 있는 것으로서, 아디아포라αδιάφορα에 의해 마음이 좌우되지 않으면서, 정념情念으로부터 해방된 상태의 아파테이아απάθεια를 보존하는 것이다.

아디아포라Adiaphora는 헬라어로 어느 것에도 휘둘리지 않고 대수롭지 않다는 뜻으로 무관심한 것을 말한다. 아디아포라적 삶은 자연의 이치에 따라 이성적 삶을 사는 것으로서 선을 추구한다. 그들은 자연에 반(反)하여 충동적으로 사는 것을 악한 것으로 생각하여 배제하였다. 그들의 의식은 이것과 저것의 중간에 있는 생과 사, 쾌락과 고통 등은 아디아포라에 의해 무시된다고 보았다. 이처럼 아디아포라는 삶에 있어 인간의 이성에 의해 구분되어지는 것들의 대수롭지 않음을 나타낸다. 이들은 신의 의지로 명하거나 금하지 않는 행동은 중요하지 않다고 보았다. 인간의 잘못된 이성에 의한 성급한 판단과 행동은 대수롭지 않은 삶의 문제로 규정하였고 금욕주의적 삶을 추구하였다.

소박하고 금욕주의적 삶을 추구하는 스토아학파의 철학자들은 인간이 가지고 있는 모든 정념으로부터 해방되고자 하였다. 이들은 인간의 본성이 아닌 외부에서 일어난 일들은 감정에 의해 발생되고 대응하는 것으로서 비이성적 행위라고 보았다. 따라서 인간은 본질의 내면에 귀를 기울이고 자신을 찾아가야 한다고 했다. 인간 이성의 내면에 깃들어 있는 본질은 욕망으로부터 벗어나 내면에 깃들어 있는 절제된 정신이다. 인간의 본성 외부에서 발생하는 일들은 타자의 의지나 행위에 의해 야기되는 문제로서 우리가 관여할 수 없는 것들이다. 스토아주의적 인간은 오로지 자신의 감정과 의지로서 내면의 감정을 조절할 수 있기 때문에 외부의 일은 그들의 본질적 삶과 무관하다.

스토아학파의 철학자 세네카는 인간이 삶에 있어 겪는 고통은 인간이 그 일에 관여하기 때문이라고 했다. 인간이 관여하는 욕망은 개인의 생각과 의견으로서 보편적 이성에 들어가지 못하기 때문에 이러한 욕망은 고통을 야기한다고 했다. 인간이 고통으로부터 해방되는 것은 정념에 나타나는 고통의 요소들을 지워 버리는 것이다. 이러한 사상은 인간에게 욕망을 심어 고통을 주는 쾌락과 악을 감정에서 사라지게 하는 금욕적 태도에서 나온다. 인간은 감정적 고통을 줄이기 위해서 아파테이아의 상태를 통해 인간의 고통으로부터 감정적으로 대입하는 것을 완전히 근절하는 것이다. 아파테이아를 통한 영혼의 평화로운 상태는 인간이 행복을 느낄 수 있는 조건이며 행동이다.

삶에 대한 가치의 문제는 정신에서 나온다. 정신은 행동하는 실체이다. 우리의 몸과 마음은 하나에서 시작하여 여러 개의 길을 걷게 된다. 행동하는 자유는 우리의 육체에 내재되어 있는 것처럼 보이지만 행동하는 실체는 우리의 정신 안에 있다. 자신의 욕망을 절제하고 소박한 삶으로서 자연의 이치에 순응하는 삶은 스토아주의가 주는 교훈이라 할 수 있다.

12

인간은 무엇 때문에 사는가

나의 존재는 세계의 존재이고, 세계는 나를 통해 존재한다

인간은 무엇 때문에 사는가. 이에 대한 질문은 삶에 대한 본질적 질문이다. 단순하면서도 일상적인 질문 하나는 그것을 받아들이는 사람에 따라 대답과 삶의 태도가 전혀 다르게 나타난다. 삶이 자신의 태도에 따라 그 방향이 달라지기 때문이다. 일상적 삶은 살기 위해서 사는 것이다. 산다는 것은 그 무엇을 위해서가 아니라 자신을 위해서이다. 인간은 살아야만 하는 운명을 가지고 태어난다. 태어남은 인간 스스로의 결정이라기보다 운명적이라 할 수 있다.

인간은 태어나면서 살아야만 하는 운명이다. 인간은 태어나면서부터 시작되는 운명의 끝을 알 수 없다. 삶의 끝은 오직 신만이 알 수 있다. 인간으로서 삶의 태도는 생명을 유지하는 것으로부터 출발한다. 하지만 인간은 동물처럼 생명의 연장만을 위해 살지 않는다. 인간은 이성을 통해 독자적인 문화를 만들며 살아간다. 인간이 만들어 낸 문화는 지구상의 다른 생명체와 삶의 방식에서 다르다. 인간에게 삶의 방식은 생각하

면서 사는 삶이다. "나는 생각한다. 고로, 나는 존재한다"라는 데카르트 철학처럼 인간의 삶은 본질적이다.

인간은 사회적 동물이면서 이성적 동물이다. 이성을 가지고 있는 인간은 동물과 다르게 꿈이 있다. 인간의 꿈은 행복을 꿈꾸며 삶의 목표를 만들어 낸다. 삶의 목표는 인간에게 노력을 요구하며 발전해왔다. 인간의 노력이 만들어 내는 땀방울은 삶의 목표를 완성하기 위한 생산의 과정이 된다. 인간의 생산은 매우 독창적이다. 신으로부터 창조된 자연을 스스로 경작하고 활용하는 지혜는 인간만이 가지고 있다. 인간의 지혜는 창의적이다. 창의적으로 발산된 인간의 지혜는 문화와 예술을 꽃피웠다.

인간사회에 있어 예술은 삶의 활력소가 된다. 삶은 예술과 함께 성숙해진다. 예술은 인간이 자신들만의 문화를 위해 만들어 낸 창작활동이다. 예술의 힘은 인간의 합리적 사고에서 나온다. 예술로 뿜어내는 합리적 이성은 독창적인 관점을 만들어 낸다. 신이 자연을 통해 창조의 만족감을 얻듯, 인간은 예술을 통해 아름다움을 얻는다. 신의 창조와 인간의 예술은 비슷한 점이 있다. 신은 말로써 세계를 창조했고, 인간은 예술로써 문화를 창조해간다. 하지만 인간의 예술이 신의 창조를 흉내 낼 수는 없다. 신의 창조는 아무것도 없는 것에서 모든 것을 만드는 순수 창조이다. 하지만 인간의 예술은 있는 것에서 어떤 것을 만들어 낼 뿐이다. 그러나 예술은 인간의 마음을 아름답게 한다. 따라서 예술은 신의 자연처럼 아름답다. 예술의 표현에는 다양한 방법이 있다. 시인은 글로써 대상의 아름다움을 표현하고, 화가는 그림으로 예술을 표현한다. 예술의 표현은 예술가의 사유와 작업에 따라 다양한 방식으로 표현된다.

신이 말로써 세계를 창조했다면, 인간은 기표로 예술을 만든다. 기표는 시, 그림, 조각 등으로 기의起意 된다. 신의 창조는 살아 숨 쉬는 자연이며, 인간의 예술은 예술가의 노력이 묻어난 작품이다. 따라서 예술과 작품은 동일한 창조성을 지닌다. 예술의 창조자로서 인간은 무엇 때문에 사는가? 인간은 예술을 통해 아름답게 살기 위해 사는 것이다. 신의 의지로 만들어진 세상은 참으로 아름답다. 인간의 노력이 만들어 낸 예술도 아름답다. 우리는 자연과 문화의 두 가지 속성 속에서 신의 창조물과 예술가의 영혼이 조화를 이루어낸 사회를 살아가고 있다.

인간이 삶과 예술을 대하는 태도는 솔직하고 진솔하다. 인간의 삶은 자연의 변화처럼 다양하다. 자연이 움직이지 않고 정지된다면 자연이 아니다. 인간의 삶도 이와 같다. 인간은 끊임없이 활동하고 사유하면서 인간이 된다. 인간의 사유는 인간의 의지를 통해 생겨난다. 인간의 의지는 자신의 땀방울만큼 예술의 영혼을 이끈다. 세상을 살면서 노력해도 되지 않는 일은 얼마든지 있다. 노력을 통해 이루지 못한 일도 있는 것이 인간의 삶이다. 헤르만 헤세Hermann Hesse의 "인간은 자연에 내던져진 돌이다"처럼 인간은 자연의 일부분으로서 하나 되는 존재이다. 인간이 자연의 존재 중 하나인 것은 자신을 있게 한 근원성을 포함하고 있다.

유한한 인간으로서 자신의 자존감을 확보하고, 스스로 세계의 주체가 되어 예술을 만들어가는 모습은 신의 눈으로 보아도 아름다울 것이다. 신은 자신의 피조물을 통해 문화를 만들어가는 모습을 지켜보고 있다. 자연으로부터 이룩한 인간의 문화는 눈부시도록 아름답다. 이러한 문화는 하루 아침에 이루어지는 것이 아니다. 문화는 수많은 노력과 시간에 의해 이루어진 역사의 발자취이다.

삶의 속성에서 보면 인간은 참으로 단조로운 일상을 살아간다. 매일 아침, 잠에서 깨어나 반복되는 시간 속에서 하루의 일과를 시작하고 마감한다. 이러한 일상은 나이에 따라 다르다. 유아기는 부모의 보살핌으로 살아가는 일상이며, 청소년기는 학습을 통해 사회의 제도와 관습을 알아가는 시기이다. 그리고 장년기가 되면 사회의 주체로서 자신의 직업을 가지고 생산에 뛰어든다. 이러한 생산의 주체는 장년기에 가장 많이 이루어진다. 장년기가 지나면 인간은 노년기에 접어든다. 노년기는 생산보다는 휴식기이다. 노년의 휴식은 인생의 휴식기이며 삶의 마지막을 정리하는 시간이다. 노년기가 되어 자신의 삶을 뒤돌아보면 거울 속에 비친 자신의 모습에 세월의 허무함을 느낀다. 열정의 청춘은 과거의 시간과 함께 흔적도 없이 사라져 버리고 세월의 인고를 견뎌낸 노년의 모습이 거울 속에 비친다. 거울 속에 비친 나의 모습은 현재의 나일 뿐, 과거의 나는 지나가 버렸고, 미래의 나는 영원히 오지 않는다. 인생에 있어 현재의 시간은 그 어떤 시간보다 중요하다. 우리에겐 오직 현재의 시간만이 존재하기 때문이다. 과거의 시간은 존재했던 기억으로 남고 추억 속에 묻혀 버린다. 그리고 미래의 시간은 영원한 기다림의 시간이 되어 기대감만을 가져온다.

거울에 비친 현재의 나의 모습은 인간의 본질적 모습이다. 거울은 나를 스스로 바라볼 수 있는 유일한 타자이다. 거울 속에 비친 나는 타자를 통해 자아를 인식한다. 하지만 거울 속의 나는 본래의 내가 아니다. 거울 속의 나는 나의 외면적 모습만을 보여줄 뿐 본질적 나는 없다. 인간의 본질은 외형보다 내면적 자아에 있다. 거울은 무엇인가를 비쳐서 대상을 보여주는 과학적 산물이지만 실체가 아니다. 거울 속에 비치는 모든 것들은 대상을 그대로 비추지 않는다. 거울 속에 비친 세계는 대상을 반영할 뿐 속성은 반대가 된다. 거울 앞에서 오른손을 올리면, 거울 속의 나는 왼손을 올린다. 거울을 보는 나의 오른손과 거울에 비친 왼손은 본질이 다른 반사작용이다. 거울 속의 나와 거울을 바라보는 나는 보는 것과 보이는 것의 관계 속에 있다. 이러한 관계는 항상 상대적이다.

사회적 동물로서 인간은 기계가 아니고 살아 숨 쉬는 동물이다. 자본주의 사회에서 우리는 기계가 되어가고 있다. 사회는 끊임없는 노동을 요구하고 있으며 이러한 노동은 사람마다 다르게 나타난다. 육체적 노동과 정신적 노동은 어느 것이 더 힘들고 덜 힘든 것인가의 문제가 아니다. 노동은 모두 다 육체적·정신적 에너지를 소모하기 때문이다. 인간의 노동은 가치의 문제이다. 가치는 인간의 노동에 따라 달라진다. 인간이 죽기 살기로 일하는 삶은 생각조차하기 싫은 삶이다. 인간은 삶을 위해 노동을 택했지, 노동을 위해 삶을 택하지 않았다. 삶은 노동보다 더 중요한 가치를 가지고 있다. 인간으로서 태어나 기계가 아닌 살아 있는 삶을 살아가기 위해서는 자존감을 가져야 한다. 삶의 자존감은 인간의 존재가치를 높여주기 때문이다.

세상의 일상에서 세파에 지친 우리들의 모습을 보면 진정한 삶에 대해 회의를 느낀다. 이러한 불안은 존재에 대한 자존감이 없기 때문이다. "천상천하 유아독존"의 부처님 말씀은 세계 속의 나에 대한 자존감을 일깨워주는 말이다. 부처님의 말씀은 세계 속에서 나의 존재가 얼마나 소중한 것인지를 말해준다. 내가 존재하지 않는 세상은 그 어떤 것도 존재할 수 없다. 내가 없으면 세계도 없고 신도 없다. 결국 나의 존재는 세계의 존재이고 세계는 나를 통해 존재한다. 세계 속의 존재자로서 육체와 정신은 어떠한 삶의 역사를 써 내려가느냐에 따라 달렸다. 인간의 삶은 어두운 흑암의 아무것도 없는 것에서 시작하여, 모든 것을 생산하는 창조의 세계에 잠시 흔적을 남기고 다시 흑암의 세계로 돌아간다.

고대 그리스에는 일상적인 삶을 살아가는 사람들에게 멘토Mentor가 될 만한 소피스트Sophist들이 살고 있었다. 그들은 지식을 팔아 삶을 살아가는 사람들이다. 소피스트들에 대한 평가는 플라톤과 아리스토텔레스에 의해 궤변가라는 의미로 사용되었다. 하지만 소피스트들이 살아가던 시대의 사람들은 그들을 현인이라 불렀다. 대표적인 소피스트로는 프로타고라스Protagoras, BC 480~410, 고르기아스Gorgias, BC 483~376, 히피아스Hippias, BC 460~400, 프로디코스Prodikos, BC 465~399, 크리티아스Kritias, BC 460~413 등이 있다. 인간은 만물의 척도라고 말한 프로타고라스Protagoras는 소피스트의 대표적인 인물이다.

소피스트는 지혜로운 자 혹은 현명한 자라는 의미로 사용된다. 그들은 인간이 가지고 있는 뛰어난 자질을 의미하는 아레테Arete를 가르쳤다. 당시 정식 학교가 없는 상황에서 이들은 문학, 논리학, 윤리학, 의학, 기하학 등을 가르쳤다. 고대 그리스인들은 소피스트들의 언술을 통해 삶의 지혜를 깨닫고 삶의 방향을 결정하기도 하였다. 하지만 플라톤은 소피스트들에 대해 냉혹하게 평가했다. 그들은 진리를 중요하게 생각하기보다 논쟁에서 이기는 것만을 가르쳤고, 논증의 방식은 반대 논증을 제시해 두 논증이 모두 참이 되도록 주장하는 반反 논리적 교육이라고 비판했다. 헤겔은 소피스트들의 철학에서 정립에 대한 반정립을 제시하며 변증법으로 활용했다. 이처럼 고대 소피스트들이 제시한 다양한 이론들은 인간이 이성적 인간이 되기 위한 초석이 되었다.

인간에게 있어 노력이란 삶을 살기 위한 열정이다. 이러한 열정도 삶의 목표가 명확하게 설정되어 있어야 가능하다. 삶의 본질적 사유 없이 그냥 살기 위해서 노력한다는 것은 삶의 가치를 저하시킨다. 삶은 결과도 중요하지만 과정도 중요하다. 자신의 일생에서 주어진 삶을 어떻게 살아왔는가, 어떻게 살아갈 것인가는 삶에 있어 매우 중요한 문제이다.

물질과 정신이 혼재된 현대사회에서 물질의 풍요만을 추구하는 것은 추해 보인다. 물질은 삶에 있어 생존을 위해 중요한 것이지만 삶 자체는 아니기 때문이다. 물질은 솔로몬Solomon 왕의 말처럼 "헛되고 헛되니 모든 것이 헛되도다"에서 잘 나타난다. 세상에 태어나 모든 권력과 부귀를 누린 솔로몬 왕도 공수래공수거空手來空手去인 인생 앞에서 물질과 권세의 허무함을 알았다. 인간으로서 삶의 가치를 힘, 권력, 물질 등에 두는 사람들은 그 끝을 허무하게 마무리할 것이다. 우리는 나약한 인간으로서 삶의 존재 의미를 다시 한 번 생각하면서, 인간은 무엇 때문에 사는 것인가에 대해 스스로 묻고 답하는 시간을 가져야 한다.

13

:

인식의 가치에 대한 상대성

한 번도 묻지 않고 무심코 바라만 보았던 세계

보이지 않는 곳! 개미가 나타났다. 어디서 오는 것일까? 한 번도 묻지 않고 무심코 바라만 보았던 세계. 수많은 생명체들이 서로의 영역에서 자신의 방식으로 살아간다. 곁에 있어도 보지 못하고 가까이 있어도 인식하지 못하는 우리들! 무엇을 보기 위해 신은 우리에게 눈을 주셨을까? 주변에 있으면서도 생명체로서 인정받지 못하고 그저 벌레로 치부되어 버리는 개미들! 그들의 운명은 일순간 일어나는 사건에 의해 결정된다. 각자의 생명은 스스로의 운명을 타고 태어난다지만 벌레로 치부되어 예정 없이 짓밟히는 운명은 무엇이란 말인가? 그들에게도 인간의 영혼처럼 아픔이 있다.

인간은 눈에 보이는 것만을 보려고 하지만, 개미는 자신의 세계를 본다. 인간 세계와 달리 개미의 세계는 단순하고 명확하다. 그들은 자신의 영역에서 적당한 노동을 최고의 가치로 삼는다. 그들의 눈에 비치는 세계는 너무 크지도 않고 작지도 않다. 그들에게 세계는 적당한 안식처와 노동이면 충분하다. 그들은 스스로의 역할과 능력에 맞게 일하고 생활한다. 그들은 자신이 가야 할 방향과 목적지를 명확히 알고 있다. 험난한 장애물이 앞을 가로막아도 그것을 극복하고 그 길을 간다. 그들이 가는 길은 꿈과 이상이 교차하는 길이다. 개미들의 꿈은 그들이 감당할 만한 세계에 있고, 자신에게 주어진 세계의 틀 안에서 주어진 삶을 살아간다.

인간이 가고자 하는 길은 무엇인가? 인간은 개미가 보지 못하는 또 다른 세계를 본다. 그 세계는 인간만이 가지고 있는 이성의 세계이다. 우리는 세계 속에서 무엇을 찾고자 하는가? 한 번도 묻지 않고 무심코 바라보았던 자연. 말 없는 자연은 침묵을 통해 우리를 바라본다. 자연의 침묵 속에 인간의 의식은 스스로를 반성하며, 자연과 하나 된다. 자연과 하나 된 의식은 인식의 틀 안에서 세계를 바라본다. 세계를 향한 인간의 의식은 지각을 통해 인식하고 관념을 형성한다. 관념은 인식의 바탕 위에서 세계와 소통한다. 인간과 자연의 소통 속에서 우리의 인식은 무엇을 향하고 있는가?

보라! 세계의 창조 속에서 신은 무엇을 기다린단 말인가? 산을 오르며, 길을 걸으며, 쉽게 다룬 우리의 발걸음! 무심코 내딛는 발자국 속에서 개미들의 운명은 재앙이 되고 종말이 된다. 한 치 앞도 알 수 없는 그들의 운명! 대지에 발을 딛는 것은 인간의 자유지만, 그 발걸음에 의미 없이 빼앗긴 수많은 생명체들! 그들의 운명은 어디서 보상을 받을 수 있단 말인가? 하나의 생명체로 세상에 태어난 존재들, 인간과 달리 벌레들의 생명은 왜 인간의 발길 아래 있는 것일까? 그들의 운명은 자신들의 의지와 관계없이 인간의 발 아래 있다. 그들은 한 번도 본 적이 없는 인간의 발걸음에 짓눌려 생을 마감한다. 인간의 발걸음에 형체도 없이 사라져간 생명체들! 우리는 그들을 벌레라고 부른다.

만약, 인간이 개미가 되고 개미가 인간이 되어 커다란 발걸음으로 인간의 머리 위를 걸어 다닌다면 어떨까? 개미의 발걸음에 깔린 인간의 모습. 살기를 갈망하며 아우성치는 울부짖음은 개미들의 비명보다 훨씬 더 요란스러울 것이다. 인간과 개미가 뒤바뀐 세계! 만약, 인간이 이런 상황을 맞이한다면, 신을 원망하고 자신들의 운명을 원망할 것이다. 하지만 개미는 인간을 탓하지 않고, 운명도 탓하지 않는다. 그들은 주어진 운명을 그대로 받아들인다. 삶에 있어 세계의 중심은 어디에 있는가? 개미의 중심은 개미에게 있고, 낙타의 중심은 낙타에 있다.

끝없는 인간의 독주! 강자가 독식하는 세계는 인간의 욕망이 만들어 놓은 세계일 뿐이다. 이러한 욕망은 자연을 파괴하고 궁극에 가서 자신도 파괴된다. 인간의 독주는 신과 인간의 관계에서도 마찬가지이다. 인간은 신의 의지와는 관계없이 자신만의 생각으로 신을 창조한다. 그들은 신을 기만하고 자신이 신이 되고자 한다. 어떤 이들은 신이 되기를 넘어, 자신이 신이라고 단정한다. 신과 인간의 관계는 자연과 인간의 관계에서도 그대로 작용한다.

세계의 중심에서 보편자의 지위를 획득한 인간은 무엇 때문에 사는가? 인간은 이성 중심의 사고를 통해 세계의 주인임을 선언한다. 하지만 인간의 이성이 세계의 중심이라고 생각하는 것은 편견이다. 편견으로부터 벗어나 세계의 중심을 보라! 세계의 중심은 어떤 누구에게 치중되어 있지 않고 상대적이다. 우리가 가지고 있는 감각적 경험을 잠시 멈추고 주위를 보라! 세계는 우리가 보지 못하고 느끼지 못했던 수많은 생명체들이 공존하고 있다. 하지만 우리는 이들을 벌레라는 미명으로 치부하고 있다. 이러한 생각은 인간 중심의 사고가 빚어낸 산물이다.

만물이 소생하는 세계의 중심에서, 인간은 무엇으로 삶의 중심에 설 수 있는가? 그것은 인간의 인식 능력 때문이다. 우리의 인식 능력은 창조주의 존재를 믿고 자연의 실체를 확신하는 것이다. 인간의 이성은 자연에 존재하는 모든 생명체가 소중하다는 것을 깨달아야 한다. 세계의 중심에 선 인간의 행동은 우주의 생태계를 위협한다. 세계의 역사는 오랜 시간 동안 이루어진 결실이다. 하지만 파괴는 일순간에 일어난다. 자연의 현상은 미래를 예시하는 현재의 계시이다. 인간은 자연이 주는 경고의 메시지를 되새겨 보아야 한다. 자연의 경고 속에서 인간의 발걸음은 어디를 향하는가? 우리의 의식은 눈에 보이는 것을 넘어 신의 의지로 향한다. 신은 자연과 소통하며 끝없는 의식을 세계에 보내고 있다. 세계는 이러한 의식의 연결을 통해 신과 소통한다. 신은 자연과 소통하고 자연은 인간과 소통한다. 이것이 세계이다.

소통은 인간의 관념에서 생겨나며 상대적이다. 상대적 인식은 상대주의 이론을 이끌어낸다. 상대주의는 객관적 실재를 감각, 의지, 표상으로 보는 주관적 관념론이다. 상대주의적 인식 능력은 객관적 실재의 부분만을 인식할 뿐 전체를 인식할 수 없다. 왜냐하면, 본질은 상대적으로 파악될 수 없기 때문이다. 본질은 본질 그 자체로 성립된다. 상대주의는 인간의 관념과 생각에 따라 가치판단의 기준이 달라진다. 상대주의는 세계의 절대적 타당성을 부인하고 상대주의라는 입장을 견지하며 절대적 진리를 부정한다.

고르기아스Gorgias와 프로타고라스Protagoras가 추구하는 상대적 가치는 인식의 가치에 대한 상대성이다. 고르기아스는 허무주의자로도 유명한데, 그는 자신의 저작인 『비존재에 관하여』에서 다음과 같이 말하고 있다. "아무것도 존재하지 않는다. 비록, 그것이 존재하더라도 인식되지 않는다. 만약, 인식되더라도 그것을 다른 사람에게 전달할 수 없다." 고르기아스는 인식의 문제에 있어 상대성을 주장한다. 아무리 뛰어난 인간이라도 그들이 갖는 믿음은 상대적 주장일 뿐이며, 진리가 될 수 없다.

프로타고라스는 인간은 개별적 시각에서 모든 것을 판단해야 한다고 주장한다. 그는 인간을 만물의 척도로 보았다. 세상의 모든 판단 기준에 인간이 있으며, 모든 지각과 판단은 개인에 따라 상대적임을 의미한다. 그의 사상은 상대적 인식론의 대표적 사상이다.

개미와 인간이 하나의 실체로서 상대적 존재인 것처럼, 인간이 만물의 척도가 되기 위해서는 자연과 하나 되어야 한다. 과학의 맹신을 믿고 자연을 넘어서려는 인간의 자만은 반성의 시간을 가져야 한다. 인간은 자연 앞에 순수의식으로 하나가 되어야 한다. 인간은 자신의 관념에서 벗어나 자만을 반성하고, 내면의 소리에 귀 기울여야 한다. 인간의 내면에는 반성이라는 무기가 있다. 반성은 상대적 지식을 절대적 지혜로 안내하는 통로와 같다.

프로타고라스의 일화 중 상대주의적 주장을 엿볼 수 있는 유명한 일화가 있다. 어느 날, 한 청년이 프로타고라스에게 돈이 없어도 논법을 배울 수 있는지 묻는다. 그러자 프로타고라스는 "그것은 청년 하기에 달려 있다"라고 말했다. 프로타고라스는 청년에게 수업이 끝나고 자신이 수업을 통해 배운 능력으로 재판을 해서 이기면, 그 돈으로 수업료를 지급하는 조건으로 수업을 듣게 해주었다. 그러나 청년은 수업을 마치고도 어떤 재판도 참여하지 않고 놀기만 했다. 이러한 청년의 행동을 보고 화가 난 프로타고라스는 청년을 고소하면서 말했다. "어차피 너는 수업료를 지불하게 되어 있다. 만약 재판에서 이기면, 나와의 계약을 이행하는 것으로 수업료를 지불하고, 재판에서 지면, 재판의 결과에 따라 수업료를 물어야 하기 때문이다."

그러자 청년은 프로타고라스의 주장에 반하여 수업료를 물 필요가 없다고 주장했다. 만약 자신이 재판에 이기면 수업료를 내지 않아도 된다는 판결을 얻고, 재판에 지면 계약에 따라 재판에 졌기 때문에 수업료를 묻지 않아도 되기 때문이다. 이들의 생각은 말하는 쪽과 듣는 쪽 모두 서로 다른 상대적 인식의 차이를 보여준다. 이들은 동일한 하나의 사건을 두고 서로 다른 상반된 의견을 주장하며 인식의 상대성이 어떻게 다른지를 보여준다.

제2부

소크라테스·플라톤·아리스토텔레스의 위로

14

정의로운 국가

소크라테스의 정의와 국가

인간은 과학적 사고를 통해 자연상태로부터 독자적 문화를 만들어왔다. 인간이 만들어 낸 문화는 자연과 함께 새로운 시대를 이끌어 현재에 이른다. 혹독한 자연으로부터 생존을 위한 투쟁은 인간의 본능이다. 이러한 본능은 자연상태에서 생을 위한 투쟁이 된다. 인간은 생존을 위해 본능적으로 생의 투쟁을 시작했다. 생의 본능은 신으로부터 주어진 필연적 본능이다.

생의 본능에 있어 인간은 도구를 발명하면서 타 동물과 차별화된 문화를 만들어왔다. 도구의 발명은 강자로부터 자신을 보호하는 생존의 수단이다. 도구의 영향으로 인간은 약육강식의 자연상태로부터 자유롭게 되었다. 자연상태로부터 독립된 문화를 만들어 낸 인간은 만물의 영장靈長이라는 지위를 획득했다. 만물의 영장인 인간은 자연의 법칙에 따라 스스로가 지켜야 하는 규칙을 만들었다. 이러한 규칙이 인간의 질서이다. 자연법은 인간이 만든 규칙보다 본질적이며, 세계의 원리를 포함하고 있다.

자연상태에서 생명을 갖는 모든 생명체는 생존을 위해 끊임없이 투쟁해야 하는 운명을 가지고 태어난다. 살아 있는 동물들은 생명을 유지하기 위해 먹이를 찾고, 식물들은 자연으로부터 에너지를 얻어 삶을 유지 시켜 나간다. 자연이 주는 에너지는 물질적이며 초월적이다. 물, 불, 흙, 공기를 포함하여 빛의 세계는 모든 생명의 원리를 유지시켜 나가는 원동력이 된다. 이러한 세계질서는 생명이 순환하는 원리이다. 자연으로부터 생명체가 존재하기 위해서는 질서가 유지되어야 하며, 이러한 질서는 세계를 조화롭게 발전시킨다.

자연법에 따라 신으로부터 부여된 질서의 개념처럼 인간사회에도 문화적 질서가 있다. 문화적 질서의 개념은 정착 생활을 시작하는 신석기 시대 때부터 내려왔다. 가족의 단위에서 부족의 단위로 변하는 정착 생활은 공동체가 만들어 내는 질서의 체계이다. 질서의 체계는 가족의 구성단위를 넘어 부족의 구성단위로 발전하며, 결국에 가서는 국가와 세계의 질서로 귀결된다. 국가의 질서가 생겨나기 위해서는 가족의 단위가 중요하다. 가족의 단위는 가장 작은 집단으로 형성되며 혈연 중심으로 맺어져 필연적 운명을 갖는다. 이러한 가족의 구성단위는 부족사회가 되면서, 좀 더 집단적 질서를 요구받게 되었다. 공동체의 질서는 서로가 서로를 존중하며 지켜야 하는 규약이다. 만약 공동체의 구성원으로서 이를 어기면 처벌을 받게 된다. 이러한 처벌의 규정은 사회와 국가의 기본적 질서가 된다. 이제 공동체로부터 만들어진 질서와 규칙은 구성원으로서 반드시 지켜야 할 구속력을 갖게 되었다. 만약 공동체의 구성원으로서 질서와 규칙을 벗어나면 사회적으로 탄압을 받거나 처벌을 받는 것이 당연한 규칙이 되었다.

규칙을 중시하는 공동체 사회에서 국가로의 발전은 인류문명에 커다란 변화를 가져왔다. 인류문명의 시작인 공동체의 구성은 부족사회에서 국가사회로 발전하면서 공동체의 의미를 더욱 강화시켰다. 국가의 단위는 부족의 단위에 비할 수 없는 복잡한 구조로 발전하였다. 부족의 단위에서 지켜야 할 것은 가장 단순하면서도 기본적인 규칙이 있다. 하지만 국가는 부족의 질서와 다르게 복잡한 구조를 가지고 있다. 국가는 많은 부족들이 모여 커다란 공동체를 이루는 것으로 한층 복잡하고 다양한 규칙과 제도가 필요하다. 이러한 규칙과 제도는 법이라는 이름으로 구체화되었다.

법치국가에서 규칙과 제도는 구성원으로서 반드시 지켜야만 하는 약속이다. 만약 공동체에서 질서와 규칙이 없다면 국가는 혼란을 초래하게 되고, 결국 분열되거나 파괴될 수밖에 없다. 이제 질서와 규칙이 존재하는 국가는 정의가 존재하는 사회가 되었다. 정의란 구성원들과의 합의에 의해 이루어진 올바른 질서를 지키는 것이다. 하지만 국가의 정의는 개인이나 집단의 이익에 따라 개념과 판단이 달라지면서 정의의 개념은 모호하게 바뀌게 된다. 정의의 본질적 개념은 주관적 판단에 따라 흔들릴 수 없는 명확한 개념이지만, 만약 정의가 주관적 판단에 따라서 달라지게 되면 정의의 개념은 혼동을 가져올 수 있다.

정의의 개념을 잘못 해석하고 집단과 개인의 이익에 따라 정의의 개념을 달리한다면, 그것은 정의가 될 수 없다. 국가를 운영하는 힘을 가진 사람들은 공동체의 범위 내에서 정의로운 판단에 의해 국가를 운영해야만 정의롭다고 할 수 있다. 하지만 정의의 개념이 도시국가로 발전하면서 개인이나 집단의 이익에 따라 서로 다른 해석을 내놓게 된다. 정의에 대한 이중적 해석은 정의의 개념을 논쟁의 상태로 만들어 버렸다. 이제 국가의 정의는 자연상태에서 보여준 정의의 본질을 벗어나 상대적 개념이 되어 버렸다. 하나의 절대적 개념이 상대적 개념으로 변하면서 정의는 집단과 개인의 이익을 위한 논리적 해석에 불과한 것으로 전락해 버렸다. 정의의 개념은 인간의 이중적 해석으로 인해 모호한 상태가 된다.

정의의 개념이 자연상태를 벗어나 문화적 상태에 들어서면 그것을 해석하는 방식이 달라진다. 정의의 개념이 국가 속으로 들어오면 정의는 공동체의 구성원에 이익이 될 수 있도록 사회적 합의 속에서 만들어져야 한다. 정의가 정립된 국가의 구성원은 질서와 규칙에 따라 자신의 의무를 다하면서 동시에 자유를 가진다. 정의가 정립된 국가의 구성원들은 국가의 보호 아래에서 자신의 의무를 다하며 공동체적 삶을 살아가야 한다. 이러한 규칙과 질서가 국가를 유지하는 힘이 된다.

지금으로부터 약 2,500년 전 소크라테스Socrates:BC 470~BC 399는 국가의 탄생을 인간의 필요에 의해 생겨난 집단의식으로 보았다. 인간이 국가를 통해 집단생활을 하면서 가장 먼저 해결해야 할 것은 의·식·주였다. 국가의 구성원으로서 국민은 세 가지 조건이 만족되었을 때 행복을 느끼며 국가에 충성할 수 있다. 국가의 공동체에서 개인의 만족은 구성원의 안정이 뒷받침되어야 한다. 이러한 체계가 국가의 정의이다.

정의의 개념에 대한 논의에서 고대 철학자 소크라테스는 케팔로스Cephelus에게 진정한 정의란 무엇인지를 물었다. 소크라테스는 "정의란 빌린 것을 갚거나 거짓말하지 않는 것이라고 봐도 될까요? 아니면 장소와 시간에 따라서 이럴 땐 이렇고 저럴 땐 저런 것이 정의일까요?"라고 질문했다. 그의 질문은 국가에 있어 정의의 의미가 무엇인지를 묻는 질문이었다. 그의 질문은 정의의 본질적 개념이 상황에 따라 다르게 판단되고, 진실과 왜곡을 반복해 나가는 자의적 해석에 대한 의구심에서 출발하였다.

소크라테스가 보았을 때 정의의 본질적 개념에서 하나의 진리란 하나의 의미를 담고 그 의미는 어떠한 상황에서도 흔들리지 않은 것이어야만 한다는 것이다. 정의가 본질을 벗어나 해석자의 자의성에 의존한다면 정의는 상대적 개념에 불과할 뿐이다. 본질적 의미에서 정의란 모든 사람에게 이로우며, 불의하지 않은 것이다. 만약 정의의 개념이 누구에게는 이롭고 누구에게는 이롭지 않은 것이라면, 정의의 개념은 본질로 정립될 수 없다. 본질에 대한 정의의 개념이 부정할 수 없는 하나의 개념으로 정립되지 않는다면, 그러한 개념은 잘못된 개념이라고 할 수 있다. 우리가 살고 있는 세계에서 정의의 개념이 수많은 의미로 해석되고 있는 것을 보면, 정의라는 말을 사용하는 것에 대해 회의를 느끼지 않을 수 없다.

다양성이 존재하는 현대사회에서 본질적 정의의 의미는 알 수 없는 미궁 속으로 빠져들게 만든다. 국가를 운영하며 권력을 가진 자들은 저마다의 목소리로 정의의 개념을 정립한다. 그러나 이러한 주장은 그들의 주관적 판단이거나 이익에 의존하여 내려진 판단들이다. 하나의 정의가 서로 다른 주장에 의해 논쟁으로 발전한다면 그것은 정의가 될 수 없다. 하나의 본질에 서로 다른 의견은 부분적 이익을 우선시하는 주관적 주장일 뿐이다. 주관적 판단은 정의의 개념을 해석하는 사람들의 입장만을 반영하여 결론에 도달하는 것이다. 만약 정의가 개인과 집단의 이익만을 우선한다면 국가의 정의는 본질적 의미를 상실할 수밖에 없다.

소크라테스와 트라시마코스Thrasymachus의 대화에서 트라시마코스가 주장하듯이 정의가 강자의 이익을 대변한다면 정의는 지배계급의 통치 수단이 될 뿐이다. 그리고 정의가 국가의 힘에 의존한다면 구성원 모두는 통치자의 생각에 복종해야만 한다. 이러한 국가에서 통치자의 생각은 정의가 되어 버린다. 하지만 이러한 생각은 편협한 주관적 생각일 뿐 정의의 본질이 될 수 없다. 진정한 정의란 누구의 이익에도 좌우되지 않고 본질적이어야만 한다. 본질적 정의가 기본이 되는 사회에서 진정한 의미의 통치자는 자신의 이익만을 내세우지 않고 국가와 국민의 이익을 우선 생각한다. 국가에 있어 통치자와 정의의 개념이 중요한 것은 이러한 이유에서이다. 한 사람의 정의로운 통치자는 많은 사람을 정의롭게 만들기 때문이다. 따라서 통치자는 어떠한 개인적 이익에도 흔들리지 않는 정의로운 사람이어야 한다.

플라톤은 통치자의 조건으로 철학자를 들고 있다. 통치자가 되기 위해서는 철학자이거나, 철학을 배우거나, 철학을 알려고 하는 자만이 통치자의 덕목을 가지고 있다고 보았다. 이러한 의미는 통치자의 역할에 철학적 사유가 중요하다는 것을 말한다. 정의의 개념이 정립되지 않은 통치자의 잘못된 결정은 국민을 불행하게 만들 수 있다. 따라서 통치자가 정의의 본질에 다가서야 하는 이유는 통치자의 힘을 국민으로부터 부여받기 때문이다. 국민으로부터 존경받는 통치자는 소수의 이익을 대변하기보다 다수를 생각하며 올바른 정신을 소유하여야만 한다.

본질적 정의가 뿌리내린 국가는 어떤 기술이나 통치가 그 자신에게 이익을 주는 것이 아니라, 그 대상에게 이익이 되어야 하며, 통치는 통치의 대상에게 이익을 주고 기술은 기술의 대상에게 이익이 되어야 한다. 국민으로부터 힘을 부여받은 통치자는 자신의 이익이나 강자의 생각을 대변하는 것이 아니라 국민의 이로움을 생각해야만 한다. 만약 통치자가 이러한 생각을 가지고 행동한다면 국민은 통치자를 믿고 따를 것이다. 따라서 진정한 통치자는 자신의 이익을 돌보지 않고 대상의 이익을 돌보는 것을 원칙으로 삼는다.

현대사회는 자본주의의 팽배 속에 정의의 개념이 퇴색되어 버린 듯하다. 끝없이 쏟아져 나오는 의혹의 테두리 속에 맴도는 정의의 개념은 두 개의 서로 다른 모습으로 우리 사회에 자리 잡고 있다. 하나의 사건이 발생되면 언제나 두 개의 의견이 상충하고 서로의 주장만 난무한다. 신이 아닌 인간으로서, 하나의 사건이 발생하면 어떤 것이 진실이고 어떤 것이 거짓인지 알 수가 없다. 때론 진실이 다수의 주장에 의해 묻혀 버리거나 서로의 이익에 의해 거짓이 될 수 있기 때문이다. 하나의 사실에 두 개의 진실이 있을 수 없다. 하나의 주장이 진실이면 다른 하나의 주장은 거짓임에 틀림없다. 정의의 본질이 살아 있는 국가에서 정의는 힘 있는 사람의 편이 아니고 언제나 변치 않는 진실 속에 자리한다. 서로 다른 주장에 대한 진실은 서로 다른 주장을 하는 사람들 마음속에 있다. 하나의 사실이 두 개의 주장 속에 논쟁을 일으킬 때 그 진실을 가장 잘 아는 사람은 서로 다른 주장을 하는 그 사람들의 마음속에 있다.

어떠한 사실을 주장하는 두 가지 유형을 보면 하나는 자신이 변치 않은 사실을 알고 있기 때문에 이야기하는 것이며, 다른 한쪽은 거짓인 줄 알면서도 어떠한 목적 때문에 거짓을 진실처럼 주장하는 것이다. 만약 진실의 논쟁에 있어 이러한 두 종류의 사람에 속하지 않는다면 그 사람은 자신의 주장이 진실인지 거짓인지도 모르면서 무조건적으로 개인과 집단의 이익에 따라 움직이는 사람일 것이다.

현대사회에서 가장 경계해야 할 사람이 바로 세 번째 사람이다. 거짓을 알면서도 진실인 것처럼 주장하는 사람은 양심에 따라 죄책감을 갖게 된다. 하지만 세 번째 사람은 진실과 거짓의 경계를 넘어 무지함을 정의로 착각하고 움직이는 사람으로 정의로운 국가에서 가장 경계해야 할 종류의 사람들이다. 현대사회를 살아가는 우리들에게 인간이 인간으로서 후회 없는 삶을 살기 위해서는 정의로운 사회가 기본이 되어야 한다.

15

믿음은 마음이 갖는 가장 순수한 해석

소크라테스의 개와 이리의 이야기

믿는 것과 믿으려고 하는 것, 믿게 만드는 것은 어떠한 사실에 대한 생각의 차이에서 생겨난다. 믿음은 마음으로부터 우러나오는 확신으로, 해석에 따라 서로 다른 결론에 도달한다. 믿음의 확신은 경험적 관념과 선험적 관념이 마음속에서 복합화되어 나타나는 결과이다. 상대에게 믿음을 주는 행동은 상대의 마음을 감동시키며 확신을 심어준다. 믿음은 마음으로부터 시작하여 확신으로 결론난다.

믿음에 대한 약속은 개인과 개인, 사회와 사회, 국가와 국가 간에서도 동일하게 적용된다. 믿음에 대한 사회적 통념은 신뢰를 기반으로 한다. 신뢰가 동반되지 않는 관계는 어떤 믿음도 이끌어 낼 수 없다. 인간관계에 있어 신뢰의 기반이 무너지면 아무리 좋은 말도 믿음을 줄 수 없다. 믿음을 줄 수 없는 달콤한 말은 상대를 속일 수 있지만, 결국 악취를 풍기며 거짓이 드러나 버린다. 달콤한 말로 상대를 속이는 사람은 그 사람의 마음을 얻을 수 없다. 믿음에 대한 마음은 서로의 신뢰에서 싹트기 때문이다.

믿음은 마음이 갖는 가장 순수한 해석으로 진실을 기반으로 한다. 진실은 어떠한 상황이나 조건에도 흔들리지 않는 마음이다. 만약 상대에게 거짓을 말하면, 처음에는 상대를 속일 수 있지만, 결국엔 들통 나 버린다. 상대와의 관계에 있어 한 번 깨진 신뢰는 회복하기 어렵다. 우리의 인간관계도 이와 같은 신뢰를 바탕으로 형성된다. 신뢰의 문제는 믿음의 문제이다. 믿음은 신뢰를 기반으로 마음속 깊은 곳에서 우러나오는 작용이다. 믿음에 대한 신뢰의 상실은 깨진 도자기와 같다. 한 번 깨진 도자기는 어떠한 방식을 통해도 원형의 자리를 찾을 수 없다.

인간관계의 신뢰처럼 도자기에 대한 믿음은 도공의 노력과 진심으로부터 나온다. 도공은 자신의 땀과 노력으로 흙을 빚고 정성을 다하여 도자기를 만든다. 그리고 그것을 가마에 구워서 혼을 담은 그릇을 완성한다. 정성 들여 만들어진 도자기는 노력의 결실이 도자기에 배어 있다. 사용자는 도공의 노력에 믿음을 갖게 된다. 도공과 사용자의 신뢰는 이러한 관계를 통해 형성된다. 하지만 믿음도 신뢰가 깨져 버리면, 도자기와 사용자의 관계처럼 깨져 버린다. 깨져 버린 도자기는 사용가치를 상실한다. 인간관계도 이와 같다. 상대의 믿음에 대한 신뢰가 깨져 버리면 회복 불가능한 상태가 된다. 신뢰가 회복되더라도 둘의 관계는 커다란 상처를 남긴다. 이렇게 얻어진 상처는 영원히 사라지지 않고 기억 속에 머문다.

인간과의 관계에 있어 믿음은 많은 시간이 필요하다. 한 사람에게 믿음을 주기 위해서는 수많은 관계가 형성되고 그 관계 속에서 서로의 신뢰가 쌓인다. 하지만 이렇게 쌓인 신뢰와 믿음이 깨져 버리는 것은 일순간이다. 오랜 시간을 통해 쌓아온 신뢰도 믿음에 대한 신뢰가 깨지면 일순간 사라진다. 신뢰는 믿음을 가져다주는 요인이 된다. 사람과 사람의 관계에서 신뢰만큼 믿음을 주는 것은 없다. 인간관계에 있어 믿음을 주는 것은 어떻게 가능한가? 그것은 진실된 마음이다. 어떠한 사건에 대해 믿음을 주는 것은 믿게 만드는 것이 아니라 믿을 수 있도록 확신을 주는 것이다. 확신은 믿으려는 사람의 판단에 정확성을 더하는 것으로, 어떠한 근거나 증명을 통해서 가능하다. 사람들에게 무조건 믿으라고 하는 것은 모순을 가지고 있다. 믿을 수 없는 사실을 무조건 믿으라고 강요할 때, 사람들은 사실에 관계 없이 의구심을 갖게 된다.

세상을 현혹하는 사람들은 그럴듯한 말로 상대를 현혹하려 한다. 말은 상대를 현혹시키는 힘을 가지고 있다. 왜냐하면, 신은 말씀을 통해 세상을 창조하였기 때문에 인간은 말에 대한 기본적 신뢰를 가지고 있다. 타락한 인간은 이러한 약점을 이용하여 온갖 좋은 말을 사용해 상대방의 마음을 얻으려 한다. 이런 사람의 말은 가식으로 가득 차 있다. 하지만 가식은 금방 들통 나 버린다. 왜냐하면, 가식적 말은 사심을 갖고 있기 때문이다. 사심을 가지고 있는 사람은 자신의 말에 대한 책임을 두려워하지 않는다. 책임감을 갖지 않는 사람은 신뢰의 중요성을 모르기 때문이다.

말은 인간을 설득하기에 가장 좋은 수단 중 하나이다. 하지만 쉽게 쓸 수 있는 말이라고 해서 무조건 내뱉으면 안 된다. 말은 순수의 영역에 속하는 고귀한 것이기 때문이다. 하지만 세상을 타락시키는 사람들은 말을 거침없이 쓴다. 그들은 후일을 생각하지 않고 오직 순간만을 생각하기 때문이다. 가식적 세계의 사람은 오직 자신의 이익만을 중요하게 생각한다. 이러한 사람들은 사회를 타락시키고 상대에게 실망과 허무를 안겨준다.

말에 대한 역사는 신의 역사로부터 시작되었다. 태초에 신은 말씀으로 세상을 만들었다. 신의 말씀은 로고스Logos이다. 신은 혼돈의 상태에서 첫째 날, 빛을 창조하시고, 둘째 날, 궁창을 만드시고, 셋째 날, 바다와 육지를 만드시고, 넷째 날, 해 달 별을 만드시고, 다섯째 날, 물고기와 새를 만드시고, 여섯째 날, 각종 짐승들과 사람을 창조하셨다. 이처럼 세상 모든 만물은 신의 말씀으로부터 창조되었다. 따라서 말은 초월적이며 창조의 영역에 들어가는 순수하고 고귀한 것임에 틀림없다. 하지만 인간은 신의 속성을 담고 있는 고귀한 말을 함부로 사용한다. 그들은 말의 역사가 창조로부터 시작되었음을 부인하고, 인간의 짧은 혀를 이용해 달콤한 말로 세상을 현혹한다. 하지만 이러한 현혹은 금방 들통 나버린다. 왜냐하면, 현혹의 말은 순간을 모면하기 위해 내뱉는 말로써 진실을 감출 수 없기 때문이다.

태초에 신의 말씀은 순수의 영역에서 시작되었다. 하지만 인간의 말은 순수의 영역을 벗어나 소통의 영역이 되었다. 순수에서 소통으로의 전환은 말의 사용 방식에 따라 달라진다. 좋은 말은 선을 가져와 사랑, 우정, 믿음 등으로 발전하고, 나쁜 말은 악을 가져와 살인, 폭행, 사기 등으로 발전한다. 한 사람의 입에서 나온 같은 말도 듣는 사람에 따라 다양한 감정을 불러온다. 말의 다양성 속에서 사랑이 담긴 말은 기쁨을 불러오고, 증오가 섞인 말은 슬픔을 불러온다. 이처럼 말의 차이는 사람의 감정을 다스리며 사회적 언어가 된다. 좋은 말이 오가는 사회는 신뢰와 믿음이 싹트는 사회가 되고, 나쁜 말이 오가는 사회는 질투와 탐욕의 사회가 된다.

소크라테스Socrates, BC 470~BC 399와 글라우콘Glaucon의 이야기에서 양치기와 개의 이야기는 많은 사람들에게 교훈이 된다. 한 마리의 개가 양치기를 돕고 양을 지켜준다면 이로운 개라 할 수 있지만, 그 개가 어떤 이유로든 양을 지키기보다는 양을 해치는데 주력한다면, 그 개는 이리라고 할 수 있다. 개와 이리의 차이는 명확하지 않지만, 이 둘의 차이는 선함과 악함으로 분류된다. 이리의 선함은 개가 되고 개의 악함은 이리가 된다. 행동의 선함과 악함은 개와 이리의 구분을 명확하게 한다. 인간의 말도 개와 이리의 관계처럼 이중적이다. 인간의 탈을 쓰고 이리의 마음으로 상대를 속이려 한다면, 인간의 탈을 쓴 이리에 불과할 뿐이다. 하지만 이리의 얼굴을 가지고 있으면서도 선한 마음으로 상대에게 덕을 베푸는 사람이라면, 그러한 사람은 선한 사람임에 틀림없다. 이처럼 인간의 평가는 인상에 따라 인격이 결정되지 않고 마음가짐에 따라 품격이 결정된다.

현대사회에서 발생하는 많은 사건들과 논쟁들은 때론 개의 이로움과 이리의 타락함을 동시에 갖고 있다. 인간이 갖고 있는 개와 이리의 양면성은 행동하는 양심에 따라 상대적 성격을 가진다. 세상에 모든 원인들은 결과를 동반한다. 원인과 결과의 좋고 나쁨은 상대의 말에 따라 달라진다. 국가의 권력도 이와 같다. 좋은 권력이 정의로운 일에 쓰이면 이로운 세상이 되고, 나쁜 곳에 쓰이면 악한 세상이 된다. 좋고 나쁨은 그것의 쓰임새에 따라 구분된다.

소크라테스는 힘을 갖는 통치자는 꼭 필요한 것만을 갖도록 해야 하고 과도한 사유재산을 가져서는 안 된다고 말한다. 왜냐하면, 통치자는 통치자가 되는 순간 신으로부터 부여받는 모든 권한과 부를 갖게 되기 때문이다. 통치자는 자신의 영혼을 정결하게 유지하기 위해 일반 사람과는 어떠한 거래도 하지 않아야 한다. 금, 은 보화를 걸쳐서도 안 되고, 금이나 은으로 만든 식기로 식사를 해서도 안 된다. 만약 통치자가 자신과 주변의 사람들을 위해 사리사욕을 채우고 재물을 모으는데 맛을 들인다면 그들은 수호자가 아니라 강도라 할 수 있다. 이들은 개와 이리의 이야기처럼 인간의 탈을 쓴 이리에 불과할 뿐이다. 이러한 통치자가 통치하는 국가는 서로가 서로를 속이며 공포와 증오 속에서 갈등하는 국가가 된다. 통치자뿐 아니라 통치를 하는데 힘을 쓰는 사람들은 개의 속성과 이리의 속성이라는 두 개의 갈림길에서 양심에 따라 행동해야 한다. 그들은 국민이 부여한 강력한 힘으로 사람을 해하거나 자신 또는 집단의 이익을 위해 사용해서는 안 된다. 만약 이러한 사람이 있다면 그는 인간의 탈을 쓴 이리로서 이상적 국가에서 반드시 경계해야 할 사람이다.

인간의 물욕과 탐욕도 죽음 앞에 서면 모든 것이 허무하고 헛된 것임을 깨닫게 된다. 인간의 삶에 있어 탐욕은 그저 많은 것을 소유하는 것으로 끝날 뿐, 모두가 허무할 뿐이다. 탐욕적 사람은 죽음을 망각하고 자신에게 주어진 조그마한 권력을 통해 이리의 속성을 드러낸다. 하지만 권력은 사냥꾼에 의해 죽음을 맞이하는 이리의 최후처럼 허무할 뿐이다. 인간이 인간으로서 허무를 극복하는 길은 스스로의 삶에 대한 다짐과 책임있는 행동뿐이다. 현명한 인간은 자신의 삶에 대해 책임질 줄 알며, 세계의 현 존재로서 주어진 위치를 정확히 알아야 한다. 인간의 믿음이 갖는 순수한 해석에서 개와 이리의 이야기는 우리의 마음속에 깊은 울림을 준다.

16

절제란 통제되지 않는 욕망의 질서

욕망은 삶의 의지 속에서 싹트는 에너지이다

인간이 무엇인가를 갈망하는 것은 생명체가 갖는 기본욕구이다. 세상에 살아 있는 모든 것들은 생존을 위해 욕망을 드러낸다. 욕망의 드러남은 삶에 대한 끊임없는 파동에서 나온다. 삶에 있어 욕망이 없다면 죽은 고목과 같다. 욕망은 언제나 유동적이며, 쉼 없는 분출을 통해 화산처럼 솟아오른다. 인간의 삶도 솟구치는 화산처럼 욕망의 분출을 통해 삶의 에너지를 발산한다. 이러한 욕망의 본질에는 두 가지 속성이 존재한다. 하나는 본질적 욕망이고 다른 하나는 이성적 욕망이다.

본질적 욕망은 디오니소스적이다. 디오니소스적 욕망은 삶의 본질을 자유에서 찾는다. 인간이 추구하는 자유의 본질은 욕망 속에 내포되어 있다. 시간 속에서 인간의 욕망은 본질적 삶을 추구한다. 본질적 삶은 욕망의 시간을 현재의 시간 속으로 끌어들인다. 현재의 시간은 존재의미를 통해 욕망을 이끌며, 디오니소스적 자유를 갈망한다. 자유를 추구하는 인간의 삶은 현재의 시간적 연장을 통해 삶을 지속시킨다. 시간은 현재를 본질적 욕망으로 이끄는 영원성의 힘이다. 욕망이 용솟음치는 세계의 중심에서 본질적 욕망은 끝없는 사유를 통해 디오니소스적 자유를 추구한다.

현재의 시간성 속에서 삶이 없는 본질은 허상이다. 본질은 살아 있는 삶이 있어야 가능하기 때문이다. 본질적 욕망 속에서 인간은 살아 있기 때문에 존재가치를 획득한다. 삶의 존재가치는 본질적 욕망의 욕구를 통해 세계 속에 존재한다. 생존을 위한 본질적 욕망은 인간이 추구하는 가장 기본적 욕망으로, 끊임없는 자유를 통해 디오니소스적 삶을 추구한다. 본질적 욕망이 살아 있는 디오니소스적 욕망이란 인간이 추구하는 자유, 희망, 순수이다.

본질적 욕망의 세계는 자신이 원하는 삶을 스스로의 의지로 살아가는 것이다. 자신이 원하는 삶이란 자신의 의지대로 사는 것이다. 그렇다고 해서 본질적 삶이 규칙 없이 사는 것은 아니라 삶의 규칙이 명확하게 설정되어 있는 한에서 본질적이다. 본질적 삶의 규칙은 삶의 자유를 억압하거나, 통제하지 않는 범위 내에서 규칙에 순종하는 것이다. 이러한 본질적 욕망은 어떠한 틀이나 관념을 거부한다. 사회적 통념과 관습은 본질로부터 생성되었기보다 사회적 규칙과 통제 속에서 통념화되었기 때문이다. 본질적 삶은 자유를 우선하는 것으로 통제나 억압 속에 있지 않고 도덕과 규칙에 따라 제도화된 삶을 사는 것이다. 따라서 본질적 삶은 자신의 의지에 따라 자유를 추구하는 삶이다.

이성적 욕망은 아폴론적이다. 이성적 욕망은 마음속에 내재되어 있는 참다움에서 시작된다. 참다움이란 선을 추구하며 인간의 삶을 이성적 욕망으로 완성하는 것이다. 이러한 이성적 욕망은 순수이성을 통해 나타나며, 사유적 측면에서 아폴론적 욕망에 속한다. 이성적 욕망은 동물적 욕망을 억제하고 순수로써 욕망을 받아들이는 것이며, 욕망을 억제하는 것을 넘어 욕망을 지워 버린다. 인간 정신을 통제하는 강력한 이성의 힘은 내면으로부터 솟아오르는 욕망의 불꽃을 대지의 깊은 곳으로 묻어 버린다. 욕망에 대한 삶의 시간은 어떠한 규칙과 통제를 통해서도 끊임없이 솟구쳐 올라온다. 하지만 이성적 욕망은 본능적 욕망을 억누르고 정화 시킨다.

플라톤은 인간의 욕망을 다스리는 방법으로 말과 마부를 들어 설명하고 있다. 마부가 마차를 몰고 목적지를 향해 갈 때 욕망의 말과 이성의 말이 있다. 이성의 말은 아폴론적이며, 마부의 여정을 바른길로 이끈다. 욕망의 말은 디오니소스적이며 지루한 여정에 활력을 불어넣는다. 이성의 말은 마부를 지루하고 졸리게 만든다. 하지만 잠에서 깨어난 마부는 욕망의 말을 향해 고삐를 당긴다. 욕망의 말은 이성의 말에 붙잡혀 있던 자신의 욕망을 분출하며 빠르게 돌진한다. 지루함과 난폭함의 갈림길에서 마부는 이성의 말과 욕망의 말을 적절하게 조정해야 목적지에 안전하게 도착할 수 있다. 이러한 마부의 여정은 인간의 삶과 같다. 인간의 삶에 있어 본질과 이성은 끊임없이 욕망의 충동을 자극한다. 이렇게 자극된 욕망은 어떤 때는 이성적이고 어떤 때는 본능적이다. 두 가지의 욕망 중 어떤 욕망이 선하고 악한지는 알 수 없다. 하지만 인간은 두 가지의 욕망을 하나의 정신 속에 가지고 있는 존재이기 때문에, 마부의 현명함처럼 이성과 욕망을 적절하게 관리하여야 한다.

인간은 본능적으로 생존에 대한 욕망을 가지고 있다. 살아 있는 모든 생명체는 생존에 대한 욕망이 이성적 욕망보다 앞선다. 이성적 욕망은 관습적이며 사회적이다. 하지만 본능적 욕망은 자연적이다. 인간은 이성을 통해 동물에서 인간으로 거듭났다. 원시사회에서 인간과 동물은 크게 다르지 않았다. 당시 인간은 동물들처럼 생존을 위해 사냥하고 채집하며 동물적 상태로 살아가는 존재였다. 동물적 생존 욕구는 살아 있는 모든 생명체가 가지고 있는 기본적 욕망이다. 신이 부여한 생존의 욕망은 생명체의 종에 따라 삶의 방식이 다르게 나타난다. 신은 스스로의 의지대로 자연계의 순환 원리를 만들어 생명체가 생존하도록 했다. 각각의 생명체들은 자기 방식대로 삶을 유지시켜 나갔다. 이러한 생명의 유지는 자연으로부터 주어지는 본질적 생존의 욕망이다.

인간의 욕망은 타 생명체의 욕망과는 현격한 차이를 가지고 있다. 자연에 존재하는 생명체는 생존을 위한 욕망으로 시작하여 죽음으로 끝을 맺는다. 하지만 인간의 욕망은 이러한 차원을 넘어선다. 생존은 인간의 욕망 중 기본적인 욕구일 뿐, 삶의 만족을 채울 수 있는 전부는 아니다. 파스칼의 말처럼 "인간은 생각하는 갈대"로서 다양한 생각이 삶의 본질을 파고든다. 인간의 생각은 의식의 방향에 따라 욕망의 지향성을 가지고 삶의 본질을 향해 말한다. 삶에 대한 본질적 생각은 인간의 욕망을 또 다른 방식으로 해석하게 한다. 이제 인간 앞에 다가선 욕망의 끈은 생존을 위한 기본적 욕구를 넘어 또 다른 희망으로 자리한다. 인간의 욕망이 희망이 되고, 삶이 되는 사회에서 인간의 목표는 무엇을 향하고 있는가? 인간이 추구하는 희망도 방식에 따라 약이 되기도 하고 독이 되기도 한다. 인간의 욕망이 약이 될 수 있는 것은 절제이다. 절제는 지혜나 용기보다 더 조화로운 측면을 가지고 있다. 절제란 통제되지 않는 욕망의 질서로서 쾌락이나 타락을 극복하는 것이다. 욕망은 절제미를 통해 싹트는 삶의 에너지로 삶의 의미이면서 목적이다. 하지만 욕망이 절제의 테두리를 벗어나면 타락이 된다. 절제는 통제된 욕망을 통해 본질화된다.

자연은 신의 욕망이 표현된 실체이다. 자연의 조화로움은 순환적 욕망을 잘 보여준다. 조화는 절제와 어울림을 통해 나타나는 현상이며, 오케스트라의 음악처럼 아름답다. 서로 다른 음들이 만들어 내는 오케스트라의 소리는 조화의 아름다움을 잘 보여준다. 오케스트라의 조합이 아름다운 것은 그들의 화음에서 만들어 내는 조화로움 때문이다. 음악의 조화는 선율의 조화이며, 아름다운 소리의 조화이다. 조화를 이루는 음악의 어울림은 욕망의 어울림과 같다. 인간의 마음 속에 자리잡은 욕망의 소리는 이성과 본성의 조화를 통해 아름다운 삶으로 이어진다. 만약 소리의 조화에서 어떤 악기가 자신의 소리를 더 잘 들리게 하기 위해 음을 이탈한다면 음의 조화는 일순간 깨져 버린다. 이렇게 깨져 버린 음의 이탈은 조화의 파괴로서 인간 욕망의 파괴와 같다. 인간에게 있어 욕망의 탈출은 본질적 욕망의 포기이다.

욕망을 다스리는 것은 지혜와 용기에 근거한다. 지혜는 욕망의 에너지를 바른 길로 인도한다. 올바른 욕망이 향하는 길은 언제나 한 방향을 향해 나아간다. 그 방향은 자유이다. 만약 욕망이 자유를 추구하지 않는다면 욕망은 허상에 불과하다. 자유를 향한 의지의 방향성은 욕망의 방향성이다. 올바른 욕망은 자유를 통해 긍정의 사회를 만들어 낸다. 이러한 사회는 인간의 행복이 보장된 사회로 이상적 욕망이 만들어 낸 절대 자유의 사회이다. 절대 자유는 자신의 삶을 어떤 규칙과 틀로부터 벗어나 본질적 삶을 추구하는 것에서 시작한다. 자본주의 사회에서 욕망은 자연의 본질로부터 벗어나 물질적으로 변해간다. 인간이 보여준 물질적 욕망은 삶의 의미를 소진시켜 버린다. 물질에 가려진 본질적 욕망은 타락의 그림자에 머물며 욕망의 에너지를 잃어간다. 자본과 물질 속에서 사물의 그림자로 숨어버린 본질적 욕망은 사회의 부조리에 대항하려 한다.

삶에 있어 비움은 순수욕망으로의 복귀이다. 물질에 대한 집착을 넘어 성취와 명예에 대한 집착을 떨쳐내는 것은 부질없는 욕망을 비워내는 것이다. 욕망의 비워냄은 자유를 향한 삶의 공간을 확보함으로써 본질적 욕망과 이성적 욕망을 채워 넣을 수 있다. 본질적 자유를 추구하고자 하는 인간은 자신을 감싸고 있는 가식의 꼬리표를 떼어내야 한다. 이제 우리는 가식의 꼬리표를 저 깊은 바다의 심연 속으로 내던져 버릴 때가 되었다. 우리는 순수욕망의 본질적 귀환을 통해 새롭게 태어나야 한다. 본질적 인간으로서 행복한 삶을 살아가기 위해 순수욕망으로의 복귀가 이루어져야 한다. 본질적 삶은 단순히 숨을 쉬며 살아가는 것을 넘어, 신으로부터 부여받은 유한한 시간과의 약속이다. 유한한 인간으로서 욕망에 대한 자기 성찰은 욕망의 에너지를 긍정적으로 이끈다. 인간의 내면으로부터 솟구치는 끝없는 욕망의 에너지를 삶의 에너지로 전환할 때 인간은 진정한 삶의 가치를 되찾을 수 있을 것이다.

17

변명

말은 욕망과 함께 섞이면 변명이 되고
진실과 함께 섞이면 정의가 된다

말은 전달하고자 하는 내용에 대한 의사전달로서 소통의 기능을 가지고 있다. 소통은 서로의 생각과 의견을 교환한다. 하지만 말은 상황에 따라 충동적이 된다. 말이 충동적으로 변하는 것은 화자의 입장에서 말하기 때문이다. 말은 화자의 주관적 생각이 표출됨으로써 화자에게 유리한 쪽을 택한다. 화자의 입장으로 보면 말은 자기중심적이며, 주관적이다. 말이 주관적인 것은 개인적 생각에 대한 소통 언어로 말을 사용하기 때문이다. 말의 소통 언어에는 사회적 기호와 개인의 기호가 있다. 말의 사회적 기호는 공통된 생각과 해석을 따른다. 이러한 속성은 말이 사회적 소통과 질서를 위해 생겨났기 때문이다. 말이 개인적 기호로 변하게 되는 것은 주관적 생각이 반영되기 때문이다. 말은 개인의 주관적 생각을 언어로 표현하며 소통한다. 말은 얼음으로부터 녹아내린 물과 같이 사회적 기호에서 개인적 기호로 변화한다. 이러한 변화의 중심에 정신이 있다.

정신은 화자의 생각을 지배하며, 생각의 주체로서 사고의 영역에 속한다. 말은 정신으로부터 생각을 통해 나온 소통의 기호이다. 소통의 언어로서 말은 화자의 의식 안에 있고, 의식의 결정에 따라 서로 다른 해석을 한다. 상대에게 생각과 의식을 전달하는 것은 말에 대한 기호적 약속 때문이다. 말은 사회적 의미를 기호로써 전달하는 소통의 방식으로 자기의식을 통해 사용언어를 선택한다. 자기의식의 선택적 사용언어는 정신으로부터 나온다. 언어의 선택과정에서 자기의식은 의미의 기호화를 거치며 음성화된다. 음성화된 언어는 말의 의미를 다양하게 해석한다. 말의 기호적 언어는 하나의 보편적 의미를 생성하지만, 해석은 다양하다. 따라서 다양한 말의 해석에는 언어의 온도가 있다. 언어의 온도는 말을 통해 뿜어내는 감정의 반영으로 동일한 언어를 가지고도 기쁨과 슬픔을 표현할 수 있다. 이러한 언어의 온도는 인간의 감정을 반영하며, 소통으로서 대화의 기술이 된다.

말이 갖는 대화의 기술에는 기호적 의미뿐 아니라 인간의 행동적 기호인 눈빛, 손짓, 몸짓 등이 있다. 인간은 신체의 동작을 말과 함께 소통의 언어로 사용한다. 말의 의미는 서로의 약속에 있고, 말의 행위는 실천에 있다. 말의 실천적 화술은 생각과 감정을 담고 있다. 이러한 감정의 언어가 말이 가지고 있는 설득의 기술이다. 말을 통해 상대를 설득한다는 것은 말이 가지고 있는 힘 때문이다. 하지만, 말의 힘이 진실을 벗어나면, 말의 기능은 상실될 수밖에 없다. 왜냐하면, 진실에서 벗어난 말은 상대와의 소통에 단절을 가져오기 때문이다. 따라서 말은 진실을 통한 설득의 기술일 뿐 변명의 기술이 될 수 없다. 만약 사실을 떠나 거짓으로 상대를 유혹하거나 은폐하려 한다면 말은 변명의 기술이 된다. 변명은 말의 순수성에서 벗어나 상대의 마음을 자신의 생각으로 설득하려 한다. 이처럼 변명은 말이 갖는 소통의 세계에서 사람들이 가장 싫어하는 행동이다. 말은 진실을 벗어난 변명의 기능을 억제하고 자신의 의지를 정의롭게 표현하는 것이다. 이러한 말의 정의는 말이 가지고 있는 진정한 힘이 된다. 말은 힘의 의지를 통해 행동하고 소통해야 한다.

인간의 말은 순수로부터 시작하여 성장 과정을 거치면서 오염된다. 어린아이가 태어나면서 시작하는 말은 선함 그 자체이다. 하지만 어린아이의 선함도 성장 과정을 통해 말의 순수성을 타락시킨다. 순수로서의 선함은 사회적 인간으로 진화되는 과정에서 타락된 행동과 언어를 경험하게 된다. 이러한 사회적 경험은 선한 마음을 악한 마음으로 변하게 한다. 말의 순수성에 있어 선과 악은 서로 다른 두 성질이 아니고 선함에 악함이 물들어가는 것이다. 이러한 예는 오염된 물에서도 찾을 수 있다. 깨끗한 물에 잉크 한 방울을 떨어뜨리면 그 물은 순식간에 오염된다. 한 번 오염된 물은 많은 시간이 흘러야 깨끗한 물의 상태를 회복할 수 있다. 하지만 깨끗한 물이 원상태를 회복한다고 해도 물속에 오염된 잉크의 흔적은 완전히 없어지지 않는다. 깨끗해진 물 속에는 오염의 흔적들이 남아 있어 조그만 충격에도 또다시 오염된다. 따라서 말을 통한 변명도 물 속에 남아 있는 잉크 방울과 같다.

인간의 마음은 본성적으로 선한 마음을 가지고 있지만, 변명을 통해 거짓 관념이 생겨난다. 거짓 관념은 일반 관념의 타락된 관념이다. 본질적으로 일반관념은 순수성을 가지고 있다. 하지만 속이고자 하는 거짓 관념이 일반관념에 더해지면서 말의 순수성은 타락하게 된다. 인간의 의식을 결정하는 관념은 진실 관념과 거짓 관념이 동시에 존재한다. 진실 관념은 인간의 보편적 본질 관념으로 정의에 해당한다. 정의로서 본질 관념은 보편자의 개념에서 선하고 아름답다. 인간이 정의를 추구하려는 것은, 선하고 아름다운 것을 추구하려는 의지 때문이다. 하지만 정의를 추구하는 선한 관념도 개별자의 속성에서 거짓 관념이 될 수 있다. 거짓 관념의 개별자는 보편자의 이익보다 개별자의 이익을 우선하기 때문이다. 따라서 개별자의 속성은 보편자의 속성으로부터 벗어나 자신의 이익을 먼저 따진다. 개별자는 자신의 관념에 대한 믿음을 통해 자신의 주장이 합리적이라고 믿는다. 하지만 개별자의 주장은 개인의 의견일 뿐 보편적 속성이 될 수 없다. 개별자의 관념에서 나오는 의견은 보편적 관념에서 벗어나 편협화된 관념을 만들어 낸다. 인간의 관념은 본질적으로 선험적·경험적 관념의 총체이다. 하지만 편협한 관념이 생겨나면서 선험적·경험적 관념들은 변하게 된다. 개인의 편협된 관념은 개인적 판단이 들어가 어떤 때는 진실 관념이 되기도 하고, 어떤 때는 거짓 관념이 되기도 한다.

관념이란 경험이나 현상을 통해 얻게 되는 정신의 총체이다. 관념의 속성들은 정신 속에 저장되어 기억으로 남는다. 정신에 저장된 다양한 정보는 관념이 되고 기억으로 남아 있다. 이렇게 저장된 일반관념은 최초의 관념으로 보편자의 순수함을 가지고 있다. 하지만 순수 관념은 개인의 분출된 욕망에 따라 천 개의 얼굴을 가지며 변명을 늘어놓는다. 이러한 변명은 천 개의 얼굴을 통해 다양한 얼굴 표정으로 묘사된다. 하지만 변명이라고 해서 무조건 나쁜 것은 아니다. 변명의 이유가 정당하거나 진실을 위한 고백이라면 그러한 변명은 정의로운 것이 된다. 사회의 편견과 다수의 횡포로 악함을 선함으로 둔갑시키는 행위는 변명의 이유를 제공한다.

고대 철학자 소크라테스의 변명은 이러한 정의를 담고 있다. 그는 자신의 결백을 주장하기 위해 변명이라는 단어를 선택하면서 죽음 앞에서 주장을 굽히지 않았다. 그의 변명은 자신의 결백을 주장하기 위한 용기 있는 주장이었다. 그의 변명은 자신의 결백에 대한 타협 없는 용기를 통해 정의로 승화되었다. 이처럼 변명은 두 개의 얼굴을 가지고 있다. 부끄러운 변명은 어떠한 사실에 대해 진실을 감추기 위한 말이지만, 정의로운 변명은 불의에 굴복하지 않고 정의를 세우려는 용기의 말이다.

인간의 말이 상황에 따라 다양하게 결합되고 표현되는 것은 인간의 마음속에 자리 잡은 욕망 때문이다. 이러한 욕망은 말을 통해 결합의 기술이 된다. 태초부터 인간의 마음속에 채워져 있는 말의 씨앗들은 백지 상태의 순수성을 가지고 있다. 하지만 말의 씨앗이 자라면서 인간의 순수는 욕망으로 변한다. 욕망적 인간은 자신의 이익에 치우쳐 진실보다 이익을 추구하게 된다. 그들에게 진실은 중요하지 않다. 중요한 것은 자신들의 말이 얼마만큼 이익을 가져다주느냐에 있다. 말은 욕망과 함께 섞이면 변명이 되고, 진실과 함께 섞이면 정의가 된다. 정의롭지 않은 사람은 언제나 말이 앞서고 말 속에 음모나 책략이 숨어 있다. 말 속에 숨어 있는 음모는 날카로운 칼날처럼 상대를 노린다. 변치 않는 진리는 하나의 사실 속에 있다. 이것이 말의 정의이다.

말씀으로부터 창조된 세계의 진리 속에서 인간의 말도 빛을 통해 세계를 밝힌다. 하지만 말이 변명이 되면 빛도 어둠으로 만들어 버린다. 말에 대한 정의는 말하는 화자의 마음속에 숨어 있다. 만약 억울한 모략이나 누명을 쓰고 죽음을 맞이할 숙명에 다다르면 정의를 되찾기 위해 변명을 하게 된다. 이때 말하는 변명은 억울함을 사실화하기 위한 자기 주장이다. 이러한 변명은 자신의 억울함을 방어하기 위한 최소한의 권리이다.

소크라테스는 청년들을 부패시키고 나라에서 신봉하는 신들을 믿지 않았다는 죄목으로 사형에 처해졌다. 그는 자신의 무고를 위해 변명을 했다. 이때 소크라테스의 변명은 진실의 왜곡에 대한 자기 항변이었다. 소크라테스를 고소한 사람들은 그가 천상과 지하의 일을 탐구하고, 약한 이론도 강한 것처럼 말하거나, 거짓을 남에게 가르치는 범죄자이기 때문에 사형에 처해야 한다고 주장했다. 그러나 그들도 그들의 주장만으로 소크라테스가 사형을 당할 정도의 잘못을 하였다고 생각하지 않았다.

하지만 그들은 자신들의 이익을 위해 소크라테스를 죄인으로 만들었다. 그들은 소크라테스로부터 침범당한 자신들의 이익을 지키기 위해 죽음으로 몰아갔다. 그들이 주장하는 다수의 주장은 사회적으로 설득력이 있어 보이지만 본질적으로 정의롭지 않다. 보통 사람들은 자신이 아는 진실보다 다수의 주장과 여론에 의지하여 어떤 사실을 판단하려 한다. 이러한 사고는 사회를 혼란에 빠뜨린다. 사건의 본질과 진실을 무시한 채 몇몇 사람들의 주장이 진실이 되어 버리는 사회에서 소크라테스는 무고하게 사형을 당했다.

커다란 사건이 발생할 때마다 사람들의 입을 통해 흘러나오는 다양한 변명은 인간의 측은함을 보여준다. 자신의 이익을 위해 천박한 욕망을 감추며 최소한의 양심마저 팔아버리는 모습에서 우리들의 자화상을 발견한다. 인간으로서 진실에 눈감고 자신의 잘못을 다른 사람에게 뒤집어씌우려는 그릇된 욕망은 천박한 욕망에 속한다. 실체 없는 변명을 통해 다른 사람의 생명을 취하거나 자신의 책임을 회피하려는 것은 변명이 갖는 저급함이다. 이제 우리는 말이 가지고 있는 언어의 힘을 통해 꺼져가는 양심을 살리고 세계를 향해 정의로운 변명을 힘주어 말하여야 한다.

18

봄에 피어난 생명

봄의 생명성은 시간과 삶의 중요성을 동시에 일깨워준다

계절은 자연의 생태계를 변화시킬 뿐 아니라 사람의 마음도 변화시킨다. 봄이 가져오는 계절의 의미는 새로운 시작이다. 삶의 시간 속에서 시작처럼 설레는 순간은 없다. 아무것도 없는 무엇인가로부터 새로운 것을 시작하는 것은 삶의 의미를 새롭게 하는 것이다. 삶의 의미는 봄의 기운처럼 따스하게 스며드는 사랑의 입김 같다. 유한한 삶 속에서 얼어붙었던 세계를 녹여주는 봄의 기운처럼 따스하게 다가온다.

봄을 통해 태어나는 자연의 생명성은 신의 의지로 피어나는 봄의 꽃망울이다. 봄의 꽃망울은 차가운 겨울을 이겨내며 움츠렸던 꽃망울을 살포시 터뜨리며 모습을 드러낸다. 봄의 꽃망울은 모든 자연에 봄의 기운을 느끼게 한다. 봄의 기운은 빛을 통해서 우리에게 다가온다. 빛은 플로티노스Plotinos의 일자처럼 신의 현시와 같다. 세계의 모든 생명체는 신의 사랑 없이 살 수 없듯이 빛이 없이 살 수 없다. 빛은 모든 생명체의 근원이며, 신의 마음이 표현된 자연의 현상이다. 자연의 현상은 시간에 의해 끊임없이 변화한다.

시간이란 인간에게 있어서도 가장 소중하고 귀한 것이다. 시간은 세계의 모든 것을 이끌어가는 힘이며, 에너지이기 때문이다. 시간 없는 삶은 생각조차 할 수 없다. 인간의 삶 속에서도 신이 부여한 시간보다 중요한 것은 없다. 만약 시간의 소중함을 모르고 목적 없는 삶을 통해 시간을 낭비해 버린다면, 우리는 신이 부여한 소중한 시간을 허무하게 허비해 버리는 것이 된다. 삶의 의미를 망각해 버린 사람은 자신에게 주어진 한정된 시간을 무의미하게 흘려 버린다. 삶의 의미를 망각하고 무의미한 것들을 위해 시간을 소모해 버린 사람은 스스로의 희망을 막아 버리는 것과 같다. 이러한 사람은 신으로부터 부여받은 귀중한 시간을 무의미하게 놓쳐 버리고 후회하는 삶을 살아가게 된다. 이처럼 삶의 본질적 의미를 놓쳐 버린 사람은 눈이 있어도 볼 수 없고, 귀가 있어도 듣지 못하는 인간으로 타락하게 된다.

시간은 봄의 새싹처럼 새롭다. 삶의 시간도 하루하루가 새롭다. 하지만 인간은 자신의 삶이 매일매일 새롭다는 것을 알지 못한다. 왜냐하면, 시간은 매일매일 우리 곁에 있어 왔기 때문이다. 하지만 이러한 생각도 삶의 끝자락에 서면 시간의 유한함을 인식하게 된다. 시간의 유한함을 인식하는 사람은 죽음 앞에 서면 모든 것이 허무하게 된다. 인간의 삶을 뒤돌아보면 어제와 오늘의 삶이 동일한 것처럼 보인다. 삶의 시간은 아침과 저녁 그리고 다시 아침을 맞이하는 것처럼 단순하고 일상화된다. 일상화된 사람들에게 아침은 매일 똑같은 아침일 뿐이다. 하지만 삶의 본질을 잃지 않는 사람은 매순간의 시간이 새로운 봄날 같다. 깊은 어둠으로부터 깨어난 아침은 새로운 시작을 알리는 심장 소리를 들려준다. 하지만, 보통의 사람들은 시간의 중요함을 망각해 버린다. 그들에게 하루하루는 동일한 일상의 시간일 뿐 새로운 것이 아니다. 하지만 조금만 깊이를 가지고 삶의 시간을 생각해 보면, 현재의 순간은 삶에서 가장 소중한 순간이다. 시간의 소중함을 모르고 무감각한 일상 속에서 삶을 살아가는 사람은 매일매일이 지루한 삶이 되어 버린다.

우리가 매일매일 맞이하는 일상은 참으로 아름답고 행복한 순간의 연속이다. 이러한 일상의 아침은 단순한 일상이 아니라 새로운 시대를 알리는 창조의 아침이다. 창조의 아침은 새로운 시작을 알리는 봄의 소리처럼 어둠의 시간을 빛의 시간으로 태어나게 한다. 세계의 빛은 창조의 빛을 통해 자연의 모든 만물이 생성하는 에너지를 생산한다. 창조의 빛은 어둠을 걷어내고 새로운 생명성을 불어넣는다. 빛은 어둠으로부터 밝음으로, 밝음으로부터 희망으로 새롭게 태동하며 희망을 가져온다. 빛의 생성을 통한 삶의 세계는 명예로운 것이다. 우리는 삶으로부터 자신의 명예를 지키기 위해 삶의 자존감을 지키며 살아가야 한다. 삶의 자존감은 무의미한 시간으로부터 벗어나 희망을 품고 나아가는 생의 시간 속에 있다. 산과 들에 피어나는 꽃과 나무들의 생명도 신으로부터 부여받은 고귀한 생명들이다. 이들도 자신의 삶을 지키기 위해 피나는 노력을 하고 있다. 이러한 삶이 가장 아름다운 삶이다. 만물의 영장으로서 인간은 모든 생명체들이 지향하는 긍정적 삶을 살아나가야 한다. 긍정적 삶은 신의 의지를 파악하고, 시간의 소중함을 알며, 자연 앞에 겸손하게 사는 것이다.

봄의 생명성은 시간의 중요성과 삶의 중요성을 동시에 일깨워준다. 봄꽃으로 뒤덮인 아름다운 자연은 살아 있는 원동력이 되며, 인간에게도 삶의 자부심과 희망을 준다. 이처럼 봄은 희망의 상징이며, 삶의 명예를 드높여 인간을 행복으로 이끈다. 가끔, 인간은 삶의 행복을 커다란 어떤 것에서 찾으려 한다. 하지만, 삶의 행복은 커다란 무엇으로부터 오는 것이 아니다. 삶의 행복은 따스하게 내리쬐는 봄의 햇살처럼 소소함에서 온다. 봄이 가져다준 따사로운 햇살은 어둠에 잠들어가는 인간의 마음을 밝혀준다. 인간은 봄의 꽃망울에서 삶의 지혜를 배운다. 봄에 피어나는 꽃망울의 발아는 계절의 변화에 따라 자신의 내면을 터뜨리며 활짝 핀 꽃으로 봄을 맞이한다. 이러한 꽃망울의 터뜨림은 만물을 생동하게 하는 힘을 보여주며, 얼어붙은 인간의 마음속에도 삶의 에너지를 충만하게 한다.

삶의 시간 속에서 인간의 삶은 자신의 생각과 달리 전혀 다른 길을 걷게 된다. 하루하루의 햇살이 삶의 시간을 이끄는 것처럼 삶의 하루하루는 우리의 삶을 새롭게 이끌어간다. 이러한 삶의 자세는 삶의 방식에 따라 달라진다. 본질적 삶을 인식하며 삶의 목적을 가지고 있는 사람은 삶의 자세가 능동적, 수동적인지에 따라 삶의 방향을 달리한다. 삶의 자세가 능동적인 사람은 자신의 삶을 스스로 이끌어간다. 그들의 삶은 매 순간 생산적이며, 그들이 흘린 땀방울과 노력은 결실을 가져온다. 이러한 능동적 삶은 유한한 삶의 시간을 행복하게 해준다. 하지만 수동적 삶을 살아가는 사람은 매일매일의 삶이 지루한 삶이다. 그들에게 삶은 희망도 미래도 없는 고통의 순간이며, 무의미한 대상이 된다. 이처럼 수동적 삶의 태도는 삶의 가치를 노예의식으로 만들어 버린다.

하지만 능동적 삶을 살아가는 사람은 수동적 삶을 사는 사람들과 다른 삶의 자세를 가지고 있다. 이러한 삶의 자세는 자연에 살아 숨 쉬는 모든 생명체의 속성들에서도 동일하게 나타난다. 한 그루의 나무는 자연의 부분적 속성으로 나무의 개별자이다. 나무는 사계절을 맞이하는 태도에서 능동적 삶을 살아간다. 나무의 삶은 각각의 계절에 맞는 본질적 삶에 충실한다. 나무의 본질적 삶은 봄을 통해 새싹을 터뜨리고, 여름이 되면 커다란 잎사귀를 만들어 더위를 피해갈 수 있도록 그늘을 만들어준다. 그리고 가을이 되면, 자신을 잠재우기 위해 낙엽의 역할을 뒤로하고 독한 겨울을 준비한다. 나무가 보여주는 가을 낙엽에서 우리는 세상의 비움을 보게 된다. 혹독한 겨울을 견뎌내기 위한 나무의 몸부림은 자존감을 지키려는 나무의 의지에 숨어 있다. 가을 낙엽은 차가운 겨울바람을 맞으며 대지의 깊은 곳을 향해 떨어져 나간다. 그리고 겨울바람과 함께 차가운 대지의 흙으로 되돌아간다. 나무가 보여주는 삶의 방식은 인간이 살아가는 삶의 방식과 비슷한다. 인간의 삶은 이러한 순환을 통해 새로운 세계를 향해 새로운 삶을 개척해 나간다.

고대 철학자 소크라테스Socrates의 경신更新의 이야기에서 우리는 봄의 새싹처럼 삶을 살아가는 교훈을 얻게 된다. 소크라테스는 에우티프론Euthyphro에게, 운반하는 것이 있고 운반되는 것이 있으며, 보는 것이 있고 보이는 것이 있는데, 그러한 것들이 왜 각각인지를 질문한다. 이러한 질문은 하나의 대상을 바라보는 것과 보이는 것의 관계처럼 서로 상대적 관점을 가지고 있다는 점을 보여주기 위한 질문이다. 인간에게 있어 사랑을 받는 것이 있고 사랑을 하는 것이 있는데, 어떠한 사랑이 진정한 사랑인지를 묻는 질문과 같다.

인간에게 있어 삶의 시간은 운반하는 것이 되기도 하고 운반되는 것이 되기도 한다. 이러한 관계는 상대적 관계로 어떻게 인간이 자신의 삶을 살아가느냐에 대한 질문이다. 삶을 운반하는 것은 삶의 주체로서 능동적으로 자신의 삶을 이끌어나가는 삶을 말하며, 인간은 삶의 주체로서 자신의 삶을 이끌어나가야 한다. 하지만 수동적 삶을 살아가는 사람은 운반하는 삶보다 운반되어지는 삶을 살아간다. 이러한 수동적 삶은 세상에 대해 불평을 만들어 낸다. 수동적 삶은 자신이 삶을 개척하기보다, 남과 자신의 삶을 비교하면서 남보다 부족한 점만을 바라보게 된다. 이러한 사람은 세상의 주체로서 능동적 삶을 이끌기보다, 자신이 남보다 불평등한 대우를 받고 있다는 편견을 갖게 된다. 이러한 삶의 태도는 자신의 삶에서 무엇이 중요한지를 모르는 우매함에서 나타나는 현상이다.

능동적 삶을 살아가는 사람은 매순간의 시간이 자신의 삶이라고 생각하고 최선을 다한다. 이러한 사람은 삶이 활동적이며 진취적이다. 하지만 운반되는 삶을 살아가는 수동적 사람은 누군가로부터 도움이 오기를 기다리는 사람이다. 이러한 사람은 자신의 삶을 주체적으로 생산해내기보다 누군가로부터 무엇인가 도움을 받기를 기다리는 사람이다. 이러한 사람은 자신의 주체적 삶을 살아갈 수 없을 뿐 아니라 삶의 의미마저 상실해 버린다. 본질적 삶은 타인에 의해 좌우되지 않는 삶이며, 자신의 의지를 통해 삶의 방향을 설정하고 이끌어나가는 삶이다.

삶의 주체는 소크라테스의 질문처럼 능동적 사고에서 시작된다. 삶은 세상의 이치에서 보이는 것을 넘어 순수 인식의 상태까지 들어가 세계가 원하는 능동적 삶을 찾아가는 것이다. 하지만 눈이 있어도 보지 못하고 귀가 있어도 듣지 못하는 사람은 능동적 삶을 찾아갈 수 없다. 그들은 누군가로부터 보여지는 삶을 더 좋아하는 사람들로서 자신의 체면치레를 더 중요하게 생각한다. 그러한 사람은 세상으로부터 모든 것을 개척하기보다 남들이 개척해 놓은 것을 평가하거나 비평하려는 정신적 태도를 가진다. 우리가 세상을 살아가며 무엇인가를 자의적으로 하려는 삶과 무엇인가를 도움 받으려는 삶은 본질적으로 커다란 차이를 가지고 있다.

능동적 삶과 수동적 삶의 두 갈래 길에서 능동적 삶을 살아가려는 사람은 삶의 자존심과 명예를 지킨다. 그러나 수동적 삶을 살아가는 사람은 남으로부터 무엇인가 해주기를 바라며, 소극적인 태도로 모든 일을 받아들인다. 이러한 사람은 수동적 정신의 소유자로 자신의 힘을 통해 무엇인가를 이루기보다 타인이 만들어 놓은 것을 즐기려는 속성이 강하다. 이러한 속성은 주인의 행세를 하는 노예의 근성으로부터 나온다. 생산의 주체로서 노동을 통해 생산에 참여하는 노예는 생산의 주체임에 틀림없다.

하지만 생산에 참여하지 않는 노예가 노예의 신분을 무시하고 주인 행세를 하려는 것은 자신의 본분을 망각하는 태도이다. 이러한 사람은 사회의 체계를 깨뜨리는 사람으로서 추방되거나 처벌을 받게 되어 있다. 세계를 자신의 노력에 의존하지 않고 무엇인가를 받으려는 의식은 노예의식임에 틀림없다. 세계의 주체로서 우리의 의식은 능동성을 확보할 때 주인의식을 갖게 되고 의식의 주체가 될 수 있다. 하지만 수동적 의식으로 자신의 주체의식을 찾지 못하고 타인에 의존하는 삶을 산다면 그 의식은 노예의식으로서 희망 없는 삶이 될 것이다.

소크라테스는 "보이는 것이기 때문에 보이는 것이 아니고 보기 때문에 보이는 것이고, 인도되는 것이기 때문에 인도되는 것이 아니라 인도하기 때문에 인도되는 것이며, 운반되는 것이기 때문에 운반되는 것이 아니라 운반하기 때문에 운반되는 것"이라고 하였다. 그의 말은 모든 결과가 행위의 자발성에 의해 이루어지는 것이지 아무것도 하지 않거나, 우연으로 이루어지는 것은 아무것도 없다는 능동적 삶의 태도를 말하는 것이다. 소크라테스가 말하는 삶의 태도는, 무엇이 발생되고 이를 받아들이는 것이 있을 때, 발생되어지기 때문에 발생되는 것이 아니고 발생하기 때문에 발생되는 것이며, 받아들여지는 것이 있기 때문에 받아들이는 것이 아니고 받아들이기 때문에 받아들여지는 것이 있다고 말하는 것이다.

소크라테스의 삶의 태도는 봄의 새싹처럼 능동적 삶의 태도를 요구하고 있다. 인간에게 있어 삶의 태도에서 삶의 시간을 받아들이고 그것에 순응하는 삶은 인간이 세계를 살아가면서 마땅히 지켜야 할 도리이다. 인간의 삶은 아주 단순하지도 않고 그렇다고 아주 복잡하지도 않다. 신으로부터 주어진 삶의 시간 속에서 자신에게 주어진 삶을 얼마나 능동적으로 이끌어가느냐는 우리가 갖는 삶의 태도에 있다.

19

신의 눈물과 인간의 염치

자연의 현상은 신의 마음을 표현하고 있다

자연의 현상은 신의 마음을 표현하고 있다. 신은 자신이 만든 자연에서 인간의 희로애락을 하나의 현상으로 바라본다. 인간의 욕망으로 사람들이 신음할 때 신은 그들의 아픔을 비와 바람으로 대신한다. 역사 속에서 고귀한 사람들의 죽음이 있을 때 신은 언제나 비를 통해 신의 눈물을 대신해 왔다. 그리고 그들의 죽음을 애통해하는 산 자들의 애환에는 바람을 불어 위로했다. 비는 인간의 타락을 씻어주는 신의 눈물이다. 비는 세상에 물들어 있는 오염된 것들을 말끔히 씻어 정화시켜준다. 인간이 흘린 눈물은 슬픔의 눈물이지만, 신의 눈물은 정화의 눈물이다. 신은 자신이 만든 피조물의 세계를 보고 눈물을 흘린다. 신의 의지로 창조된 피조물이 자신의 원죄를 씻지 못하고 타락으로 빠지게 되면 세계는 탐욕과 욕망으로 세계를 오염시킨다. 이를 지켜본 신은 통한의 눈물을 흘린다.

신이 흘린 눈물은 강이 되고 바다가 된다. 이러한 신의 눈물은 구원의 눈물이다. 이 눈물은 자연에 살아 숨 쉬는 모든 영혼을 정화시킨다. 정화된 눈물은 다시 생명수가 되어 인간에게 되돌아온다. 이러한 자연의 순환은 신의 의지로 만들어졌다. 인간은 서로의 아픔을 어루만지며 슬픔의 눈물을 통해 세계를 정화한다. 인간의 욕망이 만들어 낸 타락의 찌꺼기를 씻어내기 위해 신은 많은 눈물을 흘렸다. 인간은 자신의 마음에 끼어 있는 욕망의 찌꺼기를 신의 눈물을 통해 정화한다. 신으로부터 흘린 눈물은 욕망의 상징인 물질뿐 아니라 정신까지도 정화한다. 인간의 원죄는 신의 분노로부터 신의 회한으로 이어진다. 이러한 눈물은 신의 사랑이 포함되어 있는 눈물이다. 인간의 눈물은 반성의 눈물이 된다. 반성 없는 인간은 정화되지 않는 인간으로서 흘릴 눈물마저도 메말라 있다. 이러한 인간은 피도 눈물도 없이 잔인한 인간으로 변해 버린다. 사회는 이러한 인간을 두려워한다. 사회 속에 이러한 인간이 많아지면 사회는 혼란으로 빠져들어 질투와 폭력이 난무한다. 신은 반성 없는 인간들의 속성을 위해 속죄의 눈물을 흘렸다. 그의 눈물은 아버지가 자식을 위해 흘리는 눈물이었다.

전지전능한 신마저도 자신의 자식 앞에선 눈물을 흘린다. 하지만 생각 없는 자식은 아버지의 눈물마저도 외면할 때가 많다. 이러한 인간은 근본을 모르는 인간이다. 근본 없는 인간은 자신의 태생에 대해서도 생각하지 않는다. 그는 오직 자신의 욕망만을 바라본다. 그 욕망은 저 깊은 땅 속에 묻혀 있는 불신의 욕망이다. 자식은 아버지를 원망하며, 신은 반성하지 않는 우리를 바라보고 있다. 신과 인간 사이에는 말 없는 침묵만이 흐른다. 신은 침묵 속에서 흐르는 눈물을 참고 있다. 하지만 신의 눈물은 구원의 빗줄기를 타고 세상 속으로 내려온다. 인간은 이러한 신의 사랑 속에서 살아가는 존재이다. 하지만 인간은 이러한 신의 사랑을 망각하고 산다.

신에게 부여받은 순수하고 고귀한 생명이 인간들의 탐욕과 욕망으로 그 빛을 잃게 된다면 천상의 신들은 인간의 마음에서 무엇을 읽을 수 있을까? 신은 우주와 자연을 통해 인간의 정신과 육체가 안식하길 바라며 생명을 부여했다. 그렇게 태어난 고귀한 생명이 그 수명을 다하지 못하고 천상의 세계로 발길을 옮긴다면 인간은 신에게서 어떠한 구원을 얻으려 하는 것일까? 신은 자신으로부터 부여받은 인간의 생명을 자신의 손으로 거두어갈 때 스스로 괴로워했다. 그의 괴로움은 자식을 잃은 아버지의 마음 같다. 신은 지구상에 살아 있는 모든 생명체에 가장 소중한 생명을 주셨고, 인간은 그 은총을 통해 태어났다. 하지만 인간들은 자신의 이익과 욕망의 충족을 위해 모든 것을 희생시킨다. 신은 이러한 인간의 탐욕을 절대로 용서하지 않는다. 이러한 인간은 자신이 저지른 죗값을 당대에 치를 뿐 아니라 자신의 후손에게까지 그 업보를 주게 된다. 이러한 사실은 참으로 무서운 일이다. 하지만 반성을 모르는 인간은 그러한 사실을 모른다. 그들은 그러한 사실을 모를 뿐 아니라 그것이 선하고 악함도 구별할 수도 없다. 그들은 신의 사랑보다 자신의 이득을 중요하게 생각하는 사람들이기 때문이다.

천재지변이 아닌 인재를 통해 수많은 사람들이 생명을 마감할 때 신은 그의 미소를 멈추고 많은 비를 내려 아픔을 달랬다. 차가운 대지 위에 수많은 생명을 묻어 버린 인간의 욕망을 꾸짖기라도 하듯 신은 하염없이 비를 내리며 천둥 번개를 내리친다. 천둥과 번개는 신의 눈물이 되고 인간의 눈물이 된다. 산 자와 죽은 자는 서로 다른 길을 간다. 산 자는 죽은 자를 감추고 자신의 정당성을 옹호하기 위해 수많은 언변을 늘어놓는다. 이러한 언변들은 진실을 말하기보다 자신의 이익을 대변한다. 하지만 죽은 자는 말이 없다. 죽은 자는 자신의 죽음을 통해 산 자들의 욕망에 침묵한다. 침묵은 알고도 나타내지 않는 용기 있는 절제로서 정의롭지 않은 것에 동의하지 않는 묵언이다.

자연의 일상에서 느끼는 아침. 오늘도 여느 때처럼 비는 내린다. 처마를 통해 들려오는 빗방울 소리는 슬프기도 하고 아름답기도 하다. 빗방울 소리는 신의 소리와 인간의 소리가 하나 되어 아픔을 어루만져준다. 빗방울 소리에 미소를 감춰 버린 태양은 언제쯤 희망의 빛을 보여줄 수 있을까. 인간은 '고도를 기다리는'(사무엘 베케트 부조리극) 마음으로 신의 미소를 기다린다. 그러나 신은 침묵한다. 신의 침묵을 바라보며 모두가 내 탓이라고 말하는 사람은 없다. 이들은 모두가 당신 때문에 신이 침묵한다고 말한다. 이러한 사람들을 보면 슬픔보다 분노가 앞선다. 신으로부터 버림받은 아픔을 어루만져줄 사람은 없고 무능과 무책임을 자신의 무기처럼 자랑하는 인간들만 넘쳐난다. 인간으로서 그들의 염치없음에 부끄러움이 앞선다. 세계의 불의에 말없이 침묵하는 사람들은 신의 구원을 기다린다.

남의 탓을 먼저 하는 사람들은 염치라는 것이 무엇인지를 모른다. 그런 사람들은 어떤 일이 발생했을 때 잘되면 내 탓이고 못되면 네 탓이라는 이율배반적 태도를 취한다. 그들은 인간의 염치가 무엇인지를 모른다. 세상에서 염치 있는 사람은 자신이 듣고 싶어 하는 소리를 말하는 사람이 아니라 진실을 말하는 사람이다. 고대 철학자 소크라테스Socrates는 자신의 죽음 앞에서 염치를 알았기 때문에 최고의 철학자라는 호칭을 들을 수 있었다. 그는 자신의 죄를 논하는 과정에서 비굴한 삶보다 명예로운 죽음을 택했다. 그는 남들이 하는 구구한 변명을 늘어놓기보다 당당하게 할 말을 하고 죽겠다는 강한 신념을 택했다.

소크라테스에게 있어 세상에서 가장 어려운 것은 죽음을 면하는 것이 아니라 비열한 짓을 하지 않는 것이었다. 인간으로서 정의를 위해 당당하게 살 수 있는 것은 가장 용기 있는 행동일 뿐 아니라 명예로운 것이다. 그러나 자신의 이익에 민감한 사람들은 달면 삼키고 쓰면 뱉어내는 일에 능숙하다. 그들의 눈과 정신은 정의를 좇기보다 자신의 이득을 좇는다. 죽음이란 슬프기도 하지만 고귀하기도 하다. 착한 마음을 가지고 있는 선한 사람이 비겁한 사람들의 염치없는 행동 때문에 죽음을 당한다면, 이것은 가장 불쌍하고 가엾은 죽음이다. 이러한 죽음은 슬픈 죽음이다. 삶에서 진정한 용기는 인간이, 인간으로서, 인간에게 행해야 할 최소한의 양심이며, 이러한 양심은 반성에서 나오며, 자연의 현상은 신의 마음을 표현하고 있다.

20

이데아Idea의 세계

인식되는 모든 물질의 근원

이데아Ιδέα는 이성의 작용으로 얻을 수 있는 최고의 개념으로 플라톤에 의해 제기되었다. 그의 이데아론은 현상세계 밖의 세계로서 모든 사물의 원인이며 본질이다. 이데아는 인간의 경험을 배제한다. 이데아 혹은 에크도스Ecdos로 사용되어지는 이데아의 관념은 이성의 작용을 통해 얻는 본질적 개념으로 사용되어진다.

플라톤은 이데아를 원형原形이론 혹은 형상이론이라고 했다. 플라톤의 이데아는 현상계에서 시간에 따라 사라지고 생겨나는 사물의 원형原形은 오직 이데아의 세계에서만 존재하며, 세계의 사물은 이러한 이데아를 향한다고 보았다. 플라톤은 인간이 이데아의 세계를 기억하지 못하는 것은 인간의 감각이 한정적이고 유한하기 때문이라고 보았다. 플라톤의 철학을 한 마디로 정의하면 원형의 세계인 이데아의 세계를 말한다. 플라톤의 이데아는 참된 진리란 무엇인가를 설명하는 개념의 하나이다.

플라톤은 인간의 영혼이 레테의 강을 건너오기 이전에 이데아의 세계를 경험하고 인식하였지만 레테의 강을 건너오면서 모든 기억이 상실되었다고 주장한다. 기억이 상실된 인간은 감각적 경험을 통해 이데아의 세계를 기억해 내는 것은 불가능하다. 하지만 이성을 통해 선의 이데아를 구별하려고 노력할 때 이데아의 본질은 이해될 수 있다. 플라톤에 있어 선의 이데아는 그의 철학이 추구하는 최고의 목표이다. 하지만 이데아의 개념은 매우 추상적이어서 사물의 대상으로는 파악될 수 없는 초월적 개념이다. 이데아의 원형개념에서 자연의 대상은 사라질 수 있지만, 이데아의 원형은 영원히 사라지지 않는다. 우리가 세계에서 감각적으로 포착할 수 있는 모든 사물의 대상은 이데아로부터 출발한다고 보았다.

세상에 존재하는 모든 것들은 이데아의 표상이 발현된 것이다. 이데아는 감각할 수 있는 현상계의 원형原形으로서 모든 존재의 인식근거이다. 만약 한 마리 새가 하늘을 날아가는 것을 보고 새를 인식한다면, 우리는 날아가는 새를 통해 새의 원형이 무엇인지 묻게 된다. 우리가 실재 한다고 믿는 새는 그 새를 있게 한 근원이 있기 때문이다. 결론적으로 날아가는 새의 근원은 이데아의 세계에 존재하는 보편자의 새이다. 이것을 새의 이데아라고 한다. 이데아의 세계는 인식되는 모든 물질의 근원이지만 인식의 영역에서 보면 쉽게 볼 수 있거나 알아차릴 수 있는 영역이 아니다. 물질의 근원인 이데아의 원형들은 모든 물질의 대표성을 나타내면서도 보편자의 속성을 대변한다. 새라는 보편적 속성은 새의 이데아에서 유출된다. 원형의 새에서 유출된 새는 또 다른 새를 만들어 내고, 그 새들은 반복적으로 현상계에 등장하면서 새의 이데아를 유지시킨다.

세계의 대상에 대한 본질의 문제는 이데아의 문제이다. 새의 이데아는 새의 원형에 있고 현상계의 새는 속성들이다. 자연에 날아다니는 새는 새들의 속성 중 하나일 뿐 새의 원형은 아니다. 새의 보편적 속성은 이데아의 성질을 가진 새이다. 하지만 우리가 새라고 말하는 새는 자연의 속성들일 뿐 새의 이데아는 아니다. 새는 속성으로서 보편자를 지향한다. 만약 현상계에 새가 없다면 이데아의 새도 없다. 결국, 속성은 새의 이데아로부터 생겨난 것이지만 새의 이데아를 인식하게 하는 원인이 된다. 새는 이데아의 새를 말하는 것이 되고 현상계의 새는 새의 속성일 뿐이다. 이데아의 새는 보편자이고 숫자로 말하면 0이다. 숫자의 0은 어떠한 수에도 영향을 받지 않는다. 자연에 날아다니는 새의 수가 1,2,3,4,5…로 구분지어진다면, 이러한 수는 새의 속성에 속할 뿐이다. 이러한 수는 0과는 관계가 없다. 이것은 단지 숫자의 차이일 뿐 이데아의 성질인 0을 대변하지는 못한다. 이처럼 이데아는 원형의 성질을 가지고 있으며 본질적이다. 이데아의 세계를 설명하면서 가장 정확한 방법은 수를 가지고 말하는 것이다. 수는 명확하기 때문에 상대를 설득하기에 가장 좋은 기호이다. 하지만 이데아는 수의 범위를 초월한다. 수는 인간이 이데아의 복제를 계산할 때 쓰이는 셈의 방법일 뿐 원형의 본질은 셀 수 없다. 왜냐하면 원형은 오직 하나이기 때문이다. 이러한 하나는 비교의 대상이 될 수 없으며 셀 수도 없다. 수가 이데아의 세계와 다르게 현실 세계에서 명확성을 설명하기 위한 방식으로 쓰이는 것은 수가 갖는 정확성 때문이다. 이렇게 명확한 답을 지식이라고 한다. 수는 지식의 범위에서 교환되는 의견이고 지혜의 범위에 들어가는 이데아는 계산될 수 없다.

세상에 존재하는 수많은 자연의 속성들은 고유의 아름다움을 가지고 있다. 아름다움은 무릇 변치 않는 이데아의 속성을 가지고 있다. 따라서 모든 것의 원형은 그 속성들의 원형이기 때문에 아름다운 것이다.

소크라테스는 선의 이데아를 최고의 학문이라고 말했다. 이데아의 세계에서 선의 이데아는 이데아 중의 이데아에 속한다. 세상에 존재하는 가장 낮은 단계의 이데아가 가장 높은 단계의 이데아로 올라가면서 이데아의 이데아인 선의 이데아로 귀결된다. 선의 이데아는 인식의 유일한 기준이며 모든 존재의 근원일 뿐 아니라 모든 사물이 추구하는 궁극적 가치의 기준이다.

소크라테스는 글라우콘Glaucon과의 대화에서 세상에 존재하는 많은 것들은 각각의 아름다움이나 선을 가지고 있다고 말했다. 그가 말하는 아름다움 자체나 선함 자체는 각각의 이데아가 가지고 있는 성질을 말한다. 선의 이데아는 가장 높은 대상의 성질을 가지고 있는 근원이다. 자연의 대상으로서 모든 속성은 이데아로부터 생겨난 것들이다. 따라서 선의 이데아는 모든 자연의 근원 중 근원이다. 우리의 눈은 다른 감각기관과는 달리 빛이 있어야 볼 수 있는데 소크라테스는 이러한 빛의 주인을 태양이라고 보았다. 태양은 인간의 눈이 아니지만 시각의 힘이 되어 눈으로 볼 수 있도록 만들기 때문에 태양을 선의 아들이라 불렀다. 선의 아들은 이데아의 아들을 말한다. 최고의 이데아인 선의 이데아는 빛을 통해 대상의 속성을 보여준다. 이렇게 보여지는 자연의 속성들은 이데아를 지향한다.

소크라테스는 인간의 눈이 불완전하여 어두운 쪽을 바라보고 있을 경우 장님처럼 침침해져 대상을 잘 알아볼 수 없게 된다고 보았다. 하지만 빛을 더하게 되면 사물을 뚜렷하게 인식할 수 있는 것처럼 인간의 영혼도 마찬가지라고 보았다. 인간의 영혼이 진리와 실재에 가까워지면 그 대상은 인식되어 지성이 있는 것처럼 보인다. 하지만 빛을 잃고 어둠을 대하게 되면 눈이 침침해져 현상만을 좇아 의견만 갖게 된다. 따라서 인식되는 것들에 진리를 부여하고, 인식하는 것들에 능력을 부여하는 것을 선의 이데아라고 부른다. 선의 이데아는 인식과 진리의 근원이며, 인식되는 것들에 대한 지식과 본질의 창조자일 뿐 아니라 존재를 초월해 있는 어떤 것이다.

세계는 두 개의 지배적인 영역에 의해 구분되는데, 하나는 지적 영역을 지배하는 선의 이데아이고, 다른 하나는 현상의 세계에서 눈에 보이는 영역을 지배하는 재현의 세계이다. 이데아의 재현들은 태양의 빛에 의해 두 개의 현상으로 나뉘는데, 하나는 대상을 나타내고 다른 하나는 대상의 그림자를 나타낸다. 대상의 그림자에 속하는 영역은 대상에서 흘러나왔으며 대상을 닮아가려는 본질추구 속성이 있다. 자연의 대상은 다양하고 유한한 것에 반해 참된 진리는 변하지 않는 이데아의 세계에 있다. 플라톤의 이데아는 개별적인 사물의 속성에 질서를 형성하고, 동일한 것들을 통합하여 개념화한다. 이러한 개념화는 보편자의 속성으로 대상의 이데아를 설정한다. 이데아의 세계에서 존재의 당위성은 우리가 경험하고 있는 현상계의 자연을 통해 질서와 개념에 대한 변치 않는 보편자가 존재한다는 데 있다. 이러한 세계는 현실 세계에서는 불가능하고 오직 이데아의 세계에서만 가능하다.

플라톤의 말에 따르면, 우리가 살고 있는 세계는 초월적 신이 만든 세계로서 본질적 세계가 아니라고 보았다. 우리가 살고 있는 세계는 이데아의 모방을 통해 만들어진 세계일 뿐이다. 그는 이데아의 세계만이 진정한 실체가 존재하는 세계라고 보았다. 인간이 꿈을 꾸거나 사막에서 신기루를 발견하면, 그것을 사실인 것처럼 착각을 일으키는데 그것은 실체가 아니다. 현재 우리가 살고 있는 세계도 이와 같다. 우리의 세계에 존재하는 모든 것들은 잠시 있다가 사라지는 일시적인 것들이다. 이러한 일시적인 현상은 잠시 우리 곁에 있다가 사라져 버리는 꿈과 같은 세계이다.

이데아론은 플라톤의 철학적 근간을 형성하는 이원론적 세계관을 반영한다. 플라톤은 이데아의 세계처럼 영원불멸의 세계가 먼저 존재했고, 현실 세계는 이러한 이데아의 세계를 반영한 감각의 세계로 본질적 대상에서는 멀어지지만, 그들이 표현하고 있는 속성들은 이데아의 세계를 반영하고 있다는 것이다. 그는, 현상계의 세계는 이데아의 모사에 불과하다고 주장하며, 이것을 원형의 이데아를 비친 그림자에 비유했다. 현상세계가 시간과 공간에 의해 존재한다면 이데아의 세계는 시간과 공간을 초월한 세계이다.

초월성의 세계에서 이데아는 이원론적 세계관을 통해 감각 세계의 세계관을 정립한다. 플라톤은 이러한 감각 세계의 주요한 관계요소로 정의, 국가, 이상국가의 개념을 설정하고 그것에 대해 논하고 있다. 플라톤의 이데아는 창조의 관점에서 보면 매우 의미 있는 개념이다. 우리가 살고 있는 현실 세계는 어떤 것으로부터 만들어진 세계임이 분명하다. 현상세계를 만든 그 어떤 것은 무엇인가? 이에 대한 질문의 답은 현상세계를 만들어 낸 근원에서 찾는다. 어떤 것이 존재한다면, 그것을 있게 한 원인이 있어야 하며 그 원인을 플라톤은 이데아라고 하였다. 참된 세계는 이데아의 모방을 통해 현실 세계를 구성하고, 참된 이데아는 자신의 본래적 이데아를 통해 다른 속성들을 생산해낸다.

21

미메시스Mimesis

예술은 인간의 삶이 추구하는 행복의 사다리이다

인간에게 예술이 없었다면 인간의 삶은 매우 황폐하여 행복의 사다리를 발견하지 못했을 것이다. 행복의 사다리란 인간이 추구하는 삶의 궁극적 목적을 향하는 통로이다. 이러한 삶의 길목에 예술이 있다. 신의 축복 속에 태어난 인간은 삶의 시간을 여행하면서 수많은 일을 겪게 된다. 그 길 속에 예술이 있다. 시작도 끝도 없는 신의 세계에서 예술의 힘은 자연만큼 아름답다. 자연은 신의 창조를 통해 세계에 아름다움을 주고 인간은 예술을 통해 세계를 아름답게 한다.

인간의 영혼은 아름다운 것을 추구한다. 아름답다는 것은 보기에 좋다는 것이며, 세계에 있어 변치 않는 아름다움을 갖는 것은 자연뿐이다. 예술은 자연으로부터 영감을 받는다. 자연의 한 속성으로서 인간은 두 개의 구조로 결합되어 있다. 하나는 정신이고 다른 하나는 육체이다. 이러한 결합은 인간을 이성적 동물로 만든다. 육체적 인간은 대상에 치중하며 물질적이다. 정신적 인간은 이성에 치중하며 영혼적이다. 육체와 정신의 어울림은 아름다움을 추구한다. 아름다움이란 본질에 다가서려는 의지이다. 예술에 있어 아름다움은 발견을 통해 알게 된다. 세계는 아름다운 것들로 이루어져 있다. 하지만 인간은 그것을 발견하지 못할 뿐이다.

발견은 예술을 바라보는 절대정신이다. 인간의 눈은 자연을 통해 아름다움을 인식한다. 아름다움은 인식의 대상으로서 인간의 마음속에 있다. 예술가는 이러한 발견을 통해 자신의 세계를 표현한다. 이것이 예술의 속성이다. 예술가의 마음은 자연을 향하고 자연은 본질을 향한다. 이것이 예술과 인간의 관계이다. 이러한 관계는 꾸준한 발견을 통해 진화한다. 미에 대한 예술의 기준은 발견을 통해 달라지기 때문이다.

예술이 아름다운 것은 무관심으로부터 벗어나 새로운 세계를 발견하였기 때문이다. 영혼의 세계는 육신의 세계보다 자유롭고 무한하다. 하지만 영혼이 육체에 담기는 순간 영혼은 육체와 함께 동반자의 길을 걷게 된다. 영혼과 육체의 동행에서 무한한 영혼은 육체와 함께 한정된 삶을 선택한다. 한정된 삶은 육체의 한계 때문에 생겨난 삶이다. 하지만 유한한 인간의 삶 속에 예술이 있다. 영혼은 이러한 예술을 선택한다.

인간은 유한한 삶 속에서 무한한 추상성을 벗어나 유한성이 가지고 있는 현실성을 탐구한다. 육체는 삶에 있어 가깝고도 먼 길이다. 삶 속에서 인간이 찾고자 하는 것은 무엇인가? 그것은 행복이다. 인간은 유한한 자신의 한계를 극복하기 위해 무엇인가를 찾으려 한다. 이러한 속성은 아름다움을 발견하는 것에서 나온다. 인간이 유한한 세계로부터 아름다움을 발견하는 것은 예술을 통해서이다. 예술은 인간의 삶 속에 행복을 심어주는 아름다운 발견이다. 인간이 동물과 다른 것은 아름다움을 발견하고 그것을 통해 아름다운 것들을 만들어 내는 능력이 있기 때문이다. 이러한 능력은 인간의 창작 욕구를 만들어 내고 그것을 통해 아름다운 것들을 추구한다.

예술에 있어 미의 속성을 발견하는 것은 쉬운 일이 아니다. 인간은 아름다운 것을 보았을 뿐 아름다움의 본질은 본 적이 없기 때문이다. 진정한 아름다움이란 이데아Idea의 속성과 같다. 아름다움은 시간이나 환경에 따라 변하지 않는 것이다. 아름다움은 영원한 이데아의 속성처럼 본질로서 아름답다. 본질로서 아름다운 것은 진정한 아름다움이다. 아름다움과 아름다워 보이는 것은 서로 동일한 속성 같지만, 전혀 다른 속성이다. 아름다움은 변치 않는 본질적 속성인데 반해, 아름다워 보이는 것은 아름다움의 본질을 지향하는 속성이다. 서로 다른 두 개의 속성이 하나가 되어 어울릴 때 시간의 흐름에 따라 유한한 속성은 사라지고 영원한 속성만이 남게 된다. 아름다워 보이는 것은 유한한 속성이다. 인간이 만들어 놓은 예술은 수많은 표현을 담아내며 아름다움을 지향한다. 하지만 이러한 속성은 아름다움이 될 수 없다. 아름다워 보이는 속성은 시간에 의해 지워져 버리기 때문이다.

올바른 정신이 이끌지 않는 예술은 본질을 향하기보다 본질다워 보이려고 노력한다. 이러한 노력은 정신을 정화시키기보다 현혹시킨다. 인간의 말에 현혹된 정신은 아름다움의 본질을 놓쳐 버린다. 본질을 놓쳐 버린 인간은 거대한 풍랑 속에서 배의 키를 놓쳐 버린 선장과 같다. 그러한 선장은 풍랑 속에서 그 누구도 구할 수 없다. 그 배는 난파되어 버리고 만다. 예술도 이와 같다. 따라서, 예술과 모방은 서로 다른 성질을 가지고 있는 자석과 같다. 하나의 자석은 N극과 S극으로 구분된다. 양극에 매달려 있는 자석은 동일한 극은 밀어내고 다른 극은 잡아당기는 힘을 가지고 있다. 동일한 극은 영원히 하나가 될 수 없는 운명이다. 자석의 끌어당김은 두 극에서 서로 다른 극에만 적용된다. N극은 S극을 끌어당기는 성질을 가지고 있고 S극은 N극을 끌어당긴다. 예술은 한 극의 자석처럼 대중을 끌어당긴다. 여기서 끌어당김은 예술의 차이를 찾는 대중이다. 차이란 남과 다른 생각을 말하며 남과 다른 생각으로 예술을 만든다.

인간에게 있어서도 음과 양은 서로 당기는 힘이 발생한다. 이러한 힘 때문에 사랑이 싹트고 세계가 유지된다. 예술은 이와 같은 성질로 음과 양의 기운을 통해 서로 다른 것을 끌어당긴다. 이러한 끌어당김이 예술이다. 이처럼 예술가는 차이를 발견하는 것으로부터 예술을 창조한다. 예술가들은 예술이라는 이름으로 아름다운 것들을 창조한다. 하나의 자석처럼 예술은 서로 다른 차이를 통해 대중을 끌어당긴다. 예술은 재현을 통해 대중을 끌어당기고, 재현은 예술로부터 새로움을 창조한다. 예술과 재현의 관계는 인간의 정신과 육체의 관계를 가지고 있다. 예술과 재현은 육체와 정신이 하나로 결합된 인간의 속성과 같다. 예술은 인간의 삶을 아름답게 하기 위한 표현의 속성을 가진다. 예술은 인간이 자연으로부터 아름다운 속성을 발견하기 위한 노력의 결과들이다. 인간이 표현하는 예술의 영역은 물질적이면서도 정신적이다. 세상을 이루는 모든 물질이 신의 정신에서 태어난 것처럼 예술로 태어난 모든 것들은 인간의 정신에서 태어난다. 세상의 모든 현상은 원인으로부터 결과가 나온다. 예술은 삶의 원인이 되고 재현은 삶의 원동력이 된다.

고대의 철학자 플라톤과 아리스토텔레스는 예술의 가치를 원형이 변질된 미메시스Mimesis라고 보았다. 미메시스가 가지고 있는 그리스어의 원뜻은 모방 혹은 재현이라는 의미를 가지고 있다. 미메시스는 이데아의 재현으로 나타난 현상이다. 플라톤은 인간이 창조하는 모든 예술의 근원을 이데아의 본질을 모방한 재현으로 보았다. 미메시스는 예술에 있어 매우 중요한 개념의 하나이다. 모방이라는 의미로 시작된 미메시스는 이데아의 모방을 뜻한다. 예술가의 모방은 자연을 통해 재현되어진다. 이러한 미메시스 이론은 플라톤의 대화편에 나오는 티마이오스Timaeos와의 대화에서 시작되었다. 미메시스의 개념은 플라톤으로부터 시작하여 아리스토텔레스를 통해 공론화되었다.

플라톤은 『국가론』에서 이상 국가에 있어 시인을 추방의 대상으로 보았다. 시인은 인간의 감각적 인식의 뒤편에 존재하는 이상적인 이데아의 세계를 흉내 내는 것에 불과하다고 보았다. 시인들은 이데아의 본질 세계를 모르고 현상계의 세계만이 전부인 줄 알고 있다고 보았다. 그들은 자신들이 보아온 세상을 통해 예술을 이야기하지만, 자연의 본질은 이데아에 있기 때문에 그들의 표현은 모방일 뿐이라고 보았다. 플라톤에게 있어 시인은 거짓된 세계를 진리처럼 인식하고 사는 존재였다. 따라서 시인은 대중을 속이고 현혹함으로써 사회를 혼탁하게 하기 때문에 사회로부터 추방되어야 한다고 보았다. 이것이 시인 추방론이다.

플라톤은 현상계에 존재하는 것은 신에 의해 창조된 이데아의 재현들뿐이라고 보았다. 신의 창조로 이루어진 현상계에서 우리에게 보여지는 대상은 이데아의 재현처럼 형상의 그림자를 어렴풋이 재현해 놓은 것일 뿐이다. 따라서 현상계의 시인과 예술가들이 자연의 대상을 그럴듯하게 재현해 놓은 것은 본질로부터 벗어나 모방되어진 것일 뿐이다. 이데아의 세계에 존재하는 모든 원형은 신의 세계 속에 존재한다. 이러한 원형들은 인간 세계에서 이상적인 이데아의 형태가 만든 그림자처럼 자연을 통해 재현되어진다. 플라톤은 이러한 모든 행위는 원형을 변형시키거나 모방하는 행위이기 때문에 재현에 불과하다고 보았다.

플라톤의 제자인 아리스토텔레스는 그의 스승과는 다른 의미로 예술과 모방의 개념을 사용했다. 아리스토텔레스는 예술가로서 시는 역사보다 훨씬 중요하다고 보았다. 역사는 역사가들에 의해 개별적인 것을 기술할 뿐 아니라 어떠한 사건이 발생하는 사안을 기록한 것에 불과하지만, 시인은 보편적인 것을 말하고 있기 때문에 한층 더 진실하다고 보았다. 시인들은 대상이 보여주는 추함도 그들의 입을 통해 고상한 것으로 만드는 것을 보면, 시인들은 사회에 선함을 만들어 주는 사람이라고 보았다. 아리스토텔레스는 예술의 개념에서 생산을 창조의 미메시스로 보았다. 그는 비록 예술가가 이데아의 본질을 생산해내지 못하지만, 자연을 통해 한층 아름다운 것들을 생산한다는 점에서 예술가들을 긍정적으로 보았다. 아리스토텔레스의 생산개념은 예술을 재현으로부터 생산적인 개념으로 바꿔놓았다.

아리스토텔레스는 비극에 대해서도 가장 높은 상태에서 가장 낮은 상태로 떨어지는 인간의 비극이 연민을 일으켜 인간의 마음을 정화시켜주기 때문에 선한 것으로 보았다. 희극은 인간에게 순간적 웃음을 선사하지만, 그 순간이 지나면 기억에 남는 게 없기 때문에 예술이 될 수 없다고 보았다. 하지만 비극은 자기반성을 통해 선함으로 다가가려는 노력이 생겨나기 때문에 예술의 범주에 속한다고 보았다.

윌리엄 셰익스피어William Shakespeare는 햄릿Hamlet에서 연극의 목적은 자연 그대로를 비추는 것이라고 말했다. 연극의 목적이 인간사를 다루고 그것을 통해 연민과 반성을 불러일으킨다면 연극은 자연을 비추는 거울이 된다. 인간은 이러한 거울을 통해 자기반성을 불러오게 되고 선한 것으로 다가가게 된다. 연극처럼 예술은, 요리사가 자연의 재료를 음식의 맛에 맞게 적절히 섞어 요리하는 것처럼, 자연의 대상을 자신의 기준에 맞게 적절히 조합하는 것이다. 예술과 모방의 관계는 예술가들에게 끝없이 요구되는 질문이기도 하다. 회화에서 나타난 자연의 모방은 자연을 반영하여 그린 것이지만 자연을 대신할 수 없다. 자연을 대신할 수 없는 그림은 자연을 재현할 뿐이다. 자연의 본질에서 멀어지는 재현은, 플라톤의 말을 빌리면 미메시스이다. 만약 예술이 본질을 나타내지 못하고 본질의 그림자만을 나타낸다면 예술은 본질을 오염시키는 것일 뿐이다.

재현의 문제는 20세기에 들어와 독일 철학자 아도르노Theodor W. Adorno에 의해 예술의 본질로 격상된다. 18세기 계몽주의로부터 형성된 합리적 이성과 자본주의 사회에서 예술은 미메시스가 가지고 있는 재현의 욕망을 통해 예술로 탄생한다. 미메시스는 어떠한 대상을 모방하고 재현하는 것에서 벗어나 재현의 행위를 통해 원형으로 다가서려는 창조성을 내포하고 있다. 현대예술에 있어 미메시스는 자기 의지 안에서 본질로부터 재현되어지는 것을 새롭게 해석하는 창조적 표현방법으로 변신하였다. 예술이 신의 세계인 이데아의 본질을 나타내지 못한다 하여 그것이 무익한 것이라고 말할 수 없다. 인간이 자연 상태를 벗어나 자체적으로 문화를 만들어 온 이후부터 예술은 인간의 삶에 꼭 필요한 행위이며 활동들이 되었다. 비록 예술이 이데아의 세계로부터 벗어나고 자연을 모방한다 하더라도 예술은 인간의 삶에 매우 중요한 분야임에 틀림없다. 만약 예술이 인간의 삶에 행복을 주는 것이라면 예술은 삶을 연결하는 행복의 사다리이다.

22

인간의 관념

관념은 언제나 변할 수 있는 시간성 위에 있다

인간이 믿고 있는 것들은 태어나면서 경험을 통해 축적된 관념들로 이루어져 있다. 관념은 우리가 알고 있는 경험들이 함축된 것이다. 하지만, 경험으로 축적된 관념들이 모두 진실이라고 할 수 없다. 관념은 언제나 변할 수 있는 시간성 위에 있기 때문이다. 시간은 마음속의 관념을 변화시키며, 무한한 공간 개념을 상대적 개념으로 전환시킨다. 관념의 특성은 사람의 마음속에 나타나는 표상, 상념, 개념 등으로 나타난다. 관념적 사고는 생각을 지성의 대상으로 생각한다. 영국의 경험주의자 존 로크John Locke는 관념을 환상phantasm, 개념notion, 종species으로 보고, 어떤 것을 생각할 때 작동되는 마음의 표현이라고 했다. 따라서 관념은 인간의 마음속에 담겨 있는 생각뿐 아니라 감정까지도 포함하는 정신 활동이다.

플라톤 철학의 이데아는 관념론 형태를 띠고 있다. 플라톤이 말하는 이데아의 관념은 본질적 관념이다. 그는 이데아를 모든 사물의 원형으로 보았다. 이데아의 세계에서 모든 자연의 대상은 이데아의 세계에 있다. 이데아는 모든 대상의 관념을 넘어 원형 관념이다. 플라톤의 제자이며, 신플라톤주의를 계승한 플로티노스Plotinos는 만물의 근원인 일자to hen를 빛을 통해 유출되는 정신으로 보았다. 이러한 정신이 관념이다. 빛은 영원한 존재의 근원으로서 이데아의 현상이 드러나 관념화된다. 고대와 달리 중세 시대의 관념에 대한 인식은 세계의 절대 존재인 신으로부터 시작된다. 신은 창조의 원인이며, 모든 이데아를 관장한다. 신의 세계에서 이데아는 모든 사물의 원형으로서 자연의 사물을 대신한다. 따라서 플라톤의 이데아는 신의 세계 속에서 원형의 성질을 담고 있으며, 인간의 세계에서 모든 만물의 생성 원인이 된다. 사물의 대상과 원인의 관념은 이데아 세계 속에 있고, 이데아로부터 유출된 사물의 관념은 인간의 정신 속에 남아 있다.

관념에 대한 합리적 사고는 계몽주의 시대 때부터 시작된다. 이성에 의한 합리적 사고는 생각하는 코기토Cogito 존재를 주장한 데카르트Descartes로부터 시작된다. 그는 관념을 3가지로 분류하였다. 첫째, 인간이 선천적으로 가지고 있는 생득적 본유관념이다. 인간은 태어나면서부터 경험하지 않고도 알 수 있는 관념을 지니고 있는데, 그러한 관념이 본유관념이다. 본유관념은 감각이나 경험에 의하지 않고도 획득될 수 있는 선천적 관념이다. 둘째, 경험에 의해 외부에서 들어오는 필연적 관념이다. 인간이 불을 보고 뜨겁다고 느끼거나 얼음을 보고 차갑다고 느끼는 관념은 외부적 경험에 의해 획득된 관념이다. 이러한 관념은 인간의 감각에 의해 생겨나는 관념이다. 셋째, 상상을 통해 생겨나는 관념이다. 이러한 관념은 여러 관념의 종합을 통해 만들어진 관념으로 추상적 관념에 속한다.

경험주의로부터 관념의 의미가 가장 잘 나타나는 것은 『인간 오성론』*An Essay Concerning Human Understanding*의 저자 로크이다. 로크는 인간의 오성을 통한 인식론을 주장했다. 그는 정신의 직접적 원인으로 관념에 대해 연구하였다. 관념은 마음의 대상이 되는 것을 말하며, 관념의 발생 원인은 인간의 경험을 통해 인식되어진다고 보았다. 인간의 경험은 감각을 통해 외부로부터 들어오는 맛, 냄새, 색채, 사물의 종류 등을 인식하고 그 경험을 바탕으로 관념이 생겨난다. 로크는 관념을 단순 관념과 복합 관념으로 구분했다. 단순 관념이란 분할되지 않는 궁극의 최소 단위이며, 복합 관념은 단순 관념들의 집합을 통해 생겨난다. 단순 관념을 지각하는 방법에는 4가지가 있다. 첫째, 단 하나의 감각기관에 의해 마음에 들어오는 관념이다. 둘째, 하나보다 많은 감각기관에 의해 마음에 들어오는 관념이다. 셋째, 반성을 통해 얻어지는 관념이다. 넷째, 감각과 반성에 의해 마음에 떠올려지는 관념이다.

로크는 인간에게 있어 관념을 가져다주는 것은 물질이 갖는 성질이라고 보았다. 그는 이러한 물질의 성질을 두 가지로 구분했다. 물질의 제1성질은 물체가 가지고 있는 자체의 성질이다. 이러한 성질은 물체의 본질적 성질로서 아무리 잘게 부숴도 물질이 가지고 있는 개체, 연장, 기능 등의 본질적 성질은 유지된다. 물질의 제2성질은 물질의 제1성질이 가지고 있는 기본성질을 제외한 색깔, 맛, 소리 등의 성질을 말한다.

관념은 단순 관념을 통해 복합 관념으로 형성되지만, 복합 관념은 다시 분할되면서 단순 관념화된다. 이러한 관계는 관념이 갖는 기본 구조들이다. 복합 관념은 실체, 관계, 양태로 구분된다. 실체란 사물의 대상이 갖는 관념이다. 신, 정신 등이 실체의 복합 관념에 속한다. 사물에 대한 관계는 한 개 이상의 대상이 갖는 관념이다. 이것은 인과 관계 속에 나타나는 관념으로 양태는 그 자체로 성립될 수 없고 실체의 관념을 통해 성립된다. 대상의 상태나 성질이 나타내는 관념들이 이에 속한다. 복합 관념은 단순 관념의 결합을 통해 생겨나는 것으로 단순 관념의 인식 없이는 어떠한 복합 관념도 생겨날 수 없다.

근대 서양철학에서 관념은 인간의 생각을 포함하여 마음속에 떠오르는 모든 것을 말한다. 이러한 마음의 심상을 관념의 연합이라고 한다. 관념은 무언가를 말하거나 나타내려는 마음의 상태로 인간의 정신 속에 내재되어 있다. 현대철학에서 관념과 가장 유사한 말은 표상이다. 표상은 마음의 생각이 상으로 드러나는 것으로서, 마음의 표상은 관념의 표상이다.

관념은 우리가 믿을 수 있는 최상의 진리 같지만, 반드시 그런 것은 아니다. 왜냐하면, 관념은 기억에 의존하면서 망각과 상실을 가지고 있기 때문이다. 인간의 기억은 단순 관념의 인식 과정에서 논리적으로 정립된다. 그러나 단순 관념이 기억되면서 다양한 단순 관념들은 복합 관념으로 정립한다. 복합 관념은 더 많은 관념과의 결합을 통해 추상 관념까지 생산해낸다. 이러한 관념의 정립 과정에서 관념의 오류가 생겨나게 되는데, 관념의 오류는 불완전한 기억 때문이다. 불완전한 기억은 관념의 기억을 혼돈으로 표출한다.

우리가 믿어 왔던 경험적 관념에 대한 과학적 사고는 16세기 말 폴란드의 천문학자 코페르니쿠스Nicolaus Copernicus에 의해 제기되었다. 그가 제기한 지동설은 관념적 오류에 대한 대표적 사건 중 하나이다. 그는 모두가 믿어 왔던 지구 중심의 천동설을 부정하고, 과학적 근거에 의한 지동설을 주장했다. 그가 천문학을 통해 주장한 천체의 움직임은 당시 사람들이 경험하고 살아가는 감각적 세계와 너무 다른 주장이었다. 당시 사람들은 프톨레마이오스Ptolemaeos의 천동설을 부정할 수 없는 진리로 여겼다. 그들은 지구 중심의 세계관을 완전한 자연계의 현상이며, 진리라고 믿었다. 당시 사람들은 매일 아침 떠오르는 태양을 바라보며, 지구를 중심으로 태양이 회전한다는 것은 부정할 수 없는 진리였다. 당시 사람들에게 지구를 중심으로 태양이 회전한다는 생각은 중세 1,000년의 신앙심 같은 것이었다. 하지만 코페르니쿠스가 집필한 『천체의 회전에 관하여』라는 책이 출간되면서 불변의 진리는 의구심의 대상이 되어 버렸다. 이 사건을 통해 기독교 중심의 유럽 사회는 발칵 뒤집혔다. 성직자들은 이 책을 악마의 책이라고 불태워 버렸다. 이탈리아의 브루노Bruno는 지동설을 받아들여 화형에 처해지기도 했다. 또한, 갈릴레오 갈릴레이Galileo Galilei는 종교재판에서 살아남기 위해 자신의 주장을 거둬들였다. 하지만 그는 재판장을 나오면서 "그래도 지구는 돈다Eppur si muove"라는 말을 남겨 변할 수 없는 진리를 옹호하였다.

인간이 가지고 있는 관념은 보편적 진리 속에 속해 있는 것 같지만, 언제나 변할 수 있는 시간성 속에 있다. 소크라테스는 인간의 관념이 교육에 의해 어떻게 개발될 수 있는지를 동굴 속 죄수들의 이야기를 통해 설명했다. 만약, 인간이 태어나면서부터 동굴 속에 사지가 묶여 있고, 꼼짝도 못하고 안쪽 벽만을 바라볼 수밖에 없는 죄수와 같다고 생각해보자. 그리고 동굴 입구에는 횃불이 타오르고 있고, 횃불과 죄수들 사이에는 담장 비슷한 것이 있다. 담장과 횃불 사이의 길을 따라 많은 사람들이 온갖 물품들을 높이 치켜들고 지나간다. 죄수들은 횃불에 의해 동굴 벽에 비친 그림자만을 바라본다. 그들은 동굴 벽에 비친 그림자만을 보면서 바깥에서 들려오는 소리의 실체를 눈 앞에 비친 그림자라고 생각한다. 그리고 그들이 걸어다니면서 내는 발자국소리, 말소리, 음악소리 등은 눈앞에 비치는 그림자 때문이라고 믿게 된다.

만약 동굴 속에 갇혀 있는 죄수들 중 한 사람을 풀어주고 동굴을 벗어나 자유롭게 세상을 돌아다닐 수 있게 해보자. 풀려난 죄수는 한동안 눈이 부셔 사물을 구분할 수 없고 시간이 흘러 분간한다 해도 그림자와 실물을 구별하지 못하고 어느 것이 진짜이고 가짜인지 혼란스러워 할 것이다. 만약 바깥세상에 있던 사람이 풀려난 죄수에게 동굴 속의 그림자는 횃불에 의해 만들어진 허상이라고 이야기를 해도 죄수는 믿지 않을 것이다. 죄수는 동굴 바깥에 있는 사람보다는 동굴 속의 그림자를 실체로 믿고 살아왔기 때문이다. 만약 풀려난 죄수에게 횃불을 직접 보여주면서 그림자는 허상에 불과하다고 설득한다 해도, 죄수는 횃불에 눈이 부셔 뒷걸음질을 치며 동굴 속으로 도망가 버릴 것이다. 그리고 그는 동굴 속에 비친 그림자를 보면서 그림자의 실체만을 믿으려고 할 것이다. 하지만 시간이 지나면서 외부환경에 익숙해진 죄수는 그림자의 관념에서 벗어나 실제 세계에 대한 믿음이 생겨나게 된다. 그리고 궁극에 가서 죄수는 자신이 그동안 믿고 있었던 그림자의 관념으로부터 해방되어 현실 세계를 받아들이고 관념의 오류를 깨닫게 될 것이다.

동굴 속 관념으로부터 벗어난 죄수는 그림자로부터 깨어난 자신의 의식을 대견스럽게 생각하고 동굴 속에 갇혀 있는 죄수들을 가엾게 생각할 것이다. 그는 동굴 속에 있는 죄수들에게 자신이 경험한 사실을 이야기하려 할 것이다. 하지만, 설명을 들은 죄수들은 그의 이야기를 허무맹랑한 이야기라고 치부해 버리며 관념으로부터 벗어나지 못할 것이다. 그들은 자신들이 보아왔던 그림자의 실체만을 믿으려 할 것이다. 이처럼 한 번 형성된 관념은 변치 않는 사실로 인식되어 고착화되어 버린다. 하지만 관념은 판단 주체에 따라 실체적 사실은 얼마든지 다르게 해석될 수 있다는 것을 알아야 한다.

인간에게 한 번 형성된 관념은 쉽게 바꿀 수가 없다. 평생을 색맹으로 산 사람에게 색을 구분하라고 하면, 그것은 불가능한 일이다. 우리의 생각 속에 형성된 관념도 이와 같다. 한 번 형성된 관념은 어떠한 사실적 충격이 없이는 변할 수 없는 관념이 된다. 이러한 관념을 굳은 관념이라고 한다. 굳은 관념은 인식에 대한 단편적 경험을 관념의 전부로 해석한다. 이러한 관념은 편협된 해석에서 오류를 낳는다. 인간의 삶 속에서 관념은 변치 않는 시간성 속에 있을 때 변치 않는 관념이 형성될 수 있다.

23

창조의 힘, 로고스Logos

인간이 신의 존재를 믿지 않고
어떻게 자신의 존재를 믿을 수 있겠는가?

세상에 존재하는 수많은 생명체 중 인간만큼 신의 존재를 인식하고 숭배하는 동물은 없을 것이다. 인간은 다른 동물과 달리 생각하는 이성으로서 자신을 있게 한 신을 인지하고 숭배한다. 인간에게 있어 신은 드러내지 않으면서도 존재하고, 창조주로서 위대하다. 전지전능한 신이 세상에 모습을 드러내지 않는 것은 초월적이기 때문이다. 만약 신이 세상에 모습을 드러낸다면, 그것은 신이라 할 수 없다. 신으로서 무엇인가가 세상에 드러난다면, 그것은 로고스의 드러남이다. 신은 오직 자연을 통해 인간의 의식에 침투되고 숭배의 대상으로 자연에 남는다. 이러한 성질이 신의 초월적 성질이다. 신의 초월성은 로고스이며, 드러남이다. 신의 드러남은 자연으로부터 나온다. 신으로부터 창조된 자연은 신의 존재를 인간에게 현시시킨다. 자연으로 현시된 로고스는 자연과 하나되고, 자연은 인간과 하나된다. 자연은 로고스와 함께 창조된 실체이다. 세계를 이루는 속성들이 신의 로고스를 믿지 않고 무엇을 믿을 수 있겠는가? 로고스는 인간이 믿을 수 있는 신의 유일한 말씀이다. 인간은 신의 로고스를 통해 참된 이성을 발견한다.

살아 있는 모든 생명체는 생명에 대한 집착이 있다. 그중에서도 인간은 다른 생물과 달리 영생에 대한 집착이 강하다. 삶에 대한 인간의 집착은 다른 생명체와는 다르게 미래 지향적이다. 하지만, 자연에 존재하는 대부분의 생명체는 현실 지향적이다. 이들은 이성보다는 감각에 의존하며, 자신에게 필요한 현실적 욕구만을 해결하려는 성질이 있기 때문이다. 인간은 다가오지도 않는 미래를 생각하며, 그것에 대비한다. 이러한 미래의 상상적 시간은 죽음이다. 인간에게 있어 죽음이란 가장 두려운 존재이다. 죽음은 생명체라면 반드시 거쳐가야만 하는 최후의 관문이기 때문이다. 인간은 이러한 죽음을 두려워한다. 죽음은 신으로부터 부여받은 생명권의 반환이다. 자유로운 영혼이 육체를 통해 세상에 들어와 한평생을 살아가는 삶 속에서 죽음은 언제나 두려운 미래이다. 죽음이 미래인 것은 생각의 순간이 현재이기 때문이다. 현재의 삶을 살아가는 현 존재는 죽음을 향해 달려가는 시간 선상에 있지만, 그 끝의 문턱은 죽음이다.

인간은 이러한 죽음 때문에 신을 찾는다. 신은 창조로부터 태어난 것이 아니고 인간의 죽음을 통해 생겨난 것이다. 왜냐하면, 인간은 자신의 영혼을 신으로부터 구원받고자 하기 때문이다. 인간에게 있어 신은 구원의 존재이다. 신은 인간의 육체적 죽음을 구원하지 않지만, 영혼은 구원한다고 믿는다. 이러한 믿음은 신에 대한 믿음으로부터 생겨난다. 죽음에 대한 신의 신뢰는 미래 지향적 인간에게서 나타난다. 만약, 인간이 과거 지향적이라면 신의 존재에 기댈 필요가 없다. 과거는 지나가 버리고 없기 때문이다. 지나가 버린 과거는 구원받을 영혼도 없다. 영혼은 과거에 기대지 않기 때문이다. 현재와 과거의 시간성 속에서 동물은 생에 있어 신의 구원을 바라지 않는다. 그들은 오직 현실의 삶에 도전한다. 하지만 인간은 신의 구원을 기원한다. 인간은 미래 지향적 삶을 꿈꾸기 때문이다. 미래의 시간은 영원히 도래하지 않는다. 시간의 인식은 오직 현재성 속에서만 인식되기 때문이다. 과거는 기억 속에 잠들어 버리고 미래는 도래할 시간의 연장성 속에 존재하지만 인식될 수는 없다. 하지만, 미래에 대한 기다림은 구원의 시간일 뿐이다. 구원은 현재의 시간을 넘어 미래의 시간성 속에 있다. 신은 미래의 시간 속에서 인간의 영혼을 구원한다.

만약 미래에 대한 신의 구원이 없다면, 인간은 자신의 과거를 거울삼아 현재의 삶에 충실할 것이다. 현재라는 시점은 인간에게 주어진 가장 소중한 시간이기 때문이다. 하지만 인간은 미래를 신의 영역으로 믿는다. 신의 미래는 영혼의 구원이 가능한 세계이기 때문이다. 신의 구원은 인간의 죄를 정화하고 구원을 통해 영원불멸하게 한다. 요한복음 1장 1절 "태초에 말씀Logos이 계시니라. 이 말씀이 하나님과 함께 계셨으니, 이 말씀은 곧 하나님이시니라." 세계의 창조에 있어 가장 먼저 신의 의지가 있었고, 그 다음에 말씀이 있었다. 말씀은 신의 의지의 표현이며, 창조의 힘이다. 따라서, 하나님의 말씀은 모든 창조의 힘이다. 신의 말씀인 로고스는 세계의 존재 원인이며, 동시에 초월성을 가진 신의 정신이다.

인간은 신의 창조성과 초월적 능력을 로고스라 하였다. 로고스의 어원은 그리스, 이집트, 인도, 페르시아의 철학과 신학에서 등장한다. 그 중에서도 서양문화의 중심에 있는 기독교의 교리에서 가장 중요하게 다루는 용어이다. 기독교에서 로고스는 하나님의 말씀을 통한 창조의 원리이며, 그의 말씀이 창조의 로고스이다. 로고스의 개념은 고대 철학자 헤라클레이토스Heraclitus까지 거슬러 올라간다. 그는 우주 만물의 창조 원인으로 로고스의 존재를 주장했다. 헤라클레이토스는 모든 사물은 끊임없이 변화하며, 그 안에 하나의 통일성이 있다. 그는 우주의 생성과정에서 생각하는 이성과 비슷한 어떤 로고스가 존재한다고 보았다. 로고스는 인간의 이성처럼 세계의 근원이며 만물의 원인이다. 헤라클레이토스의 동적 세계관은 이러한 창조의 원리를 세계의 질서로 보았다. 그의 눈에 세계는 끊임없는 운동을 통해 생성과 소멸을 반복하는 것이었다. 세계는 시간의 흐름에 따라 변해가는 속성을 가지고 있으며, 이를 동적 세계라고 했다.

이에 반해 제논Xenon은 로고스를 모든 실재에 내재되어 있는 이성의 정신적 원리로 규정했다. 제논이 속해 있는 스토아주의 철학자들은 로고스를 신의 섭리가 내재되어 있는 우주의 영혼이라고 불렀다. 그들은 우주의 현상들이 로고스가 포함되어 있는 많은 종자인 로고이Logoi에 의해 이루어졌다고 보았다. 제논과 스토아학파의 철학자들은 로고스를 모든 실재에 내포되어 있는 이성적·정신적 활동 원리로 해석하고, 로고스를 신의 섭리를 통한 창조적 말씀이라고 주장했다.

필론Philon Judaeus, BC 15~AD 45은 헬레니즘 시대에 있어 유대주의를 대표하는 철학자로서 계시 신앙과 철학적 이성을 종합하려는 사람이었다. 그는 그리스도교 신학의 선구자로도 유명하다. 필론은 우주를 로고스에 의해 움직이는 거대한 존재 사슬이라고 보았다. 그에게 있어 로고스는 신과 세계 사이의 연결고리였다. 신은 자신의 의지로 로고스를 통해 창조한 자연이 현존한다고 보았다. 필론은 이러한 주장을 통해 자연 신학의 창시자로 불려졌다. 필론은 로고스를 신의 창조를 뒷받침하는 제2의 신이라고 불렀다. 그가 로고스를 이데아 중의 이데아인 선의 이데아에 비유한 것을 보면, 그의 철학은 플라톤의 영향을 받았다고 볼 수 있다. 필론에게 있어 로고스는 세계를 이해할 수 있는 원인이었다. 필론은 로고스를 신의 종, 신의 모상, 신의 아들이라고 불렀다. 필론은 로고스가 신과 우주를 연결하는 매개체로서 창조를 만들어 내는 원인이라고 믿었다. 신의 창조는 로고스를 통해 만들어지고, 인간은 자연의 실체를 통해 신의 창조를 믿었다. 필론과 함께 신플라톤주의자들은 로고스를 세계의 초월적 정신으로 보고 이를 신의 정신이라고 주장했다.

철학에서 로고스는 인간의 이성과 같다. 인간은 이성을 통해 세계의 모든 것을 이해하고 만들어 간다. 신은 로고스를 통해 세계를 창조하고, 인간은 이성을 통해 문화를 만들어 간다. 로고스는 신과 자연, 자연과 인간을 연결하는 말씀이다. 세계에 있어 로고스가 없었다면, 자연 또한 없었을 것이다. 자연이 없다는 것은 인간의 이성 또한 없다는 것이다. 인간의 이성이 없는 세계에서 인간은 신을 찾을 수 없다. 신을 찾지 않는 인간은 인간이 인간이기를 거부한 동물과 다를 바 없다. 수많은 생명체가 존재하는 우주 공간에서 자신의 삶과 행복을 지키려는 인간은 전지전능한 신의 말씀과 하나가 되어야 한다. 신의 말씀으로 생겨난 세계는 신의 말씀 속에서 생성되고, 소멸되기 때문이다. 신은 창조주로서 그리고 동반자로서 인간의 마음속에 존재한다. 인간의 마음속에 신에 대한 존경과 그리움이 없다면, 그러한 사람은 인간이라 할 수 없다. 신을 찾는 인간에게, 신은 선한 말씀으로 은총을 내린다. 하지만, 인간의 마음이 불만, 음모, 탐욕, 질투 등으로 가득 차 있다면 신은 인간의 구원을 외면할 것이다.

24

조화로운 세계

조화란 세상의 모든 것이 함께 어울려 살아가는 질서이다

세상에 현존하는 모든 물질과 현상은 그 존재 자체로서 조화로운 신의 속성을 가지고 있다. 신의 의지에 의해 서로 다른 속성들이 무리를 이루며 살아가는 세계는 참으로 조화로운 세계이다. 조화로운 세계는 서로의 어울림 속에서만 가능하다. 조화를 이루지 못한 세계는 서로를 파괴하여 공멸하기 때문에 궁극엔 아무것도 남는 것이 없다. 인간이 말하는 실체의 근원과 본질은 현존하는 세계의 조화를 통해 나타난다. 조화란 세상의 모든 것들이 함께 어울려 살아가는 질서이다. 세상의 모든 물질이 조화를 이루지 못하면 결국엔 파괴를 가져온다. 하지만 파괴가 영원한 종말을 가져오는 것은 아니다. 시간성의 개념에서 보면 종말은 순간적이며, 또 다른 세계의 창조를 담보로 하고 있기 때문이다.

조화로운 세계는 참 아름답다. 그 이유는 여러 가지가 있을 수 있지만, 자연과 인간의 조화로움 때문이다. 세상을 이루는 수많은 속성들은 서로 다르지만 조화롭다. 이러한 조화는 어울림의 결실이다. 신의 창조

물은 서로 다름을 통해 조화로운 세계를 만든다. 세계의 다름이란 외형적 다름을 말하는 것이며, 본질적으로는 하나에 속한다. 따라서 자연은 하나의 조화로움으로 이루어져 아름답다. 다양한 속성으로 이루어진 자연이 하나의 아름다움을 만들어 내는 것은 어울림에서이다. 어울림은 다양한 속성들의 소통을 통해 조화로운 세계를 이끌어간다. 이러한 세계를 초월적 조화라고 한다. 초월적 조화는 인간의 이성과 물질적 대상을 넘어선 세계이다. 초월적 신에 의해 창조된 자연은 이성과 물질의 세계를 넘어 초월적 조화를 추구한다.

이 세계에서 인간이 만물의 영장으로 살아갈 수 있는 것은 이성의 현명함뿐 아니라 조화 때문이다. 인간에게 이성은 세계의 깨달음이며, 조화는 세계의 어울림이다. 인간이 서로 다른 생각을 가지고 있으면서도 사회적 공동체로 나아갈 수 있는 것은 구성원들의 조화 때문이다. 만약, 사회 구성원들이 공동체의 조화를 망각하고 자신만의 이익을 취하려 한다면, 그 사회는 불행한 사회가 된다. 플라톤Platon은 이러한 사회를 경계했고, 그가 꿈꾸는 이상 국가는 조화가 넘쳐나는 사회이다.

플라톤은『국가론』에서 이상 국가를 구성하는 세 종류의 계급을 철인 통치자, 보조자, 생산자로 구분했다. 국가를 구성하는 세 계급은 영혼을 구성하는 이성, 기개, 욕구를 통해 세 가지 덕을 실천해야 한다고 보았다. 세 가지 덕은 지혜, 용기, 절제이다. 국가의 최고 계급인 철인 통치자의 이성은 지혜로운 덕을 통해 국가를 다스리고, 보조자 계급의 구성원은 기개를 통해 용기의 덕으로 통치자와 이성을 보호하며, 욕망의 생산자 계급을 다스려야 한다고 보았다. 끝으로, 생산자 계급에 속하는 사람들은 이성이나 기개보다는 욕망을 중시하기 때문에 절제를 통해 스스로를 억제하는 덕이 필요하다. 플라톤이 말하는 이상 국가는 조화를 통해 운영되는 국가를 말한다. 그는 국가의 통치와 영혼의 통치는 서로 상응하는 구조 위에 있기 때문에, 조화만이 이 모두를 결합할 수 있다고 보았다.

플라톤은 이러한 조화의 원리를 영혼 삼분설의 신화적 비유를 통해 설명한다. 인간의 영혼은 이성, 기개, 욕구가 있는데, 이성은 지혜를 사랑하고 진리를 추구하며, 기개는 명예를 사랑하고 지배하기를 좋아하며, 욕구는 이득을 사랑하고 감각적 욕망을 추구한다. 인간의 영혼은 이와 같은 세 가지 특성에 의해 구성되는데 올바른 영혼을 이끌기 위해서는 영혼에 대한 적절한 조화가 필요하다고 보았다. 인간의 이성이 지혜를 사랑하는 것은 현명함 때문이다. 현명함은 육체적 욕망이 아니고 정신적 욕망이다. 정신이 갖는 본질적 욕망은 지혜를 통해서만 가능하다. 지혜란 지식을 넘어선 본질추구의 욕구이다. 지식은 인간에게 유한한 사고를 가져다주지만, 지혜는 인간의 영혼 속에 머물며 영원한 세계를 이끈다. 인간의 이성이 사물의 이치를 깨닫고 신의 본질을 인식하려는 태도가 지혜이다. 지혜는 인간이 신의 의지를 가장 잘 알 수 있는 영혼의 도구이다.

지혜는 고대 그리스인들에게 있어 가장 큰 덕목으로 꼽혔다. 지혜의 신으로는 아테나Athena와 메티스Metis가 있다. 아테나는 지혜, 전쟁, 문명의 신으로 정의감이 투철하며 전사적 기질로 영웅적 이미지를 담고 있다. 그는 명예와 영광의 수호신이다. 아테나는 그리스 도시국가의 수도인 아테네의 수호신으로도 유명하다. 지혜의 신 아테나는 지적인 두뇌와 용맹을 통해 영웅적 이미지를 가지고 있다. 그는 그리스 신화에 있어 최고의 지혜를 갖춘 신으로 묘사된다. 그에 비해 아레스Ares는 아테나보다 폭력적이며, 잔인함을 가진 신이다. 그는 전투에서 앞뒤를 가리지 않는 용맹함을 가지고 있었으나, 지혜가 부족하여 무조건 적을 한꺼번에 죽여야 한다는 냉혹함을 보여주었다. 하지만 아테나는 전쟁의 목적은 공격이 아니라 방어라고 주장했다. 덕을 통한 그의 생각은 포용과 자비를 갖춘 명예로운 주장이었다. 플라톤에게 있어 인간의 영혼은 아테나처럼 지혜를 추구하기 때문에 세계와 조화를 이룬다.

메티스도 지혜와 기술이라는 의미를 담고 있는 신이다. 티탄 신이자 대양의 신인 오케아노스Oceanus와 모든 강과 바다의 모신Mother goddess인 테티스Thetis 사이에서 태어난 메티스는 지혜의 신이다. 메티스는 제우스와의 사이에서 아테나를 낳았다. 제우스는 자신이 낳은 자식이 자신을 몰아내고 올림포스를 지배할 것이라는 사실을 알게 되자 메티스에게 내기를 제안하고 그녀를 파리로 변하게 한 다음 삼켜버렸다. 제우스의 꾀에 빠져 파리로 변신해 제우스 몸으로 들어간 메티스는 그 속에서 태어날 아이를 위해 제우스의 편두통을 일으켰다. 이에 제우스는 대장장이이자 불의 신 헤파이스토스Hephaestos에게 자기 머리를 열게 하자, 그 속에서 갑옷으로 무장한 아테나가 태어났다. 이처럼 지혜는 모정母情을 통해 자식을 살려낼 뿐 아니라 위기를 기회로 극복하는 신성을 가지고 있다.

지혜의 신인 아테나는 특출한 지혜와 불굴의 투쟁심을 통해 정의와 평화를 추구하는 신으로서 제우스와 헤라를 포함한 모든 신들로부터 사랑과 존경을 받았다. 지혜는 중세 시대에도 중요한 덕목이었다. 스콜라 신학자 토마스 아퀴나스Thomas Aquinas도 지혜를 모든 덕목의 아버지라고 불렀다. 우리가 세계의 본질을 묻는 철학philosophy이라는 용어도 지혜를 사랑한다는 의미에서 시작되었다. 지혜는 신과 인간이 갖는 가장 현명한 생각이다.

기개는 인간의 영혼이 가지고 있는 꿋꿋한 절개를 말한다. 기개를 가진 사람은 세상을 다스릴 정도로 뛰어난 기개를 가지고 있어야 한다. 이러한 기개는 전쟁에서 용맹의 원인이 되며 승리의 원동력이 된다. 펜실베이니아대학 심리학 교수인 앤절라 더크워스Angela Lee Duckworth는 성공의 열쇠가 바로 기개라고 했다. 그녀는 테드Ted강연에서 기개Grit를 성장Growth, 회복력Resilience, 내재적 동기Intrinsic Motivation, 끈기Tenacity라고 했다. 그녀가 말한 기개는 어떠한 일에 있어 성공을 위해 보여주는 끊임없는 투지와 끈기를 말한다. 이러한 담대함은 용기 있는 기개가 된다. 기개는 인간의 재능보다 영혼에서 나오는 용기이다. "내일 지구에 멸망이 온다 해도 나는 오늘 한 그루의 나무를 심겠다"는 스피노자의 생각은 죽음을 앞둔 종말적 세계에서 초월적 인간의 기개를 보여준다.

욕망의 개념은 디오니소스적 쾌락을 가지고 있다. 디오니소스는 술의 신으로 이성을 마비시키고 도취와 광기에 빠지게 한다. 이러한 술은 억압으로부터 해방을 추구하고 본능과 정욕을 자극한다. 술은 이성의 통제를 무너뜨리며 동물적 욕망을 꿈틀거리게 한다. 디오니소스의 축제에서 술은 욕망의 원인이 된다. 술에 취한 인간들은 가면을 쓰고 이성으로부터 벗어나 자유를 추구한다. 이러한 자유는 욕망의 자유이다. 욕망이 갖는 자유는 동물적 본능일 뿐 아니라 창조적 에너지이기도 하다. 창조적 욕망에 의한 광기는 푸코가 말하는 광기의 탄압이 아니라 생산적 광기이다. 생산적 광기는 디오니소스의 쾌락을 통해 창조의 열정을 보여준다. 욕구에 있어 생산적 광기는 빛보다는 어둠을 찾는다. 빛은 창조의 모든 것을 보여주지만, 어둠은 창조 이전에 형성된 우주의 깊은 밑바탕이다. 어둠은 아무것도 없는 것을 넘어 무엇인가를 만들어 내는 흑암이다. 신은 흑암의 세계에서 로고스를 통해 세계를 창조하였다.

신의 창조로 이루어진 세계에서 인간의 욕망으로부터 자유로운 삶을 살기 위해서는 조화로운 마음을 가져야 한다. 조화로운 마음이란 상반되고 대립적인 마음을 중용의 미덕으로 바꾸어 놓는 것이다. 중용은 어떤 치우침도 없는 조화에서 만들어진다. 하지만 현대사회의 물질성은 신성이 부여한 조화의 의미를 망각한 채 독선의 길로 달려가고 있다. 힘을 가진 사람들은 저마다의 논리를 내세워 자신의 주장만을 강요하거나 설득하려 하고, 힘없는 사람들은 세상이 불공평하다고 투덜대며 불만을 가진다. 특히 자본주의 사회에서 이러한 현상은 더욱 극명하게 나타난다. 물질적 욕망으로 가득 찬 사람들에게 세계의 이성은 그들과 너무 먼 이야기가 되어 버렸다. 혼돈의 세계에서 인간은 세계를 바라보는 시선을 타자로 돌려 버린다. 타자의 세계는 자아의 본질을 잃어버리고 알 수 없는 주장만이 판을 치며 혼란스러운 사회로 변해 버린다. 조화로운 세계란 혼돈의 사회에서 서로가 서로에 대해 배려하는 마음으로 함께 살아가며 만들어 내는 질서이다.

25

공간과 시간의 속성

신의 속성은 공간과 시간의 본질 안에 존재한다

무한한 우주는 공간과 시간을 담고 있다. 공간은 우주를 담아내는 그릇이며, 시간은 파동이다. 인간에게 있어 공간은 모든 것을 포함하는 비어 있음이다. 비어 있음의 공간은 대상이 존재하게 하는 원인이 된다. 공간의 비어 있음은 시간에 의해 일어난다. 시간은 공간 속에서 대상을 생성하게 하는 운동성을 가지고 있다. 시간이 가지고 있는 운동성은 생성의 원인으로 있음 그 자체이다. 공간과 시간은 아무것도 없음을 넘어, 모든 것을 생산해내는 연장의 세계이다. 공간의 연장은 시간으로 채워진다. 시간은 끊임없는 연장을 통해 우주의 모든 곳으로 흘러간다. 시간의 흐름은 넓이, 깊이, 높이를 초월하여 공간 속으로 확장되어 나간다. 하지만, 시간의 흐름이 멈춘다면, 그것은 또 다른 카오스의 시작이며, 고요함이 될 것이다.

고대 철학자 아리스토텔레스Aristoteles는 운동이 생겨나거나 사라지는 것은 불가능하다고 보았다. 따라서 시간도 생겨나거나 사라지지 않는다고 했다. 그의 주장에 따르면, 시간은 태초 이전에 존재했고 종말 이후에도 지속되어 영원한 것이다. 만약, 시간이 생겨나거나 사라진다면, 그것은 우주의 균형을 파괴하는 것이다. 무엇인가가 무엇으로부터 생겨난다는 것은 무엇인가가 무엇으로부터 사라진다는 것을 말한다. 시간이 무엇으로부터 생겨난 것이라면, 시간은 무엇 때문에 사라지게 될 것이다. 하지만 시간은 생겨난 것이 아니고 본래부터 있었던 밑바탕이다. 우주는 밑바탕으로부터 공간과 시간이 생겨나고 질서가 생겨났다. 이 둘은 실체의 밑바탕 그 자체이다. 시간은 세상을 이루는 모든 만물과 현상의 원인이며, 시간이 없으면 시작도 끝도 있을 수 없다. 생성의 시작은 시간의 시작이며, 생성의 종말은 시간의 끝이다. 결국, 시간은 세계의 대상을 있게 하는 원인이며, 생성의 힘이다. 공간과 시간의 속성을 분리해보면 서로 다른 두 개의 속성 같지만, 본질적으로 하나이다. 우주의 공간은 넓이와 깊이를 가늠할 수 없고, 스스로 존재하는 것이며, 시간은 가늠할 수 없는 우주 속에서 생성의 힘으로 대상을 존재하게 한다. 시간이 존재한다는 것은 무형의 공간을 유형의 실체로 인식시켜 주는 원인이다.

공간과 시간의 형이상학적 속성이 우주의 역사와 함께 인간의 역사도 새롭게 써 내려가고 있다. 우주 만물의 모든 현상은 공간과 시간의 속성에 의해 생겨나고 사라진다. 공간과 시간을 통한 실체의 물음은 존재의 원인이 된다. 형이상학적 개념에 있어 공간과 시간은 신의 세계를 담고 있다. 신의 세계는 공간과 시간을 통해 존재한다. 만약, 공간과 시간이 존재하지 않는다면, 신에 대한 물음 자체도 무의미한 것이 된다. 신의 창조를 통한 공간과 시간의 밑바탕에서 우주 만물은 스스로의 성질을 통해 변해간다. 이러한 변화의 중심에 시간이 있다. 따라서, 시간은 생성 그 자체이며 신의 현전(눈에 보이는 가까운 곳 앞에 나타나 있음)이다. 공간과 시간을 통한 신의 현전은 본질 속에서 표현된다. 세계의 존재 문제에 있어 공간과 시간의 속성은 신의 존재가 존재자의 형식을 빌려 세상에 나타날 수 있는 유일한 밑바탕이다. 만약, 두 가지 속성 중 어느 하나만이라도 균형이 깨져 버리면 세계의 존재는 소멸되어 버린다. 따라서 공간과 시간의 소멸은 존재의 소멸이며, 신의 죽음이다.

인간이 자연의 대상을 실체라고 믿는다면, 그 믿음은 신의 존재를 믿는 것이다. 공간과 시간 속에서 어떤 대상이 생겨난다는 것은, 신이 존재한다는 것을 말한다. 신의 창조 없이 세계의 대상은 존재할 수 없기 때문이다. 세계의 모든 존재는 자연의 현상을 통해 나타나며 생성의 원인이며, 결과이다. 이러한 생성의 원인이 신이다. 신으로부터 태어난 인간은 자신의 존재를 인식하는 순간, 신의 존재를 찾게 된다. 이러한 신의 존재 의식은 신화가 되고, 종교가 되어 우리의 의식을 이끌어간다.

인류의 문명을 이끌어온 과학의 발전도 원인이 없는 결과를 만들어 내지 못한다. 자연의 모든 속성이 실체의 대상이라면, 신은 자신의 의지를 통해 세계를 만들었다. 그리고 속성들은 자연 안에 실재함을 통해 실체가 된다. 합리주의 철학자 스피노자는 이러한 생성 원인으로 자연은 곧 신이라고 했다. 신과 자연의 논리는 공간과 시간으로부터 시작된다. 공간과 시간은 생성 이전의 세계로서, 세계의 존재는 공간과 시간의 원인을 통해 자신의 존재를 드러낸다.

현대과학에서 공간과 시간의 문제에 코페르니쿠스적 발상으로 접근한 사람이 뉴턴과 아인슈타인이다. 뉴턴은 만유인력의 법칙을 발견하면서 세계과학계에 커다란 파장을 던졌다. 그가 말한 역학은 3가지 운동 법칙에 의해 이루어진다. 첫째, 물체는 외부의 힘이 작용하지 않는 한에서 현 상태를 유지하려는 속성이 있다. 둘째, 물체가 갖는 운동량의 변화는 주어진 힘에 비례해서 발생한다. 셋째, 모든 작용에 있어 크기가 같고 방향이 반대인 반작용이 작용한다. 뉴턴은 태양계의 천체운동을 지배하는 단일한 힘으로 중력Gravity을 들었다. 그는 우주의 모든 입자들 사이에 중력이 보편적으로 존재한다고 주장했다. 이러한 중력은 힘의 작용으로 시간성을 담고 있다. 그가 주장하는 태양계의 행성에 대한 운동뿐 아니라 지구나 목성의 주위를 도는 위성의 운동도 시간의 연장을 말해주는 과학적 증명의 하나이다. 시간의 문제에 있어 뉴턴의 주장에 나타나는 관성의 법칙은 시간과 운동이 어떻게 연결되어 있는지를 설명하는 과학적 방법이다.

뉴턴의 제1법칙은 관성의 법칙이다. 그에 따르면, 정지해 있는 물체에 어떠한 힘도 작용하지 않으면, 그 물체는 그대로 정지해 있다. 또한, 움직이고 있는 물체에 어떠한 힘이 미치지 않는다면 그 물체는 계속 움직일 것이다. 운동하는 물체가 계속 움직이려 하고, 정지해 있는 물체는 계속 정지해 있으려는 성질이 관성이다. 시간은 이러한 관성의 법칙이 발생하게 되는 원인이다. 시간 없는 관성은 어떠한 작용도 만들어 낼 수 없기 때문이다.

뉴턴의 제2법칙은 가속도이다. 어떤 물체에 힘이 작용하면 속도가 변하는 법칙이다. 이러한 속도는 힘의 크기에 따라 달라진다. 물체에 작용하는 힘이 크면 물체의 가속도가 커지고, 물체에 가해지는 힘이 적으면 가속도는 낮아진다. 따라서 물체에 작용하는 힘의 크기에 따라 물체의 가속도가 결정되는 것은 시간의 속성이 속도를 가지고 있다는 것을 말한다. 시간은 현상적으로 일정한 것 같지만 환경에 따라 속도가 달라질 수 있다. 동일한 공간에서 동일한 일을 하는 사람이라도 그들이 느끼는 시간의 속도는 다르다. 이러한 시간의 속도는 인간의 심리 때문에 발생한다. 우주의 시간은 끊임없는 흐름을 통해 시간의 차이를 발생하지 않지만, 인간의 심적 시간은 상태에 따라 심리적 속도를 달리한다.

뉴턴의 제3법칙은 작용과 반작용의 법칙이다. 작용은 어떤 물체가 다른 물체에 미치는 힘을 말한다. 만약 어떤 물체가 다른 물체에 힘을 미치면, 그와 같은 힘이 동시에 다른 물체에도 나타나 동일한 힘이 작용한다. 사람의 손이 물체에 미치는 힘을 작용이라고 하면, 반대로 물체가 사람 손에 미치는 힘을 반작용이라고 한다. 이때, 발생되는 작용과 반작용은 힘의 크기가 같고 방향은 반대로 작용한다. 뉴턴의 제3법칙에서 시간은 작용과 반작용에 동일하게 적용된다. 작용은 시간의 현상이고, 반작용은 연장이다. 시간이 갖는 본질적 속성 자체가 연장이기 때문에 작용과 반작용은 시간의 순환적 성질에 따라 유지된다.

뉴턴의 과학적 논리는 아인슈타인의 특수 상대성 이론에서 새로운 주장에 부딪힌다. 아인슈타인은 뉴턴의 주장과 달리 물체가 가지고 있는 속성에 따라 시간은 상대적이라고 보았다. 그는 뉴턴의 물리적 법칙에서 변할 수 없는 운동의 논리는 빛과 같이 빠른 속도로 움직이는 물체의 경우에는 맞지 않다고 보았다. 시간은 공간과 달리 운동을 통해 입증되는데, 이러한 움직임이 시간이다. 뉴턴에 의하면 시간은 운동에 있어 절대적 법칙으로 인식되지만, 아인슈타인에 따르면 시간의 속성은 물질의 상태에 따라 달라질 수 있다. 물론 우주의 시간에서 흐르는 시간을 고무줄처럼 늘리거나 줄일 수는 없다. 하지만 힘이 작용하는 운동성에 있어 시간은 길이의 차이를 가질 수 있다. 이것이 아인슈타인의 시간이다.

아인슈타인의 특수 상대성이론은 시공간 개념의 인식에 대한 코페르니쿠스적 발상이다. 그는 일반 상대성 이론을 발표하면서 물리학의 새로운 전기를 마련했다. 그의 이론을 종합하면, 움직이는 물체는 멈춰 있는 물체보다 시간이 더 느리게 가며, 길이가 줄어들고, 질량이 늘어난다. 이러한 주장은 시간의 흐름이 물체의 속도에 따라 달라진다는 것을 말한다. 물론, 시간의 속도가 물체의 움직임에 따라 달라질 수 있다는 것은 과학적으로 증명될 수 있는 이론이다. 하지만 시간과 공간의 본질적 질문은 시간의 속도에만 국한해서 생각할 수 없다. 과학자들의 질문은 물질을 바탕으로 하고 있지만, 철학자들의 질문은 물질의 세계를 넘어 본질을 바라보기 때문이다. 철학적 본질에 있어 공간과 시간의 무형적 성질은 물질이나 속도에 의해 변하지 않는다. 철학자의 눈에 뉴턴과 아인슈타인의 이론은 우주의 시간에서 과학의 일부분을 발견한 것일 뿐 무한한 우주의 본질을 전부 밝혀낼 수는 없다는 것이다.

아인슈타인의 상대성 이론은 중력이 시간과 공간을 휘게 만든다는 사실이다. 이러한 해석은 공간을 보는 새로운 방법이다. 공간과 시간이 휘어진다면, 공간을 이동하는 빛도 휘어질 수밖에 없다. 이처럼 변할 수 없는 힘이 어떠한 힘에 의해 변할 수 있다는 개념은 과학 때문에 가능하다. 미국 과학자 존 아치볼드 휠러John Archibald Wheeler는 시간과 공간은 물질이 어떻게 움직일 수 있는지를 말해주고, 물질은 시간과 공간이 어떻게 휘어질 수 있는지를 말해준다는 말로 상대성 이론을 옹호했다. 과학을 통한 아인슈타인의 상대성 이론은 아리스토텔레스가 주장하는 진리의 명제도 거짓이 될 수 있다는 것을 보여준다. 하지만 아인슈타인의 상대성 이론도 과학을 통해 발견한 하나의 주장일 뿐 영원한 진리는 될 수 없다. 그의 주장은 과학의 힘을 빌려 우주 현상의 일부분을 발견하고, 자신의 의견을 제시한 것일 뿐이다.

합리적 이성으로 자신의 존재를 증명한 데카르트의 코기토('나는 생각한다')도 시간 속에서 새로운 생각의 방법일 뿐이다. 그는 자신이 의심하고 있는 순간의 시간을 통해 공간에 존재하는 자신을 보았다. 이러한 자신의 존재는 부정될 수 없는 실체처럼 보인다. 하지만, 그의 방법도 공간과 시간의 관점에서 생각해보면 허무하고 부질없는 것이다. 공간과 시간의 본질 속에서 데카르트의 생각하는 나는 찰나의 나일 뿐이다. 그의 코기토는 인간의 유한성을 드러낼 뿐 본질적 실체를 밝히는 데 한계를 가지고 있다.

공간과 시간은 인간의 의식 밖에 있다. 인간이 주장하는 공간과 시간의 개념은 생각이 만들어 낸 불안한 관념일 뿐이다. 공간과 시간은 본질적으로 초월적이며 밑바탕이다. 칸트는 선험적으로 형성된 것은 필연적 성질을 가지고 있다고 했다. 그에게 있어 선험적인 것은 본질적인 것으로 공간과 시간 안에 있는 정신이다. 이러한 정신적 본질은 존재 원인의 필연이다. 시간은 멈출 수 없기 때문에 잡을 수가 없고, 공간은 무한하기 때문에 잡을 수 없다. 인간의 삶도 공간과 시간 속에 흘러가는 대상과 같다. 유한한 삶을 살아가는 시간의 길목에서 본질적 인간의 삶을 되돌아본다.

26

형이상학적 실체

실체란 무엇임, 보편적인 것, 그리고 밑바탕이다

인간의 생명이 존재하는 한에서 실체란 무엇인가? 이에 대한 질문은 본질적이며 형이상학적이다. 현대과학으로 이루어낸 오늘날의 물질사회는 많은 부분에서 실체라는 본질적 질문보다 물질적 가치를 먼저 생각해왔다. 하지만 물질적 가치를 느끼는 육체도 본질의 문제에 있어서만은 정신에 의지하려는 경향을 보인다. 따라서 본질에 있어 정신적 실체를 이해하지 못하고 물질적 실체만을 생각한다면, 그것은 인간이기보다 동물적 본성에 가깝다고 할 수 있다. 인간이 인간이기를 갈망한다면, 이성의 눈을 크게 뜨고 잠들어 있는 본질적 영혼을 일깨워야 한다. 본질적 영혼의 일깨움은 '인간이란 무엇인가?'에 대한 질문에서 시작한다.

인간은 유한한 삶 속에서 잠시 왔다가 죽음으로 되돌아가는 숙명을 타고 태어났다. 이러한 인간의 절대적 숙명 앞에서 우리의 삶은 무엇을 향해 나아가야 하는가? 이러한 질문은 인간의 존재적 가치와 실체적 가치를 동시에 묻는 본질적 질문이다. 인간으로서 많은 것을 경험하고 관념화된 자아는 본질적 세계에서 존재자의 의미를 찾으려 한다.

인간이 알고 있다고 믿는 것은, 관념을 통해 판단하는 것이다. 관념은 인간이 알고 있는 모든 경험을 정신 속에 간직하고 있다. 따라서 인간은 관념의 범위를 넘어서 알 수 있는 것은 없다. 칸트Kant의 선험성이나 프로이트Freud의 무의식도 인간의 관념 안에 내재되어 있는 것들이며, 이러한 주장은 경험의 한계를 넘어 관념 안에 있다. 만약, 인간이 관념의 범위를 벗어난다면, 어떤 대답이나 주장도 내놓을 수 없다. 왜냐하면, 무엇인가를 판단하고 답을 내는 과정에는 반드시 관념이 작용하기 때문이다. 관념은 자기 고백을 통해 순수한 마음이 된다. 순수에 대한 심리적 상태는 인간의 관념이 갖는 가장 솔직한 자기 고백이다. 관념에 대한 자기 고백은 정신으로부터 나오며, 인간의 생각이 된다. 사회적 인간으로서 한 번도 배고파보지 못한 인간은 배고픈 사람의 마음을 알지 못하듯, 관념은 자기반성을 하지 않고 세계와 소통할 수 없다. 세계와의 소통 속에서 한 번도 반성하지 않는 인간은 본질적 인간이 될 수 없다. 본질에 대한 형이상학적 질문은 관념의 순수성에 대한 질문이다.

플라톤은 실재계와 현상계의 근본적 차이를 인식했다. 그는 현상계의 세계가 가변적이고 불완전하여 불변의 진리인 이데아를 본질적 세계라고 했다. 하지만 그의 제자 아리스토텔레스Aristoteles는 질료와 형상을 분리하지 않고 통합하여, 질료가 가지고 있는 잠재적 능력을 중시했다. 그가 추구하는 학문의 본질은 이론학, 실천학, 제작학으로, 그중에서도 형이상학metaphysics을 최고의 학문이라고 했다. 아리스토텔레스에 의해 저술된 형이상학은 세계의 존재 원인을 묻는 첫 번째 질문에 속한다. 그는 자신의 책에서 있는 것으로서의 있는 것과 존재 자체로서의 존재에 대한 질문을 통해 실체의 원인을 밝히고자 하였다. 그가 형이상학에서 다루고 있는 질문은 질료와 형상의 문제이다. 그는 이러한 문제를 다루는

데 있어 제일의 원인이 무엇인지를 묻고 그것을 형이상학이라고 했다.

아리스토텔레스는 자신의 철학에서 제1의 철학은 메타피지카Metaphysica라고 했다. 이러한 철학적 용어는 나중에 형이상학이라 불렸다. 그는 자연학을 기본으로 모든 존재의 전반에 걸쳐 근본원리가 무엇인지를 탐구했다. 이러한 탐구는 자연의 속성에 대한 존재의 근원을 어떻게 보아야 하는가에 대한 질문이다. 그는 철학의 과제로 실체란 무엇인가에 대한 탐구를 목적으로 했다. 그의 철학에서 세 개의 핵심 질문은 다음과 같다. 첫째, 실체란 무엇이고 실체의 분류는 무엇인가에 대한 질문이다. 둘째, 실체의 대상은 어떻게 실재하고 지속되며, 우리는 그 변화를 어떻게 경험할 수 있는가에 대한 질문이다. 셋째, 이 세상은 어떻게 구성되어 있으며, 어떻게 이해할 수 있는가에 대한 질문이다.

아리스토텔레스는 자연학에 대한 의구심을 형이상학의 개념으로 확장시켰다. 형이상학은 인간에게 있어 본질적 앎에 대한 욕구를 말한다. 본질적 앎은 진리의 최상위 단계인 지혜에서 나온다. 지혜란 자연에 대한 사물의 원리가 아니고, 원인에 대한 탐구이다. 지혜는 대상의 실용성을 설명하기 위해 사용되어지지 않고, 순수한 초월적 경이에 대한 본질을 파악하는데 사용되어진다. 따라서, 아리스토텔레스가 추구하는 형이상학은 실체에 대한 보편적 탐구이다. 그는 본질, 보편자, 질료, 형상, 기체 등의 문제를 형이상학적 연구 대상으로 삼았다. 그의 탐구는 감각적 세계에서 시작하여 비감각적 세계로 나아가며, 사물의 본질보다 초월적인 사물의 원인을 탐구했다.

그가 쓴 형이상학은 총 14권으로 되어있다. 1권은 도입부로 지혜Sophia의 개념을 규정하고, 4권에서는 형이상학적 논의가 본격적으로 전개된다. 이 부분에서 있는 것으로부터 있는 것은 무엇인지를 탐구하면서 형이상학적 논의가 시작된다. 그의 책 7, 8, 9권은 형이상학의 핵심내용을 담고 있다. 이들 장에서 실체에 대한 공통된 주제를 논의의 대상으로 삼고 있다. 나머지 책에서 다루는 자연학, 신, 수학적 존재, 이데아는 형이상학에서 다루는 실체의 문제들이다.

아리스토텔레스의 철학에 있어 초월적 실체Ousia는 존재론의 중심 개념이다. 존재론은 자연의 대상에 대한 질문으로 실체가 무엇인지를 묻는 질문이다. 그는 실체에 있어 제1실체를 '개체'라고 분류하고, 제2의 실체를 '종'이라고 분류했다. 아리스토텔레스는 실체의 문제에 있어 제2실체보다 제1실체인 개체들에 우선성을 주었다. 하지만 그는 제1실체의 대상이 되는 자연의 개체들을 실체로 보지 않았다. 자연의 대상인 개체의 속성은 형이상학의 논의에 있어 형상개념으로 전이된다. 아리스토텔레스의 형상과 질료는 실체의 증명에서 매우 중요한 논의의 주제가 된다. 그는 범주론에서 존재하는 것들의 가장 기본적인 개체들은 더 이상 나누어질 수 없다고 보았다. 그는 개체의 속성들이 본질적으로 어떻게 취급되어야 하는지에 대해 질문했다. 이러한 개체들은 보편자의 속성을 가지고 있는 복합체라고 보았다. 우리가 인식할 수 있는 자연의 감각적 개체들은 형상과 질료에 의해 만들어진 복합체이다.

아리스토텔레스는 인간이 감각할 수 있는 세계를 인지하고 그 원인으로 지혜를 깨닫게 하는 것이 무엇인지에 대해 물었다. 형이상학적 질문은 자연, 공간, 시간, 신의 문제를 어떻게 다룰 것인가에 대한 물음이다. 모든 인간은 본질적으로 무언가를 알고 싶어 한다. 이러한 호기심이 인간의 독자적 문화를 만들었다. 인간의 앎에 대한 탐구는 기본적으로 감각에서 시작한다. 감각은 기억과 경험을 통해 기술로 이어진다. 그는 기술을 인간이 가지고 있는 지혜라고 보았다. 미에 대한 인식에서도 플라톤의 부정적 미메시스보다 기술에 의한 생산성을 창조적 행위로 보았다.

형이상학자들은 전통적으로 철학적 주제가 될 수 있는 많은 주제를 다루었다. 그중에서도 형상의 존재에 대한 실체 문제가 가장 중요한 주제 중 하나였다. 이들은 자연을 포함한 실재 세계의 감각적 대상과 정신이 가지고 있는 초월적 관념을 통해 실체의 본질을 알아내려고 하였다. 이러한 실체의 정점에는 신이 있다. 아리스토텔레스는 궁극적 실체의 원인으로 신은 영원하고 변하지 않는 존재라고 보았다. 실체의 인식에 있어 감각은 수많은 자연의 속성을 분별할 수 있는 인간의 능력이다. 이러한 감각은 인상을 통해 경험으로 축적된다. 인간의 경험은 기술의 발전을 가져오며, 이성의 힘도 길러준다. 이러한 경험은 인상에 대한 기억에서부터 생겨난다. 인간의 감각적 인상과 기억은 경험을 통해 알 수 있는 것이다. 이러한 상태를 앎이라고 한다.

경험의 축적은 기술이 되고, 기술은 지식이 된다. 경험이 기술이 되기 위해서는 반복적 경험이 있어야 한다. 하지만 경험만으로 실체의 본질을 알 수 없다. 경험은 반복에 의해 얻어지는 개별적 판단이기 때문이다. 따라서 경험에 의한 기술이 본질이 될 수는 없다. 하지만 아리스토텔레스는 경험보다는 기술이 앎에 더 다가선다고 보았다. 인간이 기술을 가진다는 것은 경험만을 가진 사람보다 더 지혜롭다는 것이다. 이러한 원인은 기술과 경험의 결과에서 파악된다. 경험이 많은 사람은 일어나는 일에 대한 사실을 알고 있지만, 그 원인을 모른다. 하지만 기술을 가진 사람은 그것의 원인을 알기 때문에 경험보다 우월하다.

인간은 세상에 생겨난 수많은 대상들을 통해 인간이 감각할 수 있는 세계를 중시한다. 또한, 자연의 실체에 대한 본질적 질문을 통해 좀 더 본질에 가까워지려고 노력한다. 세계에 존재하는 감각적 사물들은 실체의 원인으로서 그것의 원인을 찾는다. 아리스토텔레스에 있어 실체는 있는 것으로서 있는 것on hei on이다. 여기서 있는 것은 어떤 부분적 대상이 아니다. 그가 말하는 실체는 반드시 있음이며, 시간과 장소에 구애받지 않는 있음이다. 이러한 있음을 보편적 있음이라 한다.

지식은 부분적 속성들에 의해 논의된다. 하지만 부분적 속성들은 있는 것으로 있는 것이지만, 보편적으로 있는 것은 아니다. 아리스토텔레스는 실체의 문제에 있어 최상의 원인은 사물의 본질에 있다고 보았다. 그는 일시적이거나 단편적인 것들은 실체의 범주에 들어설 수 없다고 보았다. 따라서 있는 것은 속성을 넘어선 있음이다. 있음은 속성들의 원인, 그 자체여야만 한다. 만약 실체의 원인을 증명하려는 철학자가 있다면, 어떤 수나 종류를 통해 그것을 찾으려 해서는 안 된다. 실체는 오직 본질적이며, 필연적이어야만 하기 때문이다. 아리스토텔레스에 있어 있음은 있는 것에 대한 실체적 주장이다. 그의 주장은 대상의 부분적 지식을 넘어, 보편적 지식의 원인으로서 실체적 지식이다.

있는 것은 참된 것으로서 있는 것이다. 그것은 무엇이어야 하며 양, 질, 물질이어야 한다. 이러한 있음은 장소나 시간에 구애받지 않아야 한다. 있는 것은 다의적으로 해석될 수 있지만 있음은 오직 하나이기 때문이다. 그것은 원인으로서 있음이고, 모든 대상의 근원으로서 있음이다. 자연에서 어떤 것이 있다고 말하는 것은 다양한 의미가 내포되어 있다. 하지만 그것의 본질은 하나의 원인에서 발생한다. 있는 것은 있는 것의 속성에서, 어떤 것들은 그것의 실체에서, 또 다른 어떤 것들은 그것을 지향하는 과정에서 발생한다. 있는 것의 의미가 다양한 의미로 회자되지만 아리스토텔레스의 실체에서 있는 것은 하나의 원인에서 시작된다. 그 원인이 바로 실체이다.

인간이 추구하는 학문 중 최고의 학문은 지혜를 깨닫는 것이다. 이러한 학문은 진리만을 추구하며 실체적 원인에 대해 탐구하는 것이다. 인간이 감각적으로 아는 것은 공통된 경험에서 시작된다. 하지만 감각은 불완전한 것이기 때문에 본질을 탐구하기 위해서는 이성을 통한 정신적 실체에서 원인을 찾아야 한다. 이러한 정신적 실체의 답은 하나to hen이다. 실체의 있음은 오직 하나의 본질을 다룬다. 아리스토텔레스에게 있어 있는 것은 하나로부터 생겨난 것이다. 이러한 하나의 의미는 실체의 의미를 함축적으로 담고 있다. 세계의 자연은 다양한 속성들이 모여 종을 이룬다. 종의 수가 지시하고 있는 것은 종의 원인이다. 종의 원인은 그 종의 속성 속에 내포되어 있다. 이러한 속성이 바로 하나이다. 결국, 하나는 실체의 원인으로서 본질이 된다.

학문에 있어 본질에 대한 탐구는 가장 난해한 질문이다. 이러한 질문은 자연에 대한 실체의 원인을 묻는 정신의 해석이다. 따라서 실체는 하나의 원인이거나 정신이다. 그것은 대상의 원형에 있거나, 정신에 있는 보편자이다. 고정 관념으로부터 벗어난 자유로운 자아는 보편자를 추구하며, 분명한 실체가 무엇인지를 안다. 자유로운 자아는 있음이 무엇인가를 묻고, 있다면, 그것의 원인이 무엇인지를 묻는다. 하지만 본질적 실체에 대한 증명은 어려운 문제이다. 왜냐하면 자연의 대상은 유한한 한계를 가지고 있기 때문이다. 이러한 유한성은 본질적으로 실체의 질문을 어렵게 만든다. 자연에 존재하는 대상의 속성은 실체의 범주에 들어갈 수 없기 때문이다. 결국, 우리는 자유로운 자아의 실천을 통해 실체의 개념에 도달해야 한다. 자유로운 자아는 밑바탕을 통해 세계의 모든 실체와 하나의 길로 통한다. 이러한 길의 첫 관문이 형이상학이다. 형이상학은 우리의 눈과 귀를 의심하고, 관념화된 지식으로부터 벗어나 세계의 원인을 밝히는 것이다.

인문학을 중시하는 현대사회에서 지혜로운 자는 무엇을 찾고자 하는가? 그들이 찾는 것은 물질적 만족이 아니라 정신적 만족이다. 형이상학적 사고를 본질로 인식하는 사람은 자신이 알고 있는 지식에 자만하지 않고 묵묵히 자기반성을 통해 세계의 본질에 다가서려고 한다. 세계의 본질은 하나이지만, 그것을 이야기하는 주장은 다양하다. 이처럼 다양한 주장은 많은 자의적 해석에 의해 분화되지만, 궁극에는 하나의 실체적 진리로 귀결된다. 결국 하나의 세계는 실체의 세계이며, 원형原形의 세계이다.

27

행복은 인간이 추구하는 최고의 선

나는 인간으로서 나이고, 우주 속에 고독한 존재로서 나이다

세상에는 많은 것들이 존재하고 그들 속에 나 또한 존재한다. 존재의 보편적 속성 속에서 나는 개별자이며 하나이다. 하나란 어떤 근원으로부터 시작되는 하나를 말하며, 나의 근원은 보편자로부터 시작된 하나이다. 나는 최초의 인간이며, 최후의 인간이다. 세계와 하나된 나는 물질적 속성의 나를 넘어 본질적 나로 태어난다. 나는 세계이며, 세계는 나이다. 세계는 나를 통해 인식되고, 나는 세계를 통해 존재한다. 존재의 속성들 속에서 나는 하나이며 같은 것이다. 나는 한 인간으로서 나이고 우주 속에 고독한 존재로서 나이다. 본질을 향한 나의 세계는 꿈처럼 왔다가 순간처럼 사라져 버리고 희미한 기억만이 잠재되어 남는다.

나를 포함한 타자들은 나와 같은 속성 안에서 또 다른 나와 타자를 인식한다. 이러한 인식의 대상은 나와 타자의 관계에서 알 수 있다. 나의 주체를 가장 잘 인식하게 해주는 예시로 석가모니를 들 수 있다. 석가모니는 태어나자마자 일곱 걸음을 걸으며 한 손은 하늘로 쳐들고, 다른 한 손은 땅을 가리키며 '천상천하 유아독존天上天下 唯我獨尊'이라고 말했다고 한다. 이는 하늘 위와 하늘 아래에서 오직 나의 존재가 가장 존귀한 존재라고 말하는 것이다. 이 말은 내가 세상에서 제일 잘났다고 자만하는 것이 아니고, 나의 존재가 가장 소중하다는 것을 말하는 것이다. 석가모니의 말처럼 나의 존재가 없다면 세계의 존재 물음은 무의미한 허상일 뿐이다. 세계의 존재 문제에 있어 내가 없는 세계는 있는 것도 아니요, 없는 것도 아니다. 세계는 오직 누군가의 존재에 의해 인식되는 세계이기 때문이다. 따라서 세계의 존재 이유는 바로 내가 현존재로 실존하기 때문이다. 존재의 깨우침을 준 석가모니는 삼계가 모두 고통이니, 내 마땅히 이를 편안하게 할 것이라고 말하였다. 석가모니의 삼계는 천상, 인간, 지옥을 말한다. 석가모니의 걸음에서 일곱 발자국은 육도의 윤회로부터 벗어남을 뜻하고, 육도에는 지옥도, 아귀도, 축생도, 수라도, 인간도, 천상도가 있다. 석가모니의 진리는 이러한 육도로부터 벗어나 나의 존재를 가장 소중하게 하라는 가르침이다. 이러한 석가모니의 가르침은 나의 존재가 세계 존재의 모든 것이라는 점을 상기시켜준다.

석가모니가 말하는 천상천하는 존재의 공간적 의미를 담고 있다. 천상과 천하는 하늘과 땅 사이를 말하며, 모든 존재의 바탕이 된다. 이러한 바탕은 무엇을 있게 한 사이의 개념으로 공간적이다. 모든 존재의 유아독존은 세상에 존재하는 모두의 나를 가리킨다. 세계 속의 모든 나는 각자의 존엄성을 지키며, 실존으로서 존재 가치를 가진다. 실존적 가치를 향한 석가모니의 깨우침은 세계 속의 나를 통해 참된 나를 깨닫는 것이다. 그에게 있어 참된 나를 찾는 방법은 명상에 있다고 보았다. 그는 참된 나를 찾기 위해 보리수 밑에서 명상을 하였고, 명상을 통해 나의 자아를 찾았다. 그가 명상을 통해 찾은 자아는 마음의 평화였다. 그가 명상에서 깨달은 것은 세상 사람들의 고통이 어디서 오는 것인가에 대한 것이었다. 그는 인간의 고통은 자신의 욕심을 다스리지 못하고 욕망을 추구하기 때문에 고통스러운 삶으로부터 벗어나지 못한다고 보았다. 그는 인간의 고통이 무지로부터 나오며, 인간의 고통을 줄이기 위해서는 무지로부터 벗어나 인간의 정신에 깨달음을 줌으로써 고통을 줄일 수 있다고 보았다. 이러한 석가모니의 깨달음은 고통으로부터 벗어나 열반의 세계로 들어가는 길이며, 세속적 욕망으로부터 벗어나 본질적 세계로 들어가는 마음의 상태라고 보았다. 석가모니의 말처럼 나의 존재는 세계의 존재로서 그 자체이며, 세계의 존재 속에 나는 선이 되기도 하고, 악이 되기도 한다. 선과 악을 구분하는 이분법적 해석은 결국 나라는 존재에서 시작되며, 궁극적으로 하나의 나에 의해 결정된다.

하나인 내가 두 개의 내적 성질을 가지고 있다고 하여, 그것이 내가 아닌 둘이라고 할 수 없다. 이는 하나의 나무에서 나온 나뭇가지가 두 개 이상으로 분화한다고 하여, 나무의 본질이 다르다고 말할 수 없는 것과 같다. 여러 가지로 펼쳐진 나뭇가지는 하나의 나무에서 파생된 부분적 속성일 뿐 본질적 속성은 되지 못한다. 이처럼 하나의 나는 서로 다른 성질의 내적 상태를 가지고 있지만, 이러한 것도 결국 하나의 나에서 파생된 부분적 속성이다. 자연의 이치에서 나무가 생명을 다하면 나무에서 나온 가지들도 생명을 다하는 것처럼, 하나의 나무와 하나의 나는 동일한 하나이다. 나의 존재는 나무처럼 수많은 가치를 생성하며, 가지처럼 뻗어 나간다.

고대 철학자 아리스토텔레스는 그의 『형이상학』에서 선을 최고의 이성적 의지의 대상이라고 보았다. 그는 선이 이성적 의지의 대상이라면, 선이 추구하는 최고의 선은 인간의 행복이라고 말한다. 인간에게 있어 선은 좋음을 뜻하는 영혼의 활동으로 덕을 포함한다. 그가 말하는 덕은 모든 것을 이롭게 하는 참된 선이며, 행복의 가치이다. 아리스토텔레스는 선이야말로 인간이 자아의 본질을 통해 이성을 발현시킬 수 있는 최고의 이데아로 보았다. 아리스토텔레스는 『니코마코스 윤리학』*Nicomachean Ethics*에서 행복은 인간이 추구하는 가장 좋은 선이라고 말했다. 그는 『니코마코스 윤리학』 1권에서 선에 대해 논했다. 2권에서 인간이 추구하는 최고의 선은 행복이며, 행복을 위해서는 덕행이 필요하다는 것에 대해 이야기했다. 덕을 위해서는 용기와 절제가 요구되며, 이를 3권에서 다루고 있다. 4, 5, 6권은 다른 덕행, 정의, 지덕을 통해 덕에 관련된 이야기를 담고 있다. 7권은 절제와 육신의 쾌락, 8권과 9권은 우정, 10권은 쾌락을 통해 인간의 행복이 얼마나 자신의 존재에 있어 소중한지를 깨우쳐주고 있다. 그가 『니코마코스 윤리학』에서 주장한 것처럼 행복은 인간이 추구하는 최고의 선이다.

아리스토텔레스는 선을 통해 덕을 성취함으로써 행복이 실현될 수 있다고 보았다. 덕은 지적 덕과 도덕적 덕으로 나눈다. 덕은 본성적으로 생겨나기도 하지만 습관에 의해 길러진다. 지적 덕은 인간이 성장하면서 교육에 의해 형성되는데 지적 영향을 받는다. 그러나 도덕적 덕은 관습과 습관에 의해 형성된다. 사람들은 도덕적 덕을 사회적 규범에 따라 반드시 받아들여야 하는 것으로 인식한다. 따라서 도덕적 덕은 사회적 규범을 통해 만들어지며, 실천을 기반으로 한다. 실천은 행위의 올바름에서 시작되며, 행동의 실천은 참된 덕으로부터 나온다.

만약 선에서 있는 것이 선 자체가 아니라면, 있는 것에서 있음이 있는 것이 아니며, 하나에서 있는 것도 하나가 아니다. 이는 선이 선으로서 본질에 속해야 하며, 있는 것은 본질적으로 있는 것이어야 하며, 있다가 없다가 하는 것이 될 수 없다는 것을 말한다. 또한, 있는 것에서 있음이 있는 것이 아니라면 세상에 존재하는 그 무엇도 있는 것이 아니며, 나 또한 있는 것이 아니기 때문에 하나로서의 나는 존재하는 것이 아니다. 하지만 하나인 것은 있음을 통해 선이며, 본질이고, 하나인 것이다. 선에서 있는 것이 실체로 있는 것이 아니라면, 그것은 선이 아니다. 선은 본질적으로 원형으로부터 유출된 하나이며, 그 자체이기 때문에 선에서 있음은 선 자체로서 필연적이며 하나이다. 선의 본질은 결국 선에서 나오며 처음에 언급된 선은 하나이며 실체이고, 선에서 분화된 또 다른 선들은 본질 속에서 유출된 하나의 그림자에 속할 뿐이다. 이러한 분화의 그림자는 선함과 악함의 성질을 동시에 가지게 된다.

사회적 선은 도덕적 가치에 따라 규정된다. 도덕은 사회를 유지하기 위한 규율로서 선과 악의 규정을 자율적으로 만들어 낸다. 하지만 사회적 평가가 반드시 선과 악의 정의로운 구분이라고 말할 수 없다. 사회규범에서 정한 선의 가치는 화자의 이익에 따라 힘의 논리로 선과 악을 구분할 수 있기 때문이다. 이처럼 가치에 대한 평가 기준이 상황에 따라 본질로부터 벗어나는 것은 선이라 할 수 없다. 선과 악의 기준은 본질적으로 명확하다. 선과 악은 판단하는 주체와 사회적 상황에 따라 선과 악에 대한 개념적 해석이 달라진다.

플라톤은 선의 이데아를 최고의 이데아로 규정하고, 모든 것을 초월한 최고의 이데아를 선의 이데아라 하였다. 그는 자신의 철학적 사고에서 선의 이데아를 신의 존재 원인으로 보는 사상을 통해 중세 교부철학에 커다란 영향을 미쳤다. 중세의 교부철학은 신성한 율법을 준수하고 믿는 것이 선이며, 이러한 신앙을 참된 선이라고 생각했다. 신앙에 있어 선의 개념은 종교적 관점에서 신성을 나타내며, 모든 것의 원인인 선을 존경하고 따르게 하여 신의 현시를 증명하려 했다.

계몽주의 철학자 데카르트Descartes는 선의 관계를 의심을 통해 깨닫게 하는 것이었다. 그는 의심하는 자아를 통해 실체로서 나를 증명하고, 신의 창조에 대한 믿음을 이성의 합리적 믿음으로 바꾸어 놓았다. 라이프니츠Leibniz는 이러한 선의 관계를 모나드Monad의 독자적 관계로 보고 각각의 선들이 창이 없이 서로 소통되는 관계로 보았다. 창이 없는 모나드가 서로 소통하지 않으면서도 세계의 실체로 존재하게 되는 것은 모나드가 가지고 있는 본질적 힘 때문이다. 칸트Immanuel Kant는 선의 개념을 인간의 도덕에 두었다. 그는 선이 이성에 의해 규정될 수 있는 것으로서 좋은 것이란 의미를 담고 있다. 여기서 좋다는 말은 무엇을 위해 좋은 것이 아니고, 이성의 척도로서 좋은 것이어야 한다. 만약 좋은 것이 선한 것이 되고, 선한 것이 마음의 척도에 따라 좋은 것이라면, 좋은 것의 개념은 선한 순수함의 의미를 갖게 된다. 칸트는 엄밀한 의미에서 선함을 좋음으로 규정했다.

칸트의 철학에서 이성의 선험적 실천이 그 자체로서 의지를 나타낸다면, 그것은 자체로서 선한 것이다. 그러나 선의 의지가 쾌락과 고통의 대상에 의해 규정된다면, 그것은 선이라고 할 수 없다. 칸트에 있어 최고의 선은 도덕적 의지에 따른 실천적 의식에 있다. 그는 선이란 어떤 특별한 것을 위한 것이 아니고, 그 자체로서 선이어야 한다. 그리고 선은 어떠한 선입견이나 주관적 생각에 영향을 받지 않고 순수한 선험성에 의해 실천되는 도덕 그 자체이어야 한다. 선이 어떠한 사적 이익과 개별성에 의해 판단된다면, 이러한 선은 선이라 할 수 없다. 우리가 사는 물질세계에서 본질로서의 나와 선함으로서의 나를 망각하고 물질들의 끝없는 욕망 속에 매몰된다면, 인간의 선함은 그림자처럼 사라져 버릴 것이다. 이제 우리는 생각하는 나를 넘어 최고의 선을 추구하는 마음으로 세계를 바라보아야 할 것이다.

28

보편적 실체에 대한 의구심

모든 것은 어떤 것이, 어떤 것에 의해서, 어떤 것으로 변화한다

세상에 무엇인가가 존재한다는 것은 무엇인가에 의해 존재되어지기 때문이다. 존재란 실체라고 믿는 그 무엇인가가 우리 앞에 있고, 그 무엇인가는 허상이나 상상이 아닌 실체에 해당하는 그 무엇이기 때문이다. 아리스토텔레스Aristoteles에 의해 제기된 실체와 존재에 대한 의구심은 삶의 가치를 물질에서 정신으로 승화시킨 개념이라고 할 수 있다.

인간으로서 나는 무엇으로부터 왔고, 무엇으로 존재하는가? 이에 대한 질문은 실체의 본질을 이해하는 기본적인 질문이다. 실체란? 무엇인가의 원인이고 원리에 속한다. 실체의 속성으로서 세계 속의 나는 자연의 대상인 모든 물질을 실재하는 것으로 본다. 하지만 자연을 통해 실재였던 것들이 일순간 사라지고 나면 속성의 대상들은 상상이나 허상이 된다. 이처럼 시간에 따라 변하고 사라지는 것은 실체라고 할 수 없다. 이러한 속성의 현전은 실재의 시간 속에 있다. 무한한 시간은 끊임없이 흘러가면서 자연의 모든 대상을 변화시키기 때문에 유한한 실재

를 생산해 낸다. 유한한 실재는 자연의 속성들이다. 이러한 자연의 속성이 실재되어 실체화되어지는 것은 대상의 연장성 때문이다. 우리는 이러한 연장을 통해 실재를 인지하고 그것을 통해 실체를 논증하게 된다. 하지만 실체의 본질은 사물의 대상에서 찾을 수 없다. 실체는 변할 수 없는 본질 그 자체이어야 하기 때문이다. 실체에 대한 인식이 본질에 대한 인식이라면 물질은 본질이 될 수 없다. 왜냐하면, 본질은 모든 것의 첫 번째 원인이어야 하기 때문이다. 하지만 물질은 원인이기보다 대상이기 때문이다.

자연의 대상으로서 속성은 시간의 지우개를 벗어날 수 없다. 시간은 지우개처럼 모든 사물을 유한하게 하기 때문이다. 사물의 대상은 언제나 시간 속에서 지워져 버린다. 시간은 끊임없이 흘러가며 자연의 속성들을 지워 버린다. 이렇게 지워져 버린 사물들은 궁극에 가서 무에 도달한다. 하지만 하나의 무는 또 다른 속성을 생산하게 된다. 이러한 속성의 생성은 연장되어지기 때문이다. 사물의 대상이 유한한 속성을 가지고 시간에 의해 없어져 버린다 해도 사물의 본질이 사라지는 것은 아니다. 사물의 물질적 대상은 시간에 의해 사라지지만, 사물이 가지고 있는 보편적 본질은 영원히 사라지지 않기 때문이다. 따라서 사물의 대상이 사라졌다 해도 이것을 실체의 부재라고 할 수 없다. 사물의 속성이 사라진 것은 아무것도 없음이 아니며, 없음을 통해 또 다른 생성이 생겨날 수 있다는 가능성을 열어 놓기 때문이다. 이러한 순환의 개념이 동양의 무無에 대한 개념이다. 무는 없음을 통해 모든 것이 생겨나게 하는 무위無爲이다.

동양 철학자 노자는 아무것도 없음을 통해 모든 것이 생겨나는 근원을 도道라 하였다. 도는 무를 통해 실체의 시간을 이야기한다. 그는 도를 우주 만물의 생성원리이며 근원으로 보았다. 노자는 천지의 시작이며, 만물의 근원으로서 우주의 생성원인을 도라고 하였다. 따라서 도는 모든 생성의 근원으로서 도이고, 자연의 원인으로서 도이다. 노자의 도는 플라톤의 이데아와 아리스토텔레스의 형이상학과 유사하다. 그가 제시한 도의 문제는 존재론적 관점에서 세계를 바라보았고 서양의 철학자들도 이러한 관점으로 세계의 존재를 바라보았다. 세계를 바라보는 본질의 직관은 동서양의 철학자들조차 동일했다. 특히, 노자가 말하는 도의 의미는 유가(유교) 철학에서 말하는 도덕적 가치가 아니라 자연의 존재론적 가치를 도로 해석했다는 점이다.

노자의 도는 도가사상으로 발전하게 된다. 도가사상은 자연의 이치를 깨닫고 참다운 지혜를 통해 무위 자연적 삶을 추구하는 사상이다. 무위자연이란 인위적인 손길이 미치지 않는 자연 상태로서 자연에 거스르지 않고 순응하는 삶의 태도를 말한다. 인간의 삶에 있어 이러한 마음은 법정 스님의 무소유에서 잘 나타난다. 법정 스님은 인간이 물질에 대한 끝없는 욕망을 절제하고 날아갈 듯한 자유를 통해 자신의 삶으로부터 자유로워지는 것을 무소유라고 했다. 이러한 무소유의 정신은 보편적 실체의 정신과 그 의미를 같이한다. 보편적 실체란 플라톤의 이데아와 같이 물질세계를 벗어나 정신에 내재되어 있다.

법정 스님의 무소유는 난을 기르며 깨닫는 소유의 절제이다. 그는 난을 통해 소유의 집착이 주는 번뇌를 깨달았다. 그는 선물로 받은 난을 소유하면서, 난을 기르기 위해 물을 주고 햇볕을 쬐어주는 것에 집착했다. 그는 자신의 집에 난을 소유하면서부터 외출할 때면 방에 남겨진 난에 물을 주어야 한다는 심적 부담감을 느끼게 되었다. 그는 이러한 집착을 괴로워하며, 결국 난을 다른 사람에게 주어버렸다. 그리고 법정 스님은 난을 통해 집착이 번뇌를 유발한다는 것을 깨닫게 되었다. 그는 난을 소유함으로서 갖는 향기가 그의 자유를 구속한다는 것을 깨달았다. 그는 조그마한 소유라도 그것이 가져오는 집착은 엄청난 자유를 구속해 버린다는 것을 깨달았다. 법정 스님은 이러한 집착으로부터 벗어나기 위해 난을 버렸고, 무소유적 삶을 살아가려고 노력하였다. 그가 버린 난에 대한 집착은 무소유가 주는 자유를 되찾는 것이었다. 난을 통한 법정 스님의 깨우침처럼 인간은 소유욕으로부터 해방될 때 진정한 행복을 얻을 수 있다. 법정 스님의 무소유처럼 아리스토텔레스의 형이상학적 질문에 대한 실체의 문제는 대상으로부터 벗어날 때 자유를 얻게 된다. 만약 실체의 본질이 대상의 속성에 속해 있다면, 실체의 본질은 속성들에 의해 구속당하는 괴로움을 겪게 될 것이다.

노자의 무위자연과 법정 스님의 무소유 개념은 플라톤의 이데아와 아리스토텔레스의 실체처럼 세계의 본질에 대한 깨달음이다. 노자의 무위는 인위의 반대개념으로 인위적으로 무엇을 하지 않겠다는 것을 말한다. 노자는 무위의 개념을 덕의 개념에서 설명한다. 덕이란 도를 따르고 지키는 것으로서 무위하여야 한다. 인간이 무엇인가를 하려고 하는 것은 집착에서 나오며 이러한 집착을 억제하고 통제하는 것이 무위이며, 무소유이다. 만약 인간이 집착을 통해 인위적인 것을 만들어 낸다면, 인위에 의해 만들어진 어떤 것들이 세계의 본질적 질서를 파괴할 것이다.

현재 우리가 겪고 있는 지구의 기상 변화가 이러한 무위의 도를 잘 말해준다. 인간이 삶의 편의를 위해 개발하는 첨단 기술은 인간에게 편안한 삶을 가져다주는 대신 환경의 파괴를 가져왔다. 인간이 파괴한 환경의 결과는 고스란히 인간에게 되돌아와 인류의 생존에 커다란 위협이 되었다. 이러한 환경파괴의 위협은 자연의 훼손뿐 아니라 인간 문명의 파괴까지도 가져온다. 따라서 노자의 무위 개념은 인간의 과학적 성장을 경계하며, 자연의 질서를 자연 스스로의 힘에 맡겨야 한다는 것을 담아내는 개념이다. 노자의 무위는 스스로 그러하고 무엇에도 의존하지 않는 것으로서 자연의 본질에 생성의 힘이 있다고 보았다. 자연은 대상의 속성으로서 실체를 갈망하지만, 보편적 실체의 본질은 세상을 있게 한 원인으로서 무에 있다. 이처럼 노자의 무는 정신적 실체를 통한 보편적 실체를 생산해 낸다.

계몽주의 철학자 데카르트는 자신의 『방법서설』에서 무위를 학문의 기본 방법으로 삼았다. 그는 자신이 알고 있는 것으로부터 조금이라도 의심이 되는 생각들을 가차없이 버렸다. 그의 학문적 비움은 불완전한 지식을 모두 버리고 오직 진리의 범주에 들어갈 수 있는 진리를 찾는 방법이었다. 그는 자신의 존재조차도 의심하며 비움을 통해 세계를 바라보았다. 그가 의심을 통해 바라본 세계는 의심하는 자신밖에 없다는 것을 발견하게 되었다. 그는 결국 의심하는 나로서 존재하는 나를 발견하게 된 것이다. 데카르트의 의심하는 나처럼 노자의 무위는 혼란스러운 자신의 욕망으로부터 벗어남이다. 욕망의 벗어남은 인간 스스로 자연의 일부임을 인정하고, 자연에 동화되어 무소유적 삶을 통해 본질적 삶을 살아가려는 의지이다.

노자의 무위와 도 그리고 실체는 하나의 근원을 통해 완성되는데 그 바탕에 자연이 있다. 자연은 실체하는 존재의 가장 기본적인 속성으로 실체의 결과이며 거울이다. 우리는 이러한 속성을 기본 전제에 깔지 않고 실체를 논할 수 없다. 왜냐하면 실체의 문제는 속성으로부터 시작되었기 때문이다. 실체의 문제를 제기함에 있어 자연의 중심에는 신이라는 존재가 필연적으로 등장할 수밖에 없다. 왜냐하면 세계의 모든 물질과 정신은 신의 존재가 증명되지 않고서는 있을 수 없는 존재들이기 때문이다. 만약 세계의 존재를 부정한다면 그것은 신의 존재를 부정하는 것이 되고, 신의 존재를 부정하는 것은 자신의 존재를 부정하는 것이 된다.

존재와 실체란 본질적으로 신으로부터 왔으며, 신에게로 돌아가는 것이다. 이러한 회귀의 여정에 시간이 있다. 시간은 인간의 오만을 경계하며, 신의 존재를 드러내는 역할을 한다. 세상의 모든 것은 시간 앞에서 유한하다. 인간이 소유하고 있는 많은 부와 권세도 시간 앞에선 무용지물이라는 것을 깨닫게 된다. 시간은 모든 것을 주는 베풂이면서도 모든 것을 가져가 버리는 비움이다. 베풂과 비움의 시간 속에서 유한한 인간의 삶은 빈손으로 왔다가 빈손으로 갈 수밖에 없는 나약한 존재이다. 인간이 나약한 존재가 되는 것은 시간 앞에 유한한 존재임을 스스로 알고 있기 때문이다.

신은 질과 양을 통해 실체의 존재를 자연에 드러내며 인간으로부터 믿음을 이끌어낸다. 그 믿음은 아무것도 없음에서 대상의 실체가 드러나고, 그것을 통해 신의 실체를 믿게 한다. 아리스토텔레스는 실체와 질 그리고 양에 있어 모든 것의 우선이며 최상위에 속하는 것을 실체라고 보았다. 그는 실체가 제1원인이며, 다음이 질, 양으로 보았다. 인간이 삶의 바탕에서 추구하는 양의 문제는 질의 가치를 넘지 못하고, 질은 실체의 본질을 넘지 못한다. 따라서 물질적 삶은 질적 삶을 넘지 못하고, 질적 삶은 실체적 삶을 넘지 못한다.

세계의 존재 문제에 있어 실체를 가장 쉽게 이해하는 것은 감각적 실체를 통해서이다. 하지만 감각적 실체는 두 개로 구분된다. 하나는 영원한 것이고, 다른 하나는 유한한 것이다. 영원한 실체는 감각적 세계의 보편적인 것을 말하며, 유한한 실체는 개별적인 것을 말한다. 인간, 동물, 나무, 산 등은 보편적인 실체로서 영원한 것이며, 어떤 인간, 어떤 동물, 어떤 나무, 어떤 산은 지시의 대상을 갖는 개별자이다. 보편적 실체에 속하는 것은 대상의 실체가 질과 양에 의존하지 않고 본질에 의존하기 때문에 세상에 종말이 온다 해도 사라지지 않는 실체이다. 이러한 실체는 보편자로서 영원한 실체이다. 보편적 실체는 정신 안에 존재한다. 신은 보편적 실체의 정신 속에서 자연의 대상을 만들고, 그 대상에 질과 양을 부여하여 실재 세계를 만들었다. 실재 세계는 신의 정신을 통해 만들어진 실체의 반영이다. 따라서 절대 전능한 신은 인간의 의지에 관계없이 실재하며, 그의 실체는 자연의 실체를 통해 증명된다.

신의 존재를 믿고 찬양하는 것은 살아 있는 생명체로서 경이롭고 아름다운 일이다. 그러나 보편적 실체 속에서 개별적 속성의 생명체들은 각각의 아름다움을 가지고 있다. 자연의 속성 중 어떤 것은 선하고 아름답지만 어떤 것은 악하고 흉하기도 하다.

프란치스코Jorge Mario Bergoglio, Francis 교황이 보여주는 그의 행동은 인간의 선함을 보여준다. 그의 인자한 미소는 어린아이와 같은 순수함 속에 있고, 그의 권위는 가장 낮은 곳에서 가장 높은 권위가 생겨남을 보여준다. 하지만 동일한 인간이라도 행동과 마음에 따라 신의 자식이 되기도 하고, 악마의 자식이 되기도 한다. 프란치스코 교황은 인간으로서 신의 가르침을 스스로 실천하면서 신의 자식이 되었다. 하지만 탐욕에 눈이 어두워 노예적 삶을 살아가는 인간은 인간의 탈을 쓴 이리에 불과할 뿐이다. 세계의 한 인간으로서 참다운 인간이 되기 위해선 프란치스코 교황처럼 스스로 행하고, 스스로 낮추며, 가장 낮은 곳에서 사랑과 화해를 통해 자신의 삶을 살아가야 한다. 이러한 행동이 인간이 인간으로서 가져야 할 숭고한 정신이라 할 수 있다.

29

플라톤의 향연

사랑, 그 아름다운 말의 속성에 대하여

인간으로서 생의 한가운데서 평생을 통해 할 수 있는 가장 아름다운 말은 무엇일까? 이와 같은 질문은 삶의 의미를 관조할 수 있는 사람만이 질문하고 답할 수 있다. 한 마디의 말이 상대를 웃게 할 수도, 울게 할 수도 있다. 말이란 서로의 의사를 전달하는 기능을 넘어, 사람의 마음까지도 움직일 수 있는 힘이 있기 때문이다. 이처럼 말은 의사소통으로서 소리뿐 아니라, 사람의 마음을 움직이는 힘이기도 하다.

사람들에게 가장 감동을 주고 행복을 주는 말은 사랑Love이라는 말이다. 사랑은 모두의 마음을 녹여 줄 수 있는 가장 감동적이고 아름다운 언어이다. 인간이 삶을 살아가는 과정에서 지치고 힘들 때, 힘을 주는 것이 바로 사랑이라는 말 한 마디이다. 인간은 아무리 어렵고 힘든 상황에 처해 있더라도, 사랑이라는 말 한 마디를 통해 모든 고난과 역경을 이겨낸다. 사랑은 삶에 지친 육신을 품어주는 어머니의 품처럼 따스하고 아름답다. 인간이 평생을 통해 말할 수 있는 많은 단어들 중 사랑이라는 단어보다 더 고귀하고 아름다운 말은 없을 것이다.

사랑에 대한 논의는 플라톤의 『향연』*Symposium*에서 다루어지는 첫 번째 주제이다. 『향연』은 에로스Eros에 대한 찬양 연설에서 시작된다. 향연에 참석한 사람은 7명으로서 에로스에 대한 연설이 주를 이룬다. 이 『향연』의 주제는 에릭시마코스Eryximachos에 의해 제안되었지만, 토론 주제의 장본인은 파이드로스Phaedros였다. 그는 좌장으로서 에로스를 주제로 첫 번째 연설을 한다. 그는 에로스가 명예심과 용기의 덕을 고취하고 힘과 용기를 주면서 사람들을 선한 행위로 이끄는 원천이라고 보았다. 그리고 사랑하는 사람 앞에서 죽음을 무릅쓰며 용기 있는 행동을 통해 비굴함을 보여주지 않는 것이라고 보았다.

파우사니아스Pausanias는 에로스를 저속한 에로스와 고상한 에로스로 나누었다. 저속한 에로스는 남성과 여성의 관계에 있어 영혼보다 육체적 사랑에 관심을 두며 목적을 위해 수단을 가리지 않는 것에 반해, 고상한 에로스는 욕망적 사랑을 거부하고 변함없이 영혼의 사랑을 추구하는 에로스라고 보았다.

에릭시마코스Eryximachos는 의사로서 에로스를 모든 존재자들의 형성원리로 보았다. 에로스는 조화를 추구하고 갈등을 해소하며, 사랑이 있으면 조화가 생기고 사랑이 없으면 불화가 생긴다고 했다. 또한, 에로스는 반대하는 의견들에 대해서도 조화를 통해 갈등을 해소한다고 주장했다.

아리스토파네스Aristophanes는 극작가로서 에로스를 인간의 상실된 본성을 치유하는 것으로 보았으며, 완전에 대한 욕구를 신화를 통해 설명했다. 인간은 남자와 여자로 분리되어 있지만, 신화적으로 보면 둘은 앞뒤가 붙어 있는 한 사람이었다. 하지만 하나의 인간이 둘로 갈라지면서 끝없이 잃어버린 반쪽을 찾아다니는 에로스는 분신의 합일이며 완전에

의 욕구라고 보았다. 인간이 본질적으로 가지고 있는 앎에 대한 욕구도 이러한 에로스에서 나온다고 주장했다.

아가톤Agathon은 에로스를 진, 선, 미의 성질로 분류하였다. 에로스는 지혜로운 것이기에 진의 성질을 가지고 있고, 아름다운 것이기에 미의 성질을 가지고 있으며, 공정하고 절제되어 있기에 선의 성질을 가지고 있다고 보았다. 에로스는 모든 좋은 것들의 원인으로서 사랑에 둔감한 사람도 시인으로 만든다고 주장했다.

소크라테스Socrates는 에로스를 아름다운 것들의 결여로 보았다. 만약 좋은 것들이 아름답다면 좋은 것들의 결여로 인해 아름다운 것을 추구하려는 마음이 생겨난다는 것이다. 소크라테스는 아가톤과의 대화를 끝내고 디오티마Diotima의 대화를 전하는 방식으로 에로스를 좋은 것에 대한 영구적인 소유욕이라고 하였다. 그 소유욕의 충족은 출산을 통해 가능한데, 출산의 동기는 인간의 유한성을 극복하는 방법의 하나라고 했다.

끝으로, 알키비아데스Alcibiades의 등장으로 향연의 분위기는 반전되었다. 그는 자신이 좌장인 듯, 토론의 규칙을 무시하고 에로스의 주제에서 벗어나 소크라테스를 찬양하는 연설을 하였다. 그는 소크라테스를 실레노스Silenos에 비유하며 소크라테스를 묘사하였다. 하지만 그의 연설은 토론 주제를 벗어나 참석자들이 자리를 떠나게 했다. 하지만 소크라테스만은 끝까지 자리를 지키며 향연은 마무리된다.

소크라테스의 제자 플라톤은 에로스에 대해, 인간에 대한 신의 사랑을 아가페Agape라고 했다. 아가페적 사랑은 위에서 아래로 향하는 사랑이다. 플라톤은 에로스를 남녀 간의 사랑으로 보고 소유와 성욕을 바탕으로 가장 낮은 단계의 사랑이라고 보았다. 그는 신의 아가페적 사랑과 인간의 에로스적 사랑이 에로스의 두 개념이라고 보았다.

사랑에 대한 이야기는 향연뿐 아니라 예술과 문학에 있어서도 다양한 주제가 되었다. 괴테Goethe는 그의 삶 속에서 문학적 감성이 메말라 갈 때마다 사랑을 통해 새로운 문학을 만들었다. 그가 25세에 발표한 『젊은 베르테르의 슬픔』*Die Leiden des jungen Werthers*은 사랑을 소재로 한 소설로서 베르테르가 이루지 못한 사랑에 절망하여 자살하면서 막을 내리는 슬픈 사랑 이야기이다. 괴테는 『파우스트』*Faust*에서 "왜 삶의 강물은 그리도 빨리 메말라 우리를 다시 갈증에 허덕이게 하는가?"라고 물었다. 괴테에게 있어 사랑은 메마른 강물처럼 수없이 많은 갈증을 불러오는데 이러한 감정이 인간의 사랑이라는 것이다. 그는 자신의 삶과 문학에서 사랑의 본질적 감정에 충실하며 대문호의 반열에 올랐다.

『백년의 고독』으로 유명한 마르케스Gabriel García Márquez의 소설 『내 슬픈 창녀들의 추억』도 90세 생일을 맞이하는 노인과 열네 살 숫처녀의 사랑 이야기이다. 그는 평생을 사창가의 여인들과 영혼 없는 사랑으로 삶을 살아왔다. 밤에 몸을 파는 여인네들로부터 평생을 진실된 사랑의 감정을 알지 못하던 그가 90세 생일을 하루 앞둔 날 아침 풋풋한 처녀와의 꿈 같은 사랑의 밤을 보내기로 결정한다. 그는 그날 밤 열네 살의 소녀를 통해 처음으로 느껴보는 오묘한 감정에 휩싸이며 사랑, 질투, 증오, 좌절, 고통의 감정을 겪게 된다. 사랑은 이처럼 나이를 떠나 인간의 감정을 사로잡는 끌림이다. 죽음을 목전에 둔 노인과 젊은 처녀의 사랑은 육체적 사랑이라기보다 정신적 사랑으로 그 아름다움이 있다.

큐비즘cubism의 대표적 화가 피카소Pablo Ruiz Picasso의 여인에 대한 사랑은 남달랐다. 그의 나이 20세 초반 파리의 빈민가에서 페르난데Fernande Olivier를 만나 첫사랑에 빠졌다. 그녀의 회고록을 보면 피카소는 일 중독자에 충동적이며 질투심이 많은 사람으로 묘사된다. 피카소는 1912년 첫 여인 페르난데를 버리고 친구의 연인 에바Eva Gouel를 사랑하지만, 그녀가 폐결핵에 걸려 죽어가자 1914년 파리의 한 극장에서 무대감독으로 있던 발레리나 올가Olga Koolova에게 청혼하고 결혼한다. 하지만 피카소가 가지고 있었던 올가에 대한 사랑의 열정은 다른 여인을 만나면서 끝나 버렸다. 결국, 올가는 신경쇠약 증세를 보이며 결혼 10년 만에 파경을 맞이했다.

1925년 피카소는 15세의 소녀 마리 테레즈Marie Therese Walter를 길거리에서 만나 자신의 모델이 되어 줄 것을 요구하며 동거에 들어갔다. 하지만 마리는 피카소의 핍박과 강요에 의해 우울증에 시달렸다. 결국 그녀는 극단적 선택으로 1977년 자신의 차고에서 목을 매어 자살해 버렸다. 피카소의 또 다른 여인으로 1936년 파리에서 만난 사진작가 도라Dora Maar가 있다. 그녀는 7년 간 피카소와 동거를 했다. 도라는 피카소와 헤어진 뒤 정신병원에 갇혀 은둔생활을 하며 살다가 1997년 90세에 파리의 작은 아파트에서 쓸쓸히 생을 마감했다.

1941년 피카소는 파리의 한 식당에서 프랑수아즈Francoise Gilot라는 23세의 소녀를 만나 결혼식을 올렸다. 그때 피카소의 나이가 60세였다. 1964년 프랑수아즈의 회고록을 보면 피카소는 자신이 만난 사람 중 가장 권위적이고 다혈질적이며, 최악의 카사노바였다고 회고했다. 그녀도 결국 피카소가 자신의 친구와 연인 관계를 맺자 피카소로부터 떠나 버렸다. 피카소는 프랑수아즈와 헤어지고 그의 나이 80세에 자클린Jacqueline Roque이라는 여인과 결혼했다. 그녀는 피카소에게 헌신적 사랑을 바쳤으며, 1973년 92세의 나이로 피카소가 세상을 떠날 때까지 그의 곁을 지켰던 여인이다. 하지만 그녀도 피카소가 죽고 13년 뒤 권총 자살을 하며 인생을 마감했다. 이러한 피카소의 인생을 보면 사랑이 얼마나 열정적이고 충동적인지 알 수 있다.

사랑에 있어 피카소처럼 열정적인 예술가를 찾기는 쉽지 않다. 그의 열정은 작품에서도 나타난다. 그가 후세에 남긴 작품이 약 5만여 점이라는 것을 보면 그의 질풍노도와 같은 삶은 끝없는 사랑을 통해 예술을 탄생시켰다고 할 수 있다. 그가 사랑과 열정을 통해 남긴 예술적 가치는 역사의 한 페이지를 장식한다.

뭉크Edvard Munch는 사랑하는 여인에 대한 짝사랑을 그의 작품을 통해 예술로 표현했다. 그는 사랑 속에 갇혀 있는 것처럼 행복하면서도 슬픈 것은 없다고 보았다. 그에게 있어 사랑은 온몸을 다해 매몰하는 것이었다. 하지만 그의 사랑은 짝사랑으로 끝났다. 그의 작품세계는 소유할 수 없는 욕망적 사랑을 예술의 주제로 사용했다. 뭉크는 그의 예술에서 사랑을 두려워하며 스스로 그림자를 끌고 다녔다. 그는 자신의 예술 속에 숨어서 사랑을 나누었다. 그의 작품에 나타난 입맞춤은 죽음의 공포를 그린 뭉크의 첫 키스로서 참담한 사랑을 보여준다.

그는 6년 간 남편이 있는 여자를 사랑했고 그것으로 인해 고통을 받았다. 이러한 사랑을 통해 〈월광〉이라는 작품이 태어났다. 뭉크는 자신의 성장기에 겪었던 죽음, 공포, 아픔 그리고 사랑과 같은 감정들이 그의 예술적 영혼을 불러일으켰다고 보았다. 삶에 있어 죽음만큼 고통스럽고 두려운 것은 없다. 하지만 살아 있는 동안 느끼는 삶의 열정은 사랑을 통해 예술로 승화된다. 뭉크에게 있어 죽음은 삶을 사랑하는 마음이었다고 할 수 있다.

예술과 문학에서 사랑만큼 많은 주제로 다루어진 것은 없다. 사랑은 창세기 신의 로고스Logos로부터 생겨나 트로이 전쟁Trojan War을 거치며 플라톤에 와서 향연의 주제가 되었다. 중세를 거치면서 사랑은 신의 은총으로서 구원적인 성격이 강하게 나타났다. 인간이 원죄를 사함받고 신으로부터 구원을 받는 것은 신의 사랑이 있었기 때문이다. 이러한 신의 사랑을 최초로 고백한 아우구스티누스Aurelius Augustinus는 자신의 심경을 『고백록』*Confession*을 통해 말했다. 이 책은 인간이 신의 사랑을 알지 못함에 대한 반성의 고백이었다. 이러한 고백은 신의 사랑으로 승화되고 중세 기독교의 교리가 되었다. 중세 이후 르네상스 시대는 새로운 이성이 싹트는 시대였다. 인간은 계몽을 통해 신으로부터 부여받은 고유의 이성을 사랑하고 신에게 가까이 다가갈 수 있는 계기를 마련했다. 계몽주의 시대가 도래하면서 사랑은 다양한 방식으로 해석되었다. 계몽주의 시대의 에로스는 이성에 의한 합리적 사랑을 통해 신의 의지를 탐구하게 된다. 헤겔Hegel, Georg Wilhelm Friedrich은 모든 사랑의 관념이 정신으로부터 나온다고 보았다. 20세기가 도래하면서 예술과 문학은 수많은 방식으로 에로스를 해석했다. 위에서 소개한 괴테, 마르케스, 피카소, 뭉크를 포함하여 많은 예술가들은 에로스를 자신의 주제로 설정했다. 이러한 주제는 플라톤의 향연과 같다.

역사를 돌이켜보면 트로이 전쟁도 사랑하는 한 여인을 납치하면서 시작되었다. 그리고 이집트의 클레오파트라Cleopatra도 안토니우스Marcus Antonius를 사랑하면서 독사에 물려 자살한 것은 사랑 때문이었다. 사랑이란 말은 아무리 많이 하여도 나쁘지 않고 아무리 많이 들어도 질리지 않는다. 그러나 물질에 찌든 현대인들은 사랑이라는 말 한 마디를 자주 사용할 기회를 잃어버렸다. 그들은 단어를 잃어버린 것이 아니라 단어를 생각할 시간이 없다. 이러한 삶을 살아가는 사람은 자신의 마음속에 사랑이 없다는 것을 말한다. 좋은 마음은 좋은 생각을 하게 되고, 좋은 생각은 좋은 말을 하게 된다. 이 세상에서 아낌없이 줄 수 있는 최고의 말은 사랑이라는 말이다.

제3부

중세 철학의 위로

30

신을 향한 고백과 구원

현재는 과거의 기억과 미래의 기대감으로 존재한다

신에 대한 고백은 원죄의 속죄를 위해서라기보다는 자신의 삶에 대한 가치를 되짚어 보는 의미이다. 세상의 모든 물질이 신의 의지에 의해 생겨나고 사라지는 것은 존재의 의미를 넘어 필연이라고 할 수 있다. 필연이란 인간의 의지를 넘어서 신의 의지에 다가서는 것이다. 세계의 존재는 우연일 수 없는 실체이기 때문에 필연적이다.

인간은 세계에 던져진 하나의 돌처럼 자연을 통해 실천적 자아를 인식한다. 신은 세계의 모든 것을 자연에 두고 각자의 속성으로 살아가게 하였다. 이러한 자연의 삶이 신의 의지이며 실체이다. 자연의 실체는 인간의 인식을 통해 바라본 자연의 표상이다. 인간의 삶을 통해 얻게 되는 많은 행복과 고통은 인간이기 때문에 겪어야 할 삶의 과정이다.

인간이 인간으로서 자신에 관해 반성하는 것은 대단한 용기이다. 스스로에게 묻고 반성하지 않는 인간은 자신의 존재를 되돌아본 적이 없는 사람이다. 이러한 사람은 앞만 보고 뛰어갈 뿐 뒤돌아볼 반성의 시간이 없는 사람이다. 삶의 시간 속에서 반성 없는 삶은 자만이 앞서고, 스스로의 잘못을 모른다. 하지만 반성하는 인간은 자신이 어디서, 누구로부터, 어떻게 왔는가에 대해 묻고 답하려 한다. 세계의 중심에 내던져진 인간은 자신의 본질을 찾기위해 스스로를 자책하고 회개의 눈물을 흘려야 한다.

떠도는 인간의 영혼은 반성을 모르는 자만심 때문에 상처받고 괴로워한다. 인간에게 운명적으로 주어진 고통은 신의 의지이며, 운명이다. 우리는 이러한 운명을 기꺼이 받아들여야만 한다. 우리는 운명의 나약함으로부터 벗어나 신으로부터의 구원을 기원해야 한다. 신의 구원은 인간의 반성을 통해 신에게로 회개함으로써 가능하다. 신은 인간에게 운명과 함께 자기 고백을 통해 회개할 수 있는 기회를 주었다. 인간의 회개는 말로 표현할 수 없는 마음속의 고백이다. 마음으로부터 우러나오는 회개는 오직 영혼의 고백만을 통해 가능하다. 고백은 인간이 신에게 할 수 있는 유일한 자기반성이다. 인간은 신의 의지에 기대어 운명적으로 신의 구원을 기다려야 한다. 신의 구원을 위한 인간의 고백은 참으로 어려우면서도 힘든 인간의 마음이다.

고백은 스스로의 마음에 따라 쉽게 반성으로 다가갈 수 있기도 하고 그렇지 않을 수도 있다. 신에 대한 고백은 인간으로서 원죄를 넘어 자신의 무지를 반성하는 것이다. 이러한 무지는 인간의 존재 원인인 신을 알지 못하는 것에서 온다. 신은 인간에게 앞만 볼 수 있을 뿐 뒤를 볼 수 없는 두 개의 눈만을 주셨다. 인간은 앞에 있는 두 개의 눈을 통해 현재만을 바라볼 뿐 흘러가 버린 과거를 바라볼 수 없다. 과거를 바라볼 수 없는 인간은 반성할 수 있는 기회조차 없다. 하지만 인간은 영혼의 눈을 통해 과거의 시간을 바라보려 한다. 영혼의 눈은 과거의 반성을 통해 자기의 원죄를 고백하고 회개하려 한다.

인간으로서 나는 세계의 들꽃과도 같은 존재이다. 세계의 풀 한 포기도 신의 의지를 벗어나 실재할 수 있는 것은 없다. 세계의 모든 대상과 속성이 이러한 신의 의지를 통해 존재하게 된다. 인간은 자연의 일부분으로서 이성을 가지는 유일한 존재이다. 인간에게 이성이 없었다면 석기시대와 같은 자연 상태의 삶을 살아갈 수밖에 없는 운명이었을 것이다. 하지만 신은 인간에게 생각할 수 있는 이성을 주셨다. 이러한 이성은 생각하는 이성을 넘어 반성하는 이성으로 다시 태어난다.

물질사회에서 선한 이성은 사라지고 기계화된 이성만이 존재하게 된다. 인간은 매일 동일한 일을 반복하는 기계처럼 쳇바퀴를 돌며 하루를 살아간다. 인간이 기계가 되는 것은 매우 쉬운 일이다. 기계처럼 짜여진 시간 속에 자신의 일상을 던져 놓고 기계가 돌아가듯이 자신의 삶을 돌아가게 하면 된다. 하지만 이러한 삶은 신이 인간에게 부여한 삶이 아니다. 신은 인간에게 자유로운 삶을 살아가도록 자유의지를 주었다. 인간의 자유의지는 삶의 본질적 의지이다. 이러한 의지는 세계의 의지로서 본질에 가까워지려는 속성을 가지고 있다. 하지만 반성 없는 인간은 자신의 이성을 기계화시켜 버린다. 그리고 그 삶 속에서 자신의 삶이 행복하다고 착각하며 살아간다.

세계 속의 인간은 어느덧 사회의 기계가 되어 버렸다. 기계화된 인간은 애완견처럼 주인이 주는 음식과 편안함에 행복해한다. 이제 인간은 쉼 없이 돌아가는 기계가 되었다. 인간은 세계의 존재자로서 스스로를 관조하는 그림자가 되었다. 영혼 없는 인간의 육체는 그림자처럼 어둠 속에 숨어 버렸다. 그림자가 된 인간은 아픔도 느끼지 못하는 기계의 부속이 되었다. 고백이란 기계화된 인간이 신과 대화할 수 있는 최고의 자기반성이다. 자기반성은 영혼과 육체로 구성된 인간의 반성이다. 이러한 반성은 유한한 육체에 짓눌린 순수한 영혼을 구제하기 위한 반성이다.

영혼의 침묵과도 같은 어둠 속에서 빛은 아름다운 세상을 보여주는 신의 눈과 같다. 신은 빛을 통해 인간이 견뎌내야 할 세계를 보여주었다. 그 세계는 인간의 욕심에 따라 달라지는 세계이다. 이 세계는 욕망의 무게에 따라 인간의 어깨를 짓누르는 고통이 되었다. 이러한 고통의 무게는 인간이 빛의 세계에서 지불해야 할 필연적 숙명이다.

어둠의 세계에서 인간이 가져보았던 안식의 세계는 빛을 통해 새로운 세상을 만나게 된다. 세상은 빛으로 가득 차 너무나도 많은 것을 볼 수 있기 때문에 인간의 욕망은 끝없이 차오른다. 욕망으로 차오른 물질적 호기심은 통제되지 않는 욕망에 의해 타락하게 된다. 욕망에 의해 타락한 영혼은 고백을 통해 신으로부터 안식을 구하려 한다.

인간의 안식은 자기반성의 고백에서 나오고 그 고백은 우리를 있게 한 신에게로 향한다. 완전한 신은 피조물의 하나인 인간을 통해 자신의 존재를 세상에 드러낸다. 세상의 모든 피조물은 신의 보기 좋음으로부터 생겨났고, 이러한 보기 좋음이 선한 세상을 만들어가고 있다. 하지만 인간이 만든 물질들은 신의 창조물과 다르다. 신으로부터 생성된 자연은 신의 눈을 통해 보기 좋게 생겨났다. 하지만 인간으로부터 생겨난 것들은 피조물의 세계에 국한된 것이기 때문에 완전할 수 없다. 아무리 선한 마음을 갖고 태어난 인간이라 할지라도 물질적 세계에 살면 욕심이 생겨나게 된다. 이러한 욕심은 인간이기에 생겨나는 것으로 피조물의 한계를 드러내는 것이다.

『고백록』*Confessions*의 저자 아우구스티누스Augustinus는 중세 신학을 정립한 교부철학자이다. 그는 18세에 키케로의 『호르텐시우스』*Hortensius*를 읽고 불멸의 존재인 신에 대해 연구했다. 그는 인간이 신의 도움 없이는 아무것도 할 수 없는 무기력한 존재로서, 자신의 욕망을 타락시킨다는 것을 알았다. 그는 인간이 추구하는 행복은 신을 통해 도달할 수 있으며, 불멸의 신을 아는 방법은 오직 고백을 통한 신의 은총을 기대하는 것이라고 생각했다.

아우구스티누스는 다음과 같은 자기 고백을 했다. "나는 누구입니까? 나는 도대체 어떤 사람입니까? 나의 행동 중에서 악이 아님이 무엇입니까? 내 행동에 악이 없다고 해서, 내 말에도 악이 없었을까요? 내 말에 악이 없다고 해서, 내 의지에도 악이 없었을까요?" 아우구스티누스가 던지는 이러한 질문은 그가 마니교에 빠져 있을 때부터 선과 악에 대한 의구심에서 시작되었다. 그는 선한 신에 의해 만들어진 세계에 어떻게 악이 존재할 수 있는지에 대해 의구심을 가졌다. 마니교는 이러한 질문에 이원론적 사상을 가지고 있었다. 마니교는 세상의 모든 것은 선한 신으로부터 나온 것이 아니고, 악은 독자적으로 존재한다고 생각했다. 이러한 악이 선한 신의 세계를 훼손하고 인간의 갈등을 조장한다고 생각했다.

아우구스티누스가 가지고 있는 마니교에 대한 선과 악의 이론적 의구심은 밀라노 주교 암브로시우스Ambrosius의 설교를 통해 변하게 되었다. 암브로시우스는 빛을 통한 초월자to hen와 지성nous의 교감을 통해 진정한 지혜에 도달할 수 있다고 보았다. 초월자의 신과 인간의 이성이 은총과 믿음을 통해 서로 결합하면, 인간은 구원의 지혜를 얻을 수 있다고 보았다. 이러한 지혜는 인간이 신을 올바르게 알 수 있는 신앙의 길이라고 주장하였다.

아우구스티누스는 인간이 악을 행하는 것은 우월감과 지배욕 때문이라고 했다. 원죄로 불리는 아담과 이브의 반항은 본질적으로 선과 악을 구별하는 신의 능력을 탐하였기에 생겨난 것이라는 해석이다. 아담과 이브가 선악과를 따먹은 것은 호기심과 사악한 뱀의 유혹으로부터

였다. 이러한 유혹이 악의 시작이다. 인간에게 있어 악이란 과도한 욕망을 갖도록 만드는 인간의 마음에 있다. 인간은 본질적으로 악하지 않다는 것이 그의 견해였다. 인간이 악을 행하는 것은 신의 선한 섭리를 부정하고 자신의 욕망에서 나오는 의지에 기대기 때문에 죄가 된다는 것이다. 아우구스티누스는 인간이 가지고 있는 욕망을 자유의지와 연결시키면서 자신의 신학적 입장을 취했다.

아우구스티누스는 인간의 나약함은 어디서 오는 것이며, 원죄에 대한 근원은 무엇인지를 물었다. 그는 인간의 참된 행복은 신을 사랑하고 신을 통해 구원을 얻을 수 있기 때문에 가능한 것이라고 했다. 인간은 창조주의 신을 사랑하려면 먼저 신을 알아야 한다고 주장했다. 신은 인간의 영혼 속에 내재되어 있으며, 영혼을 통해 신과 소통하고 은총을 갈망한다. 인간의 윤리적 사랑은 모든 행위의 선인 것처럼 신에 대한 사랑은 인간의 영혼이 가고자 하는 선의 길이다. 인간으로서 자기 고백은 반성의 의지이며, 신을 사랑하는 영혼의 순수함이다.

인간은 영원한 진리의 세계인 이데아를 담고 있는 영혼으로서 자신의 내면에 스며드는 빛을 통해 자신의 존재를 확증하는 존재이다. 그는 『고백록』에서, 인간은 자신이 짊어지고 태어난 악을 행할 자유를 가질 뿐, 구원은 신의 은총을 통해서만 가능하다고 믿었다. 그의 사상은 교회를 떠나선 어떠한 구원도 받을 수 없다는 신앙 중심의 가치관을 만들었으며, 교회라는 보편적 믿음의 공동체를 통해 기독교의 정착에 커다란 공헌을 하였다. 아우구스티누스의 『고백록』은 인간의 원죄를 넘어 세계의 원인으로서 근원을 찾고자 하는 마음속의 반성이다. 인간의 마음은 선과 악을 넘나들지만, 본질적으로 인간은 선한 존재이다. 빛의 은총을 그림자로 가려 버린 인간의 마음에 신을 향한 인간의 고백은 고귀한 반성의 강을 건너가고 있다.

31

시간이 멈춘다는 것은

시간이 멈춘다는 것은
또 다른 삶의 시간이 시작되는 것을 말하는 것이다

인간에게 있어 삶의 가치는 무엇과도 바꿀 수 없는 것 중 하나이다. 가치란 대상이 가지고 있는 중요성이나 쓸모를 말한다. 인간에게 있어 무엇과도 바꿀 수 없는 삶의 가치는 시간을 쓰는 방식에 따라 달라진다. 삶의 시간은 낮과 밤, 빛과 어둠, 행복과 불행으로 나뉜다. 인간은 편의상 시간을 숫자로 기록하고 규칙을 따른다. 하루를 24시간으로 구분하는 인간의 규칙은 인간의 삶이 24시간이라는 숫자 안에 있다고 믿게 만든다. 사람들은 이러한 구분을 오늘이라고 말한다. 삶의 시간 중 오늘은 우리가 신으로부터 부여받은 가장 가치 있는 선물이다. 하루, 24시간, 그리고 오늘을 살아가는 우리들의 삶은 삶의 방식에 따라 행복과 불행이 달라진다.

인생의 시간에서 행복과 불행은 시간 안에서 동일한 하나이다. 시간의 동일성은 하나에서 시작하여 여러 가지로 분화한다. 이러한 시간을 산종dissemination의 시간이라 한다. 산종散種의 시간은 삶의 다양성을 만들어 내며 매일매일이 새롭다. 산종의 시간 속에서 행복은 인간이 추구하는 삶의 지향점이며 목표이다. 하지만 인간은 행복을 지향하면서도 필연적으로 불행의 순간들을 맞이할 수밖에 없는 운명을 가지고 태어났다. 이러한 불행의 시간이 산종 안에 있다. 산종의 시간은 시간의 개념을 파편화해 행복으로부터 불행의 틈을 발견한다.

우주의 시간은 모든 현상을 하나로 묶어 버리는 통합체이다. 우주의 시간에서 삶의 시간은 보이지 않는 먼지와 같다. 하지만 삶에 있어 행복과 불행은 시간 안에 현상하는 하나의 사건이 된다. 따라서 시간 안에서 인간의 삶은 하나의 사건에 불과하다. 삶은 사건의 과정이며, 죽음은 사건의 결말이다. 인간에게 죽음은 언제나 두려운 사건이며 시간의 경계 위에 있다.

시간의 본질은 사물의 변화를 인식하기 위한 밑바탕으로 연속성을 통해 세계로 나아간다. 연속성의 시간은 삶과 죽음에 대한 과정이며 사람들의 주요 관심 대상이다. 왜냐하면, 시간은 모든 생명의 생성과 소멸의 원인이기 때문이다. 세상 만물은 시간으로부터 생겨나며 시간으로부터 사라져 버린다. 시간에 대한 다양한 철학적 논의는 사람마다 다르게 해석하고 있다. 어떤 사람들은 시간이 사건의 발생이나 역사를 기록하는 시점의 구분이라고 보고, 어떤 사람들은 시간을 독립적으로 존재하는 하나의 현상이라고 본다. 또한 과학자들은 시간이 왜 과거에서 미래로만 흘러가는지에 대해 의구심을 가진다. 만약 시간이 미래와 과거를 마음대로 오갈 수 있다면 우리의 삶은 좀 더 명확해질 것이다. 또한, 시간이 살아 있는 운동이라면, 어떠한 방향도 갖지 않고 자유롭게 흘러가야 한다. 하지만 시간은 오직 현재를 가리키며 미래로 가려는 성질을 가지고 있다. 시간이 갖는 미래 지향성의 성질은 과거의 시간을 현재로 되돌릴 수 없게 만든다. 이처럼 시간의 한 방향 직진성은 현재에서 미래로 향할 뿐 과거의 시간으로 되돌릴 수 없다.

로버트 저메키스Robert Zemeckis 감독의 〈백 투 더 퓨처Back to the future〉는 현재의 시간을 과거로 되돌려 보려는 공상과학 영화이다. 1985년 개봉한 이 영화는 과거의 시간을 되돌려 잘못된 삶의 과정을 정상화하고자 하는 영화였다. 힐 밸리에 사는 마티 맥플라이Marty McFly는 장난기 많은 고교생으로 록큰롤rock'n'roll과 스케이트보드를 좋아하는 주인공이다. 그는 평소 가깝게 지내던 괴짜 발명가 에메트 브라운 박사Dr. Emmett Brown가 창고에서 스포츠카를 타임머신으로 개조해 놓은 것을 보고 자주 그곳을 방문하게 된다. 하지만 뜻밖의 사건으로 인해 브라운 박사는 테러범들의 총에 맞고 위험에 빠지게 되고, 주인공 마티는 박사가 만든 타임머신 자동차를 타고 30년 전 과거로 돌아가 박사를 살리기 위해 시간을 되돌리려고 노력한다. 30년 전 과거로 돌아간 마티는 브라운 박사를 만나 자신이 미래에서 온 사람이라고 상황을 설명한 후 박사와 함께 미래로 돌아가는 타임머신을 연구한다. 이들의 시간여행 계획은 과거와 현재의 갈림길에서 일어나는 사건들이다. 만약 인간의 삶이 영화의 한 장면처럼 시간을 거꾸로 되돌릴 수만 있다면, 인간은 현재의 시간을 재조명해보고 과거로 다시 돌아가 잘못된 인생의 부분을 고치면서 후회하지 않는 삶을 살아갈 수 있을 것이다. 하지만 시간은 영원히 과거로 회귀할 수 없고 오직 미래를 향해 나아가기 때문에 영화의 상상처럼 되돌릴 수 있는 것은 아니다.

철학자들에 있어 시간의 개념은 플라톤 이후 다양한 방식으로 논의가 진행된다. 플라톤은 시간이란 이데아의 모상模像, ε δωλον, είκών이며, 현실 세계의 불완전함을 나타내는 현상일 뿐이라고 보았다. 그는 시간이 본질적 순수성을 구현하기 위해서는 이데아의 세계처럼 사물의 운동과 변화가 존재하지 않아야 한다고 보았다. 하지만 현실 세계의 시간은 대상의 속성과 함께 상호보완적으로 시간에 반응하기 때문에 생성과 소멸에 관여한다.

시간의 개념은 중세에 들어서면서 아우구스티누스에 의해 많은 역설과 함께 시간의 신성적 성질을 연구하였다. 그는 시간의 시작이 창조의 시작이라고 보았다. 시간은 창조의 시간을 통해 시간으로서의 정체성을 확보하게 된다. 이러한 창조의 원리는 신의 시간 안에 있으며, 사물의 대상은 그 결과로 나타난다. 그는 시간의 역설로서 시간이 무엇인지에 대해 물었다. 그의 물음은 시간의 흘러감을 묻는 질문이기 이전에 창조의 시간이 어디서 누구로부터 왔는가에 대한 질문이다. 이러한 질문은 창조의 시간이 본질적으로 신에게 있다는 것을 말한다. 신은 시간을 통해 우주의 질서를 만들고 모든 사물의 속성을 창조하셨다. 신으로부터 창조된 인간은 동물과 다르게 창조의 시간과 사물의 본질에 대해 질문하게 된다. 하지만 창조의 시간이 가지고 있는 신의 본질이 무엇인지를 묻는 것은 쉬운 일이 아니다. 이처럼 시간은 누구나 쉽게 아는 것이지만, 그것의 원인과 본질은 쉽게 답할 수 없는 문제이다.

시간의 개념에 있어 현재의 시간을 기준으로 하면 과거는 흘러가 버린 시간의 기억이고, 미래는 영원히 오지 않는 기대의 시간이다. 그러나 인간은 시간을 과거, 현재, 미래로 구분하며 시간이 무엇이고 어떻게 구분되는지를 탐구하려 한다. 신적 시간의 문제를 탐구한 아우구스티누스는 시간의 문제를 자신의 영혼에서 찾으려 했다. 인간의 영혼은 육체를 통해 시간의 개념을 과거, 현재, 미래로 구분하려 한다. 이러한 일상적 시간 구분은 인간의 관습으로부터 나온 것이다. 하지만 본질적 시간은 신성에 속하는 것으로 신에 귀속되어 있다. 따라서 물적 시간과 신적 시간은 본질적으로 다르다. 아우구스티누스는 본질적 시간을 영원성의 신적 정신으로 생각하고 탐구하였다. 하지만 인간의 인식적 시간은 신의 시간과 달리 유한한 시간성만을 바라본다. 따라서 아우구스티누스에 따르면, 인간이 갖고 있는 시간의 정의는 인간 정신이 만들어 낸 산물일 뿐이며 시간의 본질적 속성은 신을 통해 가능할 뿐이다.

그리스도교의 신학자 클레멘스Titus Flavius Clemens, 150년경는 『잡기』*Strōmateis*라는 그의 저서에서 진리는 하나라고 말했다. 그러나 그 안으로 들어가면 마치 영구히 흐르는 강물처럼 여러 곳에서 흘러온 지류들과 함께 흘러간다고 말했다. 이러한 흐름은 시간의 흐름과 같아 강물이 모여 바다로 흐르듯 진리의 시간들은 인간의 삶이라는 강으로 모여든다. 그는 세상의 모든 진리는 빛과 같이 하나에서 유출되었으며, 그 진리의 빛은 세상의 여러 곳을 비추면서 인간의 본질적 삶의 가치를 일깨워준다. 인간에게 있어 신으로부터 부여받은 삶의 시간은 만물을 비추는 빛처럼 깨끗하고 아름다워야 한다. 왜냐하면, 인간의 삶을 규정짓는 시간은 신으로부터 부여받은 신성한 것이기 때문이다.

클레멘스는 그리스도를 로고스에 비유하며 인간 이성의 근원이며 신을 이해시켜주는 분이라고 말했다. 그리스도는 인간의 영생을 제공하고 신의 계시를 전달하기 위해 세상에 오셨으며, 자신의 희생을 통해 인간세계를 구하셨다고 했다. 그는 인간이 신적 계시와 현몽에 의한 초자연적 지식gnosis를 믿으려 할 때 신으로부터 구원을 받을 수 있다는 영지주의를 주창하였다. 당시 영지주의는 지식이라는 헬라어로 자신들만이 구원에 이르는 비밀스러운 지식을 가지고 있다고 주장하는 사람들이다. 영지주의가 추구하는 중심사상은, 영혼은 순수하고 선하며 신비스러운 것인데 반해 물질은 악하고 타락한 것이라고 주장했다. 그들은 우리가 살고 있는 세상은 타락한 천사가 신을 배신하고 자신의 독자적인 세계를 창조하려는 미완성의 작품이라고 보았다. 따라서 세상은 완전체를 이루지 못하고 선과 악이 동시에 존재하며 수많은 충돌과 파괴가 이루어진다고 보았다. 그들은 이원론적 극단주의를 추구하며, 금욕주의를 추구하다가도 때론 쾌락주의를 추구하기도 하는 이중적 태도를 보였다. 그들은 영혼의 신비성을 믿었으며, 영혼의 구원은 소수의 사람들에게만 허락된 비밀스러운 지식을 통해 가능하다는 사상을 가지고 있었다. 그들에게 있어 육체는 영혼에 비해 죄스러운 것이기에 그리스도를 인간으로 비유하지 않고 인간처럼 보여지는 것일 뿐이라는 가현설docetism을 주장하였다. 또한, 그리스도는 시공간을 초월하여 육체적 인간의 한계를 뛰어넘어 환영처럼 영혼의 몸을 가지고 세계에 오셨다는 사상을 가지고 있었다. 이러한 사상은 초월세계와 물질세계를 선과 악의 이중적 대립구조로 이해한 영지주의자들의 중심사상이다.

이들의 사상은 후일에 기독교 사상을 심하게 왜곡시키는 결과를 가져왔다. 후일 기독교 신학자들은 영지주의를 이단으로 보고 신앙을 지키기 위해 사도신경Apostles' Creed을 통해 고백하는 사상을 벌였다. 이러한 고백은 초월적 신이 악한 영적 존재에 의해 창조되었다는 영지주의 사상을 거부하는 사상적 배경이 되었다. 당시 사도신경은 교회에서 사용하는 대표적인 고백문이었으며, 기독교인으로서 믿어야 할 교의를 요약한 신앙고백이었다. 사도신경은 그리스도교의 최고 신앙고백으로 신앙의 상징Symbol of faith으로 불렸다.

클레멘스의 부에 대한 견해는 물질주의로 팽배한 현대인들에게 종교적 의미를 넘어 삶의 교훈으로 받아들일 만하다. 당시 사회는 높은 인플레이션과 비싼 생활비 등으로 몸살을 앓고 있었다. 그는 그리스도교의 구원을 얻으러 찾아온 부자 청년들에게 그들의 재산을 다 팔아서 가난한 사람들에게 나누어 주라고 가르쳤다. 이러한 그의 강론은 그들이 가지고 있는 재산을 포기하라는 것이 아니고, 부에 대해 지나치게 애착을 갖지 말라는 뜻이었다. 이러한 그의 태도는 인간이 삶을 살아가는데 적당한 부만으로 충분하다는 의미이다. 그는 인간의 물질적 부유함을 선을 위한 도구 정도로 생각했다.

스콜라 철학자 토마스 아퀴나스는 시간의 개념을 다르게 주장했다. 그는 시간을 창조의 시대적 현상으로 보았다. 이 세계는 시간과 함께 창조되어 만들어진 것일 뿐 시간으로부터 창조된 것은 아니라는 주장이다. 이러한 그의 주장은 신의 존재가 공간과 시간에 한정되어 해석되는 것을 경계하고 초월적인 신의 존재를 초시간적 신의 존재로 동일시한 주장이다. 그리고 인간이 인식하는 시간과 공간의 개념은 유한한 삶을 살아가는 한계에 따라 갇혀 있는 것이라고 보았다. 중세에 이어 근대에 들어오면서 시간의 개념은 과학적으로 해석되었다. 아이작 뉴턴은 시간의 개념을 공간과 함께 변하지 않는 성질로 보고 균일한 흐름의 실체라고 보았다. 그에게 있어 시간은 우주의 질서가 존재하기 위한 절대적 현상의 하나로 보고, 수학적이며 진리적인 것이라고 보았다. 그는 세상의 사물이 변하고 사라지는 것은 시간의 속성이 변한다기보다 사물의 속성이 변하기 때문이라고 보았다. 그는 시간의 개념을 영원히 변치 않는 동일성의 속성이라고 보았다.

근대 관념론의 창시자 칸트는 인간이 가지고 있는 시간의 개념을 관념이라고 주장했다. 칸트는 시간의 개념을 선험적 인식의 대상으로 우리의 관념 안에 있는 것이라고 했다. 인간의 시간 인식은 의식을 통해 만들어 낸 관념일 뿐 물질계에 실재하는 것은 아니라고 보았다. 칸트는 시간과 공간은 인간이 가지고 있는 감성적 형식에 지나지 않으며, 시간의 본질을 인식하는 기본적인 형식은 인간 내부에 선험적으로 존재한다는 것이다. 그의 사고는 시간에 대한 인식의 주체를 인간의 외부로부터 내부로 끌어들이는 계기가 되었다. 헤겔은 이러한 시간의 인지성을 세계의 내부로 끌어들이며 절대정신이라고 했다.

베르그송Henri-Louis Bergson은 시간의 개념이 가지고 있는 지속의 개념을 삶과 연계시켜 해석했다. 그는 인간의 의식이 시간에 의해 지속되는 것에 반해 전통적 시간 개념은 그것을 구별하지 못한다고 보았다. 그는 시간에 따른 순수한 지속과 공간의 관념은 명확한 윤곽도 없을 뿐 아니라 모든 것으로부터 밖에 있으려는 경향도 없으며, 오직 서로의 관계를 침투하며 질적으로나 양적으로 변화하는 연속적 성질이라고 보았다. 베르그송은 시간의 운동은 순수한 이질성에 해당한다고 보았다. 그는 제논의 역설로 알려진 운동과 운동체의 지나간 궤적을 시간과 혼동해서는 안 된다고 말한다. 물체가 지나간 궤적은 시간의 지속이 개입되지 않는 공간적 상태로서 제논이 말하는 궤적에서 발생되는 점들은 질적 차이를 가질 수 없다고 보았다. 베르그송은 물체의 운동은 시간과 공간에서 어떠한 구분을 발생시키는 경계점이 아니고 별도의 존재로서 이질적 현상이라고 보았다. 기존 형이상학이 존재와 실체의 문제를 정적 세계의 기준으로 바라보았다면, 그의 시간 개념은 기존 형이상학의 시각에서 탈피하여 지속적으로 움직이는 연장성 자체로 보았다.

인간에게 있어 시간은 삶과 죽음의 문지방 하나를 건너는 것과 같은 찰나의 시간이다. 인간은 현재의 시간이 가져다주는 삶의 가치를 모르고 미래에 닥쳐올 죽음에 대한 불안감에서 벗어나지 못한다. 인간에게 있어 시간이 멈춘다는 것은 죽음을 뜻한다. 하지만 삶의 시간이 멈춘다는 것은 또 다른 영혼의 시간이 시작된다는 것을 말한다. 생명을 가진 모든 것들은 시간의 제한을 받는다. 삶의 시작도 시간에서 시작되고, 그 끝도 시간에서 멈춘다. 시간이 멈춘다는 것은 나와 시간의 관계이며, 본질적 시간은 공간과 함께 영원하다. 영원성을 가진 시간의 개념은 스스로 존재하는 신성에 의해 유지되지만, 인간에게 있어 시간은 궁극적으로 죽음을 가져오는 두려운 존재이다. 하지만 삶의 시간이 멈춘다는 것이 죽음만을 의미하지는 않는다. 살아 있으면서도 삶의 가치를 모르고 기계처럼 살아가는 사람에게 삶의 시간은 멈춘 것과 같다.

많은 물질을 가지고 있으면서도 그 물질에 치여 생을 마감하거나 행복을 느끼지 못하는 사람들이 있다. 이러한 사람은 삶의 가치를 인간의 본질에 두지 않고 물질에 두기 때문이다. 물론 자본주의 사회에서 물질은 삶을 살아가는데 매우 중요한 것임에 틀림없다. 하지만 물질만으로 삶의 행복을 추구한다는 것은 영혼 없는 육체를 통해 삶을 살아가겠다는 것과 같다. 인간의 삶에서 물질이란 삶을 살아가기 위한 수단일 뿐이다. 하지만 인간의 욕심은 적당한 선에서 멈추지 않는다. 인간의 욕망은 자신이 가진 것이 하나이면 또 다른 하나를 가지려는 욕망이 꿈틀거린다. 이러한 욕망은 삶의 본질을 인식하지 못하고 물질에 억압받는 사람으로 만들어 삶의 가치를 타락시킨다. 현재의 시간 속에서 진정한 인간으로 거듭나기 위해서는 신으로부터 부여받은 삶의 시간을 소중히 여겨야 한다. 과거는 지나가 버려서 없고 미래는 영원히 오지 않기 때문이다.

32

이성으로서의 믿음과 스콜라 철학

떨어지는 낙엽은 실재적 이성이고, 초월적 이성은 낙엽 그 자체이다

낙엽은 시간의 흐름을 담아내는 자연의 얼굴이다. 혹독한 겨울을 견디며 피어난 봄의 새싹도 시간의 흐름 속에서 붉게 물들며 시들어간다. 자연의 흐름과 삶의 이치는 모두 이와 같다. 시간의 흐름 속에서 낙엽의 변화는 인간의 삶과 같다. 시간은 청춘의 시간을 중년으로 바꾸고, 중년의 시간은 찰나의 순간 노년이 되어 버린다. 삶이란? 청춘, 중년, 노년이 합쳐서 만들어 낸 하나의 나뭇잎이다. 인생은 하나의 나뭇잎처럼 참으로 빠르게 흘러가 버리며, 대지의 차가움으로 잠들어간다. 인간의 삶도 이와 같다. 영원할 것 같은 청춘의 시간도 이제는 추억이 되어 가물거린다.

차가운 겨울바람에 떨어져 내리는 가을 낙엽을 보면 행복의 순간은 고독의 시간으로 바뀌어 버린다. 차가운 겨울바람에 떨어져 내린 낙엽들은 가을의 흔적을 대지의 기억으로 스며들게 한다. 가을 낙엽은 계절의 변화를 통해 레테Lethe의 강을 건너가듯 흘러가 버린다. 흐르는 강물은 낙엽의 흔적을 깊은 수면 아래에 묻어 버리고 망각의 노래를 부른

다. 이제 낙엽은 인간의 가슴 속에 남은 하나의 추억이 된다. 시간의 추억 속에 기억의 흔적으로 남은 낙엽은 무언의 노래를 부른다. 아! 삶의 노래여! 인간은 낙엽의 흔적을 따라 내면의 욕망을 숨겨 버린다. 마음속 깊은 곳에 자리 잡은 욕망의 흔적이여! 물질적 욕망을 걷어내고 사유의 시간을 즐겨보자! 갈대처럼 흔들리는 깊은 사유의 눈망울이 인간의 욕망을 허무하게 한다. 삶은 떨어지는 낙엽보다 가볍고, 인생은 찰나의 시간보다 빠르다.

신의 이름으로 스스로를 변화시키는 낙엽의 변화는 덧없는 인간의 마음을 담아낸다. 이제 낙엽은 예술이 되고, 음악이 되며, 시가 된다. 시인은 언어를 통해 자연의 아름다움을 표현하고 예술가는 물감을 통해 인간의 영혼을 표현한다. 이들의 작업은 자연을 예찬하는 울림이 된다. 아! 신의 음성은 어디 가고 차가운 겨울바람만 몰아친단 말인가? 신의 음성은 깊은 자연 속으로 잠들어가고 예술가의 땀방울은 화폭의 그림 속으로 베어 들어간다. 이제 자연 앞에서 우리 모두는 예술가이며 시인이다.

한 그루의 나무! 그 나무는 무엇을 위해 수많은 나뭇잎을 피웠단 말인가? 대지의 메마름으로부터 끝없는 투쟁의 역사를 나이테로 그려내며 하나의 나뭇잎은 그렇게 피어났나 보다! 이제 우리의 삶은 나뭇가지에 매달린 하나의 나뭇잎과 같다. 하나의 나뭇잎은 나무의 속성이며 삶의 노래를 간직한다. 세상의 모든 본질은 많고 적음에서 찾을 수 없고 오직 하나의 가치에서 찾을 수 있다. 이러한 삶의 가치가 피어나는 하나의 나뭇잎이다. 한 그루의 나무는 많은 나뭇잎을 피워내면서도 나무의 가치를 나뭇잎에 둔다. 이러한 가치가 본질적 가치이다. 나뭇잎의 가치는 잠시 왔다 사라지는 순간의 흔적이지만, 그것의 본질적 가치는 기억이다.

우리가 쉽게 보는 나뭇잎 하나에도 삶의 의지와 가치가 담겨 있다. 인간은 이러한 삶의 가치를 존중한다. 삶의 가치를 가장 중요하게 생각하는 인간은 자신의 가치를 어떻게 가질 것인가를 고민한다. 이러한 고민은 말할 것도 없이 명백한 결과를 가져온다. 삶의 결과는 삶의 가치를 어떻게 설정하느냐에 따라 결정된다. 인간은 스스로를 자연에 내던진 낙엽처럼 인간 스스로의 정신을 세계로 내던져야 한다. 인간은 세계에 내던져진 이방인이다. 삶의 고독 속에서 길을 잃어버린 이방인처럼 우리의 자아는 떠나가 버렸다. 세계는 이방인의 발걸음에 경계심을 갖는다. 이방인의 발걸음은 대지의 울림을 만들어 낸다. 그의 발자국은 세계를 향해 나아가는 나그네의 발자국 소리처럼 세계를 향해 뻗어 나간다. 이제 그들의 발자국 소리는 타자에 의해 강요된 발걸음이 아니고 스스로의 자아를 찾아가는 발걸음이다.

아! 나뭇잎은 떨어져 버려서 없고, 오늘의 나 또한 떨어져 버렸다. 텅 빈 가을 하늘! 저 먼 곳을 바라보며 떨어져 버린 가을 낙엽을 그리워한다. 인생의 시간은 고도를 기다리는 나그네와 같이 새롭게 피어날 새싹을 기다린다. 인간의 유한한 삶으로부터 피어나는 새싹의 기운은 삶의 청춘을 되돌려준다. 청춘은 삶의 시간을 위해 끝없이 발버둥치는 것이다. 청춘은 과거의 그리움으로부터 벗어나 새로운 인간적 자아를 찾으려 한다. 이제 인간은 무의식의 시간 속으로 들어가 버린다. 무의식의 세계는 인간의 의식을 넘어 깊은 고독을 남겨놓는다. 무의식 속에 매몰된 인간의 고독은 스스로의 자아를 잊어버리고 부질없는 욕망을 향해 끝없이 달려 나간다. 인생에 있어 삶은 고독, 외로움, 허무함이며, 생의 몸부림이다.

떨어지는 가을 낙엽처럼 신의 개념은 절대적 사랑에서 이성적 사랑으로 변해간다. 신으로부터 태어난 인간이 신을 위해 모든 것을 바쳤던 교부철학의 시대는 이성의 새싹을 통해 스콜라 철학의 시대를 맞이한다. 아우구스티누스의 자기 고백을 통해 절대 신을 찾았던 교부철학자들은 가을 낙엽처럼 역사 속으로 사라져 버렸다. 이제 이성을 통해 신을 이해하고, 이성을 통해 신을 믿으려는 변화가 스콜라 철학자들을 통해 싹트기 시작했다. 인간의 고백을 통해 신의 구원을 기다렸던 교부철학자들은 스콜라 철학을 통해 이성적 신앙으로 바뀌어 갔다. 중세 천년의 시간 속에서 스콜라 철학은 인간의 이성을 통해 신의 역사를 새롭게 써 내려갔다. 역사의 수레바퀴는 스콜라의 마차를 타고 새로운 세계를 향해 질주한다.

중세 후기를 장식하는 스콜라 철학은 획득 가능한 이성적 진리를 통해 신앙의 가르침을 일깨우려는 것이었다. 신앙은 신을 알려는 인간의 의지에서 시작하며 믿음을 통해 이루어진다. 이러한 믿음은 계몽을 통해 획득 가능하며, 무조건적으로 믿고 따라야 하는 교부철학의 길에서 이성적으로 이해하고 믿어야 하는 이성 중심적 사상으로 바뀌게 된다. 이러한 신앙의 믿음에 있어 이성의 힘을 통해 획득 가능한 신앙의 가르침을 표명한 사람 중 하나가 스콜라 철학자 토마스 아퀴나스Thomas Aquinas이다. 그는 신에 대한 믿음에 있어 우리가 할 수 있는 한 이성에 의해 신앙을 결합하고 실천하여야 한다고 주장하였다.

토마스 아퀴나스는 인간이 가지고 있는 이성 능력에 깊은 확신을 가지고 있었으며, 인간이 가지고 있는 이성의 이해 능력을 넘어서는 것은 아무것도 없다는 합리주의적 신념을 가졌다. 그는 신 중심의 입장을 유지하면서도 상대적 이성을 신앙에 결합하였다. 인간이 무형의 실체인 신을 믿는 것은 이성이 아니고서는 불가능한 것이다. 인간은 눈으로 보고 만질 수 있는 것을 실체라고 믿지만, 신의 실체는 만져지거나 느낄 수 있는 실체가 아니다. 신은 물질을 넘어선 초월적 실체이기 때문이다.

스콜라 철학은 초월적 실체의 신을 믿기 위해 이성을 강조하였다.

부정 신학Apophatic theology은 신이 계시하지 않는다면 어떤 이름도 신에게 줄 수 없다고 했다. 만약 이름이 주어진다면 그 이름마저도 인간의 오성이 이해할 수 있는 한계에 지나지 않는다고 보았다. 우리는 어떠한 이름을 통해 신의 본성에 이르거나 그것을 표현할 수 없다고 보았다. 신은 무한한 능력을 가지고 있으며 제한되지 않는 세계에서 모든 것을 관장하는 실체로 인식했다. 부정 신학자들은 신에 대한 불완전한 정의를 부정하고 신의 본질을 이해하려고 하였다. 그들에게 있어 신은 초월적이기 때문에 시공을 초월한 존재로 보았다. 따라서 유한한 인간은 신을 완전히 이해할 수 없으며 인간의 언어를 통해서도 묘사되어질 수 없다고 보았다. 그들에게 신을 이해하는 가장 좋은 방법은 인간의 관점을 벗어나 본질적 이성을 통해 초월적 신을 바라보아야 한다는 것이다.

인간은 신의 존재가 실재한다고 말할 수 없다. 인간이 신의 존재를 논하는 것은 어떠한 대상을 가정해 놓고 그 실체를 말하는 것이기 때문이다. 이러한 논의는 자신들의 상상이나 관념이 만들어 내는 우상일 수 있다. 전지전능한 신은 스스로 창조한 대상에 의해 비교될 수 없는 초월적 존재이다. 우주 만물의 창조자인 신은 그 어떤 대상과도 비교될 수 없는 존재이다. 신은 절대적이며 초월적 존재이기 때문에 믿음을 우선하지 않으면 모순에 빠질 수밖에 없다. 인간은 신의 존재를 의심하고 어떻게 자신의 존재를 믿을 수 있는지 묻는다. 신은 인간의 의식으로 생각하고 판단하는 한계를 넘어선 초월적 존재인 것이다.

안셀무스Anselmus는 인간 이성의 무한한 능력을 신뢰함으로써 합리주의적 사고를 취하였다. 그가 주장하는 이해 받기를 원하는 신앙이나 이해하기 위해 믿는 신앙은 모두가 이성에 기반하여야 한다고 했다. 철학에서 이성과 신앙의 결합은 인간이 생각하는 불완전한 이성을 넘어 신성을 나타내는 초월적 이성을 알리기 위함이다. 그는 신앙과 이성, 초자연과 자연을 이성을 통해 이해시키려는 신학자로서 스콜라 철학의 아버지로 불린다. 그는 신앙에 있어 이성으로 설명되지 않는 것을 무조건 믿어 버린다면 인간은 진정한 신과 악마를 어떻게 구별할 수 있는지 묻는다. 만약 인간의 이성을 무시하고 무조건 신을 믿으라고 주장한다면, 그 과정에서 잘못된 오류를 발견하면, 어떻게 그것을 바로잡을 수 있는지에 대해 묻는다. 그는 믿음에도 순서가 있다고 보았다. 신의 피조물인 인간이 자신의 창조주를 믿으려면 이성적으로 그 사실에 대해 생각하고, 그 다음 그것을 믿는 것이 순서라고 보았다. 우리의 이성은 옳고 그름을 판단하는 능력이 있기 때문에 조금만 관심을 가지고 자신의 존재를 바라본다면, 신의 존재를 부정할 수 없다는 입장을 갖게 된다. 그는 교부철학에서 주장하는 무조건적 믿음으로부터 알고 믿는 신앙으로 나아갔다. 그의 믿음은 교회에 머물지 않고 이성을 통한 순종의 개념을 통해 실천으로 나아갔다.

스콜라 철학에서 아리스토텔레스주의를 대담하게 도입한 신학자는 13세기 알베르투스 마그누스Albertus Magnus였다. 그는 직접 자연을 관찰하고 실험을 통해 경험만이 확실성을 보장해준다고 보았다. 그의 새로운 방법론적 원리는 이성에 의한 믿음의 중요성을 말하는 것이었다. 그는 이성이 형식상으로 올바르게 사고하고 판단하는 능력일 뿐 아니라 실체의 본질을 파악하는 능력이 있다고 보았다. 신의 창조로 이루어진 자연 속에서 인간의 이성으로 인식되는 자연의 본질은 신의 신성을 알게 되는 원인이 된다.

스콜라 철학에 있어 다양한 주장과 방식들을 하나의 일관된 구조로 통합하려는 사람은 알베르투스Albertus Magnus의 제자 토마스 아퀴나스Saint Thomas Aquinas였다. 그는 중세 신학의 기초가 되는 성서와 아리스토텔레스

철학을 하나로 결합하며, 인간의 신체와 인식능력을 포함하여 자연적 실재 전체를 긍정하고 신에 대한 믿음을 이끌어내려 하였다. 그는 신학자가 자연의 대상을 탐구하여 얻은 것만을 가지고 신의 속성을 알 수 없으며, 세계에 대한 보편적 지식을 전제로 신앙에 접근하여야 한다고 보았다. 또한 창조와 성서에 대한 잘못된 믿음은 신에 대한 믿음을 부정할 수 있게 한다고 보았다. 인간은 신이 무엇인지 모를 뿐더러 신의 본질도 알 수 없다고 보았다. 하지만 토마스 아퀴나스의 후기 스콜라 철학도 신앙과 이성을 완전한 결합체로 만들지는 못했다.

스콜라 철학은 신앙과 이성의 결합이 부정된다는 것을 알게 되었다. 왜냐하면, 인간의 이성은 관념을 기초로 모든 것을 생각하고 판단하기 때문이다. 이러한 인간의 관념은 자유로운 상상을 통해 관념의 오류를 만들어 낼 수 있다. 스콜라 철학자 둔스 스코투스Johannes Duns Scotus는 신의 자유의지를 초월적 개념으로 보고 이성과 차별화를 두었다. 그는 창조, 전능, 은총 같은 말들은 신의 의지로 실현되었기 때문에 필연적 이유가 필요하지 않다고 보았다. 따라서 유한한 인간의 이성과 초월적 이성을 동등관계로 묶으려는 시도는 그 자체가 잘못된 시도라고 보았다.

스콜라 철학자 오컴William of Ockham은 긍정의 신학Cataphatic theology을 통해 개별 사실들만이 실재적이고, 단순한 사실은 계산하거나 연역할 수 있는 것이 아니고 경험할 수 있을 뿐이라고 보았다. 초월적 신앙과 인간의 이성은 완전히 다르고 두 요소의 결합은 가능하지도 않을 뿐 아니라 바람직하지도 않다고 했다. 중세의 시작인 교부철학으로부터 스콜라 철학까지 이어지는 천 년의 노력은 신앙과 이성의 결합을 이루지 못하고 중세를 끝마치게 된다.

제4부

근대 철학의 위로

33

나는 생각한다. 고로 나는 존재한다cogito ergo sum.

변치 않는 진리는 주장되어지는 것이 아니고,

스스로 그렇게 존재하는 것이다

진리에 도달한다는 것은 변치 않는 사실을 인지하는 것과 같다. 진리란 존재하는 사실 속에 있을 뿐 인간의 생각이나 관념으로 인식할 수 없다. 삶의 시간 속에서 수많은 현상이 우리들의 관념을 교차하지만, 진리의 범주에 접근할 만한 것은 아무것도 없다. 학문을 한다는 것은 진리를 향한 다짐이다. 하지만 학문이 지식과 관념에 의존하여 본질에 도달하지 못한다면, 그것은 학문이라 할 수 없다. 학문이란 지식의 많고 적음에 의존하지 않고 변치 않는 진리만을 추구하는 것이다. 생각하는 인간으로서 시간의 유한함 속에 한평생을 살아가는 인간은 변치 않는 진리에 한 걸음 다가서기 위해 몸부림친다. 그들은 자신들이 내세운 논리를 통해 세계의 진리를 주장한다. 그러나 이러한 주장은 공허한 메아리일 뿐이다. 변치 않는 진리는 주장되는 것이 아니고, 스스로 존재하는 것이기 때문이다.

르네상스 이후 과학의 발전은 이성을 중시하는 사상으로 발전하였다. 이성은 서양 중심 사회에서 인간의 보편적 개념에 대한 사유이다. 계몽주의 철학자 데카르트Descartes는 합리적 이성을 통해 새로운 원리의 학문을 정립하였다. 그의 학문적 접근 방식은 방법적 회의이다. 그는 명확한 진리에 도달하기 위해서는 명증적이며, 직관적인 접근방법을 학문의 기본으로 삼아야 한다고 보았다. 그에게 있어 합리적 접근 방식은 모든 명제를 명확성으로부터 연역하는 기하학적 방법을 철학에 도입하는 것이다. 이러한 연역의 방법은 다른 명제로부터 논증되지 않은 확실한 명제를 철학의 제1 원리Le premier principe로 삼으려는 시도이다.

철학에 있어 명증성明證性에 도달하는 방법은 회의로부터 제기되는 모든 문제를 제거하고 명증적인 것만을 논의의 주제로 설정하는 것이다. 그는 인간이 가지고 있는 논리적 문제에서 조금이라도 의심이 가는 것은 진리의 범주에서 제외하였다. 이러한 접근 방식은 확실하지 않는 것에 대한 회의로부터 시작된다. 그는 인간이 믿고 있는 감각적 경험을 회의의 최우선 순위에 두었다. 인간이 믿고 있는 많은 것들은 인간의 감각을 통해 인식되게 되는데, 이러한 감각은 인간의 경험이 갖는 주관적 한계를 가지고 있다. 인간은 주관적 감각에 의존하여 어떠한 원인에 대한 결론을 도출하고, 도출된 의견에 대한 회의 없이 무조건적으로 믿으려는 오류를 범하고 있다.

데카르트는 인간의 사고에 있어 조금이라도 의심이 가는 것은 판단에 대한 확신의 부재 때문에 발생한다고 보았다. 그는 의심의 원인이 되는 모든 것은 진리의 범주에서 벗어나며, 인간은 불완전한 경험을 통해 서로 다른 결론을 얻게 된다. 불완전한 감각으로 얻게 된 모든 지식은 세계의 존재 문제를 관념적 지식의 한계로 보는 미시적 관점의 인식 체계에서 나온다. 그는 학문에 있어 진리의 길은 의심할 수 있는 모든 것들을 제거하는 것이며, 어떠한 상황에서도 흔들림 없는 본질적 문제를 논의의 대상으로 삼아야 한다고 했다. 이러한 학문적 접근 방식은 명증성을 통한 보편적 실체를 밝혀낼 수 있는 합리적 방법이다.

그의 합리적 이성을 통한 방법적 회의는 기존 관념에 대한 의구심에서 시작된다. 그는 모든 사실에 대한 회의를 통해, 의심하는 존재의 나를 의심할 수 없는 실체라고 보았다. 이처럼 회의하는 존재의 실체적 의구심은 모든 관념에 대한 방법적 회의로부터 시작되며, 회의의 끝에는 의심하는 나만이 존재한다. 여기서 의심에 대한 방법적 회의는 지워짐이다. 그의 사유체계에서 지워짐이란 의심의 원인을 제거하고 의심할 수 없는 실체적 진리를 찾아내는 것이다. 데카르트로부터 제기된 명증성의 문제는 어떤 것도 실재할 수 없다는 무無의 상태에서 시작되며, 의심하는 순간의 나만이 존재의 대상이 된다. 이렇게 실체에 대한 회의는 의심하는 자아로부터 시작된다. 그의 방법적 회의는 의심하는 자아를 발견하는 원인이 되고, 의심하는 자아는 생각하는 자아가 된다. 데카르트는 이러한 사유체계를 통해 "나는 생각한다. 그러므로 나는 존재한다Je pense, donc je suis : cogito ergo sum"는 철학의 제1 원리를 발견하게 되었다.

데카르트가 주장하는 생각의 방법은 회의로부터 시작되었다는 것을 알 수 있다. 그는 의심하는 존재의 존재는 부정할 수 없는 실체라고 보았다. 그는 의심하는 존재는 회의하는 존재로서 대상을 바라보는 주체이다. 합리적 사고에서 실체의 대상이 되는 것은 바라보는 주체의 바깥에 위치하며, 그 대상이 실체에 대한 논의의 주제가 된다. 하지만 그동안 철학에서 주장한 실체는 바라보는 주체의 바깥에 있을 뿐 그것을 바라보는 주체는 실체의 논의에서 제외되어왔다. 따라서 실체의 원인이 되는 대상은 반드시 있는 것으로부터 출발하여야 하며, 대상은 반드시 실재하는 것이어야 한다. 하지만 대상은 그것을 바라보는 주체에 의해 파악될 뿐, 그 대상은 언제든지 변할 수 있다. 데카르트는 실체의 대상이 되는 모든 것으로부터 방법적 회의를 통해 실재의 범주들을 제거하였다. 이러한 방법적 회의를 통해 제거되고 남은 것은 의심하는 나를 제외하고 아무것도 남지 않는 무이다. 하지만 무는 실체가 될 수 없기 때문에 방법적 회의로부터 도출된 무엇인가가 존재해야 한다. 이러한 무엇인가가 바로 의심하는 실체이다. 이러한 논증 방법을 따라가다 보면 마지막에 남는 것은 의심하는 실체만이 남게 된다. 이것이 데카르트가 방법적 회의를 통해 발견한 합리적 사고의 종결이다.

그는 방법적 회의를 철학의 출발점으로 잡고, 결론에 이르는 실체의 문제를 의심하는 주체의 발견으로 대체한다. 데카르트의 회의하는 나는 자기에 대한 존재를 부정함으로써 자기 존재를 증명한다. 데카르트의 생각하는 실체는 신의 존재를 증명하는 결과를 가져온다. 초월적 신은 대상의 실체를 통해 창조주로서 인정될 수 있다. 대상의 실체가 존재하지 않는다면, 창조주의 실체는 존재할 수 없다. 데카르트는 신의 존재를 대상의 속성과 달리 초월적 존재로 보고 정신을 통해 인식할 수 있는 것이라고 했다. 그는 신의 존재는 오직 정신을 통한 순수한 사유를 통해 증명될 수 있다고 했다.

신의 존재증명은 인간에 의해 논의된 주제로서 신화로부터 시작된 논쟁이다. 세계의 창조주인 신은 인간의 존재 인식과 비교될 수 없는 대상이기 때문에 신화를 통해 구전으로 전해 내려오다가 인간에 의해 초월적 존재로 인식되어졌다. 하지만 이러한 신의 존재는 실체적 대상이기보다 실체를 만들어 낸 원인으로 인식되어진다. 결국, 신의 존재증명은 인간이 가지고 있는 신의 관념을 통해 이루어지며, 신의 인성人性론적 증명은 3가지 관념을 통해 제시된다. 그는 인간의 외부에 존재하는 대상에 의해 감각적으로 얻어지는 관념을 외래관념Idea adventitiae이라 하고, 인간 스스로의 생각에 의해 만들어 내는 관념을 인위 관념Factitious idea이라고 하였으며, 인간이 본래부터 가지고 있는 관념을 본유관념Idea innate이라고 하였다. 본유관념은 감각으로부터 얻어지는 관념을 넘어 마음으로부터 얻어지는 명증적 관념으로 신의 관념이 이에 속한다. 인간은 태어나면서 창조주에 대한 신의 관념을 가지고 태어나기 때문에 신의 존재를 본질적으로 알 수 있다고 보았다.

아리스토텔레스로부터 제기된 형이상학은 물질의 대상을 넘어 정신적 실체를 규명하는 것으로 실체는 자연의 대상에서 찾을 수 있는 문제를 넘어선다. 데카르트는 자연의 대상을 통해 실체를 규명하기보다 과학을 통해 자연의 현상을 규명하려고 하였다. 실체의 본질은 방법적 회의를 통해 반성의 기회를 가졌을 때 본질에 다가설 수 있다. 그는 인간의 순수 영역인 정신을 제외하고는 모든 자연의 대상을 기계론적 자연과학의 논의대상으로 규정하였다. 이러한 이중 분리의 합리적 사유체계는 정신과 육체, 신과 자연, 대상과 실체의 범위를 별도 객체로 분리함으로써, 좀 더 객관적이고 합리적인 방법으로 학문에 디가설 수 있는 기초를 마련하였다. 합리적 이성과 방법적 회의를 통한 인간의 이성은 과거의 미성숙 상태로부터 계몽되어질 수 있었다. 계몽은 이성을 통해 변치 않는 진리에 도달할 수 있는 존재증명이다. 인간은 수많은 방식을 통해 실체적 존재를 이야기하지만, 그러한 주장들은 개인적 관념일 뿐이다. 인간은 경험을 통해 관념을 형성할 뿐 본질적 실체에는 도달할 수 없다. 우리가 믿고 있는 사실들은 언제든지 변할 수 있는 관념들 위에 올려져 있기 때문이다. 이러한 관념은 그것을 말하려는 자와 그것을 주장하려는 자의 관념일 뿐 실체의 문제에 다가설 수 없다.

데카르트는 인간의 지식이 갖는 모순에 대해 방법적 회의를 제시하였다. 지식이란 인간이 태어나서 얻어지는 여러 가지 관념들로 형성된다. 관념은 시간의 터널을 통해 수많은 형태로 왜곡되고 변형된다. 관념의 보편성이 왜곡되면, 자신들만의 방식과 절차를 통해 사실적 실체를 외면하고 가상적 실체에 현혹되어 판단에 대한 오류를 범하게 된다. 인간이 갖는 지식의 유한성에서 지식이란 매우 한정적이며 단편적이다. 유한한 삶의 시간 속에서 한 인간이 얻고 배우는 것은 그가 경험하고 상상하는 관념의 한계에서 벗어날 수 없다. 관념은 인간의 한계를 극복하지 못하고 자만으로 빠져 버리게 만든다. 고정관념은 인간 스스로의 지식을 통해 자신의 관념 속에 갇혀 버린다. 사유의 편견은 인간이 만들어 놓은 관념의 울타리이다. 관념은 인간의 자유로운 상상을 구속하고 세계를 혼동으로 몰아 넣는 오류를 범한다.

데카르트는 인간의 지식이 갖는 오만과 편견을 극복하고 합리적 이성을 통해 미성숙 상태로부터 계몽하고자 하였다. 그는 자기 자신으로부터 학문적 편견에 대한 회의를 버리고 합리적 이성을 통해 세계와 소통하고자 하였다. 그가 세계를 향해 내던진 지식은 언제나 변할 수 있는 회의의 방법론이다. 방법적 회의에서 실체가 없는 안개는 현상일 뿐 실체가 될 수 없다. 인간의 지식은 안개처럼 경험의 총체에 불과할 뿐 실체가 될 수 없다. 생각하는 인간으로서 나와, 사유하는 인간으로서 나는 진리의 범주에 한 걸음 더 다가서려는 욕망을 분출한다. 이러한 욕망은 미성숙 상태로부터 벗어나 본질적 세계를 바라본다. 신의 세계는 사사로운 감정에 치우치지 않고, 본질적 세계를 지향한다. 관념으로부터 벗어나 직관을 통한 계몽의 길을 걸어간다.

삶의 시간과 공간은 신이 인간에게 부여한 최고의 선물이다. 데카르트는 회의하는 인간으로 시작하여 존재하는 인간으로 다가감으로써 신이 인간에게 부여한 진리의 세계에 한 걸음 더 다가설 수 있게 되었다. 인간은 회의하는 자아를 통해 스스로 의심하는 주체가 되고, 그것을 통해 진정한 실체의 본질에 도달한다. 회의의 주체는 실체가 되고, 실체의 존재는 신의 존재를 증명해 낸다. 데카르트는 방법적 회의를 통해 자신이 알고 있었던 모든 지식과 관념을 내던져 버리고 세계의 실체를 찾았다. 그가 찾은 실체는 생각의 실체이며 자유의 실체이다.

하루를 시계 바늘처럼 살아가는 인간은 삶의 본질이 무엇이며, 인간의 행복이 무엇인지 질문한다. 생명을 가진 모든 것들은 신 앞에서 유한하며, 지나간 시간은 되돌릴 수 없다. 세상에 태어나 한 번 살다 가는 인생이라면 자신의 발자취를 과거의 시간 속에서 더듬어보고 다가올 미래의 시간에 숨죽이는 사유의 시간이 필요하다. 데카르트가 보여준 방법적 회의는 자신감으로부터 우러나오는 것이 아니고, 스스로의 오만을 반성하며 진리에 도달하려는 노력이다. 그는 지식에 대한 회의를 통해 본질을 찾으려고 노력하였다.

"나는 생각한다. 고로 나는 존재한다"는 데카르트적 회의는 자만으로 가득한 현대인들에게 고정된 생각과 관념에 대한 커다란 질문을 던진다. 인간으로 태어나 삶의 불꽃을 불태우는 모닥불처럼 진리의 시계는 삶의 바다를 항해하고 있다. 지금 우리 앞에 진리의 등불을 밝혀주는 것은 무엇인가? 진리의 등불은 하나의 주장으로 밝혀지는 것이 아니며, 무지한 힘으로 밀어붙이는 것도 아니다. 진리는 스스로 끊임없이 묻고 질문함으로써 삶의 본질에 대한 답을 구하려는 인간의 노력이다.

34

시간의 규칙이란?

시간의 흐름에도 규칙이 있다는 것이다

계절이 바뀐다는 것은 시간의 흐름에도 규칙이 있다는 것이다. 시간의 규칙이란? 자연의 법칙에 순응하는 것이며, 삶의 시작과 연장, 그리고 끝을 동행한다. 시간의 규칙은 흐름과 연장의 운동을 통해 잠시 세계에 머물렀다 가는 것이다. 인간의 삶에 있어 시간의 규칙은 언제나 다름을 제공해준다. 하루하루의 시간이 매일매일의 사건을 만들어 내고 그러한 사건을 통해 인생을 만든다.

인간에게 있어 청춘일 것만 같던 젊음의 시간도 시간의 규칙에 따라 노년의 삶을 맞이하게 된다. 이러한 현상은 인간뿐만 아니라 생명을 가진 모든 동 · 식물이 동일하다. 세상의 모든 생명체는 시간의 규칙에 의해 삶을 지배받는다. 시간이란 살아 있는 모든 것을 관장하는 신의 속성과 같다. 신은 시간 속에 생명체를 만들고, 생명체는 시간 때문에 생을 마감한다. 시간은 신의 속성을 대변하는 살아 있는 힘이다. 신이 존재한다고 믿는 것은 창세기와 같은 생성의 사건이 있었기 때문이다. 창세기는 창조의 시간이며, 자연은 시간의 결과이다. 세계의 모든 규칙은 시간에 의해 일어나고 시간은 사건의 원인과 결과가 된다.

신에 의해 창조된 세계는 시간의 규칙에 의해 만들어졌다. 신은 시간을 초월한 흑암의 세계에서 혼돈의 시간을 창조의 시간으로 되돌렸다. 신의 창조는 없음을 통해 있음이 나타나는 로고스의 시간이다. 이러한 로고스의 기적은 자연의 법칙을 만들고 인간의 삶을 규정한다. 인간은 실체 없는 로고스를 통해 삶의 시간에 머물다 흔적도 없이 사라져 버리는 순간적 존재이다.

창세기를 살펴보면 신은 첫째 날, 빛을 창조하고 빛을 통해 밝음과 어둠을 두었다. 이렇게 창조된 밝음과 어둠은 하루라는 시간이 되었고 하루가 모여 일생이 된다. 신은 둘째 날, 궁창을 물과 물로 나누고 궁창을 하늘이라 이름하였다. 이러한 궁창은 하늘과 물의 사이를 말하는 것으로 공간적 의미를 담고 있다. 여기서 사이란 궁창이 생겨나는 시간의 사이를 말한다. 시간적 사이란 시간이 지나가면서 만들어 내는 공간적 시간이다. 사이는 모든 시간의 현상으로서 생이다. 생은 사이에서 생겨나는데 이러한 사이가 공간이며 공간은 시간에 의해 만들어진다.

창세기의 셋째 날, 신은 뭍의 물을 한 곳으로 모아 땅과 바다로 구분하고 땅에 생명체를 부여하였다. 물을 한 곳으로 모으는 힘은 시간에 의해서다. 시간은 무엇인가를 움직이는 힘으로 물을 한 곳으로 모으는 힘의 에너지이다. 대지의 형성은 높고 낮음으로 구분되는데 물이 한 곳으로 모이면 낮은 곳은 강과 바다가 되고 높은 곳은 산과 육지가 된다. 산과 육지는 동식물들이 발을 딛고 살아가는 터전으로서 기능이 유지되고, 바다는 물속에서 헤엄치며 살아가는 생명체에 의해 유지된다. 육지의 생명체와 바다의 생명체는 시간의 파동이 만들어 내는 생의 과정이다. 이처럼 육지와 바다에 나타난 생의 투쟁이 자연을 유지시킨다. 만약 시간의 연장이 없다면 시간의 파동은 삶을 연장시킬 수 없다.

창세기의 넷째 날, 신은 태양과 달, 별을 만들어 낮과 밤을 관장하였다. 낮과 밤은 시간의 의미를 한층 세분화하는 현상이다. 낮은 빛을 통해 보여주는 시간의 과정이고, 밤은 어둠을 통해 모든 것을 감추는 시간이다. 시간이란 동일한 흐름을 가지고 있지만, 그 쓰임새에 따라 낮과 밤의 개념이 생겨난다. 낮의 시간은 생산의 시간이다. 생산이란 살아 있는 모든 생명체가 노동을 통해 생을 유지하는 것이다. 생산은 빛의 시간을 통해 노동의 대가로 태어나며, 밤은 빛의 시간을 재생시키는 휴식의 시간이다. 낮과 밤의 이중적 시간성은 삶의 시간을 생과 사로 나눈다.

창세기 다섯째 날, 신은 땅과 물에 살아 있는 생명체들을 만들고, 생명체가 끝없이 번성하도록 하셨다. 세상은 수많은 생명체로 채워지고 자연은 조화를 이루는 삶의 세계가 되었다. 생명체로 채워진 세계는 삶의 시간을 생동감 있게 보여주는 생명의 시간이다. 시간의 생동감은 생명체의 생동감으로 연장되며, 모든 생명체의 운동을 통해 생겨난다. 이러한 생동은 생성과 소멸의 시간을 통해 시간의 개념을 세분화시킨다. 시간의 세분화는 대상의 세분화로 다양한 종을 만들어 낸다. 이러한 분화의 과정이 삶의 시간이다. 인간의 삶은 시간의 세분화 속에 나타나는 생과 사의 현상이다.

창세기 여섯째 날, 신은 자신의 형상대로 인간을 창조하고, 자연의 모든 생명체를 다스리게 하였다. 창세기의 마지막 날 인간의 창조는 시간의 개념을 이성적으로 체계화하는 구조적 시간이다. 신으로부터 창조된 자연은 스스로 생성되고 소멸하지만, 자연의 순환적 시간은 연장되어진다. 신은 시간의 연장을 인간에게 주었다. 이러한 시간의 연장은 자연의 순환을 위해 신이 부여한 힘의 의지이다. 인간은 생각하는 이성의 힘을 부여받아 만물의 영장이 되고, 자연상태로부터 이성적 시간을 찾아왔다. 이성적 시간은 자연상태를 이성에게 위임하는 전환의 시간이다. 이성은 신의 존재를 드러내지 않고도 신의 존재를 인식할 수 있는 구조의 시간 속에 있다. 6일 간의 사랑으로 생겨난 세계는 모든 창조를 마치고 휴식의 시간으로 들어간다. 이러한 휴식의 시간은 밤의 시간을 통해 새로운 아침을 기다리는 기대의 시간이다.

우리는 창세기를 통해 신의 창조에도 규칙과 법칙이 있다는 것을 알 수 있다. 신의 법칙은 사건의 법칙이며, 속성의 법칙이다. 세상을 변화시키는 수많은 사건은 스스로의 규칙에 의해 변화되고 지속된다. 하루하루를 각각의 속성으로 세계를 채워가는 것은 스스로의 욕망을 자연에 내던지는 생명의 발현이라 할 수 있다. 창세기에 창조를 위해 하나의 규칙이 필요하듯, 우리에게도 나름대로의 규칙이 있어야 한다. 규칙 없는 세계는 무질서한 상태를 야기하며, 삶의 가치를 하락시켜 버릴 것이다.

삶의 가치란 소중한 것이며, 삶의 방향을 잡지 못하고 우왕좌왕하다가 삶을 마감하는 것은 불행한 삶이다. 인간에게 있어 삶의 방향을 정한다는 것은 자신의 삶을 어떻게 살아갈 것인가를 정하는 것이다. 유한한 인간으로서 삶의 방향을 정하는 것과 방향을 정하지 못하는 사람의 차이는 삶의 질에 커다란 차이가 있다. 삶이란 끝없이 이어지는 인생의 항로처럼 시간의 흐름에 따라 흘러가며 삶의 가치를 높인다. 세상에 남겨진 한 인간으로서 인생의 항로를 따라 삶의 가치를 찾고 싶다면, 삶의 규칙을 정해야 한다. 삶의 규칙은 삶의 방향을 결정할 수 있기 때문이다.

계몽주의 철학자 데카르트René Descartes는 자신의 삶에 있어 하나의 학문으로서 실체적 존재를 증명하는 것에 삶의 목표를 삼았다. 그는 자신이 믿고 있던 모든 것들에 대해 회의를 가졌다. 그는 자신이 알고 있는 지식은 하룻밤의 유희를 불러오는 신기루 같다고 생각했다. 그에게 있어 신기루 같은 지식은 언제든 변할 수 있는 불완전한 지식이라고 생각했다. 세상의 많은 사람들은 불완전한 지식을 가지고 자신을 뽐내려고 한다. 하지만 변치 않는 진리는 신의 속성 속에 존재할 뿐, 그 어떤 지식도 본질적 실체를 정립할 수 없다. 데카르트는 관념의 불확실성을 인식하고 자신만의 규칙과 테두리 속에서 방법적 회의를 고민했다. 그는 세상의 변치 않는 진리는 마음의 빛이며, 진리의 빛이라고 믿었다. 그는 진리의 빛으로 다가가기 위해서는 그 빛을 볼 수 있는 규칙이 필요하다고 생각했다. 그는 수많은 지식과 상상 속에서 인간이 굳게 믿어왔던 모든 관념을 버렸다. 그는 관념으로부터 형성되는 불확실성을 걷어내고, 자신만의 방식으로 생각의 방법에 다가설 수 있는 4가지 규칙을 설정하였다.

첫째, 명증성의 규칙으로서 자신이 알고 있는 모든 편견과 권위로부터 벗어나 오로지 자신이 확실하다고 생각하는 것만을 진리로 삼으려는 규칙이다. 그는 자신의 관념 속에서 조금이라도 의심이 가는 것이 있다면 그것은 진리가 될 수 없다고 보았다. 확실하지 않은 관념은 이성을 현혹시킬 수 있는 것이라고 보았다.

둘째, 분해의 규칙으로서 어떤 문제에 봉착했을 때 그것을 작은 단위로 분류하여, 해답을 찾는 것이다. 만약 어떠한 복잡한 문제가 발생하면, 그것을 단순하게 함으로써 나타나는 확고한 규칙이다. 이러한 분해의 규칙은 작은 것으로부터 큰 것을 찾아내는 세분화의 법칙이다.

셋째, 열거의 규칙으로서 단순한 것으로부터 시작하여 복잡한 것으로 질서 있게 접근하려는 규칙이다. 만약 자신이 가지고 있는 지식의 관념들이 실타래처럼 꼬여 버려서 그 원인을 찾지 못한다면, 그 문제를 해결하는 방법은 실타래를 풀어서 하나하나의 원인을 끄집어 내려가는 것이다. 이러한 열거는 복잡함 속에서 그것이 있게 한 원인을 찾아내는 방법이다.

넷째, 종합의 규칙으로서 자신이 찾고자 하는 대답을 위해서라면 어떠한 것도 빠뜨리지 않고 질서 있게 열거하고 종합하여 진리에 도달하려는 규칙이다. 하나의 사건은 어떠한 원인으로부터 발생되고, 하나의 문제는 문제의 원인 속에 있다. 이러한 문제는 여러 가지 상황들의 관계에 의해 생겨나게 되는데, 그 관계를 파악하지 않고 문제의 결론을 내려 버리게 되면 오류를 범할 수 있게 된다. 따라서 문제의 원인을 파악하기 위해서는 모든 것들을 하나도 빠뜨리지 않고 종합하여 그것의 원인을 파악하는 것이 무엇보다 중요하다.

데카르트는 4가지 규칙을 통해 자신이 알 수 있는 모든 것으로부터 관념이라는 의식의 고리를 떨쳐 버렸다. 그는 스스로 닫아 버린 관념의 고리를 풀어헤치며 진리의 범주에 도달할 수 있는 실체를 찾고자 하였다. 하지만 그 실체는 인간의 생각이나 관념으로 해결하거나 도달할 수 있는 것이 아니다. 본질에 대한 실체는 모든 것의 원인을 밝히는 것으로 실체의 탐구는 그것의 원인을 파악하는 것으로부터 시작된다.

데카르트는 자신의 관념에서 실체로의 접근은 의심만을 불러일으킬 뿐 본질에 다가갈 수는 없다고 보았다. 그는 이러한 문제를 해결하기 위해 회의하는 자아를 발견하게 된다. 그의 회의는 생각에 대한 방법의 전환으로서 지식을 넘어 지혜로 자신을 인도하는 역할을 한다. "나는 생각한다. 고로 나는 존재한다cogito, ergo sum"는 것은 생각하는 존재로서 나는 모든 존재로부터 사라져 버리는 것이지만, 회의하는 존재 자체는 부정될 수 없는 실체의 명제라는 것이다. 그는 우리가 알고 있는 모든 것들은 언제든지 거짓이 될 수 있지만, 그것을 의심하는 순간의 나는 반드시 존재해야만 한다는 명제를 발견한 것이다.

데카르트가 발견한 진리의 코기토Cogito는 한 인간으로서 세상을 살아가는 것에 대한 삶의 규칙을 세우는 중요한 교훈이 된다. 세상에 태어나 명확한 삶의 목표를 정하지 못하고 어렵고 복잡한 문제가 자신의 삶을 괴롭힐 때 고뇌의 원인이 되는 문제를 하나씩 분해해보면, 그 과정에서 질문에 대한 해답을 찾을 수 있게 된다. 만약 어느 누군가가 삶이 고달프고 힘들 때 그 문제를 작게 분해하고 열거하여 그 속에서 문제의 해답을 찾아내고 판단하려는 것은 현명한 삶의 자세라 할 수 있다. 삶의 규칙은 어떠한 억압된 법칙이 아니고, 자신의 삶을 바르게 살아가겠다는 굳은 의지의 표현이며 약속이다. 데카르트로부터 시작된 회의적 질문은 우리들의 삶을 되돌아보게 하는 계기가 된다.

35

삶에 있어 생각의 방법

삶은 인간의 생각에 따라 가벼운 구름 같기도 하고,
무거운 바위 같기도 하다

삶을 살아가면서 생각은 인간의 모든 행동을 관장한다. 행복할 것만 같던 태동의 삶은 세월이 가면서 번뇌가 되고 무게가 된다. 빈손으로 온 삶의 세계에서 물질적 욕망이 커지면서 인간의 번뇌는 커져만간다. 나약한 존재, 부조리한 존재, 그리고 고뇌하는 존재인 나! 우리는 사회의 이방인으로서 고뇌하는 존재이다.

인간을 행복하고 불행하게 만드는 모든 것은 생각의 방법에 따라 달라진다. 삶의 무게가 무거운 것은 생각의 무게가 무겁다는 것을 말하며, 삶의 무게가 가볍다는 것은 생각의 무게가 가볍다는 것을 말한다. 삶은 인간의 생각에 따라 가벼운 구름 같기도 하고, 무거운 바위 같기도 하다. 생각은 인간의 삶뿐만 아니라 본질까지도 들여다볼 수 있다.

인간에게 생각은 고뇌의 시간만을 주는 것이 아니라 행동하는 지혜도 준다. 인간은 생각의 방식과 깊이에 따라 행동하는 모습이 달라진다. 테레사 수녀처럼 선한 인간의 모습과 법정 스님처럼 무소유의 마음은 생각의 깊이에 따라 달라지는 인간의 모습이다. 이처럼 생각은 정신으로부터 나오는 무형의 것이지만 행동을 유발하는 원인이 된다. 생각의 방법은 인간의 이성을 관장하며, 어떤 것이 어떤 것으로부터 나오게 되는 원인이다.

우주의 시간에서 먼지보다 작은 인간은 주어진 시간을 효율적으로 살아가기 위해 무엇인가를 생각하고 고민해야 하는 존재이다. 인간의 존재는 고민의 방식에 따라 인간이 되기도 하고 동물이 되기도 한다. 자신의 삶에 대해 고민하는 존재는 사유의 시간을 통해 삶의 본질을 이야기 한다. 하지만 사유하지 않는 인간은 고민하지 않는다. 사유와 고민은 하나의 본질을 두 개의 눈으로 바라보는 생각의 발아發芽이다.

장미꽃의 발아는 장미의 사유를 통해 생겨나고, 인간의 발아는 본질적 사유를 통해 생겨난다. 인간에게 있어 생각의 방법은 삶의 방향을 정하는 나침판과 같다. 한 인간으로서 생각의 방향을 정하는 것은 삶의 방향을 정하는 것과 같다. 인간의 생각은 순풍을 타고 바다를 향하지만, 그 과정에서 거친 파도를 만나기도 하고, 위험에 빠지기도 한다. 그러나 삶을 항해하며 겪는 어려움은 그것을 극복하는 과정에서 더욱 빛나는 가치를 발견한다. 삶의 가치는 땀 흘리는 인간의 노력에 따라 그 가치의 폭이 달라진다. 이처럼 모든 가치는 생각의 방법에 따라 달라지며, 이러한 과정에 인간의 노력이 있다.

생각의 방법에 있어 첫 번째 요소는 '시간'이다. 신으로부터 부여받은 생의 시간은 그 무엇보다 중요하다. 시간은 세상의 그 어떤 것으로도 살 수 없는 소중하고 귀한 것이다. 인간이 살아가는 동안 시간은 인간과 가장 가까이 있다. 신은 시간을 세계의 실체 원인으로 생각하고 자유의지를 주었다. 시간은 부자와 가난한 사람, 힘 있는 사람과 힘없는 사람의 차별을 두지 않는다. 시간은 누구에게나 공평하고 자유롭다.

시간은 누구에게나 동등한 가치로 부여된다. 하지만 그것을 쓰는 사람에 따라 시간의 가치는 달라진다. 보통 사람들은 시간은 언제나 우리 곁에 있는 것이기 때문에 소중함을 느끼지 못한다. 하지만 생명의 시간이 끝나가고 있다는 것을 아는 순간부터 시간의 소중함을 알게 된다. 그리고 그 시간을 연장하기 위해 수많은 방법을 동원해 보지만 시간은 멈추지 않는다. 시간을 되돌리려는 인간의 시도는 공허한 욕망일 뿐 한 번 흘러가 버린 시간은 되돌릴 수 없다.

부조리한 부자는 욕심으로 시간을 채우고, 깨어 있지 못한 사람은 불평으로 시간을 채운다. 이처럼 하나의 시간이 서로 다른 시간이 되는 것은 시간을 바라보는 사람에 따라 달라지는 차이이다. 현명한 생각은 부자의 욕심과 가난의 불평을 잠재우는 힘을 가지고 있다. 현명함은 어떤 물질에 현혹됨이 없이 본질에 충실한 것이다. 시간의 소중함을 아는 사람은 빈자의 행복을 아는 사람으로 물질적 욕망이 없으며, 시간의 소중함을 모르는 사람은 물질적 욕망에 사로잡혀 채움의 욕망을 갈구한다. 욕망의 두 갈래 길에서 생각 없이 사는 사람은 불평과 불만으로 가득 차지만, 생각의 깊이가 깊은 사람은 희망을 꿈꾸며 세상을 살아간다.

생각의 방법에 있어 두 번째 요소는 '방식'이다. 살아가고자 하는 방식이 무엇인지를 아는 사람은 행동의 방식이 달라진다. 행동의 방식은 생각의 방식에 의해 지배되지만, 행동의 방식에 따라 삶은 변화할 수 있는 가능성을 열어 놓는다. 행복을 느끼며 사는 사람은 부유함과 가난함을 넘어 자신의 처지에 만족한다. 이러한 사람은 자신의 능력에 맞춰 최선의 삶을 살아간다. 하지만 물욕과 욕망으로 가득 찬 사람은 자신의 위치를 생각하지 않고 타인의 부유함과 행복함을 부러워하며 자신에 대해 불평한다. 이처럼 하나의 삶에 두 개의 생각이 다른 것은 사람의 마음이 갖는 이중성 때문이다.

현대 자본주의 사회에서 삶의 많은 부분을 차지하는 물질은 소중하고 귀한 것이다. 하지만 물질이 많고 적음에 따라 인간의 삶이 행복하고 불행한 것은 아니다. 아무리 많은 물질을 소유해도 만족할 줄 모르는 사람은 또 다른 재물을 탐하다가 파멸에 이른다. 하지만 지혜로운 부자는 자신의 재물을 유용하게 쓸 줄 알며, 그 쓰임에서 행복을 찾는다. 이러한 사실은 물질이 행복을 만드는 것이 아니라, 쓰임새가 행복을 만들기 때문이다. 인간에게 있어 물질은 소유하는 것만이 아니라 쓰는 방식에 따라 그 결과가 달라진다. 물질에 대한 생각의 방식은 삶의 가치를 높이는 방법이며, 생각의 방법에 있어 두 번째 요소가 된다.

생각의 방법에 있어 세 번째 요소는 '가치'이다. 생각은 무형의 요소이지만 행동은 유형의 요소이다. 인간의 삶은 생각과 행동이 일치하면 가치가 창출된다. 가치에는 물질적 가치, 정신적 가치, 실천적 가치, 삶의 가치가 있다. 그 중에서 모든 가치의 으뜸은 삶의 가치이다. 삶의 가치는 생각에 따라 극과 극을 달린다. 삶의 가치는 삶이 소중한 사람에게는 삶의 시간이 모든 것이고, 물질이 소중한 사람에게는 물질이 모든 것이 된다. 세상의 모든 물건도 그것을 쓰는 사람에 따라 가치가 달라지듯이 삶의 가치 또한 이와 같다. 삶의 가치는 생각의 가치에 비례하며, 이러한 생각은 삶을 올바르게 이끌어가는 힘이 된다.

세상의 모든 고통과 행복은 생각에 따라 그 가치를 달리하기 때문에 생각하는 방법은 데카르트의 코기토Cogito를 넘어 삶의 한 부분이 된다. 근대를 여는 한 선구자로서 생각하는 방법을 바꾼 데카르트의 코기토는 현대인들에게 생각의 방법을 되새기는 인생의 바이블이다. 데카르트는 생각의 방법에 있어 코기토를 통한 자아의 존재 문제를 명확하게 제시하였다. 그는 생각하는 코기토를 통해 학문의 모든 범주를 의심의 대상으로 두었다. 그는 고대로부터 내려오는 실체의 문제는 이론만 난

무한 주장에 불과한 것으로 보았다. 그는 생각의 방법에 있어 좀 더 확증적이고, 명확한 접근 방법을 제시하여 문제의 본질에 다가서고자 하였다.

그는 보편적 사유체계에서 세계를 바라보면 의심하지 않을 수 없는 것이 없다고 보았다. 인간이 판단의 근거로 제시하는 감각작용, 기억작용, 운동작용, 판단작용은 모두 인간의 부분적 형성 관념을 통해 제기되는 주장일 뿐이다. 이러한 주장은 진리의 영역에서 보면 배제의 대상이 된다. 그는 모든 주관적 관념을 배제의 대상으로 보고 확실한 진리가 무엇인지를 탐구하고자 하였다. 데카르트는 배제와 의심의 사유를 통해 자신이 생각하는 모든 것은 의심의 대상이 된다고 보았다. 그는 의심의 주체는 실체의 범주에 있어 배제의 대상이 될 수 없다는 것을 발견하였다. 그가 말하는 '나는 존재한다'는 주장은 의심하는 주체로서의 존재가 포착되었을 때 그 명제는 참인 명제가 된다. 생각의 방법에 있어 가장 고려해야 하는 문제는 나 자신에 대한 반성이다.

인간의 지식은 자신이 알고 있는 부분적 지식임에도 불구하고 보편적 실체를 부분적 지식으로 풀어내려는 시도에서 본질에 대한 인식의 오류가 발생한다. 데카르트는 자신의 자아를 존재의 반열에 올려놓기 위해서는 자신을 속이고 기만하는 지식으로부터 해방되는 것이 무엇보다 중요하다고 보았다. 본질에 대한 사유의 방법이 부분적 지식으로부터 시작하는 순간 본질은 보편성에서 벗어나 버린다. 부분적 지식의 속성은 보편자의 논쟁에서 논의될 주제이기보다 사회의 일상적 사고와 관계되어질 뿐이다.

데카르트가 말하는 학문의 궁극적 목적은 하나의 학문으로서 보편적 학문이어야 한다. 하나의 학문이 보편적 학문이 되기 위해서는 포괄적으로 바라보아야 한다는 점이다. 그는 직관적으로 파악되는 유한한 자아의 발견을 통해 진리의 바탕으로 나아가며, 물질적 실체의 존재를 증명하는 방법에 도달하게 된다.

데카르트는 자신의 학문에서 생각의 방법을 제시한다. 그는 자신이 제시하는 학문의 방법을 따르면 누구나 참을 거짓으로 말할 수 없다고 보았다. 이러한 참은 인간의 지적 능력을 헛되이 소모하지 않고 지식의 범주를 확장시켜 명증성이 확보된 인식으로 우리의 의식을 유도한다. 데카르트가 주장하는 학문의 방법은 그의 규칙과 맞아떨어진다. 그는 인간의 정신이 스스로의 작용을 통해 문제의 본질로 들어가지 않는다면 학문적 논의는 불가능한 것으로 보았다.

인간의 정신이 다양한 주장에 방해받지 않고 본질을 향한 빛과 의식에 의존한다면, 인간의 이해능력을 넘어서는 오류는 생겨날 수 없다. 데카르트는 인간 정신의 본질적 작용을 직관과 연역이라고 보았다. 학문의 방법에 있어 직관과 연역은 부정확한 지식의 환상에 빠져들지 않으면서 본질적 인식에 이르는 길이다. 직관은 학문에 있어 본질을 바라보는 가장 좋은 방법 중 하나이다. 직관은 순수하고 맑은 정신이 대상을 바라보는 이성의 빛이다. 이러한 직관은 오직 정신적 활동을 통해 나타나며 명석한 사실에 대해 조금의 의심도 없는 지적인 통찰을 나타낸다.

직관에 비해 연역적 방법은 확실하다고 인식하는 것으로부터 필연적인 것을 추론하는 방법이다. 연역적 방법은 하나의 대상과 실체에 대한 물음을 연속적으로 이끌어가는 방법으로서 하나 또는 둘 이상의 명제를 전제로 한 논리적 결론에 도달하는 것이다. 연역적 방법은 일반적인 사실이나 원리에서 개별적인 사실이나 원리를 이끌어 내는 방식으로서 어떠한 전제나 규칙적 내용보다는 엄격한 논리적 규칙에 의존하는 방법이다.

데카르트의 생각과 방법은 자아의 현존을 통해 실체의 본질을 증명하였다는 점이다. 그는 모든 사실에 대한 회의를 통해 본질적 자아를 발견하게 된다. 그가 신의 속성인 자연을 존재의 속성으로 바라보는 것은 신의 현존을 증명하는 또 하나의 방법이다. 그는 세계의 존재 이전에 신의 존재가 모든 존재를 앞선다고 보았다. 그는 자신의 학문은 발견의 질서를 통해 지식의 한계를 넘어선 지혜의 학문이라고 보았다. 데카르트는 그의 세계론에서 무엇이 자연의 법칙인지를 묻고, 신의 완전성은 어떤 것에도 의존하지 않으며, 인간이 회의할 수 있는 모든 자연법칙은 무엇에 의해 가능한가를 묻는다. 이러한 질문의 답이 바로 생각의 방법이다.

데카르트의 생각하는 방법은 그의 존재론을 구성하는 커다란 축이다. 인간은 감각으로부터 생겨난 관념의 편견을 제거하고 지성 안에 선천적으로 심어져 있는 순수이성을 통해 학문에 접근해야만 한다. 선천적으로 인간의 정신에는 경험해 보지 못한 관념이 심어져 있다. 이러한 관념을 본유관념이라 한다. 본유관념은 논리적 연역을 통해 형이상학의 본질에 다가설 수 있는 관념이다. 인간의 정신에는 본질적으로 어떤 것에 대한 개념을 정리하고 판단하는 능력이 있다. 이러한 생각의 정리와 판단은 본유관념으로부터 나온다.

데카르트는 정신으로부터 나온 내재적 잠재성을 생각의 방법을 통해 실현시키고자 했다. 그가 주장하는 본유관념은 우리가 일반적으로 생각하는 감각에 의해 얻어진 것이 아니다. 우리의 정신은 단순한 경험과 교육에 의해 생겨나는 관념을 제외하면 선험적으로 얻어진 관념은 본유관념에 들어간다. 데카르트는 생각의 방법을 보편적 관념과 본유관념으로부터 도출되는 것들에 대한 회의로부터 시작된다. 정신을 통해 판단하고 결론 내리는 모든 생각은 회의로부터 시작하지 않으면 안 된다. 의심은 단편적 지식에 대한 의심으로부터 시작되며, 결론적으로 생각의 방법을 교정함으로써 본질에 다가설 수 있다.

인간의 정신은 너무 다른 주장들에 의해 혼돈의 시간을 보내고 있다. 생각의 방법을 통해 관념의 한계로부터 벗어나지 못하는 세계는 칠흑 같은 어둠의 세계로 바뀌게 된다. 이러한 어둠이 몰려오면 인간은 삶의 본질을 잃어버리고 삭막한 도시에서 의미 없는 떠벌림을 통해 세상을 오염시킬 뿐이다. 이제 우리는 데카르트가 주장하는 생각의 방법을 통해 어둠을 뚫고 빛의 세계로 나아가야 한다. 그 빛은 가로등이나 도시에서 뿜어져 내는 빛이 아니고, 희망의 빛이며 삶의 빛이다. 우리는 삶 속에서 그 빛을 찾고자 한다. 그것은 물질의 빛도 욕망의 빛도 아닌 삶의 빛이다.

36

스피노자의 에티카Ethica

자연의 속성은 신의 본성을 대변하는 실체이다

세상에 존재하는 수많은 속성 중 자연의 속성은 신의 본성을 대변하는 실체이다. 자연은 수많은 속성으로 스스로를 표현하지만, 표현의 속성은 유한하고 남는 것은 또 다른 이름의 속성들뿐이다. 자연의 속성들은 유사성의 집합을 통해 하나의 세계로 거듭난다. 자연의 유사성과 다양함은 실재의 세계를 반영하는 오묘한 현상이다. 자연에 존재하는 수많은 속성은 종으로서 유사하지만, 다름으로써 종을 넘어선다. 세계에 존재하는 하나의 종은 비슷한 또는 유사한 것들의 모임일 뿐이다. 하나의 속성들이 동일한 종들의 집합이라고 해도 하나의 이름으로 부를 수 없다. 그들은 서로가 종으로서 유사할 뿐 속성으로서 차이를 가지고 있기 때문이다. 따라서 자연의 속성은 어느 것 하나 동일한 것이 없고 차이를 통해 각자의 속성을 표현한다.

자연의 속성들은 스스로의 표현을 통해 신의 속성을 담고 있다. 신과 자연, 자연과 신은 하나의 실체이며 같은 것이다. 세계의 모든 속성들은 신의 창조로부터 생겨났지만 신은 자신의 모습을 드러내지 않는다. 세상에 모습을 드러내지 않는 신은 자연 속에 자신의 의지를 부여했다. 자연으로부터 신의 존재를 인식하게 하는 초월적 신은 물질의 대상이 될 수 없다. 만약 신이 물질의 대상이 된다면, 그것은 신의 자리를 포기한 피조물이 되기 때문이다.

스스로 피어나고 소멸되는 자연의 순환 속에서 만물은 신의 의지를 표현한다. 자연의 순환적 성질에 따라 생성과 소멸의 현상은 인간의 삶과 같다. 세상의 모든 생명은 생성을 통해 소멸되고, 소멸 후 또 다른 생명으로 태어난다. 이처럼 자연은 생성-소멸-생성의 과정을 겪으며 자연의 생명성이 연장된다. 신과 자연, 실체와 속성의 언덕에 스피노자Baruch de Spinoza, 1632~1677가 있다. 그는 아리스토텔레스로부터 시작된 형이상학적 실체 개념을 『에티카』*Ethica*를 통해 합리적 시각으로 바라보았다. 스피노자는 『에티카』에서 기하학적 질서에 따라 증명된 체계를 윤리학의 기본으로 삼고 자연의 실체에 대해 탐구했다.

스피노자는 자연의 실체를 자기 원인의 결과로 보았다. 자기 원인은 자연의 속성이 존재를 포함하는 것 또는 그것의 본성이 존재한다고 생각할 수밖에 없는 것을 말한다. 자기 원인은 신의 본질이 자연에 내재되어 나타나며, 신의 본성을 표현하는 것이다. 신의 본성으로 태어난 자연의 속성들은 스스로 실체가 되고, 실체의 속성들은 표현을 통해 신의 실체를 인정하게 된다. 자연에 대한 무한한 생명성은 실체에 대한 인식을 통해 신의 존재를 증명한다. 스피노자는 오직 하나의 실체만이 존재한다고 보았다. 하나의 실체는 무한한 신적 실체로서 자연과 동일한 것이다. 그는 신과 자연을 하나의 동일한 실체로 보았다. 그의 사상에서 신과 자연은 하나의 동일체로서 무한한 실체이며, 신의 실체는 자연 속에 담겨 있다.

스피노자가 말하는 실체란? 속성으로부터 나오며, 속성 없는 실체란 있을 수 없다. 그는 실체와 속성을 하나의 본질로 보고, 데카르트의 이원론적 사상과 대치되는 사상을 가졌다. 그는 자연 속에 내재되어 있는 실체의 속성을 신의 속성으로 보았다. 이러한 사상을 갖게 되는 것에는 유대교의 교육과 하스다이 크레스카스Hasdai Crescas의 영향이 크다. 크레스카스는 아리스토텔레스의 우주론을 비판하며, 우주는 무한한 공허로 이루어진 공간이라고 주장했다. 그는 우주에 존재하는 자연은 어떤 방식으로든 신의 존재가 포함되어 있어야 한다고 보았다. 이러한 사고는 스피노자의 철학에 많은 영향을 미쳤다.

스피노자의 자연관에 있어 능산적 자연Natura Naturans과 소산적 자연Natura Naturata은 자연의 실체적 구분을 더 세분화시켜준다. 능산적 자연은 무한한 실체에 의해 산출되는 자연이고, 소산적 자연은 시간의 흐름 속에서 변화하는 각각의 사물들이다. 이러한 두 개의 자연관은 본질적 자연의 속성과 개별적 자연의 속성을 구분하는 개념이다. 능산적 자연에서 만물이 생성하는 근원적인 힘은 자연의 본질에 있고, 자연의 창조력과 법칙이 이 범주에 속한다. 하지만 소산적 자연은 능산적 자연의 본질개념에서 벗어나 협소한 의미로 해석되어진다. 소산적 자연은 우리가 매일 접하는 동·식물들을 포함한 자연의 속성들이다. 스피노자의 해석에 의하면, 능산적 자연은 자기 원인 안에 있는 것으로서 자기 자신에 의해 생겨나는 실체이며, 신의 속성을 포함하고 있다. 하지만 소산적 자연은 신의 본성을 설명하기 위해 필요한 자연의 양태들이다.

스피노자의 철학적 견해는 세계의 질서에서 존재론에 대한 신의 본질과 그것의 원인으로 생겨난 속성들을 어떻게 논리적으로 설명할 수 있는가에 대해 합리적 사유를 택했다. 신의 본질은 모든 속성을 논하기 이전에 신의 본성을 선행적으로 인정해야 함에도 불구하고 실체의 문제를 다루는데 있어 자연의 대상을 논의의 주제로 선정한 것은 앞뒤가 뒤바뀐 접근 방법이라고 보았다. 스피노자는 신 또는 자연이라고 불리는 무한 실체를 자연의 본질을 통해 설명하였다. 그는 유한한 자연의 실체는 무한한 본질적 실체로부터 생겨나는 필연적 원인 때문에 생겨나는 것이라고 보았다. 세계에 존재하는 모든 사물은 그것의 원인과 결과가 있기 때문인데, 그러한 원인이 바로 신이라는 주장이다.

실체란? 스스로의 속성 내부에 있는 것으로서 속성 자체에 의해 생겨나는 개념이다. 이러한 속성 내부의 실체 개념은 어떤 다른 이유나 논리가 필요치 않고 오직 실체에서 그 해답을 구해야 한다. 스피노자는 이러한 내부의 답을 자기 원인이라고 보았다. 실체가 자기 원인이 되는 것은 실체가 자기 의존적 속성을 가지고 있기 때문이다. 실체는 어떠한 자연의 속성이나 양태 등에 의존하지 않고 본질을 포함한 현존의 문제를 스스로 다룬다는 점에서 자기의존적이다.

자연이 가지고 있는 자기 원인이란? 자연의 속성들이 신의 속성을 포함하고 있다는 전제에서 시작된다. 만약 자연의 속성이 자기 원인을 포함하고 있지 않다면 자연은 생각조차 할 수 없는 것이 된다. 자기 원인이 현존재를 이야기할 때 현존재는 이미 자기 원인을 포함하고 있는 것을 말한다. 실체에 대한 정의는 실체의 현존을 어떻게 이끌어내느냐에 따라 본질에 대한 해석이 달라진다.

스피노자의 실체에 대한 현존재는 유일한 실체를 하나의 존재로 규정짓는 것을 말한다. 그는 실체에 대한 논의를 다양한 자연의 문제를 통해 본질에 다가서는 것에 두고 있다. 그는 실체란 외부 원인에 의해 실현된 것이라기보다 스스로 담고 있는 내부 원인이 바로 실체의 본질이라고 보았다. 스피노자는 자연 스스로가 실체의 원인으로서 그 자체이며 무한한 존재라고 보았다. 이러한 그의 주장을 뒷받침하기 위해서는 실체란 무한한 것이어야 하며, 반드시 무엇인가를 포함하고 있어야 한다. 이러한 무엇이 바로 자연이다.

자연의 무한한 실체가 신의 속성을 갖고 있기 위해서는 스스로 무한한 속성을 가지고 있어야 한다. 스피노자는 자연이 가지고 있는 무한한 속성을 신이라 불렀다. 스피노자는 신의 초월성을 통해 자연의 속성이 무한한 본질을 표현하는 속성으로 남아 있다고 보았다. 무한한 신의 실체는 분할될 수 없는 실체로서 초월적 존재이며. 신의 현존은 자연의 연장성을 통해 나타난다.

무한한 생산성을 나타내는 자연은 속성만으로 실체일 수 없다. 자연이 신의 존재를 대변하기 위해서는 신의 존재를 포함하고 있어야만 한다. 자연의 무한 속성이 계속적으로 유지되는 것은 생성에 대한 운동의 연장성 때문이다. 스피노자의 자연은 무한한 연장성을 통해 신의 속성을 대변하며, 자연 속에 신의 속성을 내포하고 있다. 연장성은 운동 그 자체이며, 신의 의지가 발현되는 것이다. 자연에 연장성을 부여하는 것은 신의 속성이 시간의 연장성을 담고 있기 때문에 생겨나는 것이다. 자연의 운동은 이러한 연장성을 만들어 내는 힘이다. 연장성은 신 또는 자연의 무한한 생성 운동이다.

스피노자는 신의 무한한 연장성을 직접적인 양태로 보고 이를 절대적이고 무한한 힘을 가지고 있는 신의 성질로 보았다. 신의 성질은 자연의 무한한 양태를 인식하고, 양태로부터 신의 본질을 발견하는 것이다. 인간이 자연을 통해 신의 관념을 갖게 되는 것은 자연의 무한한 생산성 때문이다. 이러한 생산성은 신의 속성을 나타내는 현전(눈에 보이는 가까운 곳 앞에 나타나 있음)의 방식이다. 신의 현전이 무한한 자연의 필연성을 통해 세계에 나타나면, 자연은 무한한 방식으로 연장된다. 하지만 자연 속에 신의 신성이 숨어 있지 않다면, 신의 존재는 인식될 수 없다.

자연의 모든 현상이 우연적으로 생겨난 것은 아무것도 없다. 자연은 필연적으로 신의 본성이 그렇게 작용함으로써 생겨나는 것이다. 이러한 신과 자연의 관계가 스피노자가 말하는 원인과 결과의 필연적 본성이다. 세계의 실체에 있어 무한한 자연은 하나의 본질에서 두 개로 분리된다. 이러한 분리는 실체의 본성과 자연의 속성이다. 스피노자의 철학에 있어 정신은 물체에 대한 관념에서 생겨난 것이며, 근본적 실체로서 본질적이다. 자연은 본질적이며 무한 실체로서 신이다. 자연의 양태는 끊임없이 변화하지만 무한한 실체는 그들의 속성을 초월한다. 자연에 존재하는 각각의 속성은 시간 안에서 유한하고, 시간은 모든 속성의 소멸 원인이 된다. 속성의 소멸은 생명이 유한하다는 것을 말하며, 유한한 속성들은 또 다른 속성들로 태어나 꾸준히 지속되는 성질을 가지고 있다. 이처럼 자연이 영원한 속성을 가지고 있는 것은 신의 속성을 가지고 있기 때문이다.

자연의 속성에서 생명은 가장 고귀한 속성 중 하나이다. 생명이란? 살아 있음을 말하는 것이며 살아 있는 모든 생명체는 생명이 있을 때 존재한다고 말할 수 있다. 삶에 있어 생명보다 소중한 것은 없다. 생명은 모든 것이며 존재의 원인이다. 생명이 없는 세계는 아무것도 없는 세계이다. 생명이 없다는 것은 종말을 뜻하는 것이다. 종말이란 세상의 모든 생명이 죽음을 맞이하거나 그것을 바라보는 존재 자체가 없다는 것을 말한다. 존재의 종말은 세계의 종말이며, 신의 종말을 뜻한다. 따라서 신의 존재를 실체로 인식하기 위해서는 자연의 실체가 필연적이다. 스피노자는 신의 존재 방법의 하나로 자연을 신의 속성으로 생각했다. 신은 자연의 속성을 유지함으로써 신의 존재 자체를 유지한다.

세상에 있어 생명보다 소중한 것은 없다. 생명은 곧 자연이며, 자연은 곧 신이기 때문이다. 신은 존재의 내면에 포함되어 있고, 존재의 속성들은 신을 향한다. 이처럼 신을 향하는 본질적 성향은 자연적이다. 세계의 근원인 자연을 통해 신을 그리워하고 의지하는 마음은 본질을 향한 회귀본능에서 나온다. 자연을 통한 삶의 회귀본능은 인간이 자연과 하나 되는 길이며, 신의 존재를 인식하는 길이다.

인간으로서 주어진 생명을 소중하게 생각하지 못하거나, 그 가치를 모르는 사람은 살아 있어도 살아 있는 생명이 아니다. 생명의 가치는 세상 그 무엇과도 바꿀 수 없는 소중한 것이기 때문이다. 하지만 생명을 소중하게 생각하지 않는 사람들은 타인의 생명을 위협하거나 해를 끼칠 수도 있다. 이러한 생각과 행동은 신의 의지에 반하는 것이다. 신으로부터 부여받은 생명은 그 어떤 이유로도 대체될 수 없는 소중한 것이다. 생명의 소중함은 자연의 속성을 통해 알 수 있다. 자연의 속성은 너무나도 다양한 형태의 속성들로 태어난다. 모든 생명체는 자신의 생명을 귀하게 생각하고, 그 생명이 다하는 날까지 스스로를 지키려 한다. 이러한 자연의 현상이 생명의 가치이다.

물질주의적 사회에서 생명의 소중함보다는 물질을 더 소중하게 생각하는 사람이 많다. 하지만 생명이 다하는 순간에 다다르면 물질은 물질일 뿐 생명을 대신할 수 없다는 것을 알게 된다. 인간의 생명이 물질보다 못하게 취급되는 사회는 죽은 사회이다. 인간으로서 현재라는 순간은 삶의 전부이다. 현재의 시간이 없다면 영원한 삶도 없는 것과 같다. 살아 있는 순간, 숨 쉬는 순간, 그 순간의 호흡을 느끼는 지금이라는 현재의 시간은 삶에 있어 가장 가치 있는 것이다. 현재의 시간이 삶의 전부라는 것을 일깨워주는 자연은 우리의 스승이며 동반자이다. 우리는 자연으로부터 많은 것을 배운다. 자연은 스스로를 표현하면서 세상의 모든 것을 담아내고 있다. 이러한 자연의 위대함은 신으로부터 나온다. 신은 자연의 생명성을 통해 자신의 의지를 담아낸다. 자연은 신을 포함하여 많은 것을 담고 있다. 자연이 담고 있는 다양한 속성은 말로 다 표현할 수 없다. 살아 숨 쉬는 생명의 자연, 무한한 빛으로 발산되는 색의 자연, 음악처럼 아름다운 선율의 자연, 생명의 환희를 알리는 탄생의 자연, 계절의 아름다움을 일깨워주는 사계의 자연 등 무수히 많은 자연의 표현은 신의 의지로 태어나 신의 속성을 담고 있다.

37

코나투스Conatus의 욕망

삶의 의지와 욕망을 넘어서

인간의 욕망은 자기중심적 세계를 구축한다. 자기중심적 세계는 살아 있는 세계로 자연과 공존하는 세계이다. 자연의 공존은 자기 보존을 욕망하는 생명체들에 의해 지속된다. 이러한 자기 보존의 욕망은 생명의 연장뿐 아니라 속성의 연장을 가져온다. 자연의 수많은 속성들은 자기 보존의 욕망을 통해 세계의 존재가 된다. 자연의 속성이 다양성을 이루며 존재하게 되는 것은 자기 보존을 위한 종의 유지를 갈망하기 때문이다. 생명을 위한 자연의 존재 원인은 자기 보존을 위한 속성의 연장성에 있다.

자연을 이루는 수많은 속성들은 각각의 형태와 특징을 가지고 있다. 소와 말은 소와 말의 속성을, 호랑이와 사자는 호랑이와 사자의 속성을, 소나무와 은행나무는 소나무와 은행나무의 속성을 가지고 있다. 이러한 속성은 같음을 통해 종으로 통합되고, 다름을 통해 속성으로 불려진다. 하나의 보편적 속성이 같음과 다름을 동시에 갖게 되는 것은 대상을 바라보는 관점의 차이에서 발생한다. 종은 한 그룹의 보편자로 구성되고, 속성들은 하나의 종으로부터 분리된 개체들이다. 인간은 자연의 속성 중 인간의 속성을 담고 있으며, 자연에 존재하는 하나의 종일뿐이다. 자연은 인간을 제외하고도 많은 생명체들의 속성들로 구성되어 있다. 이러한 종의 구성은 군집을 이루며 보편자로서 종을 대변한다.

자연의 생명체가 삶과 죽음의 필연적 속성을 갖게 되는 것은 시간의 개념에서 보면 무지개의 현상과 같다. 무지개는 하나의 현상으로 존재할 때 실체이며, 사라지면 기억 속에 잔재해 있는 꿈과 같다. 인간은 꿈을 꾸는 동안 상상하는 모든 것은 실재하는 것처럼 느낀다. 하지만 그 순간이 지나고 나면 상상이 된다. 실재와 상상은 시간의 흐름에 따라 나타나는 인간의 상대적 의식이다. 따라서 무지개는 자연의 실재이기보다 빛에 의한 현상으로 하나의 상상이 된다. 인간의 시각과 상상은 시간에 따라 서로 다른 정신적 지배를 받는다. 시간의 지배를 받는 모든 생명체는 삶의 흔적을 남기기 위해 찰나와 같은 생의 시간을 기록한다. 하지만 삶의 시간은 찰나와 같은 일순간이다. 인간은 유한한 시간성 속에서 삶의 욕구를 충족시키기 위해 욕망을 표출한다. 이러한 욕망의 표출은 삶을 향한 본능적 욕망이다. 욕망이 초월적 세계에 머물면 자연이 되고, 현실적 세계에 머물면 투쟁이 된다. 욕망이 본능적으로 변하는 것은 삶의 투쟁을 실현하려는 의지에서 나온다.

신은 자신의 현존을 자연의 실체를 통해 표현된다. 자연의 실체는 신의 현존을 인식하는 가장 확실한 방법이다. 신의 현존이 없는 자연은 상상이거나 꿈이다. 물질적 세계를 갖지 않는 자연은 신의 신성을 표현할 수 없다. 따라서 신의 실체를 나타낼 수도 없다. 실체로 나타날 수 없는 자연은 창조의 시간을 담아낼 수 없다. 창조되지 않는 실체는 존재할 수도 없고 표현될 수도 없기 때문이다. 따라서 자연은 스스로 표현되고 실재하기 때문에 신의 속성을 담고 있다.

시간은 본질에 있어 영속적이지만 삶에 있어 순간적이다. 순간적 삶을 살아가는 생명체는 삶의 시간을 소중하게 생각한다. 살아 있는 모든 생명체가 시간을 소중하게 생각하는 이유는 그들의 삶이 유한하기 때문이다. 유한한 삶의 대상들은 자기 보존을 위해 코나투스적 욕망을 가진다. 코나투스의 욕망은 자신의 삶을 보존하기보다 종의 보존을 욕망한다. 이러한 욕망이 존재의 원인이 되고 실체의 속성이 된다. 실체와 존재의 본질 앞에 대상의 욕망이 존재한다. 대상의 욕망은 자신을 표현한다. 욕망 없는 대상은 자기 존재의 상실을 가져오며 세계 속으로 사라져 버린다. 살아 있는 생명체의 욕망은 모두 본능적이다. 본능을 향한 삶의 욕망은 종의 욕구를 가져오며 자연의 필연적 속성이 된다. 스피노자는 이것을 코나투스라 한다.

코나투스conatus란? 스피노자의 철학을 대표하는 개념으로 자기 보존의 욕구이다. 자연의 종들은 자기 보존의 욕구를 통해 스스로 생성과 소멸을 반복하며 세계를 유지시킨다. 이러한 자기 보존의 욕구가 자연의 보편적 세계를 지속시킨다. 자기 보존의 연속성은 종의 보편자를 유지시키는 힘을 가지게 된다. 종의 지속은 생명체가 가지고 있는 자기 보존의 욕구이며, 코나투스 욕망이다.

살아 있는 생명체의 모든 대상이 자신의 존재적 보편성을 유지하려는 것은 생명체를 가진 모든 사물들의 속성 안에 있다. 사물들의 속성 중 자기 보존의 욕망이 정신에 의해 지속되는 것을 의지라고 한다. 코나투스의 욕망이 의지로 발현되는 것은 힘의 의지 때문이다. 힘의 의지는 자연의 상태를 생명의 상태로 유지시키는 파동으로부터 나온다. 살아 있는 모든 생명은 파동을 통해 힘의 의지로 표현된다.

생명의 발아는 욕망의 발아이다. 이러한 발아의 깊은 내면에 코나투스의 욕망이 자리 잡고 있다. 인간은 코나투스의 욕망을 통해 정신과 육체를 하나의 생명으로 연장시킨다. 정신과 육체는 서로 상생하며 지속성을 위해 욕망을 키워낸다. 정신이 육체에 요구하는 생의 지속성은 코나투스 욕망을 유지시키려는 것이다. 이러한 욕망은 유한한 양태들의 한계에서 생겨난다.

세계의 양태들은 생과 사의 필연적 숙명을 가지고 태어난다. 생은 속성의 본질을 대변하고, 사는 실체의 본질을 보편화한다. 살아 있는 생명체로서 생과 사는 끝없는 펼쳐짐을 통해 생성 소멸한다. 생과 사의 끝없는 반복은 자연의 속성을 통해 신의 속성을 보여주는 것이다. 이러한 자연이 곧 실체이며 속성이다. 실체와 속성의 보편적 논쟁 속에 대상이 존재한다. 대상이란 실체의 물음에 대한 원인이다. 대상 없는 존재란 있을 수 없다. 대상은 물질로서 실체의 속성을 대변하며, 가장 기본 요소로 자연에 실재한다. 실재에 대한 실체의 문제는 본질에 대한 형이상학적 질문이다. 실체는 보편자의 논쟁에서 핵심의제가 된다. 실체의 존재 의미는 코나투스의 욕망을 통해 충족되어진다.

존재는 욕망을 통해 종을 확산시키고 끝없는 지속을 연장한다. 삶의 지속은 본질적으로 코나투스 욕망에서 시작된다. 종의 존재 원인은 자기 존재의 확산을 통해 보편적 실체를 구현하는데 있다. 소멸된 보편적 존재는 코나투스의 욕망이 사라져 버린 존재이다. 보편적 존재의 의지는 자기 보존의 힘을 통해 스스로 존재하려는 항상성恒常性을 가지고 있다. 스피노자는 『에티카』*Ethica*에서 모든 사물이 자기 보존의 욕구를 지향하는 것은 자연의 속성이 가지고 있는 필연적 성질 때문이라고 보았다.

삶을 가진 모든 생명체는 정신과 육체로 구성되어 있다. 정신과 육체의 두 요소는 전혀 다른 성질의 것이지만 떨어질 수 없는 운명적 공동체이다. 만약 둘 중 하나만 사라져도 실체의 속성은 사라져 버리기 때문이다. 정신을 갖지 않는 대상은 실재하지만 살아 있는 것이 아니고 육체를 갖지 않는 대상은 실체의 범주에 들어갈 수 없다. 두 개의 속성은 서로 다른 존재이면서도 하나의 속성에 머물며 한 몸이 된다. 정신이 갖는 초월성은 신의 속성처럼 무한하지만, 육체가 가지는 속성은 유한하다. 하지만 무한과 유한이 모여서 하나의 실체를 만든다.

정신은 육체의 영속성을 위해 끊임없이 생각하고 지속시키는 본능을 가지고 있다. 이러한 정신이 의지와 합쳐져서 욕망이 된다. 하지만 정신이 정신만으로 자신의 종을 유지할 수는 없다. 이러한 유지는 반드시 육체가 함께 해야만 한다. 이러한 정신과 육체가 동시에 지속하려는 것을 충동이라고 한다. 이러한 충동은 자기 보존의 욕구를 충족하기 위한 것으로 본질적 충동에 속한다. 정신과 육체의 이중적 속성은 필연적이다. 인간은 정신과 육체를 하나의 본질로 체계화하고 세계를 유지하기 위해 필연적으로 하나가 된다. 이러한 하나됨은 자연과 신이 하나되는 것과 같다.

신과 피조물의 관계는 정신과 육체처럼 공생관계를 가지고 있다. 이들은 상호 보완을 통해 서로의 존재를 확인한다. 코나투스는 존재의 지속에 대한 욕망이며 의지이다. 세계의 존재에 코나투스는 필연적인 숙명이며 힘이다. 코나투스의 욕망은 존재의 자기 원인이 되며 욕망의 표출을 통해 실체의 길을 걸어간다. 코나투스의 욕망에서 생성과 소멸이 시간의 지속을 뒷받침하지 못한다면 세계의 끝은 종말이 된다. 세계의 종말은 신의 종말을 뜻한다. 코나투스적 욕망은 이러한 극단적 세계를 막아주는 생성의 힘이며 의지이다.

신은 스스로의 힘을 자연에 주고 자연은 욕망의 실현으로 실체의 문제를 풀어낸다. 욕망을 통한 자연의 생명성은 신의 속성처럼 영원하다. 신은 무한한 실체로서 영원하다. 하지만 인간은 신의 실체를 알 수 없다. 만약 인간이 신의 실체를 알 수 없다면, 신의 실체를 표현할 수 없다. 신은 자신으로부터 만들어진 자연 속에 자신의 실체를 포함하고 있기 때문이다. 스피노자의 에티카처럼 신은 무한한 실체이며, 무한한 실체는 곧 자연이다. 따라서 신은 곧 자연이며, 자연은 곧 신이다. 이러한 스피노자의 범신론적 사상은 신으로부터 창조된 자연의 본질을 이해하는 하나의 방법이며 신의 실체 증명 방식이 된다.

자연에 대한 인간의 지성은 지각을 통해 받아들인다. 지각이란 인식을 위한 인간의 받아들임이며, 실체의 본질에 대한 인식을 확증적으로 찾아내는 노력이다. 스피노자는 그의 『지성 개선론』에서 지각을 3단계로 구별하였다.

첫 번째 지각은 공허하고 혼동된 경험으로부터 얻게 되는 지식이다. 이러한 지식은 어떠한 사실보다 결과에 대해 먼저 상상하고 사실이라고 믿어 버리는 지식이다. 상상적 지각은 현실과 거리가 먼 혼동된 경험을 양산하고 본질과는 차이가 있다. 이러한 사람들은 공허한 자기 자만에 빠지기 쉬울 뿐 아니라 주변 사람까지 혼란스럽게 한다.

두 번째 지각은 어떤 사물의 본질을 다른 사물의 본질로부터 추론해 결론에 도달하는 지식이다. 이러한 지식은 과학적 지식으로 보편타당한 관념으로 이루어진 지식이다. 이 지식은 공허한 상상력과 구분되는 지식으로 이성에 의해 접근할 수 있다. 추론적 지식은 필연적으로 참인 명제에서 시작한다. 참인 명제는 어떠한 추론을 위해서 반드시 참인 명제가 선행되어야만 참인 명제가 될 수 있다. 참된 지식은 참된 설득력을 통해 참된 연역적 방법을 택한다. 참된 지식의 추론은 본질적 지식에 입각해서 추론하여야 하며, 추론의 대상인 어떤 사물이 본질로부터 벗어남을 발견하지 못하면, 그것으로부터 추론된 결론은 오류를 범할 수 있다. 이는 사물의 본질을 사물의 대상에서 찾으려고 하는 것에서 발생한다. 이러한 대상의 본질은 계속적으로 변하기 때문에 완전한 본질이 될 수 없다.

세 번째 지각은 사물의 본질을 통해 그것의 원인에 대한 적절한 지각을 이끌어내는 지식이다. 이러한 지식을 직관적 지식이라 한다. 직관적 지식은 어떤 것으로부터 무엇을 이끌어내기 위해서 본질에 대한 인식이 필연적으로 요구된다. 본질에 대한 필연성은 직관적 지식을 뒷받침하는 밑바탕이 된다. 이러한 지식은 인식의 과정에서 본질에 가까워지려는 노력이 동반된 지식으로 가장 높은 단계의 지식에 들어간다. 지식의 범주를 수학이나 기하학에서 찾으려는 것과 같다. 이 지식은 사물의 대상을 상상이나 추론으로부터 벗어나 본질적으로 접근하려는 의지가 내포되어 있는 지식이다.

스피노자가 말한 지식의 단계는 인식에 대한 문제를 제기하는 것이다. 인식의 문제는 생각하는 이성을 통해 성취되며, 이성의 욕구는 코나투스의 욕망처럼 본질적이다. 이성과 욕망은 정신과 육체처럼 초월적이면서도 본능적이다. 인간의 이성은 욕망으로부터 시작하여 본질을 향한다. 이러한 과정에서 삶의 투쟁이 시작된다. 삶의 투쟁은 대상의 보편적 속성을 연장하며 코나투스의 욕망을 넘어 신과 인간의 관계를 재정립한다. 자연과 신의 실체에 대한 스피노자의 노력은 자연과 신을 하나의 실체로 인식하는 틀을 제공한다. 신은 창조주로서 자연 속에 존재하고 자연은 창조주의 창조물로서 신을 대신한다. 따라서 자연은 신의 존재를 세계에 드러내는 실체이다.

신과 자연, 자연과 신의 관계를 넘어 신과 인간의 관계도 자연에서 시작된다. 인간은 신의 속성을 내면에 담고 태어난 존재로서 신의 의지를 실현하기 위해 코나투스 욕망을 현실 세계에 반영한다. 코나투스의 욕망은 현실적 삶을 넘어 미래지향적 의지이다. 미래의 삶은 생의 의지를 넘어 함께 만들어가는 공동체의 의지이다. 이러한 공동체의 세계에서 인간은 무엇을 꿈꾸는가? 인간의 욕망은 세계의 제패를 꿈꾸는 알렉산드로스 대왕Alexandros the Great의 거대한 야망도 아니고, 세계를 지배하려는 칭기즈칸Chingiz Khan의 야망도 아니다. 인간의 참된 욕망은 삶의 본질을 이해하고 자연의 흐름에 순응하며 신의 의지를 받아들이는 것이다.

38

세상을 움직이는 소통의 모나드Monad

사람의 마음은 소리에 따라 요동치는 파도와 같다

누군가에게 무언가를 전달한다는 것은 소통에서 시작된다. 소통이란 널리 피지는 메아리와 같이 그 울림이 선하고 경쾌하면, 악기의 음색처럼 아름답고 웅장한 소리로 돌아온다. 하지만 그 울림이 탁하고 천하면, 찢어지거나 깨지는 소리로 들려와 사람의 마음에 동요를 일으킨다. 사람의 마음은 세계의 소리에 따라 요동치는 파도와 같다. 소통은 마음과 소리에 의존하며 조화를 이룬다. 마음과 소리는 추상적이고 형체가 없어 정신 속에 실재하는 어떤 것이다. 정신 속에 존재하는 어떤 것은 몸과 마음의 행동을 결정하는 이성이다. 이성의 힘은 좋은 마음속에서 좋은 생각을 싹트게 하고, 나쁜 마음속에 나쁜 생각이 싹트게 한다. 인간의 정신은 쓰임새에 따라 선이 되기도 하고 악이 되기도 한다. 선한 마음은 선한 정신으로부터 시작되고 악한 마음은 악한 정신으로부터 시작된다.

정신으로 이루어진 세계는 빛의 세계처럼 본질을 밝혀준다. 본질은 사물의 실체가 세계에 드러남이다. 세계의 드러남은 빛을 통해 가능하다. 빛은 드러남이며 소통이다. 빛의 소통은 현상으로서 사물의 세계를 밝혀준다. 이러한 빛의 세계에 실체가 있다. 실체의 속성이 자연에 존재한다는 것은 자연이 빛이 살아 있는 유기체라는 것이다. 자연은 초월적 신으로부터 빛을 통해 나타나는 세계의 현상이다. 하나의 실체는 하나의 빛으로부터 드러나고, 하나의 빛은 하나의 현상이 된다. 하나의 현상이란 무엇임이다. 무엇이란 어떤 것이며, 어떤 것이란 무엇으로부터 만들어진 것이다. 이러한 무엇은 자연의 속성으로서 그것을 있게 한 창조의 원인으로부터 생겨난다. 창조의 원인 속에 모나드가 있고, 모나드의 원인으로 신이 있다.

창조의 세계에서 생성의 원인 중 가장 작은 단위는 모나드Monad이다. 모나드는 가장 작은 단순실체로서 모든 속성은 이것으로부터 생겨난다. 모나드는 생성의 근원으로 단순실체이다. 단순실체의 모나드는 세계의 존재의미로서 시작이며, 생성의 원인이다. 세계의 모나드는 자연의 속성을 담고 있는 원인으로 단순실체이다. 하나의 모나드는 하나의 실체를 대변한다. 가장 작은 단위의 단순실체는 자존적으로 존재한다. 모나드는 대상으로서 단자이고, 실체로서 근원이다. 모나드는 창이 없으면서도 세계의 자연과 소통한다. 자연과의 소통은 조화 때문에 발생한다. 세계의 조화는 신의 의지가 담겨 있는 예정조화를 통해 만들어졌다. 라이프니츠는 이러한 신의 예정조화를 세계의 본질적 원인이라고 했다.

본질에 있어 모나드가 가지고 있는 자연과의 소통은 생성의 기호이다. 생성을 위한 기호는 상대적이다. 생성의 기호는 전달의 방식에 따라 달라진다. 생성의 기호가 좋은 기운을 전달하면 행복해지고, 나쁜 기운을 전달하면 우울해진다. 생성은 자연과의 소통을 기반으로 사물의 원인과 함께 운동한다. 생성의 소통은 형상을 넘어 정신과 연결된다. 소통의 모나드가 선한 마음과 함께 결합되면 세계의 속성은 영혼처럼 깨끗하고 맑아진다. 하지만 타락한 마음과 결합하면 선한 마음은 소리 없이 사라져 버리고 타락한 영혼만이 남는다.

소통의 세계에서 모나드의 단자는 조화를 통해 자연의 소리를 만들어간다. 하지만 모나드의 단자가 조화를 이루지 못하면 세계는 파괴되고 종말이 된다. 모나드는 생성의 힘으로 생과 사를 관장하며, 단자의 힘을 통해 세계를 이끌어간다. 모나드의 소통은 마음과 소리로 구성된 살아 있는 신의 성질이다. 신은 세계의 생성으로서 모나드이다. 생성은 마음과 소리로 소통하고 모나드의 힘을 통해 이루어진다. 라이프니츠Leibniz의 모나드는 창이 없으면서도 소통으로 조화를 이루는 신의 성질이다.

소통은 물질적 창을 필요로 하지 않고 정신적 창만을 필요로 한다. 정신으로 통하는 모나드의 창은 물질적 창을 넘어 진정한 모나드의 실체이다. 모나드의 실체는 넓이나 형체를 가지고 있지 않으며, 그 무엇으로도 나눌 수 없는 궁극적인 최소단위이다. 모나드는 모든 존재의 근원으로서 본질적 힘이다. 모나드는 최초의 실체이며 근원적 실체이다. 라이프니츠는 실체에 대한 심리적 원인을 자기의식과 결합했다. 그는 자연의 모든 속성이 모나드를 통해 현존한다는 것을 확신한다. 세계의 속성들은 더 이상 나누어질 수 없는 단순실체로 구성되어 있다.

자연에 존재하는 감각적 대상들은 분할 가능하다. 분할 가능한 속성들의 집합체는 속성들의 복합에 의해 생성된다. 자연의 대상은 복합물로 이루어졌으며, 이러한 복합물은 단순실체의 집합들이다. 세계의 모든 복합물은 단순실체의 결합을 통해 이루어진다. 단순실체는 복합물 이전에 생성의 원인으로서 모나드이다. 라이프니츠는 이러한 단순실체를 모나드라 하였다. 자연의 구성요소인 원자들은 단순실체의 모나드로 구성되어졌다. 라이프니츠의 단자는 최소의 단위로 분할되어졌으며, 더 이상 분할될 수 없는 단순실체이다. 그에게 단순실체는 반드시 존재해야만 하는 필연성을 가지고 있다. 단순실체는 필연적으로 비연장적 실체이다. 하지만 자연의 지속을 위해 단순실체는 연장되어야만 한다. 단순실체가 연장성을 가지지 않으면, 자연은 지속될 수 없기 때문이다. 지속되지 않는 자연은 죽은 자연이다. 자연의 죽음은 신의 죽음까지를 포함한다. 신으로부터 창조된 자연은 모나드의 소통을 통해 속성의 보편성을 이루어 낸다. 보편적 속성이 연장성을 갖지 않으면 세계는 지속될 수 없다. 세계의 지속은 분할될 수 없는 모나드에 의해 생겨나고 지속된다.

세계의 질서를 만드는 창조의 모나드는 유기적 조화를 만들어 낸다. 모나드의 단순 객체는 소통 없는 단순실체로서 독립적이다. 하지만 다른 객체의 모나드와 조화를 통해 자연을 지속시킨다. 이러한 자연의 조화가 모나드의 소통이다. 세계는 다양한 대상들을 통해 유기적으로 연결되어 있다. 하지만 각각의 모나드는 내적 구성 법칙에 따라 스스로를 연장할 뿐 다른 모나드들과의 연결성은 없다. 왜냐하면, 물질의 최소 단위인 모나드는 어떤 것으로부터 더하거나 뺄 수 없는 부분들로 이루어졌기 때문이다. 모나드는 대상의 지각에 따라 우주의 전체를 구성하는 부분들의 속성들로 이루어져 있다.

라이프니츠는 대상의 최소단위로 단일 실체들이 현존한다는 것을 확신한다. 단일 실체의 최소단위가 모나드이다. 라이프니츠는 생성의 본질적 힘을 일상적 의미의 정신과 구분하기 위해 모나드라는 용어를 사용했다. 모나드는 세계의 단일성을 말하며, 모든 우주의 형성원인으로서 통일체이다. 모나드가 모든 활동의 근원인 것은 스스로의 힘으로 세계를 향해 전개해 나가는 내적 힘 때문이다. 모나드가 가지고 있는 내적 힘은 실체의 본질을 이루는 원인이다. 모나드는 궁극적으로 최소단위로 구성되어 있으며, 각각의 모나드는 비연장적 실체이다. 각각의 모나드는 복합적 실체를 형성하며, 복합체의 형성은 연장성의 환원에 기초한다. 연장성은 단순실체의 복합화를 통해 이루어지며, 연속성을 통한 동일 인자의 공존을 통해 현존한다. 모나드의 연장성은 정지상태를 넘어 시간의 연속성을 표현한다. 시간의 연장성은 대상의 연장을 뜻하며, 사물의 지각에 대한 시간적 표현이다.

아리스토텔레스의 실체에 대한 질문이 라이프니츠에 이르러 활동능력을 지닌 단순실체로 그 자체가 되는 것은 모나드 때문이다. 라이프니츠의 실체는 대상의 경험적 활동을 넘어 본질적 실체의 활동을 통해 원초적 활력이 된다. 모나드는 스스로의 활동뿐 아니라 내적으로 가지고 있는 본질의 잠재적 능력을 발휘하며, 자신 안에 포함되어 있는 근원적 완전성을 포함하고 있다. 라이프니츠는 이러한 모나드의 활동 원리를 제1질료라고 했다. 제1질료는 물질적 질료를 넘어 정신적 질료에 해당한다. 대상의 제1질료가 물질로 구성되어 있고 부피를 가지고 있지만, 이것만으로 본질적 속성이 될 수 없다. 실체의 본질에 있어 물질의 속성은 잠재적 가능성에 더욱 밀접하게 관계하며, 정신적 성질을 포함한다. 라이프니츠는 모든 대상은 제1질료를 통해 창조되었기 때문에 제1질료를 스스로 포함하고 있다고 보았다.

현실 세계에서 보여지는 연장성은 단순한 사물의 복제일 뿐 본질에 대한 영원한 모사가 아니다. 연장성은 시간의 개념에서 본질에 들어가면 추상적으로 다가오게 된다. 불확실한 대상의 모사가 연장의 개념에서 제1의 질료가 되기 위해서는 본질적으로 제1질료의 상태여야만 한다. 제1질료의 관념은 물체의 관념을 넘어 정신적 속성으로 모나드의 성질을 가지고 있다. 자연에서 바라보는 대상의 질료는 제2질료로서 물질적 실재에 속한다. 라이프니츠는 이러한 제2질료를 매스mass라고 불렀다. 매스는 단순실체를 통해 복합화를 이루며, 이를 유기적 물체 혹은 유기적 기계장치라고 했다. 라이프니츠는 모나드의 단자와 유기적 대상의 복합물을 물질적 실체로 보았다. 이것은 원초적 정신을 포함한 물질적 형상으로서 제1질료로부터 수동적 결합을 통해 형성된 제2질료이다.

라이프니츠에 의한 실체 개념은 정신과의 관계를 통해 생각할 수 있는 단순실체로서의 단자를 말한다. 단순실체가 정신에 내재되어 있는 것은 개인적 자아와 정신이 경험을 통해 알 수 있기 때문이다. 라이프니츠의 모나드는 결코 최소단위 이상의 동일성을 갖지 않으며, 각각의 모나드는 자신만의 고유한 특성을 지니고 있다. 각각의 모나드는 독립적 세계를 구축하고 있으며, 자신의 내부에 있는 잠재성을 통해 세계를 연장시켜 나간다.

라이프니츠가 말하는 잠재성의 모나드는 자신의 모든 술어를 포함하고 있는 주체로서 본질적 활력을 내포한 변동의 법칙을 포함한다. 자연의 생성과 사물의 소통에 모나드는 창이 없으면서도 소통한다. 창이 없다는 것은 각각의 모나드가 고유한 성질을 스스로 내포하고 있다는 것이다. 각각의 모나드는 자신의 실체를 표현할 뿐 다른 실체와는 관계하지 않는다. 하지만 모나드는 독립적이면서도 소통을 위해 복합화된다. 이러한 복합화는 독립적 복합화이다. 이러한 복합화가 소통이며 조화이다. 따라서 창이 없는 모나드는 단순실체이면서도 자연의 큰 줄기에서 소통하며 조화로운 세계를 창조한다.

무수히 많은 모나드가 분리된 독립적 실체를 구성하면서도 다른 모나드와 소통하는 것은 신의 원리가 존재하기 때문이다. 라이프니츠는 이러한 원리를 신의 예정조화설이라고 했다. 각각의 독립실체가 세계의 변화에 조화롭게 대응하면서, 무한한 우주를 반영하는 것은 우선적으로 모나드에게 부여된 신의 법칙이 있기 때문이다. 만약, 세계의 모나드 중 하나의 모나드가 사라지거나 없어진다면 세계의 조화는 원형을 파괴하게 된다. 하지만, 이러한 변화마저도 신에 의해 예정되어졌다고 보았다.

그는 우주의 질서를 잡아가는 모나드의 본질은 자신만의 방식을 통해 무한한 세계를 스스로 반영하는 체계를 가지고 있다. 모나드와 모나드 사이에는 인과관계가 존재하지 않으면서도 서로가 조화를 이루며 자연과 소통하는 것은 최초의 창조적 질서에 운명적 법칙이 내재되어 있기 때문이다. 라이프니츠는 신의 예정조화설은 정신과 대상의 법칙에 따라 나름대로 정해진 방식에 의해 가능하다고 보았다. 세계는 이러한 예정조화설을 바탕으로 실체의 본질을 유지해나간다. 이러한 원리는 신의 완전성에 의해 만들어졌으며, 예정조화설은 세계를 이끌어가는 코나투스의 욕망으로 연결된다.

라이프니츠는 인간의 영혼과 육체 사이의 관계를 모나드의 소통으로 이해한다. 인간은 비물질적 실체의 영혼과 물질적 실체인 육체를 통해 구성된다. 이러한 관계는 소통을 통해 하나가 된다. 인간의 육체가 가지고 있는 물질적 구성은 영혼을 통해 혼동된 자연의 질서와 소통한다. 모나드의 제1원리인 정신은 제2원리인 물질과 함께 상호작용하며 자연의 속성을 대변한다.

인간은 정신과 육체 사이에서 지각과 욕구의 본능적 성질을 가지고 있다. 세계를 이루는 모나드는 자신만의 창조적 힘을 가지며 자연의 질서에 관여한다. 모나드는 정신적 실체를 통해 자연과 대화하고, 우주의 원리로서 작용한다. 라이프니츠는 우주의 원리를 외부의 작용에 의해 대상에 반영되는 단자들의 내적 작용이라고 했다. 모나드의 내적 작용은 외부의 영향을 받지 않기 때문에 자의적으로 얻어지며, 외적 요인에 의해 작용되지 않는다.

라이프니츠는 모나드의 본질적 속성이 스스로의 힘에 의해 해석될 때 이성적 진리는 필연적으로 참인 명제에 도달한다. 세계의 명제에서 참인 명제는 필연적으로 참이어야 하며, 이성적으로도 참인 명제이어야 한다. 이러한 명제의 환원 가능성은 필연적 진리로부터 참인 명제가 된다. 라이프니츠는 이성적 진리가 부정되어지기 위해서는 반드시 모순율이 포함되어 있어야 한다고 보았다. 모순율은 이성적 진리와 달리 사실적 진리에 관여하며, 상황에 따라 의미의 상대적 해석을 담고 있다. 이성적 진리에 비해 사실적 진리는 상대적 진리에 들어간다. 사실적 진리는 필연적일 수 있으면서도 상대적일 수 있다. 사실적 진리는 논리적인 모순을 가질 수도 있고 그렇지 않을 수도 있다. 따라서 사실적 진리는 우연성과 함께 변화 가능성을 내포하고 있다. 이성적 진리는 필연적으로 참인 명제로서 그 역은 불가능하다. 하지만 사실적 진리는 다르다. 사실적 진리는 원인과 결과의 해석을 달리할 수 있다. 사실적 진리의 예로, '나는 생각한다. 고로, 나는 존재한다'는 명제는 합리적 이성을 통해 얻어낸 결론이다. 하지만 이러한 결론은 불완전한 경험을 통해 얻어낸 지식으로 언제든지 부정될 수 있는 가능성을 내포하고 있다.

자연의 속성이 현존재로 사실적 진리를 주장할 수 있을지라도 필연적 존재증명은 불가능하다. 우리가 지각하고 경험하는 모든 관념은 시간에 따라 언제든지 변할 수 있는 가능성 위에 올려져 있기 때문이다. 하지만 라이프니츠의 모나드는 정신적 실체로서 필연적으로 실체의 원인이며, 실체 그 자체이다. 라이프니츠의 모나드는 자연의 진정한 실체이며, 모든 사물의 구성원인이다.

인간의 행동은 소통의 의지에 따라 선이 되기도 하고 악이 되기도 한다. 선과 악은 소통의 방향에 따라 서로 다른 결과를 보여주기 때문이다. 삶에 있어 인생의 항로가 예측되어지거나 예정되어 있다면, 그 길에서 방향을 찾으면 된다. 하지만 인간의 삶은 마음과 소리처럼 정해진 방향이 없다. 방향이 없다는 것은 자신의 의지에 따라 방향이 결정된다는 것을 의미한다. 삶의 방향도 이와 같다. 각박한 자본주의 사회에서 행복하고 아름답게 세상을 살아가는 것은 마음과 소리가 들려주는 자연의 소리에 귀 기울이며 자신을 찾아가는 것이다.

39

인간의 경험과 오성

경험은 인간 지식의 근원이며 관념을 형성한다

삶에 있어 깨달음은 자각하는 것이다. 자각이란 자신의 형편이나 처지를 스스로 깨달아 내면의 마음가짐을 바르게 하는 것이다. 하지만 내면의 마음을 정갈하게 하는 것은 쉬운 일이 아니다. 마음이란 편한 것, 좋은 것, 많은 것을 추구하는 속성이 있기 때문이다. 일상적으로 사람들은 자각의 길보다 풍요의 길을 택한다. 풍요는 물질의 혜택을 가져다주며, 삶을 편리하게 하기 때문이다. 하지만 인간의 생각이 자연의 꽃봉오리처럼 향기를 발하면, 삶은 물질로부터 벗어나 정신적 풍요를 가져온다. 인간의 정신에 가장 편안한 영향을 주는 것은 자연이다. 자연은 스스로의 상태를 간직하며 내면의 아름다움을 표현한다. 세상의 모든 것 중 스스로 아름다운 것은 자연뿐이다. 자연은 모든 아름다움의 근원이며 인간과 함께 세계에 존재한다. 자연의 존재는 인간을 살아 있게 하며, 삶의 의미를 깨닫게 한다. 하지만, 인간은 때때로 자연의 소중함을 망각하고 산다. 이러한 망각 속에 인간과 자연의 갈등이 있다. 인간이 자연을 이해하고 사랑하기 위해서는 오성의 마음으로 자연을 바라보아야 한다. 오성은 자연의 본질을 이해하는 인간의 올바른 이성이다.

오성Human Understanding이란 인간이 알고 있는 모든 것이며 관념이다. 관념은 개념, 종, 이성에 의해 의미되는 것으로서 마음에 사용되는 사고의 모든 것이다. 오성은 1689년 존 로크John Locke의 『인간 오성론』*Essay Concerning Human Understanding*에서 나온 개념으로 인간의 지성이나 사고의 능력을 말한다. 인간이 알고 있는 것은 무엇이며, 무엇에 근거하여, 그것이 진리라고 생각하는가? 이러한 사고와 판단의 근거는 인간의 경험에 의존한다. 경험은 인간 지식의 근원으로서 관념을 형성한다.

로크는 『인간 오성론』의 목적을 인간 지식의 기원과 확실성에 두고 인간이 갖게 되는 신념과 견해에 대해 탐구했다. 로크는 데카르트의 본유관념에 대해선 부정적 입장을 취했다. 인간의 오성에는 대상에 대한 본유적 개념들이 존재한다. 본유에 대한 개념은 원초적 개념 또는 공통 개념으로 사람의 마음에 기억되어 있는 선천적인 것이다. 만약 본유관념에 대한 생각이 가설을 통하지 않고도 설명될 수 있다면, 본유관념에 대한 가설은 불필요한 것이 된다. 로크는 인간 오성을 통해 경험하지 못하고 의식하지 못한 명제는 인간의 의식 속에 있을 수 없다고 보았다.

로크는 본유관념의 가설을 지식의 범주에 넣지 않고 어떻게 관념이 마음에 남게 되는 것인가에 대해 질문했다. 그의 질문은, 마음이 무엇으로부터 이성과 지식의 관념들을 형성하는가에 대한 것이었다. 이러한 질문의 대답으로 로크는 경험을 제시했다. 그는 우리가 알고 있는 모든 지식은 경험으로부터 시작하여 경험을 통해 관념을 갖게 된다고 보았다. 인간의 관념은 감각과 경험으로부터 유출되며, 지각을 통해 관념을 산출한다. 지각으로부터 도출된 관념은 대상에 대한 마음의 상태를 기록한다. 오성에 대한 그의 생각은 감각적 경험으로부터 나오는 관념의 형성 때문이다.

인간의 마음에 남아 있는 관념은 단순관념과 복합관념으로 구분된다. 단순관념은 인간의 감각기관을 통해 받아들여지는 수동적 관념이다. 이러한 관념은 인간의 오감을 통해 얻어지는 관념으로 빛과 색은 시각을 통해 인식하고, 장미꽃의 향기는 후각을 통해 인식하는 관념이다. 로크는 이러한 단순관념을 감각기관의 관념이라고 하였다. 단순관념은 비복합적이며 단일 현상으로서 심적 개념만을 갖는 관념을 말한다. 단순관념에 비해 복합관념은 정신을 통해 형성된 개념이다. 특히, 복합관념은 단순관념의 종합을 통해 형성된다.

로크는 관념을 정신 앞에 있는 대상으로 인식한다. 하지만 그 대상은 물리적 대상을 넘어 물리적 대상을 표상한다는 점에서 정신 앞에 있다. 로크는 관념을 단순관념과 복합관념으로 분류하면서 관념의 원천이 감각과 반성에 있다는 점을 강조한다. 우리가 정신 속에 가지고 있는 모든 관념은 단순관념이 복합화되어 생겨난 관념이고, 감각과 반성만이 그것의 대상을 진실되게 보여준다. 인식의 주체인 인간은 정신을 통해 단순관념으로부터 시작하여 복합관념을 만들어 낸다.

로크는 복합관념이 생겨나게 된 공통된 공간을 팽창이라고 했다. 팽창은 단순관념이 복합화되어 결합되어지고 이를 통해 팽창 공간이 된다. 공간은 시간과의 관계에서 생겨난 표상으로 시간에 따른 관념의 오류를 반성하며, 연속의 관념을 제공한다. 시간과 공간의 연속 개념은 관념의 거리를 만들며, 이러한 거리의 연속성은 지속으로부터 나온다. 지속은 시간에 따른 차이의 개념으로서 연속성 속에 있다.

로크는 단순관념의 혼합양태가 복합관념으로 변화하는데는 세 가지 방식이 있다고 보았다. 첫 번째 방식은 대상에 대한 인식으로 경험과 대상의 관찰을 통해서이다. 두 번째 방식은 단순관념들을 임의의 방식을 통해 종합하고 얻어내는 관념이다. 세 번째 방식은 인간의 이성이 갖는 가장 높은 방식으로 그동안 경험하지 못한 개념들을 설명할 수 있는 관념이다.

로크는 단순관념의 결합으로 만들어진 복합관념을 양태, 실체, 관계의 관념으로 정의한다. 관념은 마음의 지각, 사고, 경험, 오성의 모든 것을 포함한다. 이렇게 생겨난 관념은 마음을 통해 산출되며 마음으로부터 산출되는 성질을 실체의 관념이라고 한다.

로크는 인간의 관념이 갖는 마음의 표현을 산출이라고 말하며, 관념을 제1성질과 제2성질로 구분한다. 제1성질은 물체 자체가 가지고 있는 고유한 성질로서 연장, 운동, 수, 정지의 성질을 포함한다. 제1성질은 물체가 가지고 있는 본질 속에 있으며, 인간의 인식능력에 대해 독립적으로 존재하는 성질이다. 제2성질은 물질적 대상을 포함하며 물질을 이루는 속성들 내부에 있는 성질로서 인간의 감각기관을 통해 획득되는 성질이다. 이렇게 제2성질로 생겨난 관념들은 주관적이며, 색깔, 냄새, 맛 등을 알 수 있는 성질이다.

로크는 단순관념과 복합관념이 산출되는 것을 원인이라고 하고, 산출되어진 결실을 결과라고 했다. 원인과 결과는 대상의 관념이 정신 속에 내포되어 있는 것이다. 이러한 원인과 결과는 대상의 관찰과 경험에서 얻어진다. 나무에 불이 붙으면 불은 발생원인이 되고, 타버린 나무는 원인의 결과가 된다. 세계의 모든 결과는 원인으로부터 시작되며, 복합관념의 원인은 단순관념으로부터 생겨난다. 로크는 이러한 원인의 이유를 지각의 결과로 보았다. 그는 어떤 것을 지각하지 않고 그것을 인식한다는 것은 불가능하다고 했다. 인식은 지각을 통해 의식으로 주입되고, 주입된 의식은 관념으로 남는다. 로크는 관념의 기호로서 낱말을 제시한다. 낱말은 사물의 대상을 설명하는 관념의 기호이다.

관념은 공통적 기호를 개별적 기호로 해석한다. 사물의 기호인 관념과 낱말은 동일한 것을 지시하며 해석에 대한 차이를 가지고 있다. 사물을 나타내는 기호는 관념을 형성하고 관념은 사물을 지시한다. 인간의 지식은 서로의 약속에 의해 정해진 언어의 영향을 받으며 관념의 기호로 작용한다. 언어는 사회적 약속을 통해 사물의 대상을 기호화한다. 언어의 사용 용어는 관념의 감각적 인식이 포함되어 있다. 언어가 나타내는 관념은 사물의 대상을 적절하게 표현하며 관념화시킨다. 언어가 가지고 있는 기호의 관계는 관념을 통해 의사소통으로 사용된다. 언어의 지시는 의사전달의 명확성을 확보하는 것처럼 보이지만 해석에 있어 많은 차이를 가지고 있다. 이러한 이유는 언어의 불완전성으로부터 나온다. 만약 사과의 관념 속에 사과의 보편성이 들어 있다면, 사과의 보편자는 명확하게 설명된다. 하지만 사과의 관념은 해석의 과정에서 보편자의 성질을 벗어나 개별자로 전락해 버린다.

로크는 사물의 본질을 해석하는데 있어 두 가지로 해석한다. 첫째는, 사물의 본질이 무엇인지를 모르면서 그것에 대해 질문하고 알아가려는 지식이며, 둘째는, 직관을 통해 사물의 본질에 도달하려는 것이다. 자연의 대상인 사물의 속성은 본질로부터 시작하여 다수의 관념 속에 매몰되어 있다. 로크는 이러한 관념의 접근을 불완전한 산출이라고 했다. 그는 불완전함에서 흘러나온 관념을 가설에 불과한 것으로 보고 본질에 들어갈 수 없는 지식이라고 했다.

인간의 지식은 어떠한 원인과 결과에 대해 옳고 그름을 판단하는 관념의 산출을 통해 나온다. 관념은 대상의 일치와 불일치를 판단하며, 동일성과 다양성의 논리가 개입된다. 어떠한 속성에 관해 판단 근거가 되는 관념은 판단 주체에 따라 서로 다른 상대적 결론에 도달할 수 있다. 이러한 결과는 인간의 경험과 관념의 해석이 서로 다른 상대성을 가지고 있기 때문이다. 로크는 지식의 형태에 있어 동일성과 공존은 모두가 관계적으로 작용한다고 보았다. 지식은 관념들 사이에서 일치나 불일치를 지각하는 관념의 관계들이며, 대상의 동일성을 결정할 뿐이다. 대상의 동일성은 실체의 인식에 있어 지식의 근거가 되지만 본질은 아니다. 사물에 대한 본질은 지식의 범위를 넘어 본질을 바라보는 직관에 있다. 이러한 직관은 지식의 한계를 넘어 가장 높은 단계의 본질 인식이다. 로크는 인간의 지식은 사물의 실재에 미치지 못할 뿐 아니라, 이성의 근거인 관념에도 미치지 못한다고 보았다.

로크는 지식의 관계를 직관적·논증적·감각적 지식으로 구분했다. 지식은 어떤 것에 대해 감각적으로 지각하고, 그것을 논증적으로 해석하여 지식의 범주에 포함시키려 한다. 하지만 이러한 논증적 지식은 상대적이며, 제한적 지식에 들어간다. 직관적 지식은 본질을 바라보는 정신적 지식으로 논증적·감각적 지식에 비해 좀 더 본질적이다. 우리는 대상의 속성이 세계에 존재한다면, 그것의 경험을 통해 관념적 지식에 도달할 수 있다. 만약 지식의 직접적인 대상이 관념이라면, 판단은 관념에 의해 산출되며, 대상의 실체는 사물의 경험을 통해 얻게 된다.

실체의 본질적 속성은 직관에 의해 인식되며, 신의 존재는 이러한 논증을 통해 실체화되어진다. 어떤 대상이 실체의 질문에 대답하는 것은 일차적으로 지식을 통한 경험에 의해 가능하며, 본질적 실체의 인식은 두 번째의 단계인 직관을 통해 이루어진다. 세계의 존재 문제에 있어 실재하는 대상의 존재를 받아들이지 않는다면 실체의 관념은 생겨날 수 없다. 존재하는 모든 것, 세상에 근거하는 모든 것은 있는 것으로부터 있는 것이 생겨난다. 만약 있지 않는 것을 있다고 하다면 그것은 불가능하다. 로크는 경험에 의해 형성되는 관념은 있는 것으로부터 형성된 관념이라고 보았다. 관념의 대상인 사물이 있으면서 있지 않다고 말하는 것은 불가능하다고 했다.

인간의 마음은 너무나도 많은 것을 담을 수 있기 때문에, 마음의 크기에 따라 인간의 모습도 달라진다. 한편으로는 선하고, 한편으로는 악한 두 개의 마음이 인간의 마음속에 자리 잡고 있는 것은 신의 얄궂은 장난이 아니라, 인간의 마음이 흔들리는 갈대처럼 유동적이기 때문이다. 인간은 스스로의 삶을 선택할 수 있고, 헤쳐 나갈 수 있다. 하지만 삶의 선택은 그것을 받아들이고 판단할 수 있는 오성의 올바른 사용에 의해 달라진다.

세계 속에 홀로 선 우리의 모습은 연약한 갈대처럼 바람에 휘날리며 고독해한다. 세상을 향해 불어오는 거센 바람은 거대한 나무와 집들을 무너뜨리고 그것들은 흔적도 없이 사라져 버린다. 하지만 나약한 갈대의 존재는 거센 바람을 이겨내고 홀로 선다. 아무리 거센 바람도 그 순간이 지나고 나면 평온의 상태로 되돌아온다. 인간의 평온은 마음에 근거하며, 마음은 이성적 사고에서 생겨난 관념이다. 마음과 관념은 하나이며 동일한 것이다. 관념은 마음과 함께 하나의 오성을 통해 인식한다. 오성은 인간의 경험을 바탕으로 한 이성이며, 관념이다.

오성을 통한 이성의 깨달음은 자신의 존재의식을 깨우는 외침이다. 세계 속에 홀로 선 고독한 인간이여! 잠들어 있는 자아를 깨우고 세계 속으로 나아가자! 세계는 그대 때문에 존재하고, 세계의 주인은 참된 이성이 된다. 어둠 속에 버려진 이성의 그림자를 태양 빛 아래로 끌어내어 나의 주체, 나의 존재, 나의 삶을 일깨우자.

40

:

존재하는 것은 지각되는 것이다

삶의 지각은 삶의 존재가치를 발견하는 것이다

인생에 있어 삶이란 무엇인가? 이에 대한 질문은 삶의 가치를 묻는 질문이다. 삶의 가치는 세상 어느 것보다 소중하고 귀한 것이기 때문에 타자에 의해 평가받는 것이 아니라 자신에 대해 질문하는 것이다. 세계의 주체로서 삶을 살아가는 우리는 진정한 삶의 가치를 자각해 보아야 한다. 삶의 지각은 삶의 존재가치를 발견하는 것이다. 삶의 존재가치는 삶의 주체로서 세상을 살아가는 것이다. 하지만 삶의 방식이 모두 똑같은 것은 아니다. 인간의 삶을 자세히 들여다보면 다양한 삶이 존재한다. 다양한 삶은 생각과 행동에 따라 지각되는 것이 다르다. 일상적 인간은 살기 위해서 일하고, 본질적 인간은 행동하기 위해 일한다. 행동은 경험적 지각의 원인이다. 지각은 행동의 원인을 인식하고 그것을 통해 관념을 형성한다. 관념은 경험에 의한 지각의 결과로 나타난다.

삶의 문제는 단순한 생존의 문제를 넘어 가치의 문제이다. 삶의 가치를 평가받기 위해서는 삶의 지각이 중요하다. 삶의 올바른 방식은 올바른 눈을 통해 세상을 바라보고 직시하는 것이다. 삶을 직시하는 자세에는 3가지 규칙이 있다. 첫째는 시간의 소중함을 아는 것이고, 둘째는 행복의 의미를 아는 것이며, 셋째는 만족의 의미를 아는 것이다.

첫 번째 규칙 중 시간의 소중함은 그 어떤 것과 비유될 수 없는 삶의 근본 요소이다. 세상 모든 것은 시간 안에 존재한다. 시간은 이러한 존재의 근본 원인이다. 하지만 인간은 가장 소중한 근본 원인을 쉽게 망각해 버리고, 다른 것에서 무엇인가를 찾으려 한다. 하지만 인간이 찾는 본질은 무엇인가? 그것은 물질적 시간이 아니고 본질적 시간이다. 우주의 원리이며 신의 섭리인 시간은 어떠한 물질적 시간을 추구하지 않는다. 시간의 본질은 정신적 시간만을 추구한다.

인간에게 주어진 시간은 한정되어 있다. 그것을 운명이라고 한다. 운명은 태어날 때 예측의 시간 안에서 태어난다. 하지만 그 끝은 누구도 예측할 수 없다. 인간에게 있어 시간의 끝은 죽음뿐이다. 삶의 의미는 죽음의 문턱을 넘기 전에 행해진 시간과의 관계이다. 죽음은 그 끝을 이야기하는 것이기에 불안하고 두렵다. 죽음은 언제, 어디서, 어떻게 인간에게 올지 모른다. 이러한 예측불허의 시간성이 인간을 불안하게 만든다. 따라서 인간은 살아 있는 순간의 시간을 소중하게 살아야 한다. 하루하루를 잘 사는 것은 인생을 잘 사는 것이며, 시간의 소중함을 아는 사람이다. 이러한 사람은 삶의 의미를 생의 보람으로 살아가는 사람이다. 하지만 어떤 사람들은 시간의 소중함을 모른 채 물질적 삶에서 헤어나지 못한다. 그런 사람들은 살기 위해서 먹는 것이 아니라 먹기 위해서 사는 사람처럼 물질적 시간에 집착해 버린다.

물론, 인간이 사회생활을 하기 위해서는 기본적 욕구인 의식주를 해결해야만 한다. 이러한 욕구를 충족하기 위해서는 반드시 적당한 시간을 투자하여야만 한다. 이러한 노력이 있어야만 인간의 기본 욕구를 해결할 수 있다. 인간의 기본 욕구를 해결하기 위해서는 반드시 노동이 동반되어야 한다. 하지만 노동이 물질을 탐하거나 욕심으로 발전하면 삶의 가치를 변질시켜 버린다. 아무리 많은 풍요로움도 죽음 앞에선 부질없고 허무하다. 삶에 있어 진정한 시간의 의미를 되새기는 것은 인생을 올바르게 살아가기 위한 첫 번째 요소이다.

삶의 자세 중 두 번째 규칙은 행복의 의미를 아는 소소함에서 시작된다. 아침에 일어나 떠오르는 태양을 바라볼 수 있는 것과 숲속에서 불어오는 상큼한 공기를 마실 수 있는 사람은 행복한 사람이다. 아침에 눈을 떠 가족과 함께 식사할 수 있는 것은 소소한 일상처럼 보인다. 하지만 이러한 일상은 단순한 일상이 아니라 삶을 가장 행복하게 만드는 시간이다. 만약 이러한 일상이 어떠한 사건이나 상황으로 그것을 맛볼 수 없는 상태가 되면 비로소 무엇이 행복인지를 알게 된다. 가장 단순하고 사소한 것들처럼 보이는 많은 것들이 인간의 삶에 있어서 가장 소중한 것이라는 것을 아는 것은 진정한 행복이 무엇인지를 아는 것과 같다. 사람들은 행복을 굉장한 어떤 것으로부터 찾으려 하지만 행복은 소소한 일상에 이미 존재하고 있다. 사람들은 그것을 알지 못하고 있을 뿐이다.

우리들의 일상을 자세히 들여다보면 이루 말할 수 없는 행복의 요소들이 존재한다. 두 발로 걸을 수 있다는 것, 자신의 의지로 숨 쉴 수 있다는 것, 친구를 만날 수 있다는 것, 맛난 음식을 먹을 수 있다는 것 등 이루 말할 수 없는 행복의 순간들이 우리 곁에 있다. 우리는 위와 같은 행복의 조건들을 이미 가지고 있으면서도 그것을 알지 못하고 있다. 이러한 사실이 우리를 슬프게 한다. 행복은 이미 우리 곁에 있다. 하지만 우리는 그것을 알지 못할 뿐이다. 그것을 알지 못한다는 것만큼 불행한 일은 없다. 삶의 의미에 있어 행복은 하루를 살아가는 가장 사소한 일상 속에 있다. 이러한 일상의 발견은 콜럼버스가 신대륙을 발견하는 것보다 더 소중한 일이다.

삶의 자세 중 세 번째 규칙인 만족의 의미를 아는 것은 삶을 올바르게 만드는 조건이다. 우리의 마음은 우주와 같아 세상 그 어떤 것으로도 채울 수 있다. 비록 그것이 물질이든 비물질이든 그것을 우리의 마음에 채울 수 있다. 이러한 채움의 무한성은 인간이 행복할 수 있다는 것을 말해준다. 무한한 마음속에 무한한 행복을 채우는 것은 커다란 이상을 버리고 사소한 자신의 일상을 발견하는 것이다. 만약 우리의 마음이 조그마한 것에도 감동한다면 세상은 행복한 일들로 가득할 것이다. 이처럼 행복은 수많은 연결고리로 연결되어 있다. 하지만 세상 모든 것을 다 주어도 만족하지 못하는 사람은 불행한 사람이다. 이들의 영혼 없는 채움은 자신의 육신뿐 아니라 정신까지 병들게 한다.

삶의 끝자락에서 죽음이 도래하고 있다는 것을 아는 현명한 인간은 조그마한 것에서도 쉽게 만족한다. 하지만 만족을 모르는 타락한 영혼은 어떠한 것을 채워줘도 그것에 만족할 줄을 모른다. 만족을 모르는 사람은 자신의 몸이 죽어가고 있다는 것도 모르고 살아간다. 이러한 사람은 정신이 타락하여 쏟아져 들어오는 물질에 갇혀 버리게 된다. 결국, 이러한 사람에게 남는 것은 깊은 수렁에서 허우적거리다가 삶을 마감하는 것이다. 이러한 사람에게 필요한 것이 삶의 의미이다. 삶의 의미를 아는 것은 삶의 의미를 자각하는 것에서 시작된다. 삶의 자각은 현재의 시간에 만족하는 것이다. 아무리 좋은 이상이나 꿈을 가지고 있더라도 그것을 자각하지 못한다면 그러한 사람은 살아 있다고 할 수 없다. 사람이 행복한 삶에 적응하기 위해서는 반드시 살아 숨 쉬는 인간이어야 한다. 살아서 숨 쉬는 인간은 커다란 이상과 꿈을 가지고 있는 사자보다 행복하다. 행복은 살아 있어야만 비로소 느낄 수 있기 때문이다.

영국의 경험주의 철학자 조지 버클리George Berkeley는 세상의 모든 "존재는 지각되는 것Esse est percipe"이라고 했다. 그는 인간이 경험하는 모든 것은 지각하는 한에서 관념이고, 존재이고, 실체라고 보았다. 생각하는 인간으로부터 지각하는 인간으로의 진화된 개념은 실체의 의미를 살아 숨 쉬는 인간의 지각에 돌렸다. 버클리는 감각적 대상들이 지각하는 마음에 의존한다는 주장을 펼친다. 그는 존재의 문제에 대해 정확한 분석의 필요성을 제기했다. "존재는 지각되는 것"이라는 결론을 통해 감각적 대상이 존재한다고 말할 때 존재는 분석의 결과로 나타나는 관념 안에 있다. 관념은 마음으로부터 벗어나 존재할 수 없다. 물질적 대상들은 관념들의 집합으로 환원될 수 없다. 지각은 물질적 대상으로부터 얻어지는 경험이다. 관념은 마음과 정신에 의해 현존하는 실체의 개념이다.

관념의 형성에 주요한 역할을 하는 감각적 지각은 시각과 촉각에 의존한다. 시각적 관념들은 촉각의 관념을 통해 실체의 지각에 들어선다. 시각은 불완전한 현상에 현혹될 수 있기 때문에 촉각과 함께 지각되어야 한다. 시각과 촉각은 필연적 관계가 없으면서도 상대적으로 지각의 관념을 형성한다. 버클리는 실체의 대상이 되는 사물들이 우리와 떨어져 있어도 그것은 마음 안에 있으며 지각 밖에 있는 것이 아니라고 보았다. 지각의 대상은 이미 지각된 것이며 경험에 의해 관념화되어 정신 안에 있다. 정신은 시각적 대상의 관념을 마음 안에 지각시키고, 마음 밖에 있는 대상들을 언어로 표기하는 기호와 상징이다. 우리가 영혼과 대상의 기호를 명확하게 정의할 수 없는 것은 인간의 사고가 갖는 불완전성 때문이다.

사물의 대상을 지각하는 것이 단지 사물들이라고 생각한다면 실체의 관념은 무의미하다. 그러나 물질적 실체라는 용어가 갖는 의미는 현상의 기초가 되는 어떤 것을 말한다. 사과의 실체를 대변하는 물질적 실체는 감각적 사물의 관념을 형성하는 대상으로서 지각된다. 따라서 감각적 사물은 지각되는 것이다. 버클리는 추상적 일반관념을 부정한다. 개념적으로 고려되는 하나의 관념이 동일한 대상을 모두 포함한다는 것은 실체의 의미를 희석시켜 버린다. 만약 사과의 보편성이 절대적이고 명확하다면 그것은 사과를 포함하는 대상의 전부이어야 한다.

관념은 감각적 사물의 관계에서 지각에 의해 성립되는 의미의 실체이며, 사물의 대상은 지각과 독립해서 존재하지 않는다. 따라서 존재는 지각되는 것이다. 존재가 지각된다는 것은 지각하는 시간과 경험에 의한다. 버클리의 존재론에서 지각은 감각적 사물들 또는 대상들의 지각을 의미한다. 그러므로 존재는 지각되는 것이거나 지각하는 것이다. 지각되는 사물의 대상은 관념이거나 관념의 집합이다. 버클리는 관념을 감각으로부터 얻어지는 경험적 사고라고 했다. 경험과 사고는 관념을 형성하는 지각에 의해 형성된다. 버클리는 존재가 되는 감각적 사물들에 대한 경험과 관념은 지각을 벗어나서는 존재할 수 없다고 보았다.

버클리는 물질적 사물의 대상이 마음에 의존하지 않고 존재한다는 것은 무의미하다고 보았다. 인간의 마음에 관념화되지 않는 사유의 대상은 추상적이며 실체의 논쟁에서 무의미하다. 사유되지 않는 사물의 대상이 절대적으로 존재할 수 있다고 주장하는 것은 모순을 포함한다. 사물은 존재하며 본성을 포함하고 있다. 이러한 관계는 지각에 의해 관념화된다. 관념은 사물의 지각에 의해 생겨나지만 사물의 대상은 관념 밖에 있기 때문에 지각을 통하지 않고는 생겨날 수 없다. 버클리에게, 관념이라고 부르는 것들은 사물이 아니지만 관념은 사물을 통해 생겨난다. 관념은 관념 자체를 포함하지 않고서 실체를 말할 수 없다. 관념을 지각한다는 것은 감각적 사물의 심상을 지각하는 것이 아니고 감각적 사물의 대상을 지각하는 것이다. 따라서 관념은 감각적 사물 그 자체인 것이다.

지각하는 정신은 능동적이며 관념을 생산한다. 정신은 사물의 대상을 지각하면서 마음속으로 들어오고, 그 속에서 정신과 함께 관념이 된다. 관념을 담고 있는 정신은 분할될 수 없는 실체이며 능동적 상태이다. 마음은 독립적으로 존속할 수 없으며 정신적 실체에 의지하기 때문에 관념과 구분된다. 관념은 지각된 보편적 관념을 산출하거나 그것들에 대해 작용한다. 이러한 작용을 의지라고 한다. 따라서 지각되지 않는 관념이란 있을 수 없다. 감각적 대상으로서 정신적인 것과 물질적인 것은 구분되어야 한다. 정신이란 마음으로부터 나오는 생각과 외부로부터 들어오는 지각을 모두 포함한다. 대상이 존재한다는 것은 명백하다. 대상의 관념은 지각되며 지각되는 대상도 관념 안에 있다.

버클리는 신의 존재를 다음과 같이 표현한다. 자연에 존재하는 대상의 사물들은 실제로 존재한다. 만약 사물의 대상이 존재한다면 그것들은 필연적으로 무한한 마음에서 지각되는 것이다. 사물의 대상을 지각하는 무한한 마음이 바로 신이다. 우리가 지각하는 모든 감각적 대상들은 매순간 변하며 우리에게 영향을 미치는 마음속에 있다. 마음의 내부에는 존재하는 어떤 다른 것들이 존재한다. 사물의 존재를 믿는 것은 신의 존재를 믿는 것이며, 신은 곧 사물을 통해 지각된다. 만약 우리가 감각적 대상의 사물들에 대해 부정한다면 신은 부정된다. 그러나 우리의 지각은 경험을 통해 정신으로 인식하며 사물의 원인으로서 신을 인정한다. 감각적 사물의 대상은 신 안에서 원형적이며 영원한 존재이다. 사물의 대상이 신 안에서 영원하다면 그것은 보편적으로 영원한 것이다. 신의 창조는 사물의 대상을 지각의 관념으로 받아들일 때 비로소 가능하다.

버클리의 "존재는 지각되는 것"이라는 명제는 신의 존재를 논증적으로 설명하는 것이다. 그의 지각적 현상론은 크게 두 가지로 구분된다.

첫째, 감각적 사물의 대상은 우리가 어떤 것, 무엇이라고 지각할 수 있는 현상이다. 둘째, 감각적 대상의 사물들은 관념들 안에 내포되어 있다. 존재의 지각에서 존재는 생각되는 관념과 같다. 존재의 문제에 있어 오직 정신만이 참에 대한 문제를 바라보는 능동적 동력이다. 버클리의 존재론에 있어 지각에 대한 감각적 사물들의 실체는 지각 속에서 파악될 뿐 추상적 생각에서는 파악될 수 없다. 인간의 삶도 지각하는 자아 속에 모든 행복과 불행이 교차하는 것이므로 삶의 행복도 지각되는 것이다. 지각은 물질의 대상을 넘어 인간의 마음에 내재되어 있는 정신적 실체로서 관념이다.

41

인상과 관념

관념의 한계를 넘어 구름처럼 살고 싶다

자연 상태에서의 구름은 자유이며 명예이다. 자유를 추구하는 구름은 정체되어 있지도 않고 하나의 형상만을 추구하지도 않는다. 구름은 수시로 변하며 다양한 모양으로 자연을 이롭게 한다. 구름은 비를 만들어 내어 세상의 모든 생명체를 살아 있게 한다. 지구상에 살아 있는 모든 생명체는 구름에 의존한다. 구름은 살아 있는 생명체이다. 물이 고이면 썩는 것처럼 구름도 정체되면 썩는다. 하지만 구름은 정체된 적이 없다. 자유를 갈망하는 선지자의 열망처럼 구름은 항상 자유를 향한다. 세상에서 가장 가벼운 것 중 하나인 구름은 자신의 몸을 가볍게 하여 자유를 찾는다. 자유는 구름처럼 가벼운 것이며 정체되지 않고 변화하는 것이다. 형상을 가지고 있으면서도 가장 자유롭게 자유를 찾는 것이 구름이다. 구름은 명예를 소중히 생각하기 때문에 스스로를 가볍게 한다. 스스로를 가볍게 하는 것은 집착이 없다는 것이다. 집착은 무엇인가를 채우려는 것이며 집착으로부터 번뇌가 생겨난다. 하지만 구름은 채우려

하지 않고 잡으려 하지도 않는다. 구름은 세상의 모든 것을 탐하지 않는다. 구름은 비움을 통해 깃털처럼 가볍다.

인간이 명예롭게 사는 것은 구름처럼 사는 것이다. 구름처럼 사는 인간은 부귀영화를 원하지 않는다. 구름 같은 인간은 명예를 소중하게 생각하며 구속으로부터 벗어나 구름처럼 가볍게 살려 한다. 하지만 인간은 구름의 미덕을 알지 못하고 반성 없는 질주를 계속한다. 인간의 질주는 멈출 수 없는 욕망으로 뜨겁게 타올라 재만 남기게 된다. 구름은 질주의 시간을 멈추게 하고 뒤를 바라볼 수 있는 반성의 시간을 제공한다. 인간의 반성은 관념의 시간을 되돌리려 한다. 관념의 시간은 단순한 삶을 통해 완성된 삶으로 나아간다. 인간의 정신이 관념을 통해 완성되는 것은 비움으로부터 시작된다.

관념은 인상의 반영이며 본질이다. 관념은 반성의 시간을 갖는다. 반성은 사물의 추상적 실체에서 벗어나 인상을 통해 관념화된다. 데이비드 흄David Hume은 인상을 두 가지로 분류한다. 하나는 감각으로부터 얻게 되는 인상이고, 다른 하나는 반성으로부터 생겨나는 인상이다. 감각을 통한 인상의 발생은 지각의 결과를 가져온다. 사과를 보면 마음속에 사과의 신맛이 느껴지고 침을 흘리게 되는 것은 인상을 통한 사과의 신맛이 관념에 배어 있기 때문이다. 인상의 경험은 사과의 신맛을 통해 침샘을 자극하고 관념화시킨다. 이처럼 우리의 정신은 신맛의 관념을 통해 사과의 개념을 정립시킨다.

반성은 감각을 통해 얻게 된 인상이나 관념이 인간의 의식을 자극하여 전면에 떠오르는 것을 말한다. 우리의 의식이 인상과 관념으로부터 또 다른 인상을 받게 되면 인상은 이전 관념과 합쳐져서 또 다른 감정을 갖게 된다. 이러한 감정이 반성이다. 흄은 이러한 반성의 인상을 예술의 아름다움에 비유했다. 아름다움에 대한 보편적 관념은 반성으로부터 생겨난 인상이다. 반성적 인상은 두 가지로 구분된다. 첫째, 예술 작품을 통해 얻게 되는 아름다움과 추함의 감각이다. 아름다움과 추함은 예술을 바라보는 인간의 내면에 나타나는 감정이다. 인간의 내면은 비극적 예술의 대상을 통한 반전을 보여준다. 윌리엄 셰익스피어William Shakespeare의 햄릿이 그러한 예의 하나이다. 비극은 추한 인간의 욕망을 보여주며, 이를 통해 인간은 반성의 눈물을 흘리며 마음의 정화를 가져온다. 이러한 반성은 인간을 추함으로부터 선함으로 이끄는 정신을 만들어 낸다. 둘째, 사랑이나 미움의 감정이 정념을 통해 나타나는 감정이다. 반성적 인상이 갖는 정념은 인상에 속하는 정서의 일종이다. 반성적 인상은 차분한 상태와 격렬한 상태로 구분되며, 이러한 구분에 따라 정념은 반성의 인상을 만들어 낸다. 흄은 차분한 반성적 인상을 정서라고 말하고 격렬한 반성적 인상을 정념이라고 말했다.

데이비드 흄은 인간의 본성이 어떻게 학문에 관계하는지 묻는다. 학문은 진리를 추구하고 참과 거짓을 구분하며, 판단을 제공한다. 그는 학문의 올바른 체계를 정립하고자 하였다. 학문의 올바른 체계 속에는 인간의 오성이 있다. 인간의 오성은 기존 형이상학이 추구하였던 오류를 극복하는 것이다. 흄은 인간의 오성이 어떻게 정립되는지를 연구했다. 그는 버클리에 의해 생겨난 지각의 관념은 인상으로부터 시작된 관념이라고 보았다. 흄은 관념을 사유와 추론에서 산출된 인상의 모사라고 보았다. 이러한 인상의 모사는 심상으로 남으며 관념을 형성한다.

인간의 정신은 인상과 관념으로 나뉜다. 우리의 정신 속에 인상이라는 것이 처음으로 등장하게 되는 것은 우리가 경험하는 모든 감각들과 정념들 속에 포함되어 있는 감정들이 심상으로 기록되기 때문이다. 관념이란 인간이 갖는 사유나 이성적 추론 안에 내재되어 나타나는 희미한 이미지이다. 인상은 언제나 관념들보다 먼저 대상을 인식한다. 그리고 관념은 형성된다. 장미에 대한 관념의 형성은 장미에 대한 인상이 체험되어진 후 발생하게 된다. 장미의 관념이 먼저 생겨나고 장미를 인식하게 하는 구조는 생겨날 수 없다. 이러한 인식의 구조는 인상과 관념을 통해 우리의 심상에 나타난다.

심상은 인간이 경험하고 체험한 인상으로부터 나온다. 따라서 인상은 관념보다 선행된 개념임에 틀림없다. 하지만 인상과 관념은 분리될 수 없는 하나의 과정이다. 이것은 구름이 물로 변하는 것과 같다. 인간의 생각은 구름과 같아 심상의 종류에 따라 관념의 개념이 바뀐다. 이러한 심상을 구성하는 것이 인상이다. 인상은 관념보다 먼저 대상의 이미지를 파악하고 관념으로 다가간다. 로크와 버클리를 통해 시작된 경험론은 데이비드 흄의 인상과 관념을 통해 완성된다. 버클리에 의해 제기된 지각은 흄에 의해 인상과 관념으로 변한다. 흄이 말하는 관념의 형성은 경험의 사건이 되는 인상을 통해 관념화된다. 인간의 모든 지각들은 시간성 안에서 인상이다. 모든 원인에 의해 제기된 사건은 인상에 의해 관념화된다.

인간의 판단과 지식의 근저에는 관념이 자리 잡고 있다. 관념은 단순한 사건의 인상들이 모여서 판단의 근거가 된다. 이러한 인상의 개별성을 단순 관념이라 한다. 하지만 단순 관념은 인상의 강도에 따라 내재된 심상이 되기도 하고 상상이 되기도 한다. 단순 관념은 인상에 의해 생겨나지만, 단순 관념들이 모여서 이루어지는 복합 관념은 사건들의 나열이며 대상들의 집합이다. 관념은 보편적 심상의 묶음이며 단순 관념들의 경험적 실재가 복합화되어 관념으로 자리 잡는다. 인간의 심상은 감각적 경험을 넘어 추론되며, 이러한 관념을 상상 관념이라 한다. 인상은 관념에 선행하며, 관념은 인상의 선행을 통해 형성된 마음속 심상이다. 관념의 원인이 되는 인상은 대상과 사건에서 시작된다. 인상이 마음속에 자리 잡게 되면 기억이 되고, 기억은 인상의 반복을 통해 관념의 실체들로 작용한다. 관념의 실체들은 인상의 강약에 따라 대상의 관념이 뚜렷하거나 희미하게 나타난다. 이러한 관념의 이중성은 인상에 선행하는 사건의 강약에 따라 심상에 기억되는 강도에 영향을 받는다. 따라서 기억은 인상들과 결합하여 관념으로 표출된다.

인간의 마음은 인상을 받아들이는 과정에서 인상의 뚜렷함이 관념으로 생성된다. 하지만 관념은 인상보다 희미한 기억을 갖는다. 이러한 기억이 관념으로부터 다시 산출될 때 대상의 관념은 살아난다. 기억은 관념으로부터 대상의 이미지를 산출한다. 그리고 관념은 기억의 희미한 상상력을 통해 이미지를 재생산한다. 기억은 단순 관념뿐 아니라 그것들로부터 나오는 순서와 위치까지도 보존한다. 기억과 관념은 대상의 관념이 형성되기 위한 연결선이며 상상 개념은 연결선이 없다. 기억과 관념의 연결선이 없는 상상은 단순 관념들로부터 다른 관념을 끌어당긴다. 이러한 끌어당김은 유연함에서 나오며 단순 관념들을 연결하는 성질을 가지고 있다.

추상적 일반관념의 명제는 마음이 갖는 정도의 확증적 개념을 형성하지 않고서 양과 질의 개념을 형성할 수 없다. 존재하는 모든 대상의 속성은 개별자임에 틀림없다. 개별자의 대상은 인상을 통해 마음속에 자리 잡는다. 관념의 형성은 인상의 모사模寫이며 본질보다 추상적이다. 흄은 버클리의 주장처럼 추상적 일반관념의 존재를 부정한다. 추상적 일반관념이란 대상의 인상을 떠나 선행적으로 마음에 갖게 되는 관념이다. 흄은 기억의 통로들 속에서 연결고리를 발견한다. 기억은 시간과 사건의 터널에 의존하지만 기억이 반드시 인상의 순서에 따라 저장되어지지는 않는다. 단순 관념들의 인상들은 희미한 기억 속에서 시간에 잠들어 버릴 때 상상력을 통해 연결된다. 이러한 상상과 연합의 성질들은 유연한 심상의 힘 때문에 생겨난다.

관념의 세 가지 성질은 유사성, 근접성, 원인과 결과로 나뉜다. 관념의 성질이 이와 같은 유사성과 근접성에 있는 것은 보편적 관념이 보편자의 속성을 지향한다는 점에서 그렇다. 관념은 보편자의 속성을 통해 보편자를 알아차리고, 그것에 관해 판단할 수 있는 관념이 형성된다. 이러한 관념의 형성은 보편자의 속성과 닮은꼴 때문이다. 단순 관념으로 심상에 남아 있는 관념이 연합을 통해 관념으로 자리 잡게 되는 것을 복합 관념이라 한다. 복합 관념은 연합을 통해 관계되고, 단순 관념의 유사성, 근접성, 인과관계에 따라 결정된다. 이러한 관념의 연결은 필연적으로 발생할 수밖에 없는 연결성을 가지고 있다. 관념의 연결에 시간이 존재한다. 인상의 원인이 되는 사건과 결과는 인과율에 따라 결과로 관념 속에 자리 잡는다.

인상에 있어 인과율의 법칙은 대상들과의 관계에서 형성된다. 인상을 통한 관념의 관계는 유사성에서 시작된다. 대상의 사물에 대한 관념은 유사함에서 발견된다. 유사성은 사물이 갖는 종의 유사성이다. 낙타와 사과는 유사성의 개념에서 멀리 떨어져 있다. 하지만 A낙타와 B낙타는 유사성에서 하나의 보편자에 속한다. 그렇지만 A낙타와 B낙타가 보편자인 것은 아니다. 두 마리의 낙타는 낙타의 보편자를 지향할 뿐이다.

흄은 지식의 근원이 되는 학문의 난해함을 벗어나는 유일한 길은 인간 오성의 본성을 면밀히 탐구하는 것이라고 보았다. 인간의 판단이 되는 지식의 난해함을 해결하는 길은 불완전한 이성의 판단을 명확히 할 수 있는 새로운 형이상학의 정립이 필요하다고 보았다. 흄의 인상과 관념은 지각의 직접적인 원인이 된다는 점에서 경험론의 완성이라 할 수 있다. 그는 지각과 관계를 갖지 않고 존재하는 것은 있을 수 없다고 보았다. 지각은 마음에 현존하는 것에서 유래하며 인상과 관념을 제외하고는 어떠한 것도 실재할 수 없다. 지각을 벗어난 어떤 존재도 상상할 수 없다. 만약 지각을 통하지 않고 상상한다는 것은 추상적이며, 어떠한 관념도 갖지 않는 공상에 불과하다. 지각은 감각기관들에 현존하는 심상을 통해 실재의 대상에 접근하고 우리는 그것을 인상을 통해 관념화시킨다.

존재의 문제를 질문하는 형이상학적 태도는 인간이 동물과 다른 하나의 이유라 할 수 있다. 존재는 자본주의 사회에 있어 배부른 질문일 수 있다. 하지만 세상의 근원을 이루는 실체에 대한 단순한 질문 하나가 인간의 문명을 발전시켰다는 것은 분명하다. 인간은 동물과 달리 이성의 실체 속에서 자신을 반성하며 살아가는 생명체이다. 반성 없는 인간은 욕망으로 가득 채워진 오류를 범하게 된다. 나약한 인간의 굴레에서 벗어나 삶의 본질을 찾아가는 길에서 사색의 눈으로 저 하늘의 구름을 보라. 구름을 보며 느끼는 지각은 인상이 되고 관념이 된다. 단순 관념 속에 형성된 구름은 지유이며 명예이다. 관념의 형성은 구름처럼 부드러운 인상으로부터 시작하여 강인한 관념으로 결실을 맺는다.

42

순수이성을 향한 선험적 인식

선험성이란 순수를 통해 세계를 바라보는 것이다

인간에게 있어 일반적 인식은 경험에서 나온다는 것이 사실이다. 하지만 이러한 경험은 매우 피상적 현상만을 인식하는 것이다. 경험은 인간이 무엇인가를 지각하는 과정이며 체험이다. 체험은 기억에 우선하며 이를 통해 관념이 생겨난다. 하지만 경험만으로 모든 관념이 생겨난다고 말할 수 없다. 인간의 경험은 제한된 감각에 의존하고 제한된 경험은 관념의 오류를 낳는다. 관념의 오류는 주관적 관점에서 옳고 그름을 판단하기 때문이다. 하나의 사건이 발생하면 주관적 판단에 따라 서로 다른 판단을 내놓는 것을 보면, 인간의 인식과 경험은 보편적이기보다 개인의 편견에 의존한다고 할 수 있다. 개인이 편견을 통한 일상적 지식들은 경험의 한계를 느끼게 한다. 하지만 경험의 세계 너머에는 우리가 알지 못하는 또 다른 세계가 있다. 이러한 세계를 선험적 세계라 한다. 선험성이란 순수를 통해 세계를 바라보는 것이다. 선험의 세계는 이데아의 세계처럼 정신의 세계이다. 인간은 본질적으로 선험적 정신을 가지며 본질적 세계를 바라본다. 하지만 본질을 보지 않고 욕망을 추구하는 인간에게 세계는 욕망의 세계일 뿐이다.

인간의 욕망은 본질을 벗어나면 타락하게 된다. 본질을 벗어난 욕망은 시간에 의해 소멸되고 허무를 맞이한다. 하지만 인간은 순간적 욕망의 고리를 잡고 싶어 한다. 이러한 욕망의 고리는 인간의 마음이다. 욕망의 고리가 선한 마음을 억누르면 타락의 길로 들어서게 된다. 타락한 욕망은 진리와 정의를 외면한 채 자신만의 논리로 세계의 역사를 써 내려간다. 이러한 역사는 왜곡된 역사이다. 왜곡된 역사의 눈보라는 차가운 시베리아 벌판보다 더 냉혹한 비판을 받으며 선험적 의지를 일깨운다. 이러한 선험적 이성의 중심에 칸트Kant가 있다.

그는 세 권의 비판 철학서를 집필하였으며, 『순수이성비판』은 선험적 관념론을 확립한 최초의 철학서이다. 그는 과학적 인식의 명증성을 보증함으로써 근대 계몽주의 사상에 커다란 발자취를 남겼다. 그의 철학은 선험적 인식에서 시작하여 실천적 인식에 이르기까지 철학의 주체를 이론으로부터 벗어나 실천으로 발전시켰다. 칸트의 선험적 이성은 신으로부터 내려오던 순종의 법칙에서 벗어나 인간의 본성을 찾아가는 순수이성의 전환을 뜻한다.

이성은 인간의 인식능력으로부터 시작된다. 인식은 지각과 인상을 넘어선 정신적 영역의 문제이다. 인간은 직관을 통해 대상의 본질을 파악한다. 경험주의자들이 말하는 지각, 인상, 관념은 대상의 피상적 실체의 증명일 뿐 본질적 이성과는 거리가 멀다. 본질에 대한 접근은 인간의 정신을 한 차원 승화시킨 직관에 의한 인식이다. 직관 능력은 본질에 대한 감성적 측면을 바라보는 것이며, 이러한 바탕에 시공간이 있다. 시공간 속에서 직관은 본질적 사유를 통해 대상에 접근한다. 이러한 접근방식은 선험적 이성을 인정하여야만 가능하다.

우리가 실체라고 명명하는 것은 유한한 대상의 순간적 실체가 아니고 영원한 실체를 말한다. 이러한 영원성은 보편적 영원성이다. 인식에 대한 보편적 직관 능력은 감성과 사유를 종합하여 형성된다. 감성이 없는 대상은 존재의 범주에 들어설 수 없다. 감성이 없으면 대상은 공허한 환상에 불과하며, 이성이 없으면 어떠한 대상도 사유될 수 없다. 이성이 없는 주장은 공허하며 본질 없는 알맹이와 같다. 이성에 의해 규정되지 않는 대상은 공허를 남기며 개념 없는 직관은 허상이다. 칸트에 의하면, 오성은 아무것도 직관할 수 없으며, 경험에 의존하는 감각은 아무것도 사유할 수 없다고 했다. 따라서 직관과 사유만이 인식의 선험성을 확보하는 길이다.

칸트의 선험성은 넓은 의미에서 경험을 매개로 한다. 실체의 보편성은 이성의 정신적 선험성이 내재되어 있다. 선험적 인식은 순수이성에 의해 가능하다. 순수이성은 경험으로 인식되는 지각을 넘어 이성의 본질적 인식에 의한다. 그는 경험주의에서 주장하는 감각적 경험의 인식을 비판한다. 그의 비판은 순수이성에 의한 비판이다. 그는 인식의 문제에 있어 경험적 인식과 선험적 인식을 구분한다. 선험적 인식의 바탕에는 시간과 공간이 있다. 이를 현상계의 바탕이라고 한다. 사물의 대상이 보편적 실체가 되기 위해서는 직관적 인식이 선행되지 않으면 안 된다. 인간의 직관은 본질적이며 사물의 대상을 넘어선다. 사물의 지각은 대상의 상태를 인식하지만, 직관은 사물의 본질을 인식한다. 칸트는 인식의 대상 세계인 현상계에서 시공을 초월한 대상은 인식될 수 없다고 보았다.

칸트의 선험적 인식은 사물의 원리와 경험만을 말하지 않는다. 그는 인식의 문제에 있어 초월적 시각을 제시한다. '초월적'이란 신학에서 주로 사용하는 언어이다. '초월적'이란 용어가 주로 사용되던 스콜라 시대에는 신의 존재를 설명하기 위해 사용된 용어였다. 하지만 칸트는 인식을 주관하는 자아의 초월성에 초월론을 적용했다. 그에게 있어 합리주의 철학자 데카르트의 코기토에 대한 인식의 최고 원리는 초월적 자아가 된다. 생각하는 사유의 기본 법칙은 범주이지만 초월적 나는 범주를 초월해 있다.

칸트는, 우리가 갖는 이성의 모든 인식은 경험을 통해 시작되지만, 경험이 모든 인식의 원인은 될 수 없다고 보았다. 그는 경험적 인식이 인간의 이성을 통해 보편타당성을 확보하기 위해서는 선험적 인식이 우선되어야 한다고 했다. 세상의 모든 변화는 원인을 가지고 있으며, 결과와 하나가 되기 위해서는 선험적으로 보편타당한 논리를 가져야 한다고 보았다. 그는 순수이성을 통해 보편적 인식을 선험적 이성으로 판단하며, 이러한 접근 방법이 진정한 학문의 방법이라고 보았다.

어떤 관념이 단순 경험으로 존재하는 일은 있을 수 없다. 관념의 정당성은 연역을 통해 가능하다. 칸트의 『순수이성비판』에서 범주는 연역의 중심과제로 자리 잡는다. 칸트의 범주 개념은 도식을 통해 직관적으로 인식하게 된다. 그는 인간의 지식이 갖는 한계를 지적하는 것으로 순수이성비판을 시도하였다. 칸트의 순수이성은 이성을 통해 이성을 비판하는 것이다. 그가 비판하는 이성은 순수한 선험적 이성이다. 그는 선험적 이성을 통해 경험적 인식의 오류를 비판하였다.

칸트는 명증성의 학문으로 수학과 물리학이 어떻게 진리로 인식되는가에 대해 의구심을 가졌다. 그는 과학적 진리가 성립되기 위해서는 먼저 감각적 경험이 선행되어야 한다고 보았다. 감각적 경험에 의해 인식된 지각은 시간과 공간에 의해 이루어지기 때문에 시간적 인식인 '지금'과 공간적 인식인 '장소'가 제시된다. 이러한 인식을 명확하게 하기 위해서 인간의 오성이 필요하다. 이러한 오성과 감성은 인식의 기본이 된다. 인식의 기본으로서 이성은 선험성에 의해 규정지어진다. 사물의 대상이 되는 자연은 근원적 자아의 활동을 통해 인식된다. 이러한 근원적 자아는 생각하는 코기토이며, 생각하는 나를 벗어나 대상은 나의 바깥에 존재한다. 나를 제외한 외부세계의 감각적 경험 없는 자아는 공허하다.

칸트의 선험성은 개인의 이익이나 집단의 이익을 위해 사용되는 학문이 아니다. 그의 선험성은 실체적 본질에 대한 잘못된 이성의 반성이다. 이성을 통한 본질적 학문은 좀 더 객관적이고 보편적이어야 한다. 하지만 경험은 감각에 대한 한계를 갖기 때문에 선험적 영역을 인식할 수 없다. 따라서 경험적 인식은 진리의 영역에 포함될 수 없다. 하지만 감각적 경험이 선험성과 결합되면 이성의 오류를 방지할 수 있다. 순수이성비판은 이러한 이성의 비판을 통해 이성을 바로 세우려는 것이다.

체험에 의한 후천적 인식은 경험적 인식이며, 선험적 인식은 인간이 경험하는 모든 것으로부터 독립된 인식이다. 이러한 선험적 인식 중에서 전혀 경험하지 않은 인식을 순수인식이라고 한다. 순수인식이란 말 그대로 어떠한 경험에도 의지하지 않고 순수한 선험성에 의존하여 인식하는 것을 말한다. 이러한 인식이 이성의 본질적 인식이며 선험적 인식이다. 순수인식의 범주에 들어 있는 것은 필연성을 담고 있다. 빛은 순수인식의 현상과 같다. 빛은 현상만으로 순수하다. 빛에 의한 어둠과 밝음은 현상일 뿐이다. 이러한 현상을 가지고 빛의 순수성을 판단할 수는 없다. 빛의 순수성은 자체로서 밝음이며 선함이다. 빛은 모든 곳을 비추면서 어떤 대상을 갖지 않기 때문에 순수하고, 오직 현상만으로 자신을 드러내기 때문에 순수하다. 세상의 모든 어둠은 빛의 현상을 가로막거나 보지 못하는 것에서 온다. 어둠에 갇힌 빛은 칸트의 선험적 이성을 통해 빛의 세계로 나온다. 빛은 선험적 세계이며 진리이다. 이러한 빛은 경험적 인식으로 보지 못하는 의식의 저 너머에 있다. 칸트에 의해 비판된 경험적 인식은 반성을 통해 순수의 세계를 바라볼 수 없다. 반성은 순수 선험세계를 볼 수 있는 유일한 길이다. 하지만 순수의 길은 험하고 어렵다. 인간의 생각이 한 치 앞을 보지 못한다는 말은 이러한 의미를 담고 있다. 인간은 눈앞에 당면한 문제만을 바라볼 뿐 다가올 미래를 보지 못한다.

낮과 밤이 있다는 명제는 경험적으로 느끼는 인식이지만 순수한 인식은 아니다. 왜냐하면, 낮과 밤의 차이는 인간의 시각적 경험에 의해 느껴지는 현상으로 경험을 통해 나타나는 인식일 뿐이기 때문이다. 이러한 인식의 경계를 넘어 좀 더 순수한 이성으로 낮과 밤을 바라본다면 낮과 밤의 차이는 위치와 장소의 차이일 뿐 진리의 영역에 속할 수 없다. 만약 여기서 직관을 통해 본질의 차이를 바라본다면 낮과 밤의 차이는 빛의 농도 차이일 뿐이다. 선험적이란 경험의 한계를 넘어선 인식의 기준으로 경험에 기반한 일반적 이성으로는 바라볼 수 없는 순수영역을 인식하는 것이다. 순수의 영역은 물질적이지 않고 형태적이지 않다. 순수란 이성의 깊은 수면 위를 걷는 바람과 같아 눈으로 볼 수 없을 뿐 아니라 감각으로도 만질 수 없는 그 어떤 것이다. 순수의 바람은 인간의 감각을 넘어 저 먼 대지 위를 가로지른다.

경험 인식은 대상의 성질을 경험하면서 나타나는 인식이며, 이에 반해 순수인식은 경험의 한계를 넘어 필연성을 내포하고 있다. 인간이 태어나면서 아무것도 경험하지 않고 태어났지만 배고프면 먹을 것을 찾고 본능적으로 움직이는 것은 필연성을 내포한 선험적 욕망이 스스로 존재하기 때문이다. 따라서 필연적이란 명제는 선험적 명제가 되는 것이다. 일반적 경험은 사람들에게 보편성을 만들어 내지만 그러한 경험의 보편성은 한계와 오류를 가질 수 있다. 하지만 경험의 보편성이 만들어 낸 것 중 어떤 가능한 예외도 없는 엄밀한 보편성을 가지고 있는 것이라면 이러한 경험적 보편성은 선험적이라고 할 수 있다.

인간에게 있어 보편적 선험성이 존재한다는 것은 경험만으로 인간이 모든 것을 알 수 있는 것은 아니라는 것이다. 경험은 인간이 알 수 있는 인식의 근거이지만 모든 것이 아니고 부분에 속하는 것이다. 경험의 한계가 순수인식의 영역으로 들어가기 위해서는 보편성을 통한 순수인식이어야 하며, 선험성에 의한 절대 인식이어야 한다. 우리의 마음속에 자리 잡고 있는 선험적 순수원칙들은 경험의 한계를 넘어 본질적 원리와 원인을 알아가는 생각의 길이다. 인간이 가지고 있는 선험적 순수인식 능력은 태어나면서 우리에게 주어졌으며, 우리는 의식적이든 무의식적이든 그것을 사용한다는 것은 부정할 수 없는 사실이다. 이러한 의식의 정의로운 판단 기준은 보편성과 필연성이라는 범주에서 인식되어야 한다.

인간의 경험에 존재하는 사과를 예로 들어보자. 사과는 물질적으로 시간에 의해 어느 순간 사라져 버리는 대상이다. 하지만 사과는 개별성에 의해 물질로 남아 있는 것이 아니고 사과의 보편성과 필연성을 통해 사과로 인식되는 것이다. 대상의 실체 또는 대상이 속하는 실체에 대한 공간과 성질이 사과의 보편성을 확보한다. 이는 부정할 수 없는 사실이다. 여기서 사과라는 대상이 갖는 실체의 개념을 대상으로 환원하지 않는 이상 사과의 실체는 인간의 선험적 인식능력 속에 자리 잡혀 있다. 이러한 사과는 실체의 보편성 속에서 사라지지 않는다. 인간의 인식이 경험의 한계를 넘어서 이성의 힘으로 이러한 한계를 극복하기 위해서는 선험적 인식이 정립되어야만 한다. 우리의 이성이 이러한 한계를 넘어서 선험성에 의한 선험적 인식을 가져야 한다고 주장한 철학자가 바로 칸트이다. 그는 인간이 가지고 있는 경험적 판단근거의 한계와 오류를 순수이성으로 바라보았다. 그가 비판하는 이성의 한계는 순수이성을 통해 새로운 이성의 길을 열었다. 그는 명확한 지성의 탐구만이 순수한 학문의 길이라고 판단한 철학자였다.

43

선험적 표상으로서 공간과 밑바탕

선험적 공간은 필연적으로 순수직관에 의해 가능하다

실체의 문제는 대상의 문제를 넘어 공간과 대상의 관계이다. 인간의 마음속에 남아 있는 대상은 외부의 공간과 관계하며 실체화한다. 하지만 공간은 대상과의 관계를 넘어 본질적 문제이다. 공간의 문제에서 대상은 경험적 인식을 통해 실체의 대상으로 작용한다. 하지만 대상이 실체의 문제에 작용한다고 하여 본질적 실체가 될 수는 없다. 실체는 일시적 나타남으로 정의될 수 없는 보편적 문제이기 때문이다. 실체적 공간은 외적 경험을 통해 추출된 개념이기보다 모든 존재의 밑바탕으로 작용한다. 밑바탕이란 실체적 대상이 존재할 수 있는 근원적 표상으로서 대상에 관여한다. 형이상학적 실체의 질문에 대하여 대상의 실체를 증명하기 위해서는 공간이 필연적이다. 공간은 모든 실체의 밑바탕으로서 보편자의 실체를 있게 하기 때문이다. 공간이 밑바탕으로 존재하는 것은 모든 실체가 공간 안에 존재하기 때문이다. 공간은 실체의 범주이기보다 대상의 존재를 위한 필연적 표상이다.

공간은 외적 표상으로서 자연의 속성을 담아내며 대상과 함께한다. 하지만 실체의 대상은 언제나 시간에 의해 구속받기 때문에 일시적 존재는 실체에 포함될 수 없다. 실체는 반드시 어떤 것이며, 무엇으로 세계에 존재해야 하기 때문이다. 따라서 눈에 보이는 대상이라고 해서 실체라고 말할 수 없다. 실체의 밑바탕엔 반드시 보편자의 개념이 존재해야 하기 때문이다. 만약, 세상에 종말이 온다면 대상은 사라지지만 공간은 사라지지 않는다. 공간은 선험적 표상으로 밑바탕이기 때문이다. 공간은 대상의 현존에 의존하기보다 선험적 표상으로 존재한다. 공간의 인식이 표상이 되는 것은 대상을 넘어서 있기 때문이다. 공간이란 대상의 관계를 추론하는 보편적 개념을 넘어 순수이성이다. 순수이성은 선험적 순수직관을 통해 도달할 수 있다.

공간의 초월성은 대상의 모든 것을 포함하는 무한영역이다. 무한한 공간 속에서 자연의 속성이 존재하는 것은 보편자의 연속된 삶 때문이다. 생명체의 삶은 끊임없이 변화하며 지속하려는 속성을 가지고 있다. 자연의 속성들은 서로의 실체를 다양한 방식으로 표출하고 경험하기 때문에 공간의 대상이 된다. 따라서 공간은 대상의 실체를 알리는 밑바탕이며 무無이다. 하지만 무의 공간은 유有를 보여주는 그 어떤 것의 밑바탕이다. 따라서 공간은 무와 유를 모두 포함하는 정신적 실체의 무한공간이다. 인간이 경험하는 모든 관념은 무한공간에서 실현되기 때문에 공간은 단일 표상으로서 선험적 실체의 밑바탕이다.

칸트의 선험성은 순수성의 의미에서 공간 속에 표현된 이성이다. 정신은 공간과 같이 초월적 세계를 표상하며 순수의식의 원인이 된다. 칸트의 순수이성과 선험성은 대상의 실체를 알기 위한 형이상학적 접근으로 정신 속에 있다. 그는 실체의 본질을 알기 위해서는 순수이성을 통해 선험적 인식으로 이성을 바라보아야 한다고 주장한다. 선험적 인식은 경험적 대상에 대한 이성의 오류를 파악하는 것이며, 올바른 이성을 통해 잘못된 이성을 비판하고 본질적 이성으로 회귀하는 것이다. 공간은 순수이성의 정신처럼 선험적이어야 한다. 선험적 공간은 모든 밑바탕으로부터 다양한 공간으로 나눠질 수 있다. 하지만 이렇게 나눠진 공간도 객체의 대상에 의해 구분되는 것이 아니기 때문에 공간은 모든 것을 포함하는 하나이다. 이러한 공간의 근원적 표상은 대상에 앞선 선험적 직관으로 인식되어진다. 이처럼 선험적 직관을 통해 인식되는 세계의 밑바탕에 공간이 있다.

공간이 존재의 의미를 뒷받침하는 유일한 밑바탕이라 할지라도 실체와 동일하다고 말할 수는 없다. 실체란 어떤 무엇임인데, 그 무엇임은 보편적 형태를 갖는 물질이어야 하기 때문이다. 하지만 공간은 선험적으로 무엇임에 틀림없다. 왜냐하면, 공간은 실체 이전에 있어왔던 무엇이며, 실체를 있게 한 무엇이다. 칸트의 선험적 직관이 공간의 표상을 인식할지라도 대상의 실체가 존재하지 않으면 실체와 존재를 말할 수 없다. 결국, 공간은 선험적 표상이지만 실체가 될 수 없고, 실체는 물자체物自體이어야 한다.

신과 인간의 세계에서 신의 존재를 증명하기 위해 싸워온 실체의 문제는 창조의 확실성을 확보하는 유일한 길이다. 신의 창조 없이 어떠한 대상도 존재할 수 없으며, 대상 없는 세계는 신의 존재마저 부정된다. 신은 창조의 근원으로서 세계를 만들고, 세계 속에 수많은 대상을 존재하게 하였다. 따라서 신은 만물의 창조원인이며, 실체의 원인이다. 이러한 신의 창조에는 공간이라는 선험적 표상이 자리 잡고 있다. 공간의 선험적 표상은 모든 속성을 보편적 의미로 공간 속에 존재하게 한다. 따라서 공간은 스스로 존재의 근원을 만들지만 스스로 대상이 될 수 없다. 공간은 모든 사물의 존재적 근원으로서 표상될 뿐이다. 하지만 세계에 존재하는 모든 것들이 공간을 통해 인식되기 때문에, 공간은 존재의 밑바탕이며 선험적 이성의 바탕이 된다.

칸트는 선험적 감성의 원리에 대한 초월적 감성에서 직관의 순수형식인 공간과 시간을 선험적 인식원리로 제시하였다. 그는 공간과 시간이 동일한 세계에 머물지만 서로 다른 종류의 직관과 관계한다고 보았다. 우리가 실체라고 믿는 대상은 우리의 바깥에 머물며, 이것의 인식은 오직 이성에 의한 인식뿐이다. 따라서 바깥에 머무는 대상은 실체의 질문에 대한 지시대상으로 인식될 뿐 실체의 선험성은 갖지 못한다. 실체와 선험성의 질문은 공간이라는 밑바탕에 의해 제기된다. 외적 대상이 공간에 존재하는 것은 선험적 인식원리인 시간 때문이다. 시간은 내적 직관의 형식으로 연장되며, 공간은 외적 직관의 형식으로 표상된다. 하지만 공간과 시간도 대상의 실체 없이는 존재의 의미가 무의미하다.

칸트가 말하는 공간과 시간은 순수이성의 영역에서 밑바탕이지만 선험적 대상의 본질적 질문은 아니다. 그는 공간과 시간을 감관에 주어지는 대상을 규명하기 위한 주관적 직관형식으로 보았다. 공간과 시간은 현실 세계에 존재하는 대상과의 관계이다. 공간과 시간은 서로의 상대적 성격을 통해 대상을 표상하는 밑바탕으로서 공동체이다. 칸트는 공간과 시간을 사물의 실체와 다른 어떤 것이며, 서로의 관계라고 보았다. 공간이란 초월적 세계를 포함하고 있는 보편적 성질로서 직관의 형식을 통해 그 깊이를 인식할 수 있다. 칸트는 이러한 개념을 "공간개념의 형이상학적 구명究明"이라고 부른다. 그가 공간개념의 표상을 형이상학적으로 본 것은 공간이 하나의 개념으로서 세계에 표상되어진다는 것이다. 이러한 공간의 표상은 본질적으로 순수이성의 영역에 속하며 형이상학의 본질적 질문에 대한 바탕이 된다.

칸트가 공간을 선험적 표상으로 인정한 것은 대상과의 관계 때문이다. 공간을 통해 얻게 되는 감각적 대상의 관계는 장소성에 기반을 둔다. 공간은 외적 경험에서부터 생겨나지 않고 사물과 관계하며 스스로 표상된다. 따라서 대상의 존재가 증명되는 공간은 경험되기보다 표상된다는 표현이 더 어울린다. 감각적 사물들의 대상이 실체의 대상으로 존재하기 위해서는 대상의 실체뿐 아니라 그것을 받아주는 공간이 선행되어야 한다. 공간의 표상 없이는 사물의 대상도 실재할 수 없기 때문이다. 따라서 공간은 사물의 대상을 존재하도록 만들어주는 형이상학적 표상의 기본적 속성을 가지고 있다. 이러한 공간의 기본적 속성은 본질적이며 필연적이다. 공간이 외적 직관의 대상과 관계하는 것에서 공간은 선험적 표상이며 필연적 표상이다. 만약 외적 대상이 사라지고 공간만 남는다면 그것은 존재의 종말을 가져온다. 세계의 모든 대상이 사라져 버린 세계에서 공간의 존재는 실체의 문제를 이야기할 수 없다.

공간은 외적 직관작용에 관계하는 선험적 표상일 뿐이다. 공간이 외적 현상에 의존하는 것은, 대상과의 관계가 상호 관계적 작용을 통해 존재하기 때문이다. 공간과 대상이 상호 관계를 통해 공존하는 것은 선천적으로 신의 의지가 반영되었기 때문이다. 이러한 의지가 세계의 조화이다. 신은 사물의 대상을 창조하면서 밑바탕에 공간과 시간을 선천적으로 부여하였다. 이러한 선천적 공간과 사물의 관계는 두 개의 관계를 필연적으로 연결시킨다.

칸트의 선험적 공간은 필연적으로 순수직관에 의해 가능하다는 점이다. 공간은 표상되는 외적 대상으로부터 순수인식의 형식을 빌려 표상된다. 따라서 경험은 지각과 인상을 넘어 순수한 의식 속에 내포되어 있다. 이러한 의식의 내면에 직관이 존재한다. 직관은 외적 대상의 끌림을 뿌리치고 내적 영역인 순수의식 속에 내재되어 있다. 순수의식 속에 내재되어 있는 무한한 공간은 스스로를 포함하며, 모든 것의 표상이 된다.

공간의 순수개념이 추상적이면서도 현실적인 것은 대상과의 관계에 의식이 관계하기 때문이다. 대상의 사물이 의식과 결합하면 관념이 되고, 관념은 정신 속에 남아 이성으로 작용한다. 이성은 공간과 시간, 그리고 대상을 인식하는 본질적 정신이다. 세계의 본질을 탐구함에 있어 공간과 시간은 다양한 세계를 변화시키고 존재의 의미를 실현시킨다. 이러한 변화의 받아들임이 하나의 실체이며 순수이성이다. 순수이성은 모든 실체를 포괄적 이성으로 수용할 때 가능하다. 순수이성은 본질적으로 하나의 세계를 포괄하며, 정신으로서 이성의 본질이다. 칸트는 공간을 모든 존재 이전에 존재하는 본질적 표상으로서 내외적 관계라고 했다. 관계란 어떤 것이 어떤 것에 관계하는 것을 말한다. 공간과 세계가 서로의 관계를 통해 하나의 세계를 이끌어가는 것처럼 인간의 관계도 이와 같다. 인간은 대상의 속성으로서 세계와 소통하며 관계한다. 이러한 소통의 관계는 공간과 대상이 필연적으로 연결되어 있는 관계이다.

세상에 존재자로서 인간의 근본은 서로의 관계에서 모든 것이 형성되고 쌓여간다. 인간과 인간의 관계도 이와 같다. 만약 세계의 모든 것을 포함하는 공간 같은 배려의 마음이 있는 사람은 선험적으로 선한 사람이다. 하지만 자신의 이익과 욕망을 위해 관계를 무시하고 상대를 속이거나 기만하려 한다면, 그러한 사람은 관계의 순수성을 파괴하는 사람으로 악한 사람이다. 인간이 인간으로서 본질적 순수이성에 도달하기 위해서는 배려와 관계를 향상시켜 나가는 것이 이상적 인간관계라 할 수 있다.

44

선험적 직관은 본질이다

인간과 짐승의 역사에서 짐승은 포효하지만 역사를 쓰지 못하고,
인간은 침묵하지만 역사를 만들어 낸다

인간이 생각하고 표현하는 모든 이성은 직관에 의해 관계한다. 직관은 우주와 자연에서 일어나는 모든 일에 어떤 방식으로든 관계하게 된다. 이러한 이성의 관계는 직관에 의해서이다. 인간 세계에서 어떠한 생각에 대해 옳고 그름을 확정하거나 혹은 정의와 불의의 기준이 되는 판단은 이성에 의해서이다. 하지만 이러한 이성은 직관을 능가하지 못한다. 이성은 본질을 생각하는 정신에 의존하기 때문이다.

직관이 마음속에서 생겨나는 이유는 대상의 본질을 바라보기 때문이다. 대상은 물질적이지만 보편성을 동시에 포함하고 있다. 보편적 실체란 있는 것, 밑바탕, 그 무엇이어야 하는데 이러한 것은 질량을 포함한 어떤 것이다. 질량의 대상이 생겨나는 것은 이성의 정신이 아니라 물질적 대상 때문이다. 물질적 대상은 실체의 물음에 대한 질문의 대상이다. 물질적 세계에서 대상은 외부세계에 있지만, 물질이 갖는 본질은 마음 안에 있다. 실체의 문제에 있어 물질적 대상은 실체의 문제를 논의하

는 속성이 된다.

대상의 실체는 마음으로 들어온 어떤 것들이 결합하고 종합하여 그 것에 의해 유발되는 방식을 통해 나타난다. 이러한 표상의 인식 능력을 감각 또는 감성이라고 한다. 인간의 감각과 감성은 대상의 실체를 마음으로 전달하며, 전달된 마음은 관념을 형성한다. 마음에 전달된 관념은 대상의 인식을 재현하며 다양한 관념으로 재탄생한다. 관념에 의존한 이성은 판단의 오류가 생길 수 있다. 잘못된 관념은 이성이라기보다 제한된 경험에 불과하기 때문이다. 칸트의 순수이성 비판은 이성의 오류에 대한 비판이다. 그는 이성에 의해 관념화되는 실체의 문제를 비판 철학을 통해 본질적으로 다가서고자 했다. 칸트의 비판은 선험적 이성을 통해 이성을 비판하는 것이다.

사회적 이성으로 대상을 바라보는 사람들에겐 직관보다 지식이 우선한다. 왜냐하면, 지식은 사람들의 이야기이거나 주장이며, 학설이기 때문이다. 사람들은 자신의 지식을 주장하고 그것의 정당성을 사실처럼 여긴다. 또한, 지식으로 무장된 잘못된 이성을 통해 자신을 과시하고 싶어 한다. 이러한 주관적 이성은 간접적 사실을 진실인 양 믿어 버리게 만든다. 간접적 사실을 통해 만들어진 경험적 이성은 사실관계를 떠나 자신의 제한된 관념으로 모든 것을 해석한다. 사회적 이성에 의해 주어진 지식, 경험, 판단은 그것을 주장하는 사람들의 자기모순으로부터 나온다. 왜냐하면, 어떤 것을 주장하는 사람은 그것을 주장하는 순간, 그 주장의 오류를 스스로 가장 잘 알고 있기 때문이다. 주장이란 어떤 사건에 대해 서로 다른 의견을 내세우는 것일 뿐 본질적일 수 없다. 인류의 역사는 주장에 주장을 더하는 역사의 기록일 뿐 한 번도 진리의 영역에 도달해 보지 못했다.

절대적 진리란 변치 않는 정의에 있는 것이며, 견해나 의견에 치우치는 주장은 궤변일 뿐이다. 이러한 자기 궤변은 지식의 범주에 들어가지 못하는 짐승의 울부짖음에서 발생하는 공허한 메아리이며, 편견으로 가득 찬 욕망의 덩어리이다. 욕망의 덩어리는 부패한 고깃덩어리와 같아 악취를 뿜어내며 날파리만 날아들게 할 뿐 순수한 목적에 도달할 수 없다. 인간과 짐승의 역사에서 '짐승은 포효하지만 역사를 쓰지 못하고, 인간은 침묵하지만 역사를 만들어 낸다.' 이렇게 만들어진 역사가 진정한 역사이며, 순수한 선험적 역사이다. 선험적 역사는 대상의 기록이 아닌 정신의 기록이다. 정신은 보편자의 속성을 본질적 이성으로 인식하며 직관을 통해 도달하려는 초월적 활동이다.

짐승과 인간이 만나는 역사적 다리 위에서 하나의 의지는 편견과 오만에 의해 서로 다른 끝을 향하게 된다. 하나의 주장은 다수의 의지가 되고 본질적 의지는 무너져 버린다. 이렇게 무너져 버린 역사적 다리는 인간의 의지를 연결할 수 없다. 소통이란 하나의 다리 위에서 두 개의 끝을 바라보는 것이 아니라, 서로 다른 두 개의 시선을 통해 하나의 다리로 연결시켜주는 것이다. 소통은 짐승이 인간 되기를 갈망하는 순수의 길이며, 직관의 길이다. 소통의 순수는 직관의 본질을 통해 얻어지는 완벽함이며, 정의이다. 칸트는 직관의 정신이 선험적 이성으로 승화될 때 우리의 이성은 본질로 다가선다고 보았다.

불완전한 지식에 의해 짐승이 되어버린 인간은 공허한 메아리 속에서 서로의 주장만 되풀이한다. 이러한 주장들은 논쟁만 만들어 낼 뿐 순수한 이성의 길을 찾지 못한다. 순수가 묻어나는 선험적 이성은 순수의 마음으로 바라보는 직관에 있다. 선험성을 통해 이성의 문을 두드리는 것은 그 문을 열려는 인간의 의지에 있다. 세상의 모든 문제는 문제의 원인으로부터 발생하며, 문제의 해결은 지식이 아닌 직관에 의해 가능하다. 우리는 선험적 이성의 본질에 도달하기 위해선 직관을 통해 문제의 본질을 인식하고, 문제의 해결 방법을 문제 안에서 발견해야 한다. 인간의 모든 사유는 직접적이든 간접적이든 지식보다는 직관에 의지해야 문제의 본질을 발견할 수 있다. 문제의 본질에서 벗어난 지식은 인간이 가지는 관념의 한계를 넘지 못하며 주관적 견해만을 갖게 된다. 이러한 주장은 사회적 동의를 얻을 수 없다. 하지만 직관을 통한 문제의 접근은 전혀 다르다. 특히 순수직관을 통한 본질적 접근은 이성의 가장 높은 단계로서 인간이 갖게 되는 최고의 이성이다.

인간은 자신의 주장에 있어서는 강한 확신을 보여주면서도 남의 주장을 얕잡아보는 것은 오만에서 시작된다. 타인의 관점을 우습게 보고 자신의 지식을 확실한 것으로 믿고 결정 내리는 것은 잘못된 판단을 가져올 수 있다. 이러한 사람은 자신의 이성이 타인보다 우수하다고 믿는 교만스러운 자이다. 하지만 순수직관으로 세계를 바라보면, 세계는 나의 주장과 다르게 자연의 법칙에 따라 흘러간다는 것을 알게 된다. 자연의 법칙은 신의 법칙이며, 운명의 법칙이다.

인간으로서 직관을 순수의 영역으로 끌어올리는 것은 자신의 정신을 자신의 육체로부터 분리하는 것이다. 자신의 생각과 마음을 지배하는 정신을 육체의 밖으로 내보내고 자신을 들여다보게 하는 것은 순수직관에서만 가능하다. 인간이 이러한 단계에 도달하게 되면, 한 번도 보지 못했던 자신의 육체를 바라볼 수 있게 된다. 스스로를 바라보는 직관의 눈이 자신을 향하면, 관념에 둘러싸여 있는 자신의 모순을 발견하게 되고, 궁극에 가서 참회의 눈물을 흘리게 된다. 참회의 눈물은 깨달음의 눈물이 아닌 반성의 눈물이다. 이 눈물은 오만하고, 무지하며, 거짓으로 살아온 삶을 되돌아보는 회한의 눈물이다. 반성하는 인간은 스스로의 참회를 통해 눈물 한 방울을 떨어뜨리며 순수한 인간으로 다시 태어나게 된다.

칸트Kant는 인간의 마음이 대상에 의해 유발되는 한에 있어 우리의 마음은 감각에 의존할 수밖에 없다고 말한다. 이렇게 불완전한 감각을 통해 경험에 의지할 수밖에 없는 인간은 자신의 한계를 극복하지 못한다. 인간의 경험이 만들어 내는 불확실한 이성을 우리는 실체라고 할 수 없다. 이러한 이성은 현상이라고 불러야 한다. 현상은 대상을 보여주는 역할을 할 뿐 실체일 수 없다. 실체란 반드시 존재하는 것이어야 하며 이러한 존재의 문제는 본질의 문제이다. 칸트는 이성의 문제를 선험적 이성이라는 정신을 통해 파악하고자 하였다. 이성에 있어 존재의 문제는 본질적으로 선험적 인식을 통해 가능하다. 선험적 인식이 없는 이성은 본질의 영역에 도달할 수 없다. 선험적 인식은 직관을 통해 본질의 문제에 접근해가는 인식의 문이다.

하나의 현상에서 인간의 감각이 대응하는 것을 칸트는 현상의 질료라고 불렀다. 현상의 질료란 감각의 대응에 따른 대상의 발현으로 후천적 경험으로 만들어지고 사라지게 되는 것을 말한다. 칸트는 대상의 관념을 넘어 순수한 선험적 이성을 실체의 범주에 두고 있다. 이러한 실체는 내부 감각에 속하는 어떤 관념도 포함하지 않는 대상을 말한다. 칸트는 이러한 직관의 정신적 실체를 순수인식이라고 했다. 순수인식은 직관의 영역이며, 그 자체가 불완전한 이성을 넘어선다. 칸트의 이성은 불완전한 경험적 이성을 선험적 이성으로 재정립하는 것이다.

인간의 마음과 순수형식은 인간의 마음속에 선험적으로 주어지는 것이다. 현상되는 모든 자연의 실체가 이러한 관계를 가지게 되고 관계는 이성에 의해 파악된다. 인간의 마음이 가지게 되는 이러한 이성은 순수직관을 통해 가능하다. 순수직관은 감각적 사고에 의해 생겨난 불완전한 관념을 좀 더 명확하게 해주는 지혜의 열쇠이다. 칸트는 자신의 순수형식을 초월적 감성의 본질로 보았다. 순수직관의 감성은 순수한 형식을 통해 나타나게 되는데 이러한 순수의 형식은 직관을 통해서 가능하다. 실체의 문제에 있어 사물의 대상이 인식 능력에 미치는 결과는 참으로 다양하다. 사물의 대상을 인식하는 주관적 상태는 감각을 통해서 가능하다. 감각은 인식을 위한 첫 번째 관문이다. 감각을 통한 인식은 지각을 통하여 정신에 도달하며, 이러한 지각이 흄에 의해 인상으로 정립된다.

인상과 관념은 경험론의 완성이지만 칸트에게 있어 이러한 접근방식은 비판의 대상이 된다. 감각을 통한 직관은 칸트의 선험적 인식에서도 중요한 자리를 차지하고 있다. 인간이 대상을 인식하는데 있어 감각은 반드시 선행되는 인간의 이성이다. 이러한 이성이 경험을 통해 인식되어지는 한계에 도달할 때 칸트는 경험적 직관의 관계를 현상이라고 말한다. 경험적 직관이 현상을 통해 드러날 때 세계는 질료와 형식을 통해 선험적 인식으로의 전환을 시도할 수 있다.

사물의 대상이 다양한 관계에 의해 규칙화되어진 때 이러한 규칙을 현상의 형식이라고 한다. 인간이 사물의 대상을 인식하고 감각을 통해 세계의 사물을 지각의 틀 속으로 집어넣을 때, 어떤 형식 속에 포함되어 있는 사물의 대상에 대한 관념이 본질적일 수 없다. 본질은 사물의 대상을 넘어 선험성에 의한 인식의 틀 속에서 형성된다. 세계의 질서에 있어 사물의 대상은 후천적 경험에 의해 주어지는 것이며, 본질은 선험적으로 이미 주어진 것임에 틀림없다.

세계의 현상은 모든 대상의 사물이 이미 현존하였거나, 현존하고 있으며, 그것을 인식하려는 심상의 관계 속에 존재하고 있다. 칸트는 세계의 문을 열고 사물의 생성을 필연적 현상의 하나로 인식하였다. 세계의 사물은 예정된 질서의 체계 속에서 하나의 현상으로 자리 잡고 있다. 이러한 현상을 통해 본질을 직관하는 것이 선험적 이성이다. 선험성은 신의 속성을 닮고 있는 이성의 순수성에 있다.

칸트의 선험적 인식 속에 세계를 바라보는 시선의 눈은 경험을 넘어서 직관의 본질에 있다. 인간은 자연의 대상을 물질적 실체로 바라보는 오류를 범할 때 눈에 보이는 것만을 실체라고 믿게 된다. 하지만 본질에 대한 끝없는 탐구는 인간의 직관을 더 넓은 세계로 확장시킨다. 삶의 문제에 있어 황야의 이리가 되느냐, 배고픈 소크라테스가 되느냐는 인간의 의식에 따라 갈린다.

삶의 방식에서 인간의 욕망은 끝없는 물음을 제기하며 실체를 찾지만, 실체의 본질은 이미 우리가 알고 있는 정신 속에 있다. 정신은 인간의 한계를 극복하는 바람과 같아 커다란 파도를 일으키기도 하고 잔잔한 호수가 되기도 한다. 현대사회를 살아가는 복잡하고 난해한 이방인에게 선험적 직관은 삶의 방향을 가리키는 나침판과 같은 것이다. 삶은 자신의 의지를 정신과 결합하여 어떻게 확장하느냐에 따라 그 길이 달라진다. 칸트는 삶의 길목에서 스스로의 이성을 반성하며 자신의 관념에 회초리를 들었다. 그는 끝없는 자신과의 약속을 통해 시간적 인간이 되었다. 시간적 의미가 갖는 칸트의 정확성은 이성의 명증성뿐 아니라 삶의 목적까지도 명확하게 가르쳐 준다. 칸트를 통해 얻게 되는 순수직관의 선험적 인식은 우리들의 삶을 되새겨보는 방향계와 같은 것이다.

45

자아는 비아에 의해 정립된다

행동하지 않는 자아는 생각하는 자아를 넘어설 수 없다

인간의 의식은 행동의 원천이다. 행동은 의식으로부터 시작되어 결과로 나온다. 행동하는 의식이란 정의로운 의식이며 순수한 의식이다. 행동하는 의식이 물질의 세계와 맞물리면 사심이 되고 대의와 맞물리면 정의가 된다. 양심에 있어 원칙은 하늘에 두고 행동은 대중을 향해야 한다. 순수한 의식은 대중과 결합하면 힘이 되기 때문이다.

인간의 의식을 기능적으로 해석하는 것은 뒤처진 사고에서 나온다. 피히테Fichte, Johann Gottlieb는 뒤처진 의식을 극복하기 위해선 행위 자체의 자아를 보아야 한다고 말한다. 행동하지 않는 자아는 생각하는 자아를 넘어설 수 없기 때문이다. 그리고 행동하는 자아는 경험하는 자아를 앞선다. 행동은 경험보다 더 본질적이기 때문이다. 세계에 홀로 선 우리의 자아는 행동하는 자아를 통해 세계로 나간다.

행동하는 자아는 홀로 설 수 있는 용기가 필요한 자아이어야 한다. 행동하지 않는 것은 비겁함 속에 얼굴을 숨기는 것과 같기 때문이다. 말하기 좋아하는 자들은 행동하기를 겁내지만 행동하는 자는 말에 앞서 그것을 실행한다. 행동에는 정의의 규칙이 있다. 그 규칙은 자신만의 확고한 규칙이어야 한다. 그 규칙은 자신의 마음으로부터 정의로 와야 한다. 자신의 마음으로부터 정의롭지 않으면 행동은 멈춰야 한다. 행동을 멈추지 못하면 마음 또한 멈출 수 없으며, 한 번 날아간 화살을 다시 되돌릴 수 없는 것과 같다. 따라서 행동은 확신 속에서 행해져야 한다. 확신은 자신의 양심에 따라 행동하는 확신이어야 한다.

피히테는 칸트의 선험적 이성의 자유 우위 사상을 하나의 혁명으로 보고 그 사상을 학문의 제1원칙으로 세웠다. 그는 행위의 자기의식은 반론의 여지가 없는 참이라고 주장하며 주관적 관념론의 철학적 입장을 피력했다. 피히테는 로크로부터 시작된 오성의 문제가 칸트의 오성과 이성의 개념으로 정립되면서 순수이성의 필연적 이성과 실천이성의 자유 이성이 모순적 관계에 부딪치게 되었다고 보았다. 따라서 피히테의 철학은 주관적 관념론에서 시작된다. 그는 대상의 경험을 거부하고 앎에 대한 지적 경험을 이루기 위해서 지식학이 선행되어야 한다고 보았다. 피히테의 앎의 철학은 사유의 주관적 자아가 아니라 적극적으로 행동하는 자아이다. 그의 자아는 절대적 자아로서 주관적이며 독자적이다. 절대적 자아는 무한한 활동을 통해 외부로부터 영향 받지 않는 자아로 스스로 나아가는 자아이다. 피히테에게 있어 자아는 의식에 의해 고착된 자아가 아니라 끊임없이 자신을 드러내는 운동의 자아이다.

피히테의 자아는 우리 바깥 세계에 있는 것이 아니고 사행事行, Tathandlung 속에 존립한다. 사행은 사실 그 자체는 아니지만 모든 사실에 앞서 그것을 가능하게 하는 순수 활동이다. 피히테는 사행을 자아의 본질이 하나로 고착된 것이 아니라 스스로를 끊임없이 드러내는 역동적인 작용이라고 보았다. 사행은 이론적 지식에 의해 추리되고 결론 내어지는 판단이 아니라 자신의 존재를 스스로 정립시키려는 힘의 의지이다. 그는 사행을 변증법적 관계로 대입시키며 자아와 비아非我의 갈등을 통해 자아의 실체를 정립시키는 탁월한 능력의 범주라고 보았다. 사행을 통한 자아의 자기 정립은 비아와의 대립을 넘어 스스로 자신의 절대적 자아를 정립하려는 것이다. 이러한 정립적 자아는 이미 자아의 본질 속에 비아의 반정립을 극복할 수 있는 내재적 힘이 내포되어 있다. 자아의 정립에 있어 사실적 진리는 사행의 결과이며, 적극적으로 그것을 가능하게 하는 역동적인 작용으로서 자기의식으로 표현된다.

사행의 존재특성에 대한 근본적인 원칙은 다음과 같다. 첫째, 자아는 스스로 정립한다. 자아의 정립은 동일률에 의거하여 범주의 하나로서 실재성을 유추한다. 자아의 정립은 자립적이며 역동적이다. 둘째, 자아에 대하여 비아가 정립된다. 이러한 비아의 정립은 모순율에 근거하여 일어난다. 비아의 정립은 자아를 통해 정립되며, 비아는 자아의 존재를 증명해 줄 수 있는 유일한 대상이다. 따라서 비아는 언제나 자아의 외부에 위치한다. 비아는 자아의 정립을 위해 타자의 입장이 된다. 셋째, 자아는 나눌 수 있는 자아에서 나눌 수 있는 비아를 정립한다. 자아에 의한 비아의 정립은 자아와 비아의 분할과 반정립에 의거한다. 자아는 스스로를 나누며 비아화하고 비아는 자아의 틀 속에서 정립된다.

자아와 비아의 관계는 상호독립적이며 보완적이다. 자아는 자신을 정립하기 위해 세계와 소통하고 세계는 비아를 통해 자아를 정립한다. 비아는 자아에 의해 정립되지만 독립적이고 사행을 통한 자아의 자기 정립에 반하여 정립한다. 비아의 반정립은 자아의 정립을 인정하기 때문에 가능하다. 비아는 자아의 정립을 위해 스스로 반정립을 정립시킨다. 결국 자아와 비아는 정립과 반정립의 문제로 대립적이지만 본질적으로 하나이다. 이러한 본질적 자아가 절대적 자아이다. 피히테는 자아의 정립과 비아의 반정립을 대립시킴으로써 자아의 존재를 지양시킨다. 자아가 비아의 반정립을 통해 스스로를 규정하는 것은 실천적 자아의 힘 때문이다. 실천적 자아는 자아의 정립을 통해 비아를 자아의 대상으로서 규정하고 실천적으로 규명하려 한다.

존재하는 자아는 대상의 욕망적 행위를 일으키지 않고 스스로의 자아 속에서 발생한다. 스스로의 자아는 자신 속에 내재되어 있는 실천적 자아이어야 한다. 실체의 문제에 있어 행동하는 자아는 이율배반적인 것처럼 보인다. 자아의 존재가 비아 없이 존재할 수 없기 때문이다. 비록 자아가 스스로 존재한다고 해도 비아 없는 자아는 인식될 수 없다. 따라서 행동하는 자아는 인식의 자아보다 근본적일 수 있다. 행동하지 않는 자아는 자신을 속이고 비아를 속이기 때문이다.

피히테의 자기의식 중 비아의 정립은 자아를 증명할 수 있는 유일한 방법이다. 자아의 정립은 자아와 비아의 관계 속에서 성립된다. 피히테는 자아의 정립을 통해 실천적 자아의 우월성을 강조한다. 비아는 자아의 적극적인 활동으로 인해 생겨나며, 자아 인식의 대상으로서 비아이다. 비아에 의해 인식되는 자아는 자아의 본질로서 궁극적 자아가 된다. 궁극적 자아는 비아에 의해 생기는 상반된 의미를 넘어 자신의 존재를 스스로 정립시키는 탁월한 자아이다. 피히테는 자아의 정립이 자신의 정립을 넘어 비아의 부정적 의미까지를 정립시키는 절대적 자아로 발돋움한다고 보았다. 절대적 자아가 본질적 실체로서 스스로를 정립하는 자아로 인식되어지는 것은 신과 자연의 관계처럼 상호원인적이다. 피히테의 정립된 자아는 사유 활동과 능동적 정신을 확신시키며 신의 속성을 내포하고 있다.

의식에 있어 주관성과 객관성은 자아와 비아의 관계처럼 명확하다. 서로 다른 의견은 주관성과 객관성으로 대립되며, 이러한 의견은 자기

의식 속에 포함되어 있다. 하나의 원칙에 있어 주관성과 객관성은 자아를 통한 비아 없이 생겨날 수 없다. 하나의 의식은 흐름에 따라 주관적이기도 하고 객관적이기도 하다. 의식의 흐름은 상대적이며, 상호보완의 관계를 가지고 있다. 의식의 행동에 있어 실천적 의식과 이론적 의식은 자아와 비아의 구조를 가지고 있다.

피히테의 자아와 비아의 관계는 나와 타자의 관계를 통해 실천적 자아를 찾으려는 것이다. 자아의 첫 번째 행위를 행동이라 부르고, 두 번째 행위를 인식이라고 부른다. 행동은 실천적 자아이며, 인식은 이론적 자아이다. 피히테의 자아는 비아를 통해 자기 자신을 정립하는 것처럼, 행동적 자아는 대상을 통해 자아의 의지를 재정립한다. 절대적 자아는 자아와 비아를 통해 구성된 이론적 자아, 자아의 편에서 비아를 규정하는 실천적 자아로 구분된다. 피히테의 실천적 자아는 비아를 규정하는 것으로서 자아를 정립한다.

원칙과 양심에 따른 실천적 자아는 의지가 뒷받침되어야 한다. 의지는 내가 아닌 타자를 배려하는 마음이 우선되어야만 한다. 타자의 배려는 자아의 실천을 통해 비아를 드러내 보이게 하는 것이다. 세상의 많은 사람들은 자신의 생각과 주장이 진리라고 생각한다. 그러나 그러한 판단과 결론은 자아의 오만함에서 나오는 것이다. 요란한 소리는 부족한 지식에서 나오는 것처럼 원칙 없는 행동은 자아의 무지함에서 나온다. 무지함으로부터 벗어나 행동을 바르게 하는 것은 자신에 대한 철저한 반성이 선행된 후 가능하다. 무지함을 모르는 인간에겐 자아의 반성보다 우매한 욕망이 앞선다.

피히테의 말처럼 실천적 자아의 정립이 사행을 통해 이루어지는 것처럼 자아와 비아의 대립은 서로 다른 것들에 대한 극복을 통해 이루어진다. 이러한 극복은 용기 있는 절제와 같아서 원칙이 우선되어야 한다.

원칙 없는 대화와 타협은 사소한 이익에 굴복할 수 있기 때문이다. 자아의 본질에서 원칙 있는 소신은 불의에 타협하거나 협상의 대상이 될 수 있다. 만약 확신에 찬 소신이 흔들리면 그 소신은 확신이 없다는 것을 반증한다. 모든 원칙과 소신에는 저항이 있기 마련이다. 하지만 피히테는 자신의 자아를 정립함으로써 관념의 정립을 이루었다. 세상은 언제나 서로 다른 의견이 공존하는 세계로서 정립과 반정립이 교차하는 세계이다.

선과 악은 하나의 세계에 서로 다른 두 개의 색채를 띠고 있다. 이렇게 서로 다른 두 개의 색채를 하나로 통합하는 것은 빛이다. 빛은 모든 색을 하나의 세계로 이끄는 힘을 가지고 있다. 세계에 있어 원칙, 소신, 노력은 실천적 자아의 완성체이다. 세계의 선은 악으로부터 대립되고, 평화는 강력한 저항으로부터 대립된다. 원칙과 행동하는 양심의 본질은 자기 자신 속에 있으며, 그것은 자기반성을 통해 완성체로 나아갈 수 있다. 원칙의 완성은 진행형의 속성이 아니고 추구하고자 하는 목표이다. 자기반성을 통한 실천적 자아는 원칙과 소신에 있어 무한한 가능태를 열어놓아야 한다. 실천적 자아의 원칙은 어떠한 목표에 대한 주장이 아니고 정립된 실재성을 통해 확신 있게 목표를 밀어붙일 수 있는 것이다. 원칙의 실천자는 대상의 실체에 속지 말고 자신의 원칙에 귀 기울여야 한다.

46

보편적 절대성만이 존재의 문제를 의심 없이 해결할 수 있다

정신은 자연의 동일성으로 신성의 모습을 가지고 있다

아름다움이란 무엇이고 아름다운 것들이란 무엇인가? 아름다움에 있어 본질은 아름다움 그 자체이다. 세계는 아름다움으로 만들어졌으며 아름다운 것들로 구성되어 있다. 아름다움과 아름다운 것들은 동일한 의미로 해석될 수 있으나 두 개의 의미는 명확히 다르다. 아름다움은 본질로부터 생성된 것으로 보편적이며 선험적이다. 보편적이며 선험적인 아름다움은 자연의 본질 속에 내포되어 있다. 이러한 관계가 아름다움의 관계이다.

아름다움은 동일한 것들의 재현을 거부한다. 아름다움은 어떤 것들로부터 독립적이며 본질적이다. 플라톤은 아름다움의 근원을 이데아라고 불렀다. 이데아란 원형의 세계로서 초월적이다. 이데아의 세계는 시공간을 초월하기 때문에 신의 속성을 포함하고 있다. 신은 아무것도 없는 공허에서 음성으로 세계를 창조하였다. 아무것도 없는 것은 어떤 것도 존재하지 않는다는 것이다. 어떤 것도 존재하지 않는다는 것은 신의 존재도 존재하지 않는다는 것이 된다. 하지만 우리가 경험하는 세계는 너무나 생생해서 자연의 현상을 허상이라고 부정할 수 없다. 자연은 엄연히 실재하고 존재하는 것이기 때문이다. 하지만 신이 로고스로 만들어 놓은 세계를 실재한다고 단정하기 어렵다. 로고스의 음성은 실체를 만들어낼 수 없기 때문이다. 음성은 음성으로서 시간이나 공간처럼 표상될 뿐 실체화할 수 있는 물질이 아니다. 하지만 세계는 비물질로부터 물질이 창조되었다. 이것이 실체의 문제를 어렵게 만드는 원인이다.

우리의 의식은 비물질이지만 육체를 통해 물질화된다. 이처럼 신의 로고스는 비물질적 현상이지만 자연과 결합하며 물질적 실체가 된다. 물질과 비물질의 관계는 정신과 자연의 관계처럼 상호대립적이면서도 보완적이다. 하나의 실체는 하나의 로고스로부터 태어났으며 자연은 실체의 대상으로서 개별자의 속성을 가지고 있다.

신의 창조로부터 생겨난 자연은 이데아의 재현에 불과하다. 플라톤은 자연의 아름다움은 신의 의지가 표현된 표상으로서 아름다운 것이지 본질적으로 아름다움 자체는 아니라고 보았다. 그는 아름다움이란 선의 이데아처럼 가장 본질적인 아름다움을 말한다. 하지만 아름다움의 개념이 예술에 이르러 아름다운 것들로 치환되어 버렸다. 학문과 예술의 근본적 목적은 본질을 추구하는 것이다. 학문은 진리를 찾아 떠나는 형이상학의 여행이며, 예술은 아름다움을 찾아 떠나는 내면의 여행이다.

예술과 철학의 관계에서 예술은 철학이 추구하는 본질을 정신을 통해 발현시키려 한다. 예술을 위한 자아의 활동은 무의식을 통해 의식화하려는 작업이다. 비록 예술가의 무의식이 자아의 이성에 의해 통제되지만, 예술은 철학이 추구하는 최고의 길을 가고 있는 것임에 틀림없다. 예술은 인간의 이성이 자기애의 실현을 위해 끊임없이 달려가는 노력의 결과이며 실현이다. 예술은 철학과 달리 표현적이지만 철학이 추구하는 본질을 향한다. 예술이 플라톤에 의해 제기되었던 미메시스의 개념을 벗어나 셸링Friedrich Wilhelm Joseph von Schelling에 의해 내면의 본질을 다루는 학문으로 재탄생하였다.

셸링은 자연의 무한한 산출력과 예술에 대한 인간의 욕망이 동일한 창조적 정신에서 나오는 것이라고 보았다. 자연은 원형인 이데아의 세계를 지향하고, 예술은 자연에 의해 각인된 관념적 세계를 지향한다. 이러한 자연과 예술의 지향 관계는 순수한 생산적 관계에 있다. 자연과 인간의 예술적 관계가 심미적으로 연결되어 있음은 예술의 의식 속에 동일성의 원리가 내포되어 있기 때문이다. 셸링의 심미적 예술철학은 보편적 방법론에 기인하며, 철학과 예술을 자연과 정신으로부터 유추해내는 심미적 관념론의 완성이라 할 수 있다. 셸링은 의식의 선험적 관계 속에서 예술을 통한 표현적 미학이 가장 높은 단계의 개념 중 하나라고 보았다.

셸링의 철학은 피히테의 자아개념에 대한 비판에서 시작된다. 피히테의 자아는 주관적 자아이다. 셸링은 피히테의 자아를 넘어 자연철학을 완성하고자 하였으며, 기존 지식학의 한계를 파괴하는 체계로 활용하였다. 기존 지식학은 보편적 사유를 충족시켜줄 수 없다는 한계점을 가지고 있다. 그가 지식학으로부터 보완하고자 하는 것은 바로 자연의 문제였다. 그에게 자연은 정신과 평행 구조를 갖고 있는 넓은 의미의 동일철학이다. 자연은 정신의 동일성으로 신성의 모습을 가지고 있다.

칸트에 있어 실체의 대상인 자연은 오성의 법칙 내에 포함되어 있다. 이에 반해 피히테는 자연을 직접적 자아의 산물로 보았다. 자연은 스스로의 생성을 통해 끊임없이 대상을 산출하는 능력을 가지고 있다. 하지만 피히테의 자아는 자연의 해석에 대한 주관적 관념을 담고 있다. 셸링은 자연의 무의식적 지성을 인식하기 위해서는 최고의 단계인 정신의 자각적 상태를 궁극적 목적으로 삼았다.

자연은 일정한 규칙과 유기적 구성에 의해 유지된다. 이러한 자연의 구성을 산출의 힘이라 한다. 라이프니츠의 예정조화설처럼 자연은 스스로의 힘으로 세계를 구성해낸다. 이러한 구성의 중심에 정신이 있다. 여기서 정신은 인간의 의식 바깥에 있는 무의식적 정신이다. 무의식적 정신은 창조의 정신이며, 자연의 근원적 원리이다. 셸링은 무의식적 창조활동을 객관적이며 실재적인 것으로 보았다. 셸링은 피히테와 달리 정신적 창조의 원리는 자아에 있는 것이 아니고 자아의 외부에 위치한다고 보았다. 자아의 위치가 자아의 외부에 위치하는 것은 지식학의 사유로부터 벗어나 실재론적 접근을 위한 설정이다. 셸링은 인간의 이성이 정신에 담고 있는 관념의 원리를 실재론적으로 해석하고자 하였다.

피히테의 자아는 실체를 가지지 않는 순수한 자아로 선험적 자아이다. 선험적 자아의 무의식적 정신은 다른 실체를 갖지 않는 순수한 정신활동이다. 순수한 정신은 무의식의 정신을 통해 실재적인 것들 속에 머문다. 피히테의 자아가 자아를 넘어 비아에 도달하였다면, 셸링의 자아는 본질을 통해 외부의 자연을 향한 것이다. 그는 자아로부터 시작된 선험적 이성을 객관적 시선으로 바라보며 자연을 그 대상으로 바라보았다. 그리고 자연으로부터 정신의 순수 활동인 동일성의 관념적 원리를 발견하였다.

자연철학은 형이상학으로부터 출발한 지식학을 자연철학으로 이동시켰다. 그는 우리의 정신적 자아와 외부의 자연을 하나의 본질로 통일한 동일성의 철학자이다. 자연과 인간의 경계가 외부의 경계에 의하여 구분지어지지 않고 정신이 담고 있는 내부에 의해 구분되어진다. 정신의 내부에 자연이 존재하고 있으며, 외부에도 자연이 동일하게 존재한다. 셸링의 자연철학에 따르면, 자연은 정신과 구별됨이 없이 유기적으로 관계된 동일체이다.

정신과 자연의 관계에 있어 정신은 어떻게 자연에 존재하는 사물들의 내부에 실재할 수 있는가? 그는 스피노자의 능산적 자연으로부터 자연의 자의적 생산원리를 빌려 왔다. 그리고 자연에 존재하는 모든 사물의 공통된 근거는 신 안에 있다고 보았다. 신은 자기의식 안에 있는 자연이며, 인간의 정신 속에 남아 있다. 신과 자연은 정신으로 하나의 완성체를 이룬다. 신과 자연의 동일인식은 절대적 신의 의지 때문에 가능한 것이다.

자연철학이 이성을 통해 자연의 근본 원리를 이해시키려는 시도는 칸트로부터 시작된 선험적 이성에 대한 관념의 선험성을 자연에 대입시키기 위해서이다. 피히테의 선험적 이론은 이론과 실천의 단계를 거쳐 완성된다. 하지만 셸링은 피히테의 두 가지 관계성에 심미적 의식을 추가했다. 이는 피히테의 이론적 인식과 실천적 행위의 철학 속에 새로운 개념의 예술철학이 첨가되는 사건이다. 그의 예술철학은 이후 낭만주의 사회의 이념 형성에 커다란 역할을 하게 된다.

셸링은 피히테의 절대 자아개념에서 어떻게 자아가 비아를 넘어서 절대 자아개념으로 나아가는가에 대한 의구심을 제기했다. 피히테의 절대 자아는 비아에 의해 제기되는 유한한 자아의 존재론적 근거가 된다. 하지만 절대 자아는 자아의 근거이면서도 비아의 존재근거가 되어야 한다. 이러한 이중적 논리가 어떻게 절대적 자아의 보편성을 확보하는가는 셸링이 갖는 철학적 의구심이었다. 셸링은 피히테가 비아를 통해 자아의 존재를 증명하려 했지만, 객관적 보편성을 지닌 절대 자아의 문제는 간과하였다고 보았다.

셸링은 절대 자아의 개념에서 보편적 절대성만이 존재의 문제를 의심 없이 해결하는 것이라고 보았다. 그는 자아와 비아, 주관과 객관이라는 형이상학적 문제의 이분법적 논리를 인정하지 않았다. 셸링이 말하는 자아와 비아는 대립적 관계가 아니라 비아 속에서 자아를 탐구하는 객관적 관계이다. 자아와 비아의 관계에 있어 자기의식은 근원적 감각을 통해 자아가 지성으로 향하고, 이 과정을 통해 반성이 이루어지며, 결국엔 의지의 작용을 통해 실천적 자아로 나아간다. 실천적 자아는 비아에 의하여 자신을 직관한다. 직관의 단계에서 의식은 외부의 자극을 지각하며 생산적 관계를 정립한다. 이러한 생산적 관계는 객관적 의식의 연장을 통해 세계의 직관으로 선험적 세계를 인식한다.

셸링은 절대 자아의 개념에서 절대자는 유한한 사물의 대상에 자리잡고 있다고 보았다. 이러한 절대 자아와 비아가 되는 사물의 대상은 주관과 객관이라는 이분법적 대립체계를 벗어난다. 셸링은 피히테가 주장하는 절대자의 개념이 어떤 실체가 아니며, 다른 사물과 구별되는 것도 아니라고 보았다. 그는 세계의 모든 존재는 절대자의 의지를 벗어나 존재할 수 없으며, 절대자 이외에 다른 것은 존재할 수 없다고 보았다. 세계는 정신과 자연이 차별을 갖지 않는 절대자의 위치에서 존재의 실체가 실현된다. 절대자의 개념에서 보면 자아와 비아는 동일한 하나의 개념으로서 절대자의 개념 안에 내포된 동일자이다. 따라서 자아와 비아, 주관과 객관은 세계의 주체가 되는 동일자이다.

셸링은 객관적 관념론에서 무차별성의 동일성이 어떻게 차별을 만들어낼 수 있는가에 의구심을 가졌다. 그는 무차별성을 벗어난 차별성은 양적인 차별성과 질적 차별성으로 구분된다고 보았다. 이러한 양적·질적 차별성은 자연의 대상에서 발견되는 주관적 관점이다. 양적 차별성은 유한한 자연의 대상이 사물의 차이를 통해 발생하는 차별성이며, 차별성의 원인으로 절대적 보편성이 있다. 존재의 논의 근거인 자연은 무수히 많은 유한자의 실체로 이루어져 있으며, 이러한 유한자의 사물은 절대자로부터 생겨난 것이다. 따라서 절대자의 정신으로부터 창조된 사물의 대상은 양적으로 정신의 요소보다 많은 것 같지만, 본질적으로 보편적인 하나의 성질만을 가지고 있다.

셸링은 피히테의 주관적 관념론의 모순에서 자유로운 인간의 주체적 활동은 단순히 자연과 대립되는 정신적 활동이 아니라 양자를 포함하는 동일체적 성격을 가지고 있다고 보았다. 그는 주관=객관이라는 공식이 성립하며, 자아=비아라는 개념으로 양자가 동일한 절대적 보편성을 갖고 있다고 보았다. 이러한 하나의 공식은 객관적 정신의 자기실현적 의지로 초월적 동일자이다.

세계는 서로 다름으로써 각자의 개성을 나타내지만 서로 같음으로써 조화롭다. 자연이 아름다운 것은 서로 조화롭기에 아름다운 것이며, 아름다움은 자연과 같은 하나이다. 자연의 속성에 나타나는 수많은 개별적 속성들은 본질을 향하기 때문에 유한한 아름다움을 간직한다. 세계의 모든 대상이 자연으로부터 나오고 자연은 대상의 원인이다. 인간과 자연, 자연과 예술은 두 개의 속성이 하나의 동일자로 보편화되는 개념이다. 예술의 심미적 표현이 아름다움을 추구하지만 아름다움의 본질이 될 수 없는 이유는 아름다움을 지향하는 시간성 속에 매몰되어 있기 때문이다. 예술가에게 아름다움과 아름다운 것들의 관계는 철학자에게 이성과 선험적 이성의 관계처럼 끝없는 차이와 반복을 유지하는 철학적 관점이다.

47

절대정신은 모든 존재의 본질이다

현재의 나는 지금의 나이며 세계의 나이다

현재의 나는 지금의 나이며 세계의 나이다. 나라는 존재는 데카르트의 생각하는 나를 떠나 절대정신 속에 있다. 절대정신은 모든 존재의 인식에 대한 본질 정신이다. 나의 존재는 세계의 존재이며 실체의 원인이다. 내가 존재하지 않는 세계는 실체도 없다. 세계는 나에게 질문하고 대답은 정신으로 향한다. 절대정신에 대한 질문은 단순하다. 이 질문은 자아와 비아의 문제를 떠나 본질로 향하는 이성의 절대성에 대한 질문이다. 하지만 질문에 대한 답은 사람마다 다르다. 욕망에 눈먼 자의 도시에서 세계는 암흑이 되고 절대정신은 사라진다. 보편자의 실체적 존재 가치를 모르는 자의 세계는 사유의 몰락을 가져온다. 사유가 사라진 어둠의 터널에서 빛의 희망은 우리의 의식을 타고 절대정신 속으로 들어온다.

절대정신은 실체에 대한 본질의 문제이다. 칸트의 선험적 이성으로부터 시작하여 절대정신에 이르기까지 보편적 실체는 의심될 수 없는 사실이다. 세계는 정신 안에서 공간적이며, 시간적이다. 공간과 시간은 모든 대상을 사라지게 하기도 하고 존재하게도 한다. 인간은 시간 앞에서 유한하며, 현재라는 대상 앞에서 시공간적이다. 현재의 시간은 부정할 수 없는 실체인 것은 확실하다. 현재의 시간은 모든 실체의 출발점이기 때문이다. 현재의 개념은 정신으로부터 나온다. 정신은 실체의 문제를 본질적으로 다루는 선험적이며, 실체적인 정신으로부터 도출된 절대성이다.

헤겔Hegel, Georg Wilhelm Friedrich에 있어 절대자는 정신이다. 정신 중에서도 절대정신이다. 절대자의 정신은 참된 본질 속에 있다. 참된 본질은 정신 안에 내재되어 있는 절대적인 것이다. 헤겔은 철학의 본질이 절대정신을 인식하는 것으로 보았다. 철학의 올바른 길은 자신으로 회귀함을 통해 절대정신의 인식주체로 나아가는 것이다. 헤겔의 『정신현상학』은 감각적 지식의 불완전성을 불변의 절대 지식으로 이끌었다.

경험적 사고는 관념에 의해 고립되어 있을 뿐 실체를 보지 못한다. 하지만 정신은 본질을 담고 있다. 본질은 현상들의 관찰을 통해 정신으로 들어온다. 이러한 정신의 기억 속에 절대 관념이 있다. 관념의 논의는 칸트의 비판 철학을 통해 새롭게 제기된다. 그의 비판적 관념론은 이성이 오성으로부터 받게 되는 불완전한 관념의 비판이다. 이러한 비판적 관념은 이성의 오류에 대한 선험적 이성의 비판이다.

피히테의 관념은 주관적 관념론이다. 그는 사물 자체의 관념 속에 물자체가 갖게 되는 자아의 의존성을 부정한다. 사물의 인식은 고유한 행위의 사실이며, 주관적 자아를 통해 대상을 인식한다. 현실은 자아의 활동으로서 비아가 자아를 만나는 순간 행해진다. 자아는 비아를 정립하고 비아는 자아에 의해 정립된다. 셸링은 피히테의 자아와 비아의 개념을 넘어 객관적 관념론을 제시하였다. 그는 자아의 능력을 넘어선 지적 직관을 발견하고 비아를 통한 절대자의 개념을 제시하였다.

절대자로서 자아는 주관적이지 않고 보편적이며, 자연과 유기적으로 하나의 동일체를 구성한다. 셸링은 자연의 생성과 목적이 동일성의 보편적 성질을 유지시키려는 신성에 의해 지배된다고 보았다. 하지만 헤겔은 피히테의 절대성을 정신의 문제로 인식했다. 그는 정신이 자아뿐 아니라 자연에도 동일한 절대성을 가진다고 보았다. 절대성의 원리로서 정신은 절대정신의 현상학이다. 정신현상학은 정신의 현상들에 관한 이론이다. 개별의식의 정신 현상들이 감각적 의식으로부터 출발하여 자기의식에 이른다. 자기의식은 자아의 의식을 넘어 세계의 현상 속에 내재되어 있는 의식으로 자기실현적 목표를 가지고 있다.

헤겔의 철학에 있어 변증법은 그가 남긴 지적 유산이다. 그의 변증법은 인식의 단계를 셋으로 나눈 것이다. 첫째, 긍정을 통한 정립의 단계이다. 긍정의 정립은 인식의 정립으로서 실체의 현재성에 대한 인식이다. 둘째, 부정을 제시하며 반정립의 단계이다. 실체의 현재성에 대한 인식은 순간적 인식으로서 시간의 흐름에 따라 부정될 수 있다. 셋째, 종합의 단계를 거쳐 최종적 결론에 도달한다. 종합의 단계는 긍정-부정-종합의 법칙을 통해 결론에 도달한다. 변증법은 실재 속에 구조적 모순이 존재한다는 생각을 통해 모순율을 부정하는 특별한 논리이다.

변증법은 소크라테스와 플라톤에 의해 처음 사용되었다. 소크라테스는 그의 대화술과 문답법에서 변증법의 논리를 사용하였고, 플라톤은 진리의 탐구를 위한 사유체계에 사용하였다. 하지만 헤겔은 변증법을 인식의 방법뿐 아니라 존재 증명의 도구로 생각했다. 존재 문제를 다루기 위해 대상은 반드시 존재해야만 한다. 이때 대상은 나의 인식과는 독립적인 존재이다. 대상은 의식을 갖지 않는 그 자체로서 즉자적 대상이다. 대상의 본질은 대상 안에 갇혀 있다. 이러한 대상이 즉자卽自, an sich 존재이다. 즉자 존재는 의식이 없는 대상이며, 그 대상이 자체로 독립적인 존재이다. 즉자는 다른 사물과의 관계보다 오직 자신에게만 몰두하며, 주관적이며 고립적 상태이다. 대상이 독립적인 즉자라면 현상을 포함하게 된다. 따라서 대상은 하나의 현상이며 의식에 관계한다. 사물이 타자와의 관계에서 대상은 대타 존재對他存在가 된다. 대타 존재(타자에 대한 나의 존재)는 타자와의 관계 속에서 존재한다.

헤겔은 변증법에서 근원적 독립성으로 대상의 존재를 인정한다. 그러나 대상은 다른 대상과 구별될 때 독립적이다. 결국, 구별은 독립적인 대상의 관계를 말하며, 자기 정립과 모순의 과정을 모두 거친다. 헤겔의 존재에서 대자對自 존재는 이미 대상에 귀속되어 있는 것이다. 대자 존재는 의식적 존재자가 자기 안에 가지고 있는 대상적 존재를 말하며, 주관적인 자기 자신과의 거리를 두고 반성적 관찰과 사유를 통해 자신을 객관화하는 존재이다. 대자는 자기 관계적인 존재로서 대자이다. 즉자가 개념이 될 때 그것은 대자가 되고, 대상이 타자에 의하여 존재되어지는 한, 그것은 대자적이다. 대상이 대자적으로 관계하면 대타적이 된다. 헤겔의 즉자, 대자, 대타의 존재 문제는 사물의 인식에 대한 정신과의 관계이다.

헤겔은 힘의 발현을 힘의 대타 존재라고 했다. 사물의 대상뿐 아니라 모든 자연에서 활동하지 않고 정지되어 있는 것은 힘이 아니다. 그 힘은 분명 어디에선가 세계로 왔다. 헤겔은 이러한 힘을 온전한 힘으로 정의하며, 본질적으로 즉자와 대자 사이에서 발현되는 것이라고 보았다. 힘은 어떤 힘이 발현되는 반발로서 나타나며, 사물의 원인과 결과가 된다. 힘의 개념은 힘이 갖는 본질 자체로 발현된다. 힘은 사물로부터 발생되는 어떤 힘으로부터 나오며, 이것이 물질적 힘이면 상실을 가져온다. 하지만 힘이 정신으로부터 발현되면 오성을 통해 관념으로 완성된다. 헤겔에 의한 힘의 논리는 진리에 대한 절대정신의 발현이다.

헤겔의 철학은 의식으로부터 자기의식으로 전환한다. 자기의식은 스스로 발현된 지적 상태에서 의식을 통해 자신을 정립하는 것이다. 자아는 사물의 대상을 지향하는 것이 아니고 의식이 지향하는 자신을 정립한다. 따라서 자기의식은 사물의 대상들에 의존하지 않고 자신의 지적 상태와 함께 있다. 헤겔의 자기의식은 감각적 세계와 지각적 세계에 대한 의식의 반영이다. 이러한 의식은 존재의식에 대한 반성에서 시작된다.

의식의 혁명은 자기의식으로부터 나온다. 자기의식은 의식에 머물지 않고 행동하는 양심이어야 한다. 자기의식은 경험적 관념에 대한 반성의 길을 걷고 새로운 의식의 체계를 확립하기 위해 실천적 자아로 나아간다. 헤겔의 실천적 자아는 의지의 욕구이다. 의지의 욕구는 자기의식의 실천적 자아를 지향한다. 헤겔의 자기의식은 행동을 통해 완전성을 추구한다.

자연은 자기의식 속에 있으며 스스로 행동한다. 스스로의 자연은 자기의식의 실현이다. 자기의식은 자기와의 차이에서 이중화 경향을 보인다. 의식의 이중화는 자기의식 안에서 정신을 통해 본질적 의식으로 발현된다. 헤겔에 있어 자기의식의 발현은 주인과 노예의 의식을 극명하게 보여준다. 자기의식의 본래적 자아는 절대적 대상의 자아이다. 절대적 대상의 자아가 자기의식의 부재로 이어지면 노예의식으로 전락한다.

노예는 자기의식의 부재에서 나온다. 노예는 생산의 주체가 되면서도 소유의 주체임을 망각한다. 이러한 주체의식의 결여는 수동적 의식에서 나온다. 수동적 의식은 자기의식의 부재를 보여주는 의식의 결여이다. 노예는 자기의식의 소유보다 타협과 안정을 택한다. 하지만 안정의 뒤편에는 착취와 탄압이 있다. 주인의 착취와 탄압은 감춰진 자기의식의 그림자 속에 숨겨져 있다. 노예는 그것을 운명으로 받아들인다. 이러한 판단이 자기의식의 결여이다. 하지만 주인의식은 자기의식의 자존을 찾으려 한다. 자기의식은 의식의 주체로서 주인에게 빼앗겼던 자신의 주권을 찾으려 하는 것이다.

생산과 노동의 관계에 있어 주인의식은 주체의 길을 택한다. 주체란 생산의 주체가 누구인지를 묻고 생산물의 주인이 누구인지를 묻는 것이다. 주인의식은 생산의 주체로서 노예의 굴레를 벗어나 세계의 주체로 등장한다. 생산의 주체가 생산물의 주체인 것처럼 의식의 주체는 자기의식의 주체가 된다. 주인의식은 의식을 무한한 자기의식으로 확장하는 것이다. 하지만 노예의식은 유한한 의식으로 자기의식을 억누른다. 이러한 의식은 자신의 권리에 대한 삶의 포기이다.

노예는 사물의 생산 주체가 되고 주인은 노예의 관리 주체가 된다. 주인은 노예를 통해 생산에 간접적으로 관여하고, 노예는 주인의 의식을 자기의식으로 착각한다. 이러한 상충된 의식이 자기의식을 이중화한다. 따라서 노예와 주인의 관계는 비자립적이 되며, 주인은 노예의 의식을 주인의 자기의식으로 옭아맨다. 헤겔은 노예가 주인이 되는 의식의 전도를 예측한다. 이러한 예측은 자기 확실성에서 나온다. 주인과 노예에서 노예는 주인의 의식에 복종한다. 하지만 시간이 지나면서 노예는 주인의식에 물들게 된다. 노예로부터 주인의식이 발현되면, 노예는 차츰 노예의식으로부터 해방되어 주인이 되어간다. 이러한 상태를 의식의 전도라 한다. 노예에게 주인의식은 자립적이며, 대자적으로 존재하는 의식이다. 하지만 의식의 전도를 통해 노예는 자기의식의 주체가 된다. 그는 자신의 노동을 통해 자신의 자립성을 획득하고 비의존적 자립 주체로 전도된다. 이러한 전도적 양상은 주인이 노예가 되고 노예가 주인이 되는 의식의 전도이다.

헤겔은 인간의 생각을 세계정신 자체로 보았다. 세계는 자기의식으로부터 시작하여 절대정신으로 향한다. 자연의 대상은 개인의 주관적 이성을 벗어나 절대적 정신 속에 존재한다. 그의 절대정신은 주관과 객관을 벗어난 세계의 정신이다. 세계정신은 사물의 대상을 통해 사물의 존재가 된다. 헤겔의 세계정신은 절대정신으로 귀결되며 존재의 본질적 문제가 된다.

헤겔의 정신에 있어 무의식적 존재는 이성으로 이해될 수 없다. 칸트의 오성은 자아의 대상을 외적인 것으로 간주했다. 하지만 외적 인식이 절대자의 고립을 가져온다. 절대자는 독립된 것이며 현상하는 정신이다. 실체의 현상은 보편적 원인을 무시할 수 없으며, 오성은 이성에 의해서만 실체를 인식한다. 오성은 정립만을 통해 이성으로 절대화될 수 없다. 절대적 이성은 오직 초월적 정신 속에 내재되어 있어야만 한다.

칸트로부터 제기된 선험성의 문제가 셸링을 거치면서 지적 직관이 되고, 헤겔에 이르러 절대정신이 된다. 헤겔의 절대자는 하나의 점이며 근원이다. 모든 사물은 점으로부터 시작하며 선을 통해 대상으로 나아간다. 헤겔의 절대개념에서 절대자는 점의 주위를 맴도는 오성의 발현이다. 절대자의 속성은 신의 속성처럼 사물의 대상을 넘어서기 때문에 신적 초월성을 가진다. 신의 속성은 절대자의 속성 안에 내재되어 있는 절대정신이다.

절대정신은 스스로 세계를 향하고 세계 속에서 자신의 이성을 발견한다. 이성의 발견은 세계가 곧 이성이고 이성이 곧 정신이라는 등가관계를 성립시킨다. 따라서 정신은 스스로 무한성을 확보한다. 정신은 자신의 존재를 심연 속에서 발견한다. 인식의 관계에서 정신은 가시적 세계를 직관적 세계로 규정한다. 정신은 감각적 세계의 불완전성을 극복하고 존재와 사유의 본질 세계를 절대정신을 통해 구현한다. 정신은 스스로의 자아로 되돌아와 자유로운 이성을 향하며, 사유의 법칙으로서 절대정신을 구현한다.

고귀한 정신은 자기의식에서 벗어나 물질의식으로 바뀌어간다. 물질은 정신의 가치를 잠식해 버리며 세계의 중심에 서고자 하는 욕망을 발현한다. 이제 세계는 삶의 가치에 있어 물질과의 전쟁이 시작되었다. 물질과의 전쟁은 많은 희생을 통해 삶의 본질 가치를 획득하는 것이다. 삶의 본질은 물질을 넘어 순수한 정신에 있다. 이러한 순수정신이 신의 정신이다. 신으로부터 부여받은 순수정신은 절대정신을 통해 영원불멸하다.

헤겔의 절대정신은 순수의 정신이다. 이러한 순수는 물질적 욕망으로부터 벗어나 삶의 본질을 찾으려는 의지이다. 물질의 가치는 시간에 따라 잠들어 버리지만, 정신이 갖는 고귀한 의식은 영원히 잠들지 않는 우주와 같다. 신은 물질을 통해 실체를 만들지만, 실체의 존재의미는 자기의식에 있다. 자기의식을 등지고 물질 앞에 고개 숙이는 자들은 노예의식에 매몰되어간다. 하지만 주인의식은 삶의 가치를 자기 의식으로 되돌리는 절대정신으로 살아 있음을 깨우치게 한다.

제5부

현대 철학의 위로

48

신God은 죽었다

초인사상이란, 서구적 망상에 사로잡힌 사람들에게 망치를 드는 것과 같다

오르려는 원숭이와 내려가려는 사자의 외줄 타기! 원숭이의 재주는 세상을 흔드나 깊이가 없고, 사자의 포효는 울림이 장대하나 덕이 없으니, 세상을 구할 자, 초인밖에 없다. 니체Friedrich Nietzsche는 인간과 신의 중간자적 존재로서 초극적 존재, 절대자적 존재인 초인을 내세운다. 초인은 자기 극복을 위한 인간의 목표이며, 신의 죽음을 통해 모든 가치의 재창조자로서 새로운 생의 창조자이다.

세상의 모든 것은 창조자로부터 시작되었고, 그 중심에 신이 있다. 하지만 신은 어디에 있는가? 신은 자신의 창조물에 의해 살해되었다. 신의 죽음은 인간 정신의 부재로부터 시작되었다. 질투와 모략과 배신으로부터 신은 죽었다. 인간의 죄를 사해주신 신의 죽음을 무엇으로 대체한단 말인가? 인간의 오만이 신을 외면하게 만들고, 신은 우리 곁을 떠나 버렸다. 신이 없는 사회는 흔들리는 좀비들만 가득하고 허망한 사회가 되어 버렸다. 이러한 흔들림은 시작도 끝도 없는 허무의 세계로 들어간다. 신이 없는 세계에서 인간의 흔들림은 영혼을 잃어버린 육신의 흔들림처럼 갈 길을 잃어버렸다. 신의 죽음은 인간의 죽음이며, 우리 모두의 죽음이다.

자본의 풍요에서, 이데올로기의 전선에서, 힘 있는 자들의 탐욕에서, 사회는 병들고 도시는 악취로 진동한다. 이제 신은 우리의 곁을 떠나 버렸다. 신은 자신의 존재 자체를 감추어 버렸다. 끝없는 욕망은 인간의 마음에서 신의 자리를 없애 버렸다. 삭막한 인간사회에서 신의 그림자도 보지 못하는 우리는 무엇에서 안식을 찾는단 말인가? 신과 인간의 관계는 끈 떨어진 연처럼 먼 하늘로 날아가 버렸다. 이제 신의 흔적인 끊어진 실타래만이 그 자리를 대신하고 있다.

신은 어디에 있는가? 구원의 빛은 어디로 가고, 사막의 열기처럼 타오르는 뜨거운 빛은 온기를 느낄 수 없는 얼음장처럼 차갑단 말인가? 우리의 가슴속에 뜨겁게 용솟음치는 삶의 기운은 어둠의 연기 속에 묻혀 버렸다. 아! 아쉽고 안타까운 사건이 벌어지고 있는 것이었다. 인간의 시작이며, 마지막 희망인 신은 어디로 가고, 타락한 인간들이 세상을 활보하며, 신의 죽음을 조롱거리로 만든단 말인가! 저 숲속의 늙은 성자는 신이 죽었다는 사실을 모르고 있단 말인가!

니체는 인간에게 의지의 대상인 신의 죽음을 선포하였다. 신의 죽음은 충격적이다. 천년을 넘게 내려온 신의 존재가 갑자기 사라져 버렸다. 인간 의지의 정점인 신이 죽었다면, 인간은 어디서 구원을 찾을 수 있단 말인가? 우주의 탄생과 함께 찾아온 축복의 시간도 신의 죽음 앞에선 모든 것이 참담하기만 하다. 내일 세상의 종말이 온다 해도 한 그루의 나무를 심겠다는 스피노자의 말처럼, 우리는 신의 죽음에 대한 참회의 나무를 심어야 한다. 그 나무는 구원의 나무가 되어 병들고, 힘없고, 고통받는 자들에게 안식을 제공하여야 한다.

신의 죽음으로부터 허무해진 우리는 구원의 나무 밑에서 "고도를 기다리며"(사무엘 베케트) 신의 귀환을 기다려야 한다. 신으로부터 버림받은 우리는 눈물을 흘릴 여유조차도 없다. 신의 죽음은 아버지를 죽인 아들의 마음처럼, 참회하고, 회개하며, 용서를 구해도 이미 때는 늦었다. 우리는 초인의 사상을 통해 사라져 버린 신의 죽음으로부터 희망의 빛을 되찾아와야 한다. 그 빛은 순수로부터 자유를 통해 획득되는 본질적 인간 정신의 빛이다.

니체는 이성으로 덧씌워진 서구사회의 가면을 벗겨 버리고 인간의 본성에서 우러나오는 삶의 소리를 찾고자 하였다. 그는 과학의 진보와 그리스도교Christianity 도덕을 비판하며, 인간의 본성이 무엇인지를 물었다. 그는 고대로부터 내려오는 서구의 전통 사상에서 벗어나 인간의 숨겨진 본능을 찾아가는 사상가였다. 그는 실존주의의 선구자였으며, 바그너Wagner의 음악에 심취하여 『비극의 탄생』을 써서 바그너에게 바치기도 했다. 하지만 바그너의 음악이 너무 그리스도교적이고 정치적 성격을 띠고 있다고 생각하여 그와 단절해 버린다. 니체는 바그너의 음악이 예술을 벗어나 권력의 시녀로 전락해 버린 것에 대해 크게 실망했다. "아아, 너도 십자가 앞에 무릎을 꿇는구나, 너마저, 아! 정복당한 자여!"

바그너에게 실망한 니체는 그리스도교에서 주장하는 기존 가치를 거부하며, 그리스도교의 도덕은 수동적 의식과 복종이 가미된 노예도덕이라고 했다. 그는 순종적 도덕의 파기를 주장하며, 고귀하고 건강한 군주도덕을 주장했다. 군주도덕은 자기 긍정과 권력의지에 충실하고 남을 지배하려고 하는 강자의 도덕이다. 그는 군주도덕을 통해 의식의 자기화와 힘의 의지를 실현하고자 하였다. 니체로부터 시작된 초인사상은 서구적 망상에 사로잡힌 사람들의 정신에 망치를 드는 것과 같다.

니체는 초인사상을 통해 기존의 가치관과 그리스도교적 신앙에 따른 도덕의 부정을 세상에 알리고 권력에의 의지로 나아가야 한다고 했다. 그가 말하는 "권력에의 의지"는 냉혹한 자기 초극을 위해 내면의 사상 원리를 명백히 하는 것이다. 그는 권력에의 의지에 대한 부제를 달아 "모든 가치에 대한 전환의 시도"라고 하였다. 이처럼 권력에의 의지는 자기 초극을 통해 니힐리즘Nihilism을 극복하려는 정신적 사상이다.

니체는 초인을 신과 인간의 중간자로서 보았다. 인간은 초인을 통해 자기를 초극해나가는 존재이며, 영겁의 시간을 통해 회귀하는 운명을 참고 이겨내야 하는 존재이다. 초인은 신의 죽음으로부터 흔들리는 인간을 위한 모든 가치의 창조자이며, 생산자이다. 초인은 강력한 생의 실현자로서 "차라투스트라Zarathustra"이고, 그리스도교를 대신하는 인류의 구원자이다. 니체는 『차라투스트라』에서 정신의 3가지 변신을 다음과 같이 이야기했다.

강하고 인내심 있는 정신은 너무 많은 짐을 지고 있다. 강하고 억센 정신의 힘은 가장 무거운 짐을 요구한다. 무엇이 무거운가? 인내심 있는 정신은 이렇게 묻고 낙타의 무릎을 꿇려 무거운 짐을 지게 한다. 사자의 영혼을 담은 영웅들이여! 내가 짊어지고 갈 짐에 기쁨을 느끼게 될 무거운 짐은 무엇이란 말인가? 인내의 정신은 이렇게 물었다. 가장 무거운 짐은 자신의 욕망과 오만에게 굴종하는 것, 자신의 지혜를 조롱하기 위해 자신의 어리석음을 들추어내는 것이다. 인내심 가득한 정신은 무거운 짐을 짊어지고 사막을 달리는 낙타처럼 정신의 사막을 달린다. 여기에서 낙타는 사자가 된다. 무거운 짐으로부터 벗어난 정신은 자유를 획득하며 사막의 정신을 지배하려 한다. 사자의 정신은 사막의 자유와 함께 정신의 마지막 주인을 찾는다.

니체는 묻는다. 무엇 때문에 정신에게 사자가 필요한가? 왜 무거운 짐을 지는 것을 마다하지 않는 낙타에 만족하지 못하는가? 그것은 사자가 추구하는 자유의 획득 때문이다. 자유의 획득과 의무 앞에서 서슴지 않고 말할 수 있는 자유의 용기, 이것 때문에 사자가 필요하다. 사자의 용기는 인간의 정신이 획득하려는 새로운 가치를 위한 권리를 찾는다. 정신은 사악하고 왜소한 인간의 나약함을 극복하고 오직 사랑으로부터 자유를 찾기 위해 가장 신성한 것으로부터 자유를 강탈하지 않으면 안 된다. 이러한 강탈은 강한 자의 힘을 통해 자유의 회복을 위한 사자가 된다.

그러나 정신으로부터 강한 강탈을 시도하는 사자는 어린아이가 되지 않으면 안 되는가? 어린아이는 순수를 통한 새로운 출발이다. 어린아이는 창조의 유희를 위해 신성한 긍정이 필요하다. 어린아이로의 회귀는 순수한 자기의식을 확보하고 세계 속에서 자신의 정신을 되찾는 것이다. 어린아이는 회상한다. 어떻게 정신이 낙타가 되었고, 낙타는 사자가 되었으며, 사자는 어린아이가 되었는지. 니체의 정신에 대한 세 가지 변신은 헤겔로부터 시작하고 헤겔에 의해 완결지어진 절대정신에 대한 실존적 생각이다. 니체는 헤겔의 죽음을 통해 소멸된 인간의 절대정신이 어린아이의 순수성을 통해 초인적으로 다시 태어나기를 원했다.

초인의 빛은 참된 자기 정신의 단계에서 나온다. 니체는 헤겔로부터 정립된 절대정신을 인간 존재의 자각적 기능으로 바라보며 근본적으로 파악했다. 낙타가 사자가 되고 사자가 어린아이가 되는 변화는 자기의식의 깊어짐에서 생겨나는 단계이다. 여기서 어린아이의 단계는 정신과 육체가 참된 자기애로 통합된 단계이다. 타자의 전통적 가치에 무조건적으로 복종하는 낙타의 단계, 타자와 타자의 관계에 복종하는 자기 자신을 부정하는 사자의 단계를 거치면서, 이 모든 것은 철저히 부정됨으로써 사자의 단계에서 어린아이의 단계로 전환된다. 어린아이의 단계는 순수이며, 망각이고, 새로운 시작이다. 어린아이는 스스로의 힘으로 돌아가는 바퀴, 거룩한 긍정, 최초의 운동이다.

니체의 초인사상에 담긴 근본적 의미는 권력에의 의지에서 나오는 인간의 실존적 모습을 보여준다. 초인사상은 자신의 현 상태를 초월하여 자신의 바람을 실현시켜 나가려는 사상이다. 시대적 상황 속에서 권력의지가 투쟁하는 세계의 갈등은 신의 죽음이라는 니힐리즘(허무주의)을 낳게 된다. 신의 부재는 인간으로서 기댈 곳이 없어지는 삶의 허무이다. 인간의 나약한 삶은 신에 의지하며 영원회귀를 꿈꾸지만, 신의 죽음은 인간 존재의 허무를 통해 실존적 상태에 도달하게 된다.

니체는 중세 천 년을 넘게 이어져 내려온 그리스도교의 윤리를 연약한 노예의 산물이라고 보았다. 인간의 역사에서 고대는 인간성이 살아 있는 감성의 시기였다. 하지만 신의 등장을 통한 중세의 시작은 인간의 이성을 신의 노예로 전락시켜 버렸다. 니체는 이러한 시대적 사건을 인간 이성의 상실이라고 표현했다. 특히 그리스도교 사상에서 인간에게 부여한 순종, 절제, 은총 등은 인간의 긍정적 인간상을 말살하는 원인이라고 비판했다.

니체는 그리스도교의 원리가 인간의 윤리적 측면만을 강조하면서 창의적인 삶의 가치를 말살한다고 보았다. 그는 인간이 삶의 주체로 살아가기 위해서는 신으로부터 인간성의 회귀로 되살아나야 한다고 보았다. 그는 "신은 죽었다"는 상징적 의미를 통해 인간 정신의 허구성을 만천하에 공포하고, 신이란 인간의 이성이 만들어 낸 허상이라고 주장했다.

니체의 『차라투스트라』*Zarathustra*에 등장하는 초인은 인간의 불완전성을 극복하고 신과 인간의 중간자적 존재로서 자기를 초극해 나아가야 하는 존재이다. 초인은 신을 대신하여 모든 가치의 재창조자로서 생의 실천적 자아이다. 그러나 인간은 동물과 초인 사이에 매인 하나의 줄에서 길 잃은 어린아이처럼 갈 길을 찾지 못하고 있다. 인간과 신의 간극이 인간과 초인의 간극으로 좁혀진 사회에서 신은 우리의 구원을 지켜보고 있다.

니체는 신을 중심으로 한 그리스도교적 윤리를 끊어냄으로써 인간은 더 자유로운 삶을 살아갈 수 있다고 보았다. 니체는 인간이 절대적으로 믿어왔던 '신의 죽음'을 통해 허무를 인식하게 되고, 인간의 가치 창조를 위해 허무를 극복할 것을 주문한다. 인간은 신으로부터 벗어나 새로운 가치 창출을 해야 한다. 니체가 꿈꾸었던 세계는 초인을 통해 신의 구속으로부터 나약한 인간을 구원하며, 초인의 의지대로 새로운 세계를 만들어 나가는 것이다. 이러한 사유의 바탕에는 가치에 대한 완전한 자유가 보장되어야 한다.

삶과 죽음! 이것은 신이 사라져 버린 이 세계에서 인간이라면 누구나 한 번쯤 고민하는 문제이다. 윌리엄 셰익스피어의 햄릿Hamlet 제3막 제1장 "사느냐 죽느냐 이것이 문제로다"처럼, 인간의 삶은 사는 것과 죽는 것의 문제이다. 삶은 숨 쉬는 순간의 것이며, 죽음이란 숨 쉬지 않는 멈춤의 시간이다. 숨 쉬는 순간의 삶은 찰나이며, 숨 쉬지 않는 죽음의 시간은 영원하다. 시간은 숨을 멈춘 호흡 속에서 육체를 잠들어 버리게 한다. 인간의 일생에 있어 사는 것은 죽는 것의 문제를 넘어선 가치의 문제이다. 삶의 가치는 호흡의 길이를 넘어 가치의 깊이로 환원된다. 가치란 그 대상의 차이를 말하는 것인데, 삶의 가치는 한 인간의 깊이를 말한다. 니체는 삶의 가치를 생의 목표에 두고 세계와 하나가 되고자 하였다. 이러한 그의 의지는 자유의 의지이며, 생의 의지이다.

49

니체의 니힐리즘nihilism

뒤돌아볼 수 있는 여유만 있다면, 내 인생의 발자취를 주워 담으리라

인간에게 있어 공허한 마음은 어디서 오는가? 인류 역사상 가장 풍족한 현대사회를 살아가는 우리들의 가슴 한구석, 왠지 모를 비어 있는 느낌은 무엇이란 말인가? 유한한 인간으로 태어나 끝없이 질주하는 기관차와 같은 우리 인생! 한 치 앞을 알 수 없으면서도 무엇에 매달려 그 끝을 보지 못한단 말인가? 인생에 있어 뒤돌아볼 수 있는 여유만 있다면, 지나간 발자취를 모두 주워 담으리라! 안개와도 같은 인생의 흔적은 과거라는 역사 속으로 숨어 버렸고, 영원히 오지 않는 미래의 기대감은 오늘도 가지 많은 나무처럼 흔들거린다. 삶이란! 자신의 소중한 시간을 간직하는 것이며, 저 깊은 심연의 늪에서 피어오르는 아침 안개와 같다.

거리의 그림자! 그 주인은 어디로 가고 영혼 없는 육신들이 거리를 활보한단 말인가? 안개가 걷히면 그 육신의 그림자는 저 머나먼 망각의 강을 건너 흔적도 없이 사라져 버리리라! 삶의 시간은 밀려오는 파도에 휩쓸려 산산이 부서져 버리고, 허무한 고독 속에서 어두운 바다의 울림이 되어 바람 앞의 촛불처럼 흔들거린다. 꺼지지 않는 삶의 등불이 되리라, 수없이 다짐해보지만, 공허한 메아리가 되어 가슴에 되돌아오는 느낌은 무엇이란 말인가? 목적지 없이 여행을 떠나는 방랑자처럼, 봇짐 하나 등에 지고 갈 길을 나서지만, 삶은 허무의 그림자 속에 묻혀 버린다. 인생의 빛이 되리라! 어둠을 박차고 세상 밖으로 뛰어나가지만, 세계는 또 다른 그림자들로 엄습해온다. 신의 죽음으로 고아가 되어 버린 세계 속의 나! 그 끝은 알 수 없지만, 천둥 번개와 비바람을 맞으면서도 그 빛을 보기 위해 앞으로 나아가리라! 아무리 어두운 터널이라도 끝없이 앞으로 나아가면 빛은 반드시 드러나게 되는 법. 그 빛의 세계로 나아가리라! 세상은 나에게 허무를 주었지만, 나는 초인의 발자취를 더듬으며 희망을 찾는다.

독일의 대표적인 실존주의 철학자 니체Nietzsche, Friedrich Wilhelm는 러시아 소설가 투르게네프의 허무주의nihilism 개념을 도입하여 현존하는 최고가치의 달가치로 삶의 의미를 상실하는 것을 허무주의라고 규정하였다. 그는 기존의 합리적 철학과 기독교적 윤리를 부정하며, 신의 죽음을 알리고 니힐리즘Nihilism을 주장했다. 니체는 선악의 피안에 서서 신을 대신할 초인을 통해 현실적 생의 긍정을 부여하며, 인간이 강자의 도덕을 가지고 초인의 긍정적 생을 지향시켜야 한다고 했다. 니체는 기존 형이상학자들이 주장하는 절대적 진리나 도덕, 가치 등이 존재하지 않는다고 보았다. 그는 기존 가치와 권위를 부정하고 신의 부재를 통한 허무의 심연을 들추어냈다.

니체의 허무주의는 기존 가치에 대한 일체 권위의 부정에서 시작한다. 그는 신의 죽음을 통해 인간의 본질적 삶에 대한 심연을 직시하려는 철학적 태도를 지녔다. 헤겔의 철학은 그리스 철학의 지성과 기독교적 신앙의 체계를 절대정신으로 묶었다. 하지만 이러한 절대정신의 철학은 헤겔의 죽음과 함께 길을 잃고 표류하게 된다. 데카르트로부터 시작된 합리주의 철학이 실증적 이성과 절대정신으로 발전해 오면서 헤겔의 죽음은 신의 존재 상실을 가져오는 계기가 된다. 절대정신의 가치체계인 자연은 신의 죽음을 통해 실체의 굴레를 벗어나 아무것도 존재하지 않는 허무가 된다. 이러한 허무의 불안 속에서 인간들은 불안과 절망으로 두려워한다.

니체는 헤겔의 철학에서 힘의 의지를 통한 강한 정신을 가진 자에게서 약한 정신을 지배하는 두 개의 니힐리즘을 발견한다. 첫째가 능동적 니힐리즘이다. 능동적 니힐리즘은 소모적 현실 도피의 삶을 거부하고 허무의 중심으로 들어가 허무주의를 극복하려는 적극적 정신이다. 이러한 정신은 현존하는 가치나 질서가 뽐내는 절대적 권위를 거부하고 새로운 자유 가치를 찾아내려는 능동적 자세이다. 특히 삶의 가치에 있어 능동적 접근방식은 기존의 형이상학이 추구하였던 우상의 가면을 한꺼풀 벗겨내는 작업으로서 무를 통해 유의 허무를 보여주는 것이다. 이러한 생의 참여는 신의 죽음 이후 초인의 등장을 통해 더욱 적극적으로 해석되어진다.

둘째, 수동적 니힐리즘이다. 수동적 니힐리즘은 신의 죽음으로 의지할 것 없는 나약한 인간의 실상을 회피하고, 쾌락적이며 향락적인 삶을 통해 인간의 공허감을 채워보려는 정신이다. 이러한 수동적 니힐리즘은 신의 죽음으로 사라져 버린 구원의 손길을 절망적으로 받아들이며, 인간의 한계를 살아 있는 삶의 시간으로 한정하며, 쾌락적으로 접근하는 방식이다.

니체의 니힐리즘은 기존 최고가치에 대한 부정을 통해 부정적 허무주의를 주장한다. 그는 기존 가치의 무가치성을 통해 무를 통한 새로운 유를 제시한다. 기존 가치의 평가절하는 부정을 통해 가치에 대한 무가치성을 도출하며, 허무 사상으로 귀결된다. 존재하지 않는 가치에 대한 부정은 살아 있는 현존재의 중요성을 부각하는 변증법적 접근 방법이다. 초월적 긍정을 부정으로 반박하며 그 결과로 삶의 본질적 가치를 제시하려는 니체의 부정적 허무주의는 무를 통한 허무의 극복 방법이다. 니체는 부정적 허무주의를 통해 기존 가치의 체계에 대한 허무주의에 반응한다. 그는 기존 가치가 가지는 삶의 의지가 자신의 자의적 의지의 발현이 아니고 지시된 존재의 인식이라는 점에서 그것에 대해 부정한다. 그는 우월적 가치에 대해 반대하고 부정하면서 그것들이 가지고 있는 우월적 가치 자체를 박탈해 버린다. 이러한 우월적 가치 박탈은 신의 죽음을 가져오게 만든다. 신의 죽음은 인간 가치의 상실을 가져오게 되고, 결국 허무주의에 도달한다.

니힐리즘에 의한 무의 개념은 추상적 가치에 대한 의지의 반영이다. 무의 의지는 가치의 상실이 아니라 가치의 재창출이다. 이렇게 재창출된 가치의 반영물이 초인이다. 초인은 신과 인간의 중간자로서 무를 채워줄 수 있는 새로운 가치체계이다. 니체는 신의 죽음을 연민으로 묘사한다. 연민이란 무의 상태에 도달했을 때 갖게 되는 삶의 관용이다. 연민은 유한한 인간의 모습을 대하는 새로운 방식이다. 연민은 신으로부터 버림받거나, 신으로부터 외면당하는 인간의 모습이 아니고, 오만과 무지로부터 신을 망각해 버리는 인간의 마음에 대한 아련함이다.

니체에 있어 연민은 니힐리즘의 실천적 성격을 가지고 있다. 인간으로부터 제거된 신의 자리를 인간 스스로 차지하며, 자신의 운명을 스스로 결정짓고 삶의 가치를 인간의 힘으로 되돌리려는 의지이다. 니체의 연민은 니힐리즘으로 세계에 도달하고, 무를 통해 유로 나아간다. 긍정적 삶의 의지는 신과 인간의 관계에서 벗어나, 인간의 의지를 어떻게 스스로 극복해 나가는가에 대한 것이다.

본질적 가치를 극복하는 것은 기존 가치에 대한 무가치성을 인식하고 가치의 전환을 통해 새로운 접근방법으로 가치의 전환을 시도하는 것이다. 니체의 철학에 있어 가치의 전도는 가치의 변화를 넘어 기존 가치의 죽음과 새로운 가치의 재창조를 말한다. 신의 죽음은 이러한 가치의 죽음을 상징적으로 대변한다. 그러나 신의 죽음이 인간 가치의 회복은 아니다. 신의 죽음은 기존 가치의 상실을 가져올 뿐 새로운 가치의 대안은 될 수 없다. 인간 가치의 회복은 스스로의 권력의지를 통해 도달할 수 있다.

니체는 기존 가치의 상실을 극복할 수 있는 대안으로 니힐리즘을 제시한다. 기존 가치에 대한 비판은 가장 근본적인 가치의 비판이다. 역사를 통해 무비판적으로 내려왔던 기존 가치의 절대성은 인간의 권력의지를 통해 허무주의로 가치 전환된다. 이러한 가치의 전도는 유를 무로 바꾸면서 니힐리즘이 되고, 무는 다시 부정을 추방하면서 새로운 가치를 창조한다. 이러한 가치가 초인적 가치이다.

절대정신이 죽음을 통해 허무의 나락으로 떨어져 버리자, 인간의 의식은 신의 윤리나 이상이 부질없는 허상에 불과하다는 것을 깨닫게 되었다. 이러한 의식은 허무의 인간사로 들어와 인간의 본질적 참 모습을 다시 보게 된다. 니체를 통한 삶의 의미는 신의 의지나 절대정신이 아닌, 인간의 본질적 삶으로 되살아난다. 그의 니힐리즘은 진정한 삶의 도달을 위해 삶의 목적과 가치의 전도를 시도하는 것이다. 이러한 가치 전도는 신으로부터 삶의 가치를 인간으로 되돌리는 역할을 한다. 허무주의 사회 속에서 최고의 가치는 의미를 상실하고, 인간은 자신의 길을 잃어버린다. 이처럼 혼란스러운 사회의 기류 속에서 불변의 가치는 사라져 버리고, 추악하고, 탐욕적이며, 비겁한 가치들만이 남게 된다.

"나는 사람들에게 그들의 존재의 의미를 가르쳐 주고 싶다. 존재의 의미는 초인, 인간이라는 검은 구름을 뚫고 번쩍이는 번개다."

—『차라투스트라는 이렇게 말했다』

허무주의란 서양 이천년의 역사가 무너져내린 것이 아니라, 그동안 우리가 계몽되지 못한 가치를 발견하는 순간이다. 허무주의는 결코 우연적 사건이 아니라 무지함 속에서 절대화되었던 것들에 대한 새로운 가치의 발견이다. 이러한 가치 전도는 새로운 가치를 정립하고, 권력에의 의지를 통해 자유로운 사상으로 나아간다. 자본주의 사회와 마르크스주의의 대두로 이어지는 이데올로기는 니체의 사상을 실존으로 이끌어갔다. 그리고 신의 죽음을 통해 의욕을 상실한 인간에게 니힐리즘은 무를 통한 또 다른 희망이 되었다. 기존 최고의 가치인 신의 상실을 통해 목적을 잃고 있는 우리들에게, 무엇을 위해서라는 질문에 답할 수 있는 의지를 남겨 놓았다. 이러한 삶의 의지가 니체의 적극적 니힐리즘이다.

권력에의 의지는 새로운 가치를 재창출하는 것에서 나오는 것이며, 그 쓰임새는 태양처럼 밝고 강하며, 이슬처럼 깨끗해야 한다. 그리고 초인의 힘은 정의롭고 자립적이어야 한다. 니체는 초인을 등장시켜 새로운 가치를 창출하고 혼란한 현시대를 새로운 가치 창출을 통해 초인의 의지로 돌파하고자 하였다. 초인은 인간의 의지를 통해 창조되고, 만들어지는 것이다! 초인은 타인에 의해 강요되지 않는 자신만의 의지이며, 힘이다.

니체는 가치가 상실된 사회에서 벌어지는 사회의 부조리 속에서 허무를 보았다. 허무가 거리를 활보하는 사회는 신의 은총이 사라지고, 힘이 폭력으로 변하는 불평등한 사회이다. 이러한 사회는 사회적 동물이라는 인간의 통념적 가치를 이기적 동물로 전환시켜 버렸다. 삶의 가치와 인간의 가치가 흔들리는 사회 속에서 힘없는 약자는 힘 있는 강자의 노예가 되고, 그들의 이익에 파묻혀 자신의 삶을 노예처럼 살아야 하는 고통의 세계가 되어 버렸다.

아! 신은 어디로 가고, 물질의 욕망만이 거리의 잡초처럼 끝없이 올라온단 말인가? 인간의 삶이 사랑과 배려가 싹트는 봄의 씨앗이라면 얼마나 좋을까? 세상의 가치를 물질적 가치에서 삶의 가치로 바꾸어 놓았다면 얼마나 좋았을까? 삶에 있어 가치의 문제는 물질을 넘어 유한한 시간의 해석에 담겨 있다. 시간은 우리들에게 체험의 공간을 제공하는 하나의 본질적 밑바탕이다. 무한한 시공간 속에서 삶의 본질적 가치를 찾아 떠나는 싯다르타의 여행은 우리들의 잠재적 욕망을 일깨우는 계기가 된다.

신이 죽었다고 외치는 자들이여!
그대의 죽음이 턱밑에 와 있는데, 신이 죽었다고 말하려 하는가! 그대는 탐욕에 눈이 멀어 빛을 가린 맹인처럼, 그대의 육신에 악취가 진동하고 있는 것을 진정 느끼지 못한단 말인가?
세계의 빛이 되고자 하는 초인이여!
세계의 주인이 되고자 하는 인간이여!
그대의 왼손에 희망의 등불을 켜고, 그대의 오른손에 정의의 칼날을 앞세워, 저 머나먼 미지의 세계를 향해 나아가지 않겠는가? 그대의 칼날이 불의와 탐욕의 그림자를 단칼에 잘라 버리고, 삶의 고통 속에 희망을 갈구하는 약자의 편에 서서 희망의 등불을 비춰보지 않겠는가?

50

꿈의 해석

꿈은 인간의 의식 속에 잠재되어 무의식을 통해 꿈으로 되살아난다

동물에서 인간이 되기까지 꿈은 인간사회를 바꾸는 원동력이 되었다. 네발로 걷던 동물이 두 발의 인간이 되면서 그들의 꿈은 자유로운 두 손을 통해 세계의 중심이 되었다. 걷는 것으로부터 자유로워진 두 손은 문명을 위한 기술이 되었고 새로운 문화를 써 내려왔다. 약 70만 년 전 석기 시대의 인간은 동물 상태와 같은 혼재된 양상을 보이며, 동물에서 인간으로 진화하는 꿈을 꾸어왔다. 그리고 인간은 불의 발명을 통해 동물 상태에서 벗어나 새로운 문화의 창조자로 그 꿈을 실현하였다. 불의 발견과 문자의 발명은 인간이 동물과 다른 문화를 만들어 내는데 커다란 공헌을 하였다. 인간은 자연 상태에서 동물들처럼 생존을 위한 먹이사슬 속에서 투쟁하면서 먹이를 구하고, 잠을 청하며, 다른 동물로부터 자신을 보호하는 인간만의 사회를 만들었다.

꿈은 인간의 의식 속에 잠재되어 무의식을 통해 꿈으로 되살아난다. 이러한 꿈은 상상이 되고 현실이 된다. 인간이 꿈꾸는 꿈의 세계는

세계와 하나되는 참다운 무의식의 욕망이다. 이러한 참다운 욕망은 이성의 본질을 꿈의 해석으로 이해하는 것이다. 꿈의 의식은 무의식으로 형성된 의식에서 깨어 있는 의식과 숨어 있는 무의식이 함께 공존한다. 깨어 있는 의식은 능동적 의식에 속하고, 숨겨져 있는 의식은 수동적 무의식에 속한다.

꿈에는 두 가지가 있다. 인간의 이상이 꿈꾸는 희망과 무의식 속에서 희망을 이루려는 생각이다. 희망과 생각은 모두 인간 의지의 산물이다. 인간 의지는 희망이라는 먼 미지의 땅을 향해 나아가는 정신세계이다. 꿈은 정신과 의지의 결합을 통해 나타나는 현상의 하나이며, 인간 의식의 깊은 내면에 잠재되어 있다. 꿈에 대한 두 가지 속성에서 인간의 이상이 꿈꾸는 희망은 무의식의 꿈과는 전혀 다른 의미이다. 이상의 꿈이란 희망하는 것을 바라는 마음이며, 이러한 꿈은 한 인간이 가지고 있는 삶의 목표이기도 하다. 인간마다 삶의 목표가 다르다는 것은 삶을 살아가는 방식과 의지가 다르다는 것이다. 동물에서 인간으로, 욕망에서 이상으로 향하는 인간의 의지는 동물적 개념을 넘어 이상적 꿈을 추구한다. 이상적 꿈은 세계를 향하는 능동적 에너지이다. 능동적 에너지는 세계를 긍정적 에너지로 넘쳐나게 한다. 하지만 잘못된 꿈은 악몽이 되고 고통이 된다. 꿈에 대한 선과 악은 의식의 세계와 달리 무의식의 세계에선 뒤바뀌어 나타나기도 한다.

이상적 꿈과는 달리 무의식의 꿈은 인간의 욕망에 관계한다. 일상에서 이루지 못한 현실적 벽들이 꿈의 세계에서 실현 가능한 것으로 바뀐다. 그리고 인간의 소망의식을 무의식의 상태에서 실현시킨다. 꿈은 현실 세계의 부족함을 무의식의 세계에서 채워주며, 의식되지 않는 어떤 작용을 체계적으로 암시하는 경향을 띠고 있다. 프로이트Freud에 따르면 인간의 의식은 3가지로 구성되는데, 의식되지 않은 정신과정, 의식되기 이전의 과정, 의식된 과정으로 구분된다. 이러한 의식의 과정은 물에 잠긴 빙하를 통해 설명할 수 있다. 물에 잠긴 빙하는 의식되지 않는 정신과정이며, 물 위와 아래에 걸쳐 있는 중간 부분은 의식되기 이전의 과정이며, 물 위에 나와 있는 윗부분은 의식된 과정이다.

고대 철학자 아리스토텔레스는 꿈을 심리학적 측면으로 보았다. 그는 자연을 신적인 것으로 보지 않고 데빌리쉬니스devilishness로 보았다. 꿈은 신성이나 초자연적 현상에서 벗어나, 정신의 무의식적 활동으로서 깨어 있는 이성의 시간을 넘어 잠자고 있는 무의식의 정신을 깨우는 것이다. 아리스토텔레스는 인간이 꿈을 꾸는 것은 잠재된 의식 속에서 사소한 자극을 확대해석하는 과정에서 진행된다. 하지만 이러한 추상적 꿈의 해석을 현대과학을 통해 정신현상학의 세계로 정의한 사람은 오스트리아의 심리학자이며, 정신분석학자인 프로이트이다.

프로이트는 인간의 마음속에 스스로 인식하지 못하는 무의식의 세계가 존재한다고 보았다. 무의식 속에는 성적 욕망이 억눌린 체 꿈을 통해 생각의 과정으로 나타난다. 꿈은 이러한 욕망을 의식의 세계로 끄집어내는 것이다. 꿈의 해석에서 성의 관계는 의식적 영혼과 무의식적 영혼의 기억을 담고 있다. 의식적 영혼은 성의 관계를 이성적 자기 활동으로 보고, 자기 보존애의 육체적 경험인 반면, 무의식적 영혼은 성적 욕망의 억제를 꿈으로 표출함으로써 파괴적이고 충동적 욕구를 동반한다.

프로이트는 자신의 환자들을 상담하면서 신경증 환자들의 일부분이 의식적 영혼을 상실하고 무의식 상태에서 정신병에 시달린다는 것을 알게 되었다. 프로이트가 발견한 정신의 무의식 작용은 인간의 의식적 사고를 넘는 정신 활동으로서 인간의 정신 행동에 커다란 영향을 미칠 수 있다. 그는 정신이 가지고 있는 여러 단계의 의식 수준을 구분해 직관적 인식의 영역을 의식이라고 규정했다.

인간의 의식이 어떤 자료의 경험과 인지를 통해 그것을 보존하고 의식의 영역으로 되살리려 하지만, 그것이 의식의 영역에서 일어나지 않는다고 하여 그 경험과 인지가 사라졌다고 말할 수 없다. 의식의 활동에서 이루지 못한 정신적 조합은 무의식의 정신에서 보존되고 재정립되어 꿈으로 나타난다. 프로이트는 성적이며 무의식적인 쾌락의 원리와 의식적 현실의 괴리에서 꿈의 왜곡, 꿈의 망각, 꿈의 작업, 꿈의 충족 등은 의식과 무의식의 정신적 단계를 통해 이끌어내는 활동이라고 보았다.

프로이트는 『꿈의 해석』을 통해 꿈의 예언적 성격과 신체 자극에서의 성격을 무의식의 세계와 접목하여 연구하였다. 그가 발견한 무의식이라는 새로운 의식은 콜럼버스의 신대륙 발견만큼 의식의 변화를 가져왔다. 무의식 작용은 인간이 그것에 대해 전혀 알지 못하더라도 영향을 미칠 수 있다는 것이다. 인간이 무의식 상태에서 갖게 되는 꿈의 실현은 실제로 일어나게 되면 과격한 상황이 될 수 있기 때문에 무의식을 통해 은밀하게 드러난다.

프로이트의 무의식은 인간의 의식세계를 넘어 무의식의 세계가 존재한다는 것을 일깨워준 정신혁명이다. 그는 무의식의 내면에 리비도Libido가 있다고 보았다. 리비도란 인간이 지니고 있는 성적 욕구를 말한다. 리비도는 정신분석학에서 성 본능, 성 충동으로 사용된다. 그가 말하는 성 본능은 성에 대한 욕망 개념이 아니고, 인간이 태어날 때부터 갖고 태어나는 성에 대한 본능적 욕망을 말한다. 그는 성에 있어 공격적 성적 욕구를 타나토스Thanatos라고 하고, 성 충동에 의한 욕구를 리비도라 했다. 여기서 타나토스는 죽음을 상징하는 그리스 신화의 신으로서 어둠의 신 에레보스Erebus와 밤의 신 닉스Nyx의 아들이다. 프로이트는 타나토스를 죽음에 대한 본능을 일컫는 말로 이 신을 등장시켰다. 타나토스는 인간 본성에 자신을 파괴하고 생명이 없는 무기물로 환원시키는 죽음 충동을 나타내는 신이다. 이에 반해 리비도Libido는 인간이 갖는 기본적 성 욕구로 성에 대한 기본적 본능을 지칭한다. 리비도의 성 본능은 구강기, 항문기를 통해 발달하며, 5세가 되면 절정에 이른 후 억압을 받아 잠재기에 들어선다. 하지만 이렇게 잠재된 성 본능은 청소년기를 거치면서 다시 성욕으로 나타난다. 하지만 인간 자아의 통제에 의해 리비도는 이성의 억압을 받게 되며 억제된다.

프로이트의 『꿈의 해석』은 억압된 욕망의 무의식적 해석이다. 무의식은 의식으로부터 벗어나 무의식 속에 머무는 것으로 의식으로부터 얻지 못한 은유와 상징들을 담고 있다. 꿈속에 머무는 여러 가지 생각과 사고들은 감춰진 욕망을 드러내는 것으로 정신분석에 의해 꿈에 감춰진 욕망을 드러낸다. 이러한 예로 오이디푸스 콤플렉스Oedipus complex를 들 수 있다. 소포클레스Sophocles의 『오이디푸스』는 그리스 신화에 등장하는 비극적 이야기이다. 대베의 왕 라이우스Laius와 이오가스대Iocaste 사이에서 태어난 오이디푸스는 아버지를 살해하고 어머니를 취한다는 신탁을 받으면서 버림받는 아이가 된다. 어린아이를 발견한 양치기가 아이를 코린토스 왕에게 갖다 주었고, 왕은 아이를 돌보며 청년 오이디푸스로 키웠다.

오이디푸스가 청년이 되었을 때 코린토스Korinthos를 떠나가는 길에 친아버지 라이오스를 만나 누가 먼저 길을 지나갈 것인가를 놓고 다투는 과정에서 운명적으로 아버지를 살해하게 된다. 그리고 테베로 가는 길을 막고 있는 스핑크스Sphinx와의 수수께끼 내기에서 문제를 풀어 스핑크스를 치욕적으로 만들고 스스로 목숨을 끊어 버리게 했다. 오이디푸스는 괴물을 무찌른 공로로 테베의 왕으로 추대되고 친어머니를 아내로 맞이했다. 그러나 신들은 근친상간을 죄로 벌하기 위해 전염병을

퍼뜨리고 라이우스왕의 살해자를 찾으면 전염병을 거두겠다고 약속한다. 이에 오이디푸스는 왕을 죽인 범죄자를 찾아 테베를 구하겠다고 맹세하지만, 자신이 살해한 사람이 자신의 아버지이며 왕이었고, 어머니를 아내로 맞이했다는 충격에 절망하게 된다. 결국, 어머니는 목을 매어 자살하고 오이디푸스는 스스로의 눈을 찔러 시력을 잃고마는 비극적 이야기이다.

프로이트의 오이디푸스 콤플렉스는 인간의 원초적 잠재의식을 불러오기 위한 하나의 예라고 보았다. 모든 유아기의 아이들은 어머니를 통해 최초의 성적 충동을 느끼게 되고 어머니를 독점하려는 욕망으로 인해 아버지에 대한 증오와 적대심을 갖게 되는 구조를 가지고 있다. 이러한 욕망 구조가 오이디푸스 콤플렉스이다. 오이디푸스 콤플렉스 구조 속에서 아버지와 아들의 갈등이 잠재의식 속에 고착되면, 신경정신적 문제를 일으키게 된다. 프로이트는 인간의 성욕과는 별도로 리비도가 자아와 이드의 지배를 받는다고 했다. 인간은 리비도의 충동을 갖는 이드id, 합리적 영역의 자아인 에고ego, 규범적 초자아인 슈퍼에고superego를 통해 구성되고, 이드는 도덕적 규범의 초자아에 의해 억압된다.

현대인에게 있어 꿈과 현실은 두 개의 서로 다른 세계를 한 공간에서 시간적으로 재해석하는 방식을 택하고 있다. 첫째, 꿈은 인간이 바라는 이상을 무의식 세계에서 실현하고자 하는 의지의 발현이다. 둘째, 꿈은 우리가 믿고 있는 현실 세계의 반영이며, 의식적 세계의 실현이다. 하지만 꿈과 현실은 하나의 의식이 두 개의 정신에서 발현되는 현상으로 상상과 현실을 왕래한다. 이러한 정신의 이중적 구조는 정신현상학적 구조를 가지고 있다.

꿈의 시간은 다음과 같이 두 가지로 분류된다. 첫째, 꿈을 꾸는 모든 시간은 현재의 시간성 속에 속해 있을 뿐 미래의 예시나 신성은 존재하지 않는다는 것이다. 둘째, 꿈은 현실의 반영을 넘어 초월적 미래의 예시를 나타낸다는 것이다. 꿈의 초월성은 직접적인 예언, 사건의 예고, 상징적 꿈으로 나타난다. 그러나 꿈의 속성은 현실을 넘어선 정신세계의 시간성에서 일어나는 현상이며, 표상으로서 우리들의 이성에 미치는 영향으로 무엇이라고 단정할 수 없다.

시간의 동일성은 변함없는 것이지만, 인간의 육체가 휴면을 취할 때 정신의 세계는 전혀 다른 시간의 선상에 서 있다. 깨어 있는 시간의 정신은 현실의 상황에 육체를 유도하고, 앞으로 나아가지만, 꿈의 세계에서 정신은 시간의 현실을 넘어서 초자연적 섭리에 따라 자유롭게 비상한다. 꿈은 주로 시각적 형상을 기억하고 꿈으로 나타나지만, 청각이나 감각적 인상 또는 상상의 무의식이 꿈으로 나타나는 경우도 있다. 인간 이성으로부터 갖는 명예심, 도덕, 양심은 꿈속으로 들어가면 전혀 다른 해석을 낳는다. 꿈의 해석은 현실과는 대조적이며 이성적 연결성을 갖지 않는다. 만약 인간이 꿈을 꾸지 않는다면 일상적 사고와 규칙을 통해 무의식의 상태를 억압의 상태로 연장시킬 것이다. 하지만 꿈은 일상에서 생각하거나 예측하는 의식의 활동을 무의식의 공간으로 되돌린다. 이러한 의식의 이동은 인간의 정신을 좀 더 다양하게 만드는 역할을 한다.

51

철학자가 될 것인가, 시인이 될 것인가?

의식의 주체는 생산의 주체를 넘어 신성과 같다

어둠 속에서 영혼의 이름으로 시를 쓰는 자 누구인가? 적막과 고요함 속에 웅얼거리는 사람들이 있어 고개를 들어본다. 암흑의 그림자처럼 흔적도 없이 무언가를 찾는 이 누구인가? 강인한 영혼이 힘없는 그림자를 이끌고 저 머나먼 광야를 넘으려 할 때, 민중의 그림자는 무엇을 얻으려 하는가? 그들의 한 손은 하늘을 향하고, 다른 한 손은 땅을 향한다. 하늘을 향하는 손은 신의 야속함에 대한 반기이고, 땅을 향하는 손은 생산과 분배의 불평등에 대한 반항이다.

대지의 주인으로서, 생산의 주인으로서 삶의 주체성을 확고히 갖고자 하는 인간은 세계의 주인이다. 인간이 흘린 땀방울이 생산의 주체가 되고, 생산의 결과는 인간의 소유임이 자명하다. 인간은 신으로부터 대여받은 대지의 생산을 통해 주체성을 확립하고, 대지의 신을 제외한 그 누구의 구속도 받지 않는 자유로운 존재이다. 이러한 인간의 주체의식이 자연의 법칙이며 신의 법칙이다.

노예 의식에서 주인의식으로의 전환은 절대정신 속에 깨어 있는 의식이다. 의식의 자유는 평등과 박애 정신을 모토로 삼는다. 신의 아들로 태어난 우리는 모두가 평등하고 자유롭다. 자연 상태에서 인간은 자유를 향해 달린다. 끝없는 자유는 어떠한 구속과 간섭을 거부한다. 삶으로서의 자유, 영혼으로서의 자유, 생산으로서의 자유는 인간이 요구하고 누려야 할 자유이다. 하지만 현대사회는 소수의 부를 위해 다수의 노동과 희생을 요구한다. 이러한 사회는 불평등한 사회이다. 하지만 생산의 주체의식은 이러한 요구를 거부한다. 우리는 사회의 공동체로서 각자의 삶을 살아가며, 소수의 이익을 위해 다수의 자유를 침범하는 불평등을 거부한다.

고대의 삶에서도 이러한 주체의 논쟁은 예외 없이 발생하여 왔다. 고대 철학자 탈레스, 아낙시만드로스, 아낙시메네스, 헤라클레이토스, 데모크리토스 등은 물질의 근원을 탐구의 관점으로 삼았다.

기원전 5세기부터 4세기까지 진리와 정의를 상대적 기준으로 바라보며, 설득을 목적으로 논변술을 강조한 소피스트 프로타고라스Protagoras, BC 480~410, 고르기아스Gorgias, BC 483~376, 히피아스Hippias, BC 460~400, 프로디코스Prodikos, BC 465~399, 크리티아스Kritias, BC 460~413는 자연에 초점을 맞추던 사상으로부터 벗어나 인간을 중심으로 사고하였다. 소피스트들은 인간의 사고가 불완전하기 때문에 보편성을 갖기 어렵다고 보았다. 따라서 그들은 설득의 도구로서 언어의 중요성을 강조하였다. 이들의 이론은 웅변술과 수사학을 중심으로 퍼져 나갔다.

소피스트들의 언어에 대한 비판은 소크라테스, 플라톤, 아리스토텔레스에 의해 이루어졌다. 소피스트들의 언어는 공허한 말장난이나 언어의 기술을 가지고 있는 궤변론자들이라고 비난받았다. 하지만 그들은 자연주의적 관점과 인간중심의 관계를 따로 떼어내지 않고, 서로의 관계를 하나의 체계로 탐구하려 했다. 이러한 고대 철학의 탐구 중 데모크리토스와 에피쿠로스의 자연철학적 유물론은 마르크스의 관심 대상이 되었다. 데모크리토스는 자연의 감각적 대상인 사물들의 변화는 통일적이고, 불변하는 영원한 존재자인 원자에 의해 생산되는데, 이러한 원자의 구성은 물질적이라고 보았다. 모든 대상의 원인은 물질을 이루는 원자에서 발생하게 되는데 마르크스는 이러한 원자의 물질적 생산 관계를 주체의 기본모델로 삼았다. 그리고 에피쿠로스Epikuros로부터 유물론적 원자론의 영향을 받았다.

에피쿠로스는, 자연 세계의 근원인 물질은 원자에서 생성되고, 나선형의 운동을 통해 무거운 원자를 가벼운 원자로 분해시킨다고 보았다. 이러한 원자 운동을 통해 형성된 자연의 대상은 다양한 원자들의 혼합을 통해 가능하다고 보았다. 마르크스는 이들의 철학을 기반으로 유물론적 사상에 매진하여 생산의 주체가 되는 인간의 자기의식을 최상의 인성이라고 생각했다. 이러한 사고는, 세상의 모든 실체는 생산되는 것이며, 생산은 모든 것의 주체가 된다는 사상으로 발전하였다. 마르크스의 주체사상에 있어 의식은 생각하는 주체이며, 생산의 주체가 의식의 주체라고 보았다. 따라서 노동을 통한 생산의 주체는 실체의 주인이며, 주체의 실체인식이 바로 자기의식이다.

마르크스의 주체론보다 먼저 유물론을 주장한 생시몽Saint-Simon은 사회를 이끌고 지배해야 하는 사람은 누구인가? 라고 묻는다. 그가 보기에 생산의 주체는 노동자이지만 소유의 주체가 고용주인 것은 유물론적으로 잘못된 사회구조에서 발생한다고 보았다. 생산과 소유의 관계는 산업사회를 거치면서 빠르게 변하여 갔다. 산업혁명을 통한 기계화는 산업사회의 눈부신 발전을 가져왔으며, 이러한 산업사회는 자본주의 사회를 태동시켰다. 산업사회의 과학과 기술은 대량생산의 기틀 안에서 노동자와 고용주의 계급적 상하 관계를 한층 강화시켰다.

과학은 고등교육을 받은 엘리트 중심적 사고에서 시작되며, 생산을 담당하는 노동자는 기계와 고용주의 부속물에 불과한 것이었다. 이러한 주인과 노예의 의식적 관계가 자본의 확장을 통해 새로운 지배계급과 피지배계급의 사회를 형성하게 만들었다. 이러한 사회적 상황은 인간관계의 계급화를 만들어 낼 뿐이며, 사회의 근본 갈등을 해소할 수 없는 구조였다. 생시몽의 유물론적 사회주의는 숭고한 이성 중심의 본질을 제시하였지만, 유토피아적 사회주의 혹은 공상적 사회주의로 평가되었다.

프랑스의 생시몽과 함께 영국의 로버트 오언Robrt Owen은 영국의 산업혁명으로 인해 혼란스럽게 변해가는 사회를 보면서 새로운 사회개혁을 선도하였다. 1819년 공장에서 무작위 착취가 일어나는 여성과 아동의 노동권을 보호하는 입법을 통과시키며, 소비조합과 생산조합을 구성하여 협동 사회를 정착시켰다. 그는 이러한 정책을 통해 공동사회를 이룩할 수 있다고 믿었다. 이들이 말하는 공동사회는 노동의 공동화와 생산의 공동화를 통해 분배의 공동화를 이루어야 한다는 이론이다. 하지만 자본주의의 속성이 자본의 논리에 의해 정의되기 때문에 노동자의 권익보다는 자본의 이익이 우선시되었다. 자본주의 사회 이후 인간의 욕망은 좀 더 많은 자본의 창출을 위해 끝없이 달렸으며, 공동의 이익이나 공동의 행복보다 자본의 힘이 우선시되는 경향이 나타났다.

마르크스는 사회제도에 있어 생산과 주체의 불평등을 보면서 생산의 주체에 대한 관심에 집중했다. 현실의 참다운 주체는 신성이나 절대정신의 그릇된 관념이 아니고, 주체로서의 자기의식을 소유한 인간만이 그 대상이 될 수 있다고 보았다. 마르크스는 경제적 삶에 대한 만족이 있어야 정치적·생산적 삶에도 만족을 느낀다고 보았다. 마르크스 철학에 커다란 영향을 미친 헤겔Hegel, Georg Wilhelm Friedrich의 절대정신은 신적 정신을 절대정신의 세계 원리로 전제하고, 절대적이고 완전한 인간과 사회의 실현을 목표로 삼았다. 이러한 헤겔의 이상은 자유, 평등사상을 기반으로 하면서도, 이상적 목표를 설정하였다는 점에서 마르크스의 현실적 주체사상과 차이점이 나타난다.

마르크스의 눈에 보인 자본주의는 산업사회를 통해 보여주는 주체의 위선 사회로 비추어졌다. 노동을 통해 자본을 획득하고 그것을 임금으로 지급하는 것은 매우 공정하고 정의로운 사회체계로 보인다. 하지만 생산과 분배의 원칙에서 생산에 관여하는 노동자의 분배비율이 문제가 되었다. 자본가는 자신의 자본을 바탕으로 노동자를 채용하고 비용을 지불하지만, 생산과 이윤의 분배에서 노동자는 과도한 차별을 받게 된다. 노동자는 이러한 분배의 불평등에 불만이 생겨나게 된다.

국가와 사회는 산업사회를 거치면서 더 많은 노동을 통해 생존하는 사회로 변해가고 있다. 사회를 살아가는 한 인간은 가족과 자신의 생존을 위해 노동을 선택하고, 노동은 국가와 정부의 정책뿐 아니라 사회 구성의 한 축이 되었다. 마르크스는 그동안 많은 철학자들이 실체의 문제를 물질적이거나 대상적인 측면에서 바라보았다는 점을 비판한다. 그는 물질의 실체는 생산의 주체에서 시작된다고 보았다. 실체를 나타내는 존재의 근본에는 생산이 밑바탕이 되어야 한다. 생산 없는 실체란 있을 수 없기 때문이다. 생산은 없는 것에서 무엇인가를 만들어 내는 것이며, 이렇게 만들어진 것이 실체이기 때문이다. 하지만 마르크스의 사유는 여기에 멈추지 않고 생산된 실체의 주인이 누구인지에 관심을 돌렸다.

아무것도 없는 것에서 무언가가 생산되고 그것이 실체라면, 그것을 만든 원인이 바로 실체의 주인인 것이다. 세계가 신에 의해 만들어졌다면 세계의 주인은 신인 것처럼, 생산의 주체가 노동자라면 생산의 주인은 노동자가 되는 것이다. 마르크스는 이렇게 생산의 주체에서 우리의 의식이 어떻게 주인과 노예로 전락하는지를 보여준다. 의식의 주체는 생산의 주체를 넘어 신성과 같은 것이다. 생산에 있어 노동과 생산은 노동의 땀방울에서 생겨난다. 노동은 작은 노동과 큰 노동으로 구분되지 않는다. 모든 노동은 생산이며, 생산은 분배의 문제를 갖는다. 그동안 많은 사람들은 다양한 방법으로 생산에 대한 주체 문제를 해석했다. 하지만 문제의 핵심은 주체의 해석에 있지 않고 행동에 있다.

마르크스가 보기에 중세부터 내려온 신학과 철학은 인간의 의식에서 생산된 가면이거나 허구에 불과하다고 보았다. 생명을 가진 인간은 먹지 않고 살 수 없으며, 살아 있어야 먹을 수 있다는 것이다. 그는 생산의 주체만이 분배의 권리를 가지며, 유물론에 기반한 생산과 분배의 공동화만이 사회주의의 완성을 가져올 수 있다고 보았다. 마르크스의 유물론에서 사회는 기본적으로 물질적 생산 관계를 바탕으로 생산과 소비가 일어나고 이러한 관계는 정치적·법적으로 연결되어 있다. 물질적 생산 관계에서 생산은 일정한 단계까지 올라가면 잉여가치에 대한 불평등이 발생한다. 이러한 불평등은 사회주의 혁명을 필연적으로 발생시킬 수밖에 없는 결과를 낳았다.

잉여가치란 자본가가 노동자에게 지불하는 임금 이상으로 노동자가 생산해 내는 가치를 말한다. 노동자의 노동을 통해 생산된 상품의 가치가 노동자의 임금보다 높아지면서 거기서 발생하는 차이의 이익이 잉여가치이다. 사업자는 노동에 참여하지 않고도 노동자보다 더 많은 이익을 가져감으로써 노동에 참여한 노동자는 불만이 생겨날 수밖에 없는 구조를 가지게 된다. 이러한 불평등 구조가 계속되면 정당한 노동의 가치를 찾으려는 계급투쟁이 필연적으로 일어날 수밖에 없다고 보았다. 이러한 사회주의 체계가 바로 마르크스의 '역사이론'이다.

마르크스는 『자본론』에서 자본주의 정치 경제학을 비판함으로써 인간과 노동 주체의 휴머니즘을 보장받을 수 있는 과학적 공산주의를 주창했다. 그의 비판 대상인 고전 경제학은 영국의 애덤 스미스Adam Smith를 시초로 하여 맬서스Malthus, Thomas Robert, 리카도Ricardo, David, 밀로Milhaud, Gaston로 이어지는 경제학파들의 주장이다. 이들의 주장은 중상주의나 중농주의를 비판하고 자유경쟁, 노동 가치설을 주장하는 것이었다. 마르크스는 고전 경제학의 문제점을 해결하기 위해 과학적 '정치 경제학'을 제시했다. 정치 경제학은 생산, 매입, 매각의 행위들이 정부의 법과 관습에 의해 국가가 정치의 주체로서 노동 가치론을 중요하게 생각하는 이론이다.

마르크스의 『자본론』에서 갖는 노동과 상품의 개념은 잉여가치와 직결된다. 사회는 잉여가치의 불평등 때문에 부르주아와 프롤레타리아의 계급투쟁이 필연적으로 발생할 수밖에 없다고 보았다. 마르크스가 말하는 노동의 이중성은 노동의 가치와 상품이다. 생산과 판매에 있어 생산의 원천인 노동과 생산의 대상인 상품은 필연적 관계를 가지고 있다. 노동과 생산의 관계에서 생산과 노동이 분배의 기준이 된다면 불평등의 관계는 어느 정도 해소될 수 있다. 하지만 자본사회에서 자본가는 노동과 상품을 완전히 분리시킨다. 그들은 자본으로 노동을 구매하고, 구매된 노동은 노동으로서 임금의 형태로 보상받는다. 자본가는 생산된 상품을 판매로 연결시켜 잉여가치를 얻게 되는데, 이러한 잉여가치의 이익은 노동자와는 상관없는 일이 되어 버린다. 이러한 노동구조는 인간의 노동 가치를 넘어, 자본가 중심의 사회로 정착되어 버린다.

마르크스가 주장하는 공동생산과 공동분배는 꿈만 같은 이야기일 수밖에 없다. 한 시대를 이데올로기적 이념으로 휩쓸고 갔던 주체사상은 인간이 꿈꾸는 이상사회의 일환이라 할 수 있다. 인간의 평등을 위해 공동으로 생산하고 공동으로 배분하며 사는 사회는 유토피아적 사회임에 틀림없다. 하지만 인류의 역사에 있어 인간의 소유 욕망은 인간이 가지고 있는 본성에 속한다. 인간의 본성에서 소유의 욕구는 분배의 욕구보다 강하기 때문에 이상사회의 욕망보다 강하다. 소유의 욕망은 하나를 가지면, 또 다른 하나를 갖고 싶어 하는 인간의 욕망으로 생산의 가치보다 소유의 가치에 무게를 둔다. 이제 마르크스의 이상사회에 대한 주체사상은 유토피아적 상상 속에 머무는 이론이 되어 버렸다. 그의 이상적 사상이 놓친 것은, 인간의 소유 욕망과 물질적 욕심을 몰랐기 때문이다. 인간은 더 많은 것, 그리고 더 편한 것을 추구하는 욕망이 이성적 마음보다 더 본능적이라는 것이다. 그는 인간의 개인적 욕망을 망각하고 유물론적 철학을 통해 주체를 찾고자 하였으며, 이러한 사상은 마르크스의 이론을 이상주의자의 사상으로 전락시켜 버렸다.

52

불안의 개념

불안은 인간의 내면 깊은 곳에 자리한다

불안은 어디서 오는 것일까? 인간은 믿음이 사라지면 불안이 온다. 불안은 인간의 내면 깊은 곳에 자리한다. 불안은 자신에 대한 믿음의 부족에서 시작되고, 죽음에 대한 미래의 불안에서 온다. 인간의 삶에 있어 불확실성은 실존적 인간에게 현재의 중요성을 인지시킨다. 실존적 인간은 불안의 개념을 미래의 가능성으로 인식한다. 미래의 불안은 실존을 통해 극복할 수 있다. 실존은 현재진행형이며 자유의지이다. 실존이란 현재의 내가 미래의 나로 거듭날 수 있는 가능성을 말한다. 실존의 나는 살아 있는 나이고, 현재의 나이다. 현재의 시간은 실존의 개념 속에서 잠재적 불안을 약화시킨다. 잠재적 불안이란 인간의 마음속에 기대어 살아가는 미래의 불안이다. 하지만 미래의 불안이 현재의 삶에 영향을 미칠 수 있다. 현재의 삶은 오늘이라는 시간을 직시하면서 미래를 생각하기 때문이다. 현재를 살아가는 실존적 인간은 살아 있음에 감사하고 오늘의 시간을 소중하게 생각한다.

인간은 본질적으로 미래에 대한 불안을 가지고 있다. 본질적 불안은 원죄에 대한 불안, 가난에 대한 불안, 죽음에 대한 불안 등이다. 불안은 죽음에 대한 예측으로부터 시작되며, 그 끝은 죽음이다. 죽음은 모든 사유의 끝이며, 불안마저도 잠재운다. 그러나 인간은 죽음을 두려워한다. 인간이 죽음을 두려워하는 것은 삶의 모든 것을 빼앗아가 버리기 때문이다. 죽음이 닥치면, 그 뒤엔 아무것도 남는 것이 없다. 죽음은 미래에 대한 현재의 생각으로 존재론적 불안을 야기한다. 세계의 존재자로서 인간의 존재가 죽음을 통해 일순간 사라져 버린다는 것은 상상할 수도 없다. 이러한 존재론적 불안은 아리스토텔레스의 철학으로부터 시작된다. 그의 형이상학적 질문은 실체의 존재론에 대한 불확실성이다. 그의 실체에 대한 인식은 대상에 대한 믿음의 부재에서 시작된다. 자연의 대상은 실체임에도 불구하고 그것을 실체로서 인정받지 못한다. 왜냐하면, 살아 있는 자연의 모든 속성은 언젠가는 사라져 버리기 때문이다. 형이상학적 사유는 본질에 대한 보편성을 찾으려는 것에서 시작된다. 존재론적 불안을 회의주의 철학으로 탐구한 사람은 데카르트이다. 그는 세계의 불완전한 실체를 회의 속으로 던져 버렸다. 그리고 회의 속에서 살아남은 실체의 본질을 발견한다. 실체의 본질은 회의하는 자신뿐이다. 이러한 데카르트의 회의는 의심하는 현존재의 속성을 가지고 있다.

우리가 존재라고 믿고 있는 모든 실체들은 의심하는 회의의 그림자 속에 숨어 버렸다. 회의는 존재에 대한 불안에서 생겨난다. 데카르트에 있어 존재의 불안은 의심하는 나의 존재만을 남겨 놓는다. 그는 모든 것을 실체의 범주에서 삭제해 버렸고, 의심하는 나만이 현존재로 존재한다는 것을 알게 되었다. 의심하는 나는 현존하는 나이고, 변할 수 없는 현존재이다. 데카르트는 현존재의 코기토를 무의 속성에서 회의를 통해 유의 자아를 찾아냈다. 키에르케고르Kierkegaard는 데카르트의 의심하는 자아를 통해 실체적 현존재가 존재한다는 것을 알았다. 그는 존재의 허무를 극복하기 위해 실존하는 것만을 현존재로 보았다. 현존재는 미래의 죽음 앞에서 불안한 실체를 극복하는 것이며, 현재의 시간만을 믿고 세계로 나아가는 존재론적 접근이다.

키에르케고르는 실존의 문제를 체계화하려는 헤겔의 개념을 비판한다. 실존이란 당면한 시간 앞에서 끊임없이 변하고 발전하는 것이기 때문에 체계화의 대상이 될 수 없다. 따라서 객관적 실체란 있을 수 없으며 주관적 실체만 존재할 수밖에 없다고 보았다. 주관적 실체란 현존하는 나의 실체를 말한다. 현존하는 나의 실체만이 세계의 존재를 논할 수 있다. 이러한 현존의 실존적 개념이 실현 가능한 최고의 원리이다. 만약 인간이 스스로 불안의 개념으로 들어갈 수 있다면, 불안의 개념으로부터 스스로 나올 수도 있어야 한다. 인간이 불안이라는 개념을 가지고 있다면, 불안으로부터 벗어날 수 있는 자유의지도 가지고 있어야 한다. 이러한 의지의 결합이 현존재의 의식이다. 하지만 인간은 죽음에 대한 불안, 실패에 대한 불안 등의 예측을 통해 불안에 대한 선입견을 가진다. 이러한 불안의 심리는 선입견과 조급함을 없애고 현재의 시간에 충실할 때 극복될 수 있다.

미래에 대해 확실성을 갖지 못하는 인간의 조바심은 삶의 시간보다 죽음의 시간을 걱정한다. 이러한 걱정이 불안의 개념이다. 인간이 불안의 원인으로부터 벗어나는 것은 현존재의 가치를 높이는 것이다. 현존재는 현재의 시간에 충실할 때 가능하다. 인간에게 있어 현재의 시간은 미래의 시간보다 더욱 중요한 문제이다. 현재의 시간으로 다가오는 미래의 죽음은 두려운 존재임에 틀림없다. 하지만, 아무리 두렵고 힘든 불안의 개념도 살아 숨 쉬는 현존재의 시간에 충실하면 극복될 수 있다. 현존재란 인간에게 주어진 유일한 시간이며, 존재의 시간이기 때문이다.

삶에 있어 언제 올지도 모르는 죽음의 시간을 걱정하면서 오늘을 불안하게 살아가는 것은 어리석은 사람이다. 인간에게 있어 살아 있는 현재의 시간은 삶에 있어 최고의 시간이기 때문이다. 현존재의 시간성은 불안의 개념을 극복하고 현재의 삶을 행복하게 만들어 줄 수 있다. 현존재를 통해 현재의 삶에 만족하는 자세는 현대를 살아가는 사람들에게 진정한 행복의 이미를 깨우쳐준다. 아담과 이브가 남긴 원죄의 이야기는 인간을 불안하게 하는 또 하나의 원인이 된다. 아담과 이브의 이야기에서 하느님께서는 인간에게 명하셨다. "이 동산의 나무 열매는 무엇이든지 너희들 마음대로 따 먹어도 좋다. 하지만 선과 악의 지식을 주는 나무 열매만은 먹지 말아야 한다. 만약 그 열매를 먹게 되면 너는 정녕 죽게 되리라." 하지만 아담과 이브 곁에 있는 간교한 뱀은 "선악의 사과를 먹으면 너희 눈이 열려서 하느님처럼 선과 악을 구별하는 능력을 갖게 될 것"이라는 감언이설을 통해 그들을 꾀었다. 최초의 인간인 아담과 이브는 간사한 뱀의 간교에 넘어가 선악의 사과를 먹게 되고 신의 노여움을 사서 불행의 역사가 시작되었다. 이러한 사건이 인간의 원죄이다. 인간이 신의 말씀을 거역하고 저지른 원죄는 불행한 역사의 시작이다. 이러한 원죄의식은 자신의 잘못을 인정하고 반성하는 것으로부터 시작된다. 인간은 영혼의 고백을 통해 신으로부터 구원받기를 원하는 구원의 의식을 갈망한다.

아담과 이브의 낙원 추방은 에덴 동산에 대한 그리움이며, 신에 대한 그리움이다. 아담과 이브는 영혼의 행복이 보장되는 낙원으로의 귀환을 꿈꾼다. 하지만 이러한 욕망은 인간에게 불안만을 가져다줄 뿐이다. 인간의 역사에 있어 아담과 이브는 최초의 인간이 아니라 인간 밖의 인간이다. 아담과 이브의 인간화는 신이 인간에게 내린 가혹한 형벌이다. 인간은 신의 노여움을 기다리는 불안의 시간으로부터 자신의 존재를 찾는다. 아담과 이브가 저지른 원죄 앞에서 모든 인간은 백기를 들 수밖에 없다. 인간이 백기를 드는 것은 전쟁에 실패한 장수가 패배를 인정하는 것과는 다른 신에 대한 참회이다. 신의 사랑을 배신한 인간의 반성은 영혼의 순수성을 통해 백기를 들고 투항한다. 인간의 손에 의해 흔들리는 백기의 펄럭임은 새로운 역사를 쓸 반성의 고백이다.

불안은 의심이라는 것으로부터 생겨난다. 키에르케고르에게 있어 불안은 아르키메데스Archimedes의 유레카Eureka이다. 시라쿠사Syracuse의 왕 히에론 2세Hieron II는 금 세공사에게 순금으로 된 금관을 만들게 하였다. 하지만 금관이 완성된 후 만들어진 금관이 은이 섞인 위조물이라는 소문이 퍼졌다. 왕은 소문의 진위를 따지기 위해 혹시라도 금관에 은이 섞여 있지 않을까 하는 의심을 하기 시작했다. 의심은 불안이 되고 불안은 왕의 믿음을 흔들어 버렸다. 왕은 아르키메데스에게 금관의 순도를 알아보라고 지시했다. 하지만 아르키메데스에게 있어 이미 만들어진 금관의 순도를 아는 것은 어려운 일이었다. 그에게 이 문제는 왕의 권위에 대한 복종이기 때문에 문제 해결에 대해 불안한 마음을 가졌다. 불안은 모든 문제의 원인으로부터 생겨나며, 그것을 해결하려는 과정에서 발생한다.

어느 날 아르키메데스가 목욕탕 욕조에 들어가 목욕을 하려 하자 물의 부피가 차오르는 것을 보고 깨달았다. 서로 다른 물질은 비록 무게가 동일하더라도 부피가 다르다는 것이었다. 만약 금관에 은이 섞여 있다면, 금관을 욕조에 넣어 차오르는 물의 양을 통해 은이 섞인 금관과 비교하면 금관의 순도를 알 수 있다고 생각했다. 그는 이러한 사실을 알게 되자 너무 기쁜 나머지 옷도 입지 않고 목욕탕을 튀어나오며 유레카Eureka라고 소리쳤다. 유레카란 무언가를 알아냈다는 의미로서 아르키메데스의 부력의 원리를 말한다. 아르키메데스는 자신에게 긴 지렛대와 지렛목을 준다면, 한 손으로도 세상을 들어 올릴 수 있다고 자신했다. 이러한 자신감은 확실성에서 나온다. 확실성은 자신감을 불러와 불안을 잠재운다. 불안의 개념은 무언가를 해결해야 하는 압박으로부터, 혹은 문제에 대한 확실성의 부족으로부터 시작된다. 하지만 불안은 아르키메데스의 유레카처럼 자신의 존재의미를 아는 것에서 시작되며, 이러한 인식의 기저에는 현존재의 의식이 있다.

불안의 개념에 있어 시간의 개념은 공간과 함께한다. 삶은 과거, 현재, 미래의 시간으로 구분되며, 공간도 시간에 따라 구분된다. 이러한 시공간은 인간의 존재 시점에 따라 달라진다. 과거는 지나가 버린 시간이기에 현재가 될 수 없고, 미래는 오지 않는 시간이기에 현재가 될 수 없다. 따라서 시공간의 개념에서 현재만이 존재의 시공간으로 남게 된다. 이처럼 현재는 현존재의 시공간으로 인간의 삶과 관계한다. 이러한 삶의 시간이 실존의 시간이다. 실존이란 지나가 버린 시간이나, 다가올 시간에 대한 불안을 억누르고 주어진 현재의 시간에 충실하는 것이다. 이러한 현존재의 시간만이 존재이고 실존이다.

인간에게 있어 삶은 흐르는 시간 속에서 현재라는 접촉점을 찾아가는 여정이다. 과거나 미래의 불안은 걱정 때문에 생겨난 것이고, 현재의 불안은 현재의 상황 때문에 생겨난 것이다. 현재의 불안은 시간의 불안이며, 현존재의 불안이다. 이러한 불안은 현재의 상황에 충실하면서 극복된다. 불안의 극복은 주어진 것에 만족할 때 불안의 심리는 최소화된다. 키에르케고르는 삶의 다양성 속에서 형이상학적 추상 실체의 이론을 철학의 세계에 담으려는 것을 계란으로 바위를 치는 것이라고 보았다. 실체에 대한 사유체계는 인간의 의식 속에서만 가능하며, 삶으로 들어가면 말장난에 불과할 뿐이다. 본질적 삶은 추상적 삶보다 더 인간적이며, 어떠한 형이상학적 질문보다 더 깊이있는 질문이다. 키에르케고르는 우리가 직면한 현재의 삶에 철학적 질문을 던져놓고 그 속에서 현존재의 본질을 찾으려 했다. 그에게 있어 실존이란 인간이 인간답게 존재의 의미를 획득하는 최고의 방법이다.

셰익스피어 4대 비극 중 하나인 햄릿에서 "사느냐 죽느냐, 그것이 문제로다"의 질문은 사는 것과 죽는 것의 문제에 대한 이분법적 질문이다. 인간이 사는 것은 삶의 본질적 문제이고, 인간이 죽는 것은 삶의 필연적 문제이다. 인간의 삶이 실존에 들어가면 인간은 젊을 수도, 늙을 수도 없다. 인간에겐 결코 젊었던 시절이나 늙었던 시절이 없었기 때문이다. 인간은 언제나 현재의 시간만을 살아간다. 인간의 삶은 현재를 지나가며, 항상 그 시간 속에서 현존재로의 삶을 살아간다. 인간의 실존적 삶은 살아 있는 현재로서 지속될 뿐 그 끝은 없다. 만약 죽음이 인간에게 닥친다면 그 죽음은 죽음을 떠나 실존의 상태에서 막을 내리는 것이다. 이러한 실존적 삶은 연극의 한 장면과 같다. 따라서 셰익스피어의 "사느냐 죽느냐, 그것이 문제로다"에 대한 질문은 현존재의 의미를 삶을 통해 지속적으로 바라보아야 하는 본질적 질문이다.

키에르케고르에 의하면 우리의 삶은 오직 실존하는 자신에 의해서만 얻어지는 것이다. 실존은 자기 자신의 현재를 나타내는 것이다. 우리는 아리스토텔레스나 데카르트의 객관적 실체로부터 본질에 다가갈 수 없다. 그들이 말하는 객관적 실체는 너무도 추상적이기 때문이다. 실체의 본질은 오직 존재하는 현재의 시간 속에 있고, 현재는 실존의 시간성을 나타낸다. 실존주의 철학자 카를 야스퍼스Karl Jaspers도 개인의 주체적 실존은 존재의 중심이며, 삶의 목적이라고 하였다. 존재의 목적에 있어 우리가 어떤 것을 알게 된다면, 그것은 자신의 주체에 대한 깨달음이며 주체적 삶을 발견하는 것이다. 키에르케고르의 불안 개념도 우리가 알고 있는 삶에 대한 유한성에서 시작된다. 불안은 인간으로서 자신의 존재가 유한하다는 것을 인식하는 것에서 생겨난다. 생명의 유한성은 신에 의해 운명지어졌기 때문에 인간의 힘으로 극복될 수 없다. 따라서 현재의 시간을 삶의 본질적 시간으로 삼아야 한다.

인간은 신의 의지에 따라 주어진 현재의 시간을 최고의 시간으로 사용해야 한다. 왜냐하면 불안은 존재론적이기 때문이다. 존재의 불안은 우리의 머릿속에 잠재되어 있다. 불안의 개념이 존재론적으로 실존적 의미를 가지는 것은 불안의 개념이 단순히 슬픔, 쾌락을 내포하고 있기보단 인간의 실존에 대한 가치 기준을 가지고 있기 때문이다. 불안의 개념에서 보면 성서는 인간으로부터 선악의 차이에 대한 인식적 결여를 가져다줄 뿐이다. 선과 악의 인식적 결여는 불안을 가져오는 원인이 된다. 선악의 구분은 사건의 원인과 결과에 따라 두 가지 개념으로 나타난다. 선과 악의 상대적 개념은 현존재의 삶을 이분법적으로 구분시켜 버린다. 불안은 이러한 이분법적 차이를 통해 현존재의 결여를 가져온다. 결여의 의미는 무엇인가가 부족하기나 없음이다. 부족함은 결여에서 시작되고, 없음은 죽음처럼 암흑 같은 상태이다. 부족과 결여는 시간이 지나면서 불안의 개념으로 변한다. 이러한 불안을 극복하는 방법은 마음으로부터 발생되는 부족과 결여를 지워 버리는 것이다. 마음속에 남아 있는 부족과 결여를 지우는 것은 자신의 상태를 평온의 상태 위에 올려놓는 것에서 시작된다. 현재라는 시간의 존재만이 삶의 만족을 가져올 수 있다.

인간은 꿈을 꾸면서 무언가를 얻게 되면 가상적 만족을 얻는다. 그러나 꿈에서 깨어나면 공허함만이 남는다. 꿈은 동일한 시간에서 있음과 없음의 경계를 넘나든다. 이러한 상태가 반복되면 인간은 불안을 느낀다. 인간이 불안을 느끼는 것은 육체적 아픔보다 정신적 상태 때문이다. 불안은 가능성에 대한 불완전성의 예측을 통해서 느껴지는 마음의 상태이다. 불안은 공감적 반감이며, 반감적 공감이다. 불안은 정신에 의해 안정 상태를 취하다가도 어떤 상태가 되면 불안의 상태로 반전된다. 이처럼 불안은 마음의 상태로부터 발생되며 유동적이다. 동물도 위험을 느끼면 현재의 상태에 대해 두려움을 갖는다. 하지만 동물은 불안의 개념을 가지고 있지 않다. 동물은 인간과 달리 현재의 상황만을 직감하기 때문이다. 동물은 불안을 걱정하기보다 불안함을 직감하는 현실적 존재이다. 따라서 동물은 인간보다 불안의 개념으로부터 자유로울 수 있다. 인간은 삶의 시간 속에서 미래에 대한 걱정으로부터 불안이 시작된다. 따라서 불안으로부터 벗어나는 길은 현재의 상태에 만족하고 현재만을 바라보는 실존적 삶의 태도가 요구된다. 인간은 원죄의 나약함에서 벗어나 좀 더 현실적이고 실존적인 삶의 시간을 찾아야 한다. 이것만이 우리가 삶의 주인으로서, 세계의 현존재를 향해 나아갈 수 있으며, 불안을 극복할 수 있다.

53

현상학적 환원

현상학적 판단중지는 보편성에 대한 오류를 방지하는 것이다

철학의 시작은 자기비판으로부터 시작된다. 시장이나 극장의 우상처럼 이떤 누구의 주장이나 이론을 무조건 따리간다는 것은 이성의 길을 포기하는 것이다. 우리는 자연주의 사상으로부터 존재론에 이르기까지 많은 사람들이 걸어왔던 길을 뒤돌아보며, 무의식적으로 따라왔던 판단을 중지하여야 한다. 그리고 선험성에 기초하여 현상에 대한 환원의 문제에 주목해야 한다. 현상학적 환원은 의식체험에 대한 분석과 지각에서 인식의 회상과 감정이입까지를 포함한다.

후설의 철학에서 다루는 현상학적 환원은 판단중지와 선험적 환원으로 연결된다. 판단중지는 형이상학적 실체와 생각하는 자아에 대한 비판적 개념이다. 현상학은 자연과 실재 세계의 관계 속에서 의식의 관념화에 따른 판단을 보류하고, 연기하는 것이다. 이러한 판단중지는 우리가 믿어왔던 기존 진리 체계에 대해 질문을 던지는 것이다. 후설의 선험성은 칸트의 선험적 인식과 다르다. 후설의 선험은 순수이며, 연기이다.

후설의 현상학은 대상의 사실성을 담론하는 사실과학을 넘어 본질을 탐구하는 학문이다. 그의 학문은 실체의 인식 과정에서 경험, 관념, 실존의 문제를 다루기보다 본질적 현상에 대한 인식의 문제를 제시한다.

후설의 선험적 현상들은 비실재적인 것들의 특성을 가진다. 현상의 비실재적 성질들은 심리학적 현상들을 통해 실재성을 바탕으로 그것의 본질을 탐구한다. 세계 속에 존재한 심리학적 현상들은 순수한 선험적 인식을 가져오게 한다. 후설의 순수현상학은 실재적 현상들의 주관적 주장으로부터 벗어나 순수의 개념으로 환원된 본질들의 현상이다. 선험적 인식은 관념을 통해 연장되며 인식의 과정으로서 경험을 넘어 현상으로 귀결된다.

인식의 대상으로서 세계 속에 참된 존재는 어떻게 현상되는가? 세계 속에 참된 존재, 실체적 존재는 형이상학적 존재이다. 이러한 형이상학적 질문에 대한 대답으로 엄밀한 학문의 체계를 후설의 현상학이라고 한다. 그는 세계 속에 존재하는 실재적 대상과 그것의 연장을 하나의 실체적 현상이라고 보았다. 실체로서 세계와 나의 관계는 나와 타자의 관계로 연결되며, 타자의 관계는 또다시 타자와 나의 관계를 형성하며, 자연의 순환구조처럼 연속적으로 연결되어 있다.

철학자들이 다루는 형이상학의 문제는 큰 것으로부터 작은 것까지 모두 자연과학을 통해 연결되어 있다. 자연과학은 물질적 자연뿐 아니라 심리적 자연까지도 포함한다. 인간이 경험하는 자연의 현상은 경험과학에 속한다. 이러한 경험은 과학의 영역으로 실험을 통해 증명된 인식이다. 자연에 존재하는 모든 실체는 시공간 속에서 현상하는 자연과학의 부분이다. 모든 종류의 자연적 속성은 일반적으로 순환의 원리 속에 있다. 순환은 우연적이기보다 필연적이다. 필연적 사실은 인식의 기반에서 성립되며 보편적이다. 이러한 보편적 인식은 자연의 법칙을 과학적 방식을 통해 인식하는 하나의 과정이다.

자연의 속성이 어떤 본질에 의해 선험적 현상으로 인식되는 것은 우연이기보다 필연적이다. 이러한 필연은 자연의 현상을 통해 본질을 인식하고, 본질은 순수 현상으로 다가간다. 진리로 인식되는 순수 현상은 환원 자체로서 본질에 속한다. 순수 현상에 미치는 어떤 영향도 현상이 담아내는 본질적 성질에 변화를 주지 못한다. 본질은 그 자체로 변할 수 없는 실체이기 때문이다. 본질의 발견은 대상 자체의 고유한 현상 속에서 그것을 발견하는 것이다. 이러한 흐름은 의심하는 자아 - 경험하는 자아 - 관념적 자아 - 본질적 자아 순으로 발전한다. 여기서 후설의 본질적 자아는 이데아처럼 원본에 부여되는 현상학적 통찰이다.

후설의 현상학에서, 본질의 통찰을 통한 기존 형이상학이 가져왔던 실체적 관념의 반성과 판단중지는 중요한 학문적 접근 방식이다. 본질 통찰의 현상적 대상은 본질적 대상으로 인식되는데, 이러한 정신의 상태에서 직관이 작동한다. 직관은 본질을 통찰하는 순수한 정신 활동이다. 본질은 대상의 생생한 현전으로 대상의 원형으로부터 직관에 의해 통찰된다. 순수 본질은 사실에 관한 최소한의 주장도 포함하지 않는다. 왜냐하면, 순수 현상은 그 자체로 본질이며, 어떠한 추론이나 가설도 필요로 하지 않기 때문이다.

세상에 볼 수 있는 모든 것들은 속성으로 나타나지만, 형상적 인식은 자신의 모든 명제 속에서 대상의 본질을 갖지 않는다. 대상의 보편적 판단들은 순수하고 엄밀한 선험적 환원을 통해야 한다. 어떤 현상이 일반성에서 특수성으로 의식되는 과정에서 판단 자체는 보류되거나 연기되어야 한다. 왜냐하면, 판단의 원인에 본질적 의식이 결여되어 있기 때문이다. 판단은 자체적으로 일상적·주관적 과정을 거치면서 오류를 범할 수 있다. 따라서 판단은 명증적·필연적 과정을 거쳐야만 한다.

우리가 믿어왔던 실체의 문제는 불명확한 개인적 관념에서 시작된다. 개인적 지식과 생각은 어떠한 형성의 과정을 통해 진리를 인식하도록 관념화되어 있다. 이러한 과정은 고대부터 현대에 이르기까지 끊임없이 서로의 주장으로 점철되어왔다. 하지만 사실 학문과 경험학문은 동일한 개념으로부터 시작되었다. 이러한 주장은 실체성의 문제를 넘어 주관적 관념화의 문제이다. 세계의 본질을 탐구하는 순수 학자들의 주관적 주장은 현상학적 환원을 통해 들여다보면, 그들의 주장은 공허한 메아리로 들린다. 순수현상학에서 경험과 관념을 넘어 본질에 다가서려는 의지는 본질을 명확하게 인식하려는 선험적 통찰에서 시작된다.

후설의 현상학적 대상은 순수 내재적 직관에 파악된 절대 현상으로서 의식행위의 본질 구조와 이에 대응하는 객관적 실체를 인식하는 것이다. 그가 현상학의 연구방법으로 제시한 기본 방법은 환원이다. 그의 환원은 괄호 치기이다. 그의 현상학적 주제는 세계의 실체가 아니라 세계에 관한 인식이 어떻게 생겨나느냐이다. 그는 환원의 첫 단계로 인간의 의식 속에 인식의 대상이 어떻게 현상으로 바뀌는가를 연구했다. 이러한 연구가 현상학적 환원이다. 후설은 환원에 있어 경험과 관념보다 직관을 중시했다. 그가 직관을 중시한 까닭은 직관이 물질적 본질을 직접적으로 파악하는 정신 활동이라고 보았기 때문이다. 그의 직관은 모든 실체의 대상을 본질적으로 파악하는 환원의 방법이다. 두 번째 단계는 형상의 환원이다. 그는 의식을 파악하는 것만으로는 실체의 본질을 말하기에 부족하다고 보았다. 그는 사물을 보는 다양한 의식행위의 본질을 통해 보편적 구조를 파악하고 불변의 진리에 대한 엄밀한 학문을 중시하였다.

그는 형상적 환원을 통해 기존의 철학자들이 발견하지 못한 실체의 본질을 파악하고자 하였다. 이러한 본질의 접근 방법이 본질 직관이다.

본질 직관은 대상의 사물을 보는 방법에서 벗어나 다수의 변형태를 만들어, 그 속에서 불변하는 본질을 파악하는 방법이다. 그는 이 둘의 환원을 결합하여 마지막 단계의 선험적 환원을 제시했다. 선험적 환원은 선험적 의식으로부터 본질을 직관하는 것이며, 시간의 지각을 통해 선험적 환원의 본질을 파악하는 것이다. 그는 선험적 인식에서 시간은 현상학의 중요한 원인이 된다고 보았다. 그는 사물의 실체가 끊임없이 생성되고 소멸되는데 어떻게 하나의 보편자를 통해 실체를 단정할 수 있는지에 대해 질문한다.

그에게 현상학이란 사물의 구성 원리와 본질을 선험적 자아를 통해 본질적 현상으로 되돌리려는 것이다. 이러한 본질의 환원에 시간의 요소는 중요하게 작용한다. 시간은 사물의 대상이 계속적으로 연장되는 지향성을 담고 있다. 이러한 지향성은 반성을 통해 인식하게 된다. 반성은 기존 인식에 대한 또 다른 고찰이다. 그는 지향성을 통해서만 대상을 인식할 수 있다고 보았다. 그는 수학적 대상과 논리적 구성을 통해 사물의 실체에 대한 의식이 서로의 관계 속에서 파악되어진다는 통찰을 강조한다. 이러한 통찰은 현상학적 환원을 통해 인간의 심리와 정신을 다루는 존재 방식을 연구하였으며, 형식적 존재론과 실질적 존재론을 구분하는 계기가 되었다.

후설은 사물의 대상이 존재하게 되는 것은 자연의 대상이 연장되기 때문이며, 이러한 연장은 선험적 환원을 통해 판단을 보류하는 과정으로 전개된다고 보았다. 그가 말하는 판단중지는 기존 서구 질서의 체계에 대한 판단을 연기하는 것이다. 후설에게 있어 괄호 치기는 판단의 결과보다 과정의 본질을 확인하고 순수 현상으로서 실체의 문제를 해결하려는 것이다. 그는 괄호 치기에서 판단을 배제함으로써 현상으로 이끌어내어 포착한다. 그는 엄밀한 학문으로서 철학을 세우기 위해 현상학적 환원을 제1과제로 제시했다. 이제 의식은 실체의 문제에서 확실성에 대한 의미의 유보를 통해 사실관계를 좀 더 정확하게 따져보아야 한다.

세상의 이치에 있어 사실은 사실로부터 나오고, 거짓은 거짓으로부터 나온다. 사실과 거짓은 본질에 대한 해석의 차이이며, 행동의 차이이다. 사실은 사건의 본질화이고, 확실한 재현이다. 하지만 거짓은 다양한 설명이 붙는다. 이러한 설명은 본질에서 벗어나 잘못된 과정과 해석이 결합되어 나타난다. 학문에 있어 사실을 사실이라고 말하지 못하고, 거짓을 거짓이라고 말하지 못하는 것은 본질에서 벗어날 뿐 아니라 비겁함에서 나온다.

학문의 본질은 본질의 원인 속에 있다. 본질은 그 자체로서 원인이며 결과이기 때문이다. 스스로 변함없는 본질은 스스로의 본질 속으로 다가간다. 본질의 문제에 있어 어떠한 서술어가 붙는다면, 그것은 본질이 아니다. 본질로부터 벗어난 본질화는 본질과 전혀 다른 문제이다. 본질은 스스로의 명증성을 본질 속에 담고 있다. 따라서 본질은 언제나 같은 길, 같은 속성을 갖는다. 하지만 경험과 관념으로부터 나오는 주장은 일반적 속성을 갖는다. 어떠한 주장에 대한 일반적 속성은 본질이 될 수 없다. 본질에 있어 비자립적인 본질을 추상적 대상이라 하고, 절대적이고 자립적인 본질을 실체화라고 한다. 실체화는 본질의 독립성을 확보한다. 자연에 있어 본질에 속하는 실체의 속성들은 그 자체이며 현상이다. 사물의 대상은 현상을 통해 추상적 본질과 구체적 본질로 나뉜다.

본질이 개인적 발아에서 발생하면 그것은 본질이 아니다. 본질은 개별자를 능가하는 연속된 현상에 속하기 때문이다. 본질은 형상의 자발적 추상화 속에서 보편자를 지향하며 끊임없이 산출된다. 하지만 개별자에 속하는 형상은 본질로부터 벗어난 의식의 대상이다. 이러한 대상은 판단중지를 통해 현상학적 환원을 거친다. 본질의식과 현상학적 환원의 동일화는 연장성 때문이다. 연장성 없는 현상은 자연의 과정일 뿐 실체적 본질이 될 수 없다. 현상학에 대한 인식의 원리 중 순수 환원은 모든 보편자의 본질에 직관적 의미를 부여하는 것이다.

인간은 자연 상태에서 자유를 느끼며, 노동을 통해 인간으로 살아가고 있다. 인간은 세계의 공간 속에서 무한히 확장되고, 시간 속에서 무한히 나아간다. 인간이 의식하고 있는 이 세계는 분명 우리가 경험하고 있는 실재의 세계이다. 하지만 이 세계를 본질이라 할 수 없다. 우리가 대하는 모든 자연의 대상들은 수시로 변할 수 있고 불확실하기 때문이다. 하지만 우리는 이러한 불확실성의 세계에서 울고, 웃으며, 삶의 모든 것을 표현하며 살아가고 있다. 세계가 완전한 본질을 드러내지 못하지만, 우리는 이 세계에 살아 있는 현존재일 뿐이다. 인식의 세계는 확실한 실체의 모습을 보여주지 못할지라도 우리는 이 세계에서 연장되고 현상된다.

자연의 세계와 본질적 형상은 우리가 정말로 그것의 본질에 얼마만큼 다가서고 있는가를 고민할 때 그 의문의 과정에 괄호 치기가 이루어진다. 후설의 현상학은 자연 세계에 관한 모든 학문을 배제하고 어떠한 관념이나 판단을 허락하지 않은 채 모든 것으로부터 열려 있는 자세를 취했다. 그는 자신의 마지막 순간까지 "나는 철학자이다. 언제나 철학자로 살아왔다"라고 외친다. 그의 외침은 기존 관념으로부터 이루어진 모든 학문을 괄호 치게 하고, 현상 그 자체로 돌아가라는 명령이다. 우리는 스스로 그 명제의 의문부호에 괄호 치기를 시행할 것이다. 그것이 우리가 가야 할 새로운 학문의 선험적 환원이다.

54

언어와 기호

기표와 기의의 관계는 의미작용이다

언어는 공기처럼 순환하며 상대와의 의사소통을 위해 존재한다. 자연의 생산처럼 언어는 소통의 생성 도구로 다양한 방식을 통해 기호를 생산한다. 언어의 기호는 약속이면서도 다양한 느낌을 가지고 있다. 이러한 언어의 느낌을 언어의 맛이라고 한다. 언어의 맛은 소통의 당사자에게 마음의 감정을 전달하는 것이다. 언어의 전달자는 이러한 감정을 다양한 언어의 기술로 표현한다. 하지만 언어를 받아들이는 사람은 전달자의 언어를 자신의 맛으로 해석한다. 이러한 언어의 맛이 마음의 해석이다. 언어의 맛은 생산자에 의해 기획되지만, 맛의 해석은 받아들이는 사람의 마음에 달렸다. 마음은 언어의 온도에 따라 언어의 맛을 느낀다. 따라서 언어의 생성은 언어의 맛과 언어의 온도, 그리고 언어의 해석에 따라 그 의미가 결정된다. 행동하는 언어는 언어의 다양성을 단일성으로 보편화하며, 해석의 자유를 제공한다. 따라서 언어는 보편적 의미의 통합이며, 생산이다. 언어는 통합과 생산을 통한 단일체로서 보편적 기호로 작용한다.

언어를 과학적으로 다루는 철학자는 페라디낭 드 소쉬르Ferdinand de Saussure이다. 그는 언어학의 창시자로 불린다. 그의 언어학은 언어능력이 가지고 있는 자연언어의 체계적 연구를 통해 언어에 대한 기호적 의미를 해석하는 것이다. 그는 언어를 과학적으로 해석하여 기호의 체계로 분류하고 언어가 가지고 있는 기본 구조를 연구하였다. 그는 언어가 의사소통의 도구로 사용되지만, 언어의 기호가 단순 기호만으로 해석되지 않는다고 보았다. 그는 언어가 사회의 공동체적 약속을 통해 이루어진 구조적 체계이며, 사회적 약속이라고 보았다. 하지만 언어의 해석은 단순한 언어의 구조를 벗어난다. 언어는 단순구조로 생겨난 기호이지만 해석에 있어 단순성을 벗어난다. 언어의 초기 생성은 의사소통의 전달적 의미를 가지고 있으며, 본질적 기능은 소통에 있다. 언어는 의미로서 사물의 대상을 지시하고, 기호로서 사용되어진다. 하지만 해석의 방식은 진혀 다른 체계를 가지고 있다.

소쉬르에 의하면 언어는 기호체계로서 기표와 기의로 분류된다. 기표와 기의의 관계는 언어의 의미작용이다. 기표는 말이 갖고 있는 감각적 측면을 말하며 기의의 원인이다. 언어에 있어 사과라는 기표는 나라마다 다른 표현성을 가지고 있다. 한국의 사과가 apple(영), Pomme(프), 苹果(중), リンゴ(일)로 표기된다. 이러한 기표의 차이는 나라마다 기호에 대한 약속의 차이 때문에 발생한다.

서로 다른 기표에 의해 표현되는 언어의 체계 속에서 사과의 기표는 사과의 보편적 속성을 지시한다. 하지만 사과의 기표는 해석자에 따라 서로 다른 해석을 가진다. 사과의 기표는 서로 다른 언어의 체계를 사용하지만, 그것이 지시하는 대상은 사과라는 단일 속성이다. 사과의 보편적 속성을 전달하기 위해 각각의 기표는 차이를 가지며 기의적 해석을 통해 사과를 지시하고 있다. 보편적 실체의 사과가 표기하는 기의의 의미대상은 명확하다. 사과를 위해 전달되는 기표의 지시 대상은 사과임에 틀림없다. 소쉬르는 자신의 언어학에서 이러한 기표와 기의의 차이를 연구의 대상으로 삼았다. 그의 언어학에서 기표는 시니피앙signifiant으로 표기되고 기의는 시니피에로 해석된다. 시니피앙은 '의미하는 것'을 말하고, 시니피에signifié는 의미되어지는 것을 말한다.

소쉬르가 언어의 본질을 탐구하는 것은 언어에 의해 정의되는 실체의 본질적 의구심 때문이다. 인간이 쉽게 말하고 해석하는 사회의 언어 속에서 언어가 갖는 의미는 무엇인가? 소쉬르는 언어의 구조 안에 실체의 해답이 있다고 보았다. 소쉬르가 언어의 구조체계를 논하기 이전에 많은 철학자들은 실체의 문제를 다양한 논리로 규정하였다. 그러나 그들의 주장은 결국 언어로 귀결된다는 점이다. 그들이 말하는 실체의 본질은 언어로부터 나오며, 언어로 해석된다. 따라서 소쉬르는 많은 철학자들로부터 나오는 실체의 본질에 대한 해석들이 언어의 구조체계를 벗어나지 못한다고 보았다. 그는 한 나라의 언어가 자연의 대상을 규정하는 방식에서 서로 다른 기표를 사용하고 있다는 것은 언어의 생성이 지역적이며 관계적이라는 것이다. 이들의 언어가 구조적으로 기표와 기의에 의해 규정되어진다.

언어는 나라마다 다른 소통의 구조체계에서 탄생한다. 창세기 신의 언어는 창조의 자연에서 생겨나며, 말은 기표가 되고 속성은 기의가 된다. 신의 언어는 자연에 표현된 속성의 기표로 생성된 것이다. 자연에 대한 인간의 해석은 기의에 의한 생각의 차이에서 발생하는 것이다. 따라서 신의 언어는 자연의 생성으로부터 생겨나고, 인간의 언어는 자연의 속성으로부터 생겨난다. 인간과 자연의 소통은 자연의 속성에 대한 의미의 전달이며, 기호는 소통의 도구가 된다.

언어에 사용되는 기의의 복수성은 국가와 국가, 민족과 민족, 지역과 지역에 따라 다르게 나타난다. 왜냐하면, 언어는 기호로서 기표를 생성할 뿐 의미의 해석은 다양하기 때문이다. 언어학적 관점에서 기표가 지시하는 대상의 관점은 공간과 시간에 따라 다르게 나타난다. 언어의 공시적 해석은 언어의 역사를 보면 쉽게 알 수 있다. 하나의 언어는 시대를 거치면서 전혀 다른 의미로 사용되어진다. 하지만 언어의 본질이 시공간적으로 다르게 해석된다고 해서 하나의 보편적 속성이 다를 수 없다. 세계의 실체 문제에 있어 본질은 변하지 않기 때문이다. 따라서 언어의 기의적 해석은 다양할 수 있으나 기표가 갖는 언어의 본질은 변할 수 없다. 세상에 존재하는 언어의 복수성은 기표에 대한 해석의 문제일 뿐 언어의 문제가 아니다. 소쉬르는 언어의 구조를 자신의 언어학을 통해 구조적으로 파헤쳐 들어갔다.

소쉬르는 그의 언어학 강의 중 랑그Langue와 파롤Parole을 처음 사용했다. 언어활동에서 사회적이고 체계적인 측면을 강조한 랑그와, 개인적이고 구체적인 대상의 발화를 가리키는 파롤은 소쉬르의 언어학에서 기본개념이다. 언어학에서 랑그와 파롤은 서로 상반되지만 보완적이다. 랑그는 보편적 속성으로서 대상의 본질을 추구하고, 파롤은 그것을 해석하는 속성이다. 언어는 서로의 소통을 위해 공통된 규칙을 가지고 있다. 소통에 있어 개인적 발화의 소통은 파롤이고, 공통된 규칙과 의미는 랑그이다. 파롤은 말하는 화자의 의도와 다르게 언어의 의미를 해석하고 받아들인다. 그는 언어학에 있어 과학적으로 연구의 대상이 될 수 있는 것은 랑그뿐이라고 보았다. 파롤은 개인차에 따라 다르게 해석될 수 있기 때문에 과학적 연구의 대상이 될 수 없다고 보았다. 본질적 구조에 접근하려는 언어의 성질은 랑그의 성격을 가지고 있지만, 삶의 의미로 살아가는 평범한 인간은 파롤을 통해 언어를 해석한다. 소쉬르의 언어학은 그동안 규정하였던 실체의 범주를 좀 더 명확한 구조 위에서 재해석할 수 있는 과학적 언어학의 구조체계를 제시하였다.

언어학이 가지고 있는 내적 영역과 외적 영역 사이에는 사회적 경계가 발생한다. 이러한 사회적 경계는 언어의 체계에 대한 해석의 경계이다. 해석의 경계에서 가장 관심을 가지고 바라보아야 하는 경계가 지리적 경계이다. 지리적 경계는 문화적 경계와 경험적 경계를 만든다. 인간의 언어도 랑그의 본질에서 조금만 벗어나면 지역적 경계를 갖게 된다. 같은 민족이 지역 구분에 따라 서로 다른 방언을 하는 것도 이와 같은 지역적 경계 때문이다. 언어의 경계 문제에서 해석의 다양성이 문제로 대두된다. 언어가 가지는 공간적 문제는 관계의 문제이다. 공간에서 언어는 언어 활동이기보다 속성의 기호이다. 공간의 대상은 속성의 기호를 통해 의미를 갖는다. 의미가 생성의 언어를 따라가는 것은 언어의 본질성에 기초한다. 언어의 본질은 공간과 언어의 현상에 관계하며, 주관적 언어학에서 벗어나 보편적 언어학으로 접근한다. 보편적 언어는 일방통행의 소통을 넘어 상호 작용하는 전달의 관계에 있다. 소통의 언어는 개방적이며 폐쇄적이지 않다. 언어는 입에서 입으로, 기표에서 기표로 전달되며 진화한다. 언어가 본질적 속성의 대상을 표현하기 위해서는 세계 속 언어가 되어야 한다. 세계 속 언어는 언어의 사회화를 통해 언어의 구조를 파헤친다. 밀폐된 공간에 갇혀 있는 언어는 언어라 할 수 없다. 만약 사회적 언어가 어떤 제약이나 구속에 얽매인다면 언어는 동굴 속의 갇혀 있는 그림자에 불과하다. 하지만 세계로 향하는 언어는 본질을 향한다. 언어는 열려 있는 생명체로서 안에서 밖으로, 밖에서 안으로 시간과 공간을 초월하면서 소통한다.

언어를 주관적 사실로 해석하거나, 확신하려는 것은 언어가 가지고 있는 본질에 대한 성급한 판단에서 시작된다. 언어는 사물의 대상을 설명하는데 있어 대상의 본질을 향해야 하지만 성급한 사람들은 형상에 대해 결론을 내리려 한다. 이러한 성급함이 언어의 해석에 오류를 불러온다. 언어는 해석의 자유성을 존중하지만 본질적으로 보편적 해석을 선호한다. 언어의 보편적 해석은 언어의 본질을 최고의 단계인 직관적 의식으로 바라보아야 도달할 수 있다. 하지만 직관보다는 지식에 의해 언어를 해석하려는 사람들은 기의적 해석을 선호한다.

언어의 생겨남은 보편성을 가지지만 언어능력은 주관성을 가진다. 주관적 언어는 개인의 해석을 따른다. 개인은 자신의 생각과 방식에 따라 언어의 관계를 자의적으로 해석해 버린다. 하지만 언어로부터 진리에 도달하려면, 언어의 해석 능력보다 언어가 가지고 있는 실체에 집중해야 한다. 언어가 생겨난 이유가 여기에 있다. 언어는 속성으로부터 생겨나며 해석은 해석자의 몫이다. 따라서 언어 활동은 언어를 받아들이는 인간의 활동에 의지한다. 언어의 활동은 본질적 동일성을 통해 보편적 속성으로 실체화한다.

언어는 해석의 범위 내에서 언어 활동의 의미를 가지고 있다. 언어는 생성 자체로서 본질이며, 원칙이기 때문이다. 언어는 고유한 본질적 성질을 통해 언어가 가지고 있는 구조적 질서 속에 있다. 따라서 언어는 구조체계를 구성한다. 언어가 가지고 있는 구조체계는 대상에 대한 밀집된 체계이다. 언어가 지시하는 대상은 동일성으로 다양하며, 언어의 구조체계는 하나의 보편자로 존재한다. 따라서 언어학의 이론 또한 밀집된 체계 속에 포함되어 있다. 언어는 단순히 밀집된 체계일 뿐만 아니라 사회적 협의와 기의에 대한 해석의 과정을 포함한다. 소쉬르는 이러한 이유로 언어 활동이라는 체계 대신 언어의 구조적 체계를 연구과제로 삼았다.

언어는 자신의 고유한 질서만을 의식하는 체계이다. 언어의 고유한 질서는 창세기부터 시작된다. 신의 말씀을 통해 창조된 언어는 자연의 근원이며 본질이다. 언어가 대상으로부터 독립적이며 시간에 앞서는 것은 이러한 이유 때문이다. 창세기의 신은 말씀을 통해 만물을 창조하고, 창조의 대상에 이름을 붙였다. 신의 말씀은 언어로서 창조의 힘이 되며, 자연은 기호로서 언어를 대변한다. 이렇게 창조된 자연의 기호는 속성으로 기표화되고, 다양성으로 기의화된다. 신은 신의 언어로 세계를 창조했고, 인간은 인간의 언어로 신의 창조를 해석하려 한다. 이러한 언어의 해석이 한계를 불러온다.

언어의 도구화는 자연의 대상을 규정하는 방식에서 생겨난 것이다. 이러한 언어의 도구들이 모여 지식이 된다. 언어가 지식으로 사용되어지면 사용자의 방식에 따라 품위가 달라진다. 인간의 언어는 인간의 품위를 말해주기 때문이다. 인간의 삶에서 습득한 언어의 성질은 지식의 범주에 들어간다. 지식은 책을 많이 읽거나 공부를 많이 하는 사람이라 할지라도 본질적 문제를 해결할 수 없다.

과학의 역사가 자연의 역사를 넘어설 수 없지만, 이성의 역사를 탄생시켰다는 사실은 확실하다. 과학의 역사는 실험적 과학을 세계의 실체로 제시했다는 것이다. 과학은 실험과 결과를 통해 언어가 가지고 있는 기호적 요소를 실체의 증명에 사용되도록 단서를 제공했다. 이러한 과학적 연구는 실체의 본질을 해석하는데 매우 효과적이다. 인간 사회에 언어가 없었다면 과거의 역사는 기록될 수 없고 현재의 역사 또한 생겨날 수 없을 것이다. 하지만 역사는 언어를 통해 기록되고 진화하면서 오늘의 역사를 만들었다.

55

존재와 시간

삶의 권태로부터 벗어나는 방법은 오직 실존뿐이다

삶의 권태로부터 벗어나는 방법은 오직 실존뿐이다. 실존은 인간의 존재를 세계로 기투企投시키며* 존재의 가치를 드러낸다. 세상 속의 존재는 고독한 존재를 넘어 홀로 서기 위한 존재이다. 세계 속의 나는 자연에 속하는 하나의 속성이면서 존재가치이다. 이러한 존재가치는 생각하는 나로부터 시작한다. 생각하는 내가 존재하는 나로 우뚝 서는 것은 실존의식 때문이다. 인간의 실존의식은 존엄을 지키기 위해 자신을 세계 속으로 던져놓는다. 존엄의 세계에서 인간으로서 한 시대를 가치 있게 살다 가는 것은 삶의 가치를 결정하는 것이다. 인간은 현재의 의미에 가치를 두는 실존자로서 존재의 의미를 기획하고 순응한다. 나와 우리의 존재 가능성은 머나먼 어둠의 끝을 지나 스스로 세계의 빛을 향해 자신

* 현재를 초월하여 미래에로 자기를 내던지는 실존의 존재방식. 하이데거나 사르트르의 실존주의의 기본 개념이다.

의 존재를 들춰낸다. 오늘의 나는 세계의 나이고, 실존으로서의 나이다. 나의 존재가 의식되지 않는 세계는 존재의 의식 자체도 없다. 나는 세계의 존재이고, 세계는 나의 존재 속에 있다.

세계를 향해 나아가는 순풍처럼 실존은 진정한 자아를 찾으려는 것이다. 현재의 시간을 통해 과거와 미래를 거부하며 현존재로서 삶을 찾기 위한 여행은 시간의 개념을 현재의 시간에 둔다. 현재는 미래보다 가깝고 과거보다 친밀하다. 불안의 개념으로부터 시작된 실존의 의식이 존재와 시간의 나룻배를 타고 세계 속으로 항해를 시작한다. 나의 존재는 흐르는 물결 위를 지나 가냘픈 파장을 타고 강과 하나가 된다. 계곡의 지류로부터 흘러 내려온 모든 물은 강의 울림을 가슴에 얹고 하나가 된다. 하나의 강은 현존의 강이며 현존의 시간이다.

세계의 나는 현존재의 존재 양식을 통해 있음으로 존재하고, 내면의 심장 소리로부터 살아 있음을 느낀다. 삶의 느낌은 심장으로부터 흘러들어오는 피의 흐름을 통해 현존재로서 살아 있는 나를 발견하는 것이다. 나의 울림은 내 몸 속에 흐르는 피의 울림이며, 심장의 박동 소리에 맞춰 현재의 시간을 헤쳐나간다. 현재의 시간으로 살아가는 삶 속에서 본래의 나는 살아 있음으로써 나이고 존재자로서 나이다. 저 먼 산 너머 메아리로 울려 퍼지는 현재의 나는 메아리처럼 산과 계곡을 건너 깊은 심장 속으로 밀려들어 온다. 심장의 울림은 시간의 울림이며 삶의 울림이다. 인간이 현존재로서 세상의 가치에 대면하는 것은 본래적 자아를 찾고자 하는 의지로부터 시작된다.

시간과 존재의 길목에서 현존재는 자신의 존재의미를 끊임없이 환기시키며 저 먼 고도를 향해 나아간다. 나의 존재는 고도를 기다리는 존재로부터 벗어나 고도 자체로 돌아온다. 이러한 회귀는 과거로부터 쌓여왔던 먼지를 걷어내고 새로운 정신으로 오늘의 존재의식을 세우는 것이다. 세계의 발걸음은 이상적 자아나 정신적 자아에 억눌려 있던 순수 자아를 현존재로 돌려놓으며 거대한 산을 뛰어넘는다. 이러한 비상은 인간이 인간으로부터 인간을 향해 펼쳐나가는 현존재의 순수 의식이다. 순수 의식은 나의 존재를 시간의 테이블에 올려놓지 않고 오직 현재의 시간에만 몰입시킨다. 현재의 순간만이 세계의 모든 것이며, 실존의 실체이다. 실체는 현존하는 한에서 존재로서의 가치를 가진다. 세계로 던져진 나의 존재는 지속적으로 열려 있는 시간 속 존재로 세계-내-존재로 존재한다. 시간의 개념을 넘어선 존재의 순수 의식은 현실로부터 탈주하여 세계 속 존재와 함께 삶의 서막을 열어간다.

유한한 인간의 삶이 한 편의 연극을 보는 것 같지만, 그래도 연극의 주인공은 나다. 나는 세계의 나로서 무대이고, 행동하는 나로서 주인공이다. 그동안 서양 철학의 존재 문제가 관객의 이목을 끌기 위한 무대였다면, 이제는 그 무대 위의 주인공은 나 자체여야 한다. 나는 세계의 주인공으로서 존재가치를 가지며, 삶의 세계에서 혼신의 연극을 펼친다. 이제 우리의 삶은 허수아비와 같은 무의식적 삶에서 새로운 존재의식의 세계로 들어간다. 이러한 존재의 문제에 현재의 내가 있다. 현재의 나는 세상 가치의 모든 것이며 이보다 더 소중한 가치는 없다. 현존재자로서 우리는 시간과 존재를 세계에 내맡기며, 어떠한 간섭이나 불평도 하지 않는 나를 통해 세계의 태양 아래로 기투시킨다. 이제 우리는 세계 내 존재 문제를 형이상학적 틀 속에서 벗어나 일상의 생활로 끌어들여야 한다. 우리의 현재는 세계의 일상이며 삶의 전부이다.

우리의 삶을 세계 속에 내맡기는 것은 어떤 것에 위탁되어지는 수동적 삶을 능동적 존재로 전환시키는 것이다. 세계 속에 숨 쉬는 한 인간의 고뇌가 현존재와 함께 삶의 톱니바퀴 속으로 빨려 들어갈 때, 우리의 존재는 삶의 의미를 재정립한다. 사회의 이방인으로서 고독한 존재이기를 거부하는 한 인간의 고뇌가 삶의 길목에서 존재자의 낙엽처럼 떨어져 간다. 세계 속의 현존재가 어떤 것을 드러내지 않고도 존재로서 해석하는 것은 시간 때문이다. 시간은 모든 존재의 틀 속에서 구성된 현존재의 개념이다. 존재는 시간의 줄기를 타고 현존재의 시간속으로 다가온다. 현존재의 시간 개념 속에 존재와 존재자는 초시간적인 개념과 일상적 시간의 대비이다. 우리는 시간이라는 틈 속에서 세계-내-존재의 의미를 발견한다. 시간의 본질적 속성은 현존재의 속성 속에서 사이와 틈을 발견한다. 현존재의 시간은 더 이상 보편적 시간 속에 존재하지 않는다. 이제 세계의 보편적 시간은 추의 흔들림을 멈춰 버린 자명종처럼 버려져 있다. 영원한 시간 속에 남은 것은 오직 사이의 시간 속에 끊임없이 움직이는 현존재의 존재의식뿐이다.

현존재는 보편자의 속성을 내던지고 개별자의 시간성을 찾으려 한다. 시간의 틈은 이러한 보편적 시간의 사이에 존재한다. 보편적 시간은 영원한 시간을 말하는 것처럼 형이상학의 역사를 써내려 왔다. 하지만 보편적 시간은 시간의 의미와 관념을 형성할 뿐 현존재로서의 시간성을 찾지 못한다. 하지만 현존재는 시간의 흐름 속에서 보편성 너머에 있는 지향적 시간을 향해 나아간다. 현존재에서 지향되지 않는 시간은 시간이라 할 수 없다. 그러한 시간은 시간의 개념 속에 보편자의 성질을 가지고 있을 뿐 시간으로서의 생명성을 갖지 못한다. 현재의 시간은 더 이상 보편적 시간 속에 있지 않고 사이와 틈 속에 있다. 우리의 삶은 이러한 시간의 사이와 틈 속에서 현존재자로서 삶의 시간을 살아간다.

형이상학적 존재와 시간은 비시간적인 것과 초시간적인 것에 의존한다. 하지만 하이데거Heidegger의 존재와 시간은 세계-내-존재 개념이다. 세계-내-존재의 개념은 현존재의 개념으로서 현재의 시간성을 말한다. 이러한 현재의 시간성은 연장성 안에 있다. 세계 속 인간은 하나의 존재자로 존재의식을 지향할 때 존재자의 의식을 현존재로 지각한다. 이러한 존재 형식은 시간에 의존하는 현존의 의식이다. 현존재의 존재는 자신의 존재를 시간 속에서 발견한다. 이러한 시간의 존재의식은 역사적이며 초월적이다. 현존재가 현재의 시간 속에 남게 되면 형이상학에 의해 시작된 실체의 역사는 과거의 흔적 속으로 사라져 버리게 된다.

보편적 의식과 함께 멈춰 버린 실체의 의식은 의식의 차원을 넘어 허무감을 가져다준다. 나의 존재가 없는 세계는 존재도, 존재자도 없는 허무이다. 허무는 아무것도 없는 것이 아니라, 존재의 흔적조차 남길 수 없는 것이다. 현존재에 대한 허무 의식은 인간의 고독을 가져온다. 세계의 고독자로서 대지의 끝자락에 선 한 인간의 고뇌가 보편적 이성의 사다리를 거부하고 유한한 시간을 선택하려 할 때 인간은 현존재의 시간에 머문다. 이제 세계 속의 나는 현존재로서 신도 아니고, 초인도 아닌, 평범한 한 인간이다.

존재와 시간의 개념에서 존재자는 바로 우리 자신이다. 우리는 세계의 중심에서 존재자로서 자신을 삶의 의식 속으로 불러들인다. 우리가 없는 세계는 생각조차 할 수 없다. 우리는 나의 속성이 모여 존재의식을 가져다주는 존재이다. 존재자의 본질은 존재해야 하는 것에 있다. 이러한 현존재의 당위성은 필연적이다. 세계의 현존재는 어떤 것이고, 어떤 것은 현존재의 시간 안에 존재한다. 우리 눈 앞에 있는 실재는 시간의 개념에서 현재를 지향하며, 현재의 시간 속에서 세계-내-존재이다. 실존의 개념은 시간 개념 속에서 반드시 세계-내-존재로서만 가능하다.

현존재의 본질은 그 존재의 실존에 있다. 존재의 개념으로 다가오는 현존재의 존재자는 그대로 있음이다. 현존재는 본질의 개념 안에서 가능의 존재이다. 존재자는 자신의 존재 안에서 스스로를 선택할 수 있고 획득 가능하다. 자신의 존재가치는 선택에 따라 존재의식으로 들어올 수 있고, 그렇지 않을 수도 있다. 존재의 개념에서 존재자는 세계의 어떤 것이며, 무엇이다. 존재와 시간의 개념에서 세계-내-존재의 개념은 있음이다. 있다는 것은 세계 속에 있음이다. 세계의 존재 개념에서 존재는 세계의 시간성 속에 존재하며, 세계의 시간은 무한한 연장을 가리키는 시간이다. 시간 개념에서 무엇으로부터 어떤 것 안에 있다는 것은 세계-내-존재가 무엇임으로, 어떤 것으로, 밑바탕으로 있다는 것이다.

세계성은 존재론적 개념의 하나이며, 세계-내-존재의 구조를 가지고 있는 현존재의 실존적 구조이다. 이러한 개념은 세계성 그 자체로 하나의 실존범주에 현존재를 담고 있다. 세계가 존재론적 개념으로 분석될 경우 세계 내부에 존재자의 존재는 우선된다. 존재의 개념에서 시간은 존재론적 개념과 동일한 것이다. 현존재의 존재 양식을 의미하는 시간은 결코 세계 안에 있는 존재자의 존재 양식만을 의미하지는 않는다. 존재자의 존재 양식 하나만을 현존재로 본다면 현존재의 개념은 미시적 의미의 존재론적 개념이 될 것이다. 하지만 현존재의 개념은 시간의 연장성을 가지고 있다. 이러한 연장의 개념은 시간의 연장이며, 존재의 연장이다. 세계 속에서 존재자의 속성이 사라진다 해도 또 다른 존재자는 세계-내-존재로서 그 자리를 지키게 될 것이다.

세계 내 존재에서 인간의 실체는 영혼과 육체의 혼합으로 이루어진 실재이다. 이러한 탐구는 세계-내-존재를 기본 방향으로 삼는다. 존재의 근본 구성 틀 안에서 현존재의 존재는 모든 존재의 존재 원인이다. 현존재는 세계이고 실체이다. 세계-내-존재의 있음은 더불어 있음이고, 나와 타자의 관계에서 성립된다. 현존재가 타자와 함께 있는 한에서 현존재는 세계의 공동체 안에 있다. 세계 내에 존재하는 모든 타자는 시간성 안에서 현존재이다. 초월적 존재의 개념에서 보면 아무것도 아닌 것 같은 타자도 현존재의 개념에서 보면 그들은 현존재임에 틀림없다. 현존재에서 나를 제외한 모든 것을 타자의 개념으로 분류하는 것은 나를 타자화시키는 것과 같다. 만약 타자가 현존재의 틀을 벗어나 아무것도 아니라면, 나 또한 아무것도 아니다. 현 존재는 세계-내-존재를 이야기하는 것으로 나와 너를 구분하지 않는다. 존재와 시간은 이러한 이분법적 틀을 거부한다.

우리가 현대사회에서 불안의 개념을 극복하는 것은 현존재의 시간을 존재의 시간으로 인정하는 것이다. 현재의 시간이 인생에 주어진 최고의 시간이라면, 우리는 그 시간에 충실해야 한다. 신에 의해 인간에게 주어진 시간은 유한한 것이다. 무한한 시간이 유한한 시간으로 한정되는 것은 신이 인간에게 부여한 운명 때문이다. 인간은 이러한 시간을 불안의 개념으로 삼고 있다. 하지만 실존의 개념은 이러한 불안을 없애준다. 하이데거의 존재와 시간 개념은 세계를 살아가는 우리에게 주어진 존재자의 시긴이 보편적 존재의 시간만큼 중요하다는 것을 말하고 있다.

56

존재와 무

대자 존재는 즉자 존재가 있지 않는 것으로 있고,
즉자 존재가 있는 것으로 있지 않은 존재이다

존재의 문제를 있음과 없음으로 구분하는 것 자체가 인간의 불완전한 의구심에서 시작된다. 제2차 세계대전 중 1943년 사르트르Sartre, Jean Paul에 의해 출판된 『존재와 무』는 전쟁으로 피폐해진 유럽의 사상적 근거에 대한 반성을 불러일으켰으며, 새로운 가치관의 생성에 커다란 영향을 미쳤다. 사르트르는 그동안 철학사에서 논의되었던 이원론의 논쟁을 현상의 일원론으로 바꾸려고 하였다. 그러한 시도가 그의 철학적 목표였다. 사르트르는 후설의 현상학적 인식을 유지하면서 하이데거처럼 존재론을 정립하려 했다. 그의 존재론은 현상학적 존재론이다. 그가 제기하는 존재와 무의 개념은 제2차 세계대전으로 황폐해진 인간성에 대한 삶의 질문이며, 세계를 살아가는 인간의 삶에 대한 한 줄기 빛이다.

키에르케고르Kierkegaard에 의한 불안의 개념으로부터 시작된 실존의 문제는 하이데거의 세계-내-존재 개념을 통해 현존재의 문제를 새롭게 바라보는 입장이었다. 그리고 사르트르의 『존재와 무』는 실존철학의 입장에서 존재론의 완결이라고 할 수 있다. 그는 존재란 나타남 그 자체이며, 내면도 외면도 아닌 인간 자체라고 보았다. 나타남은 그 자체로서 존재적 가치이다. 나타남은 절대적으로 있음 그 자체이며 실존만이 그 자리를 대신할 수 있다. 있음이 가리키는 지시대상은 바로 자신이다. 자신은 있음으로써 세계 속 존재가 되고 본질은 나타남으로써 그 자체이다. 이를 본질직관이라고 한다.

사르트르의 사유는 존재로부터 출발한다. 존재란 무엇인가? 존재란 나타나는 것을 말하며, 세계 속에 그것을 드러내는 것이다. 세계 속에 그것은 바로 본질이다. 세계의 주체로서 나타남은 본질인 것이고, 나타남으로 인해 인식되는 것은 존재이다. 나타남은 존재 자체로서 무가 될 수 없다. 왜냐하면, 나타남은 그 자체로 본질이기 때문이다. 세계의 존재와 나타남은 스스로 나타나는 대상으로서 존재이다. 나타남은 그것을 제외한 다른 어떤 것과도 비교될 수 없다. 나타남은 존재의 본질이기 때문에 비교의 대상이 될 수 없다. 본질은 대상의 의미이며, 그 대상 속에 담겨 있다. 존재는 나를 비롯한 모든 것들 내에 있으며, 나타남이다. 대상의 의미는 존재를 지시함으로써 존재의미로 나타남이다. 나타남은 대상의 존재로부터 실체의 의식이 발견되듯, 존재자의 대상을 통해 존재의 의미를 발견한다.

사르트르의 철학에서 존재의 정의는 그 자체로 있는 것이다. 그 자체로 있다는 것은 보여지는 그대로의 것으로 있다는 것이다. 보여진다는 것은 있음으로써 보여지는 것이다. 이러한 존재의 문제를 현상이라고 한다. 세계의 존재는 보려는 것이 아니고 보여지는 것 자체에 의미를 부여한다. 사르트르의 존재는 바로 그것이며, 그 어떤 것도 아니다. 아리스토텔레스가 실체의 문제에서 실체란 그 무엇이며, 어떤 것이라고 한 것처럼 사르트르의 존재 또한 그 어떤 것이다. 사르트르의 존재론은 현상의 배후에 어떤 것이 존재하는 것이 아니고, 자신의 존재가 현상으로 나타나는 것이다. 현상이란 존재자가 나타나는 세계 그 자체이다. 사르트르는 "실존은 본질에 앞선다"고 말한다. 그는, 세계의 본질에 실존의 주체인 내가 모든 실체보다 앞선다는 것이다.

현상 속에 나타난 나의 존재가 세계의 존재자로 인정되는 것은 무엇일까? 후설의 현상학을 빌린다면, 세계의 존재자는 하나의 현상이다. 존재의 의미를 정립시키는 것은 어떤 현상이 존재하고 있다는 것이며, 이것은 하나의 어떤 것이 물질로서, 실체로서 존재한다는 것이다. 사르트르에게 있어 존재의 문제는 변증법의 문제가 아니다. 그에게 존재는 분명한 존재자의 형식이며, 있는 그대로의 의식이다. 그에게 있어 의식은 무엇을 말하는가? 의식은 존재 자체로서 인식이다. 사르트르의 의식은 인식의 관계를 넘어 존재의 문제를 지시한다.

무無의 세계에서 의식이 모습을 드러낼 때 존재는 그 의식 이전에 존재하고 있다. 세계의 존재자로서 모든 존재는 존재의식으로 존재한다. 존재자가 또 다른 의식을 통해 존재자를 끌어들일 때, 존재 방식은 또 하나의 존재 방식이 된다. 의식이란, 존재의 무의식이 있는 한에서 존재가 존재자로서 의식되어지는 것이다. 존재자가 존재 자체로 나타나지 않는 것은 무의 상태가 지속됨을 의미한다. 세계의 존재자로서 무는 아무것도 없음이 아니라 존재의 밑바탕이다. 존재가 존재의 의미를 무의 상태로 돌려놓는다면, 우리에게 현존하는 모든 것은 비일상적 상태가 된다. 이러한 무의 상태는 존재자의 존재 자체를 무화無化시켜 버린다. 존재의 문제가 자신의 존재에 대한 부정으로서 무를 수반하고 있다면, 존재는 항상 무와 관계하게 된다. 따라서 존재의 개념에서 무의 개념은 부정의 개념이 아니고 동반의 개념이다. 왜냐하면, 무는 존재가 아니기 때문이다. 무가 아무것도 없다는 것은 존재의 의미도 없다는 것이다. 하지만 부정의 무는 존재를 불러일으킨다.

존재 의식에서 대상을 배제시키고 의식과 세계의 참된 관계를 정립시키는 것은 의식의 초월적 성격 때문이다. 의식은 인간의 정신 안에 있고, 어떠한 본질에 대한 인식을 정립시키는 것이다. 의식이 대상에 대한 인식이기 이전에 의식은 자기 자신에 대한 의식이다. 의식은 순환적으로 존재의식을 만들어 낸다. 의식하고 있는 모든 존재는 존재의식 속에서 존재하는 것이다. 최초의 의식은 무의식과 함께 존재의식으로 하나가 된다. 의식에 있어 존재자의 위치를 존재하지 않는 무로 상정한다면, 그 의식의 존재는 사라져 버린다. 의식은 존재하는 것으로부터 벗어나 무로 변해 버린다. 이처럼 무는 부정의 형식을 빌려 긍정의 현상을 역으로 보여주는 의미 전도의 해석방법이다.

사르트르의 즉자 존재卽自存在와 대자 존재對自存在는 존재의 방식을 설명하는 중요한 개념이다. 사르트르의 『존재와 무』에서 즉자 존재는 그냥 있는 것이며, 대상 그 자체라고 했다. 인간은 즉자 존재의 자기 자신을 자각한다. 그리고 자기를 무화시켜 버리고 자기 자신과 대립하며 대자 존재로 변한다. 대자 존재는 즉자 존재로부터 출발하여 그것을 부정함으로서 대자화된다. 대자 존재는 자기의 우연성을 제거한다. 인간의 의식 속에서 자기 관계의 존재를 찾기 위해 무의 부정을 인정한다. 무의 부정만이 현존재의 가능성을 담보한다. 즉자 존재는 무화를 통해 자기의 존재를 상실시키며 대자화된다. 대자화된 존재는 즉자 존재의 상실을 통해 본질적 존재가 된다. 대립은 대자 존재를 이중적으로 해석한다. 대자 존재는 즉자 존재가 있지 않는 것으로 있고, 즉자 존재가 있는 것으로 있지 않은 존재이다. 즉자 존재는 의식 없는 실체로서 수동적이며 자유롭지 않다. 대자 존재는 자기의식을 갖는 존재이며 초월적이다. 인간은 본래적으로 대자 존재이다. 대자 존재의 인간이 타자에 의해 관찰대상으로 바뀌면서 즉자 존재가 된다. 즉자 존재는 타자에 의해 대자화되어지며, 삶의 물질적 주체보다는 본질적 주체가 된다. 관찰의 대상인 인간은 있음으로 현존재이다. 현존재는 실존이다. 세계에 기투되어 있는 우리는 즉자적이다. 하지만 하이데거에 의해 우리는 대자의 길을 간다. 현존재로서 우리는 실존적 인간으로서 대자적이다.

세계의 존재자로서 본질이 없는 인간은 허무할 수밖에 없다. 허무는 불안을 낳고, 불안은 우리를 슬프게 한다. 죽음으로부터 불안한 인간이 삶으로부터 부정되어진다면, 이는 불행한 삶이다. 세계의 본질에 어떠한 역할도 할 수 없는 우리는 우리의 현존재를 통해 우리의 삶을 극복해야 한다. 인간의 궁극적 목표인 행복은 대자 존재를 향한 우리의 의식 속에 내포되어 있다. 의식이란 본질에 있어 존재 속에 내포된 정신적 범주이다. 존재에 대한 무의식은 존재를 인식하기 위한 무의식이다. 우리의 의식에 있어 비어 있음은 채울 수 있는 가능성의 의식이다. 무는 배려를 통해 존재의 형식을 노출시킨다. 무가 가지고 있는 존재의 부정적 의미는 없음 때문에 생겨난 의식이다. 무는 부정의 부정을 통해 긍정으로 되돌아온다. 부정적 무의식은 초월적 무의식이다.

의식의 본 모습은 존재의 정당성이 확보된 후에만 가능하다. 의식의 존재는 모든 가능성의 근원이며 조건이기 때문이다. 존재가 의식의 본질을 내포하지 않는다면 존재는 정당화될 수 없다. 의식은 존재의 가능성을 본질적으로 인식시켜주는 것이다. 선천적 존재의식은 무에서 끄집어낼 수 없다. 무의 개념이 의식과 마주하면 무는 의식에 선행될 수 없다. 무는 의식과의 관계에서 결여와 단절을 선행적으로 내포하고 있다. 따라서 무는 부정의 단절을 현존재를 통해 긍정으로 돌린다. 무를 통한 존재의 나타남은 현존재 의식을 불러온다.

하이데거의 무는 공기와 같다. 무는 존재의 대상을 공기처럼 감싸며 곁에 있지만, 존재로부터 멀어진다. 무가 비존재로서 존재를 나타내지만 존재를 대신하지는 못한다. 존재가 지각의 대상이 되는 순간 무는 아무것도 아닌 비존재가 된다. 하지만 존재는 반드시 무의 공간 속에 나타남으로 존재해야 한다. 나타남은 필연적으로 무로부터 나타남이다. 무는 없음이지만 비어 있기 때문에 나타날 수 있다. 무는 존재와 비교해서 부정의 의미를 담고 있다. 하지만 무가 세계의 존재를 있게 할 때 무는 부정의 한계를 넘어선다. 무는 대상이 세계 속으로 자기를 기투시킬 때 초월적 밑바탕으로서 존재를 알리는 비존재적 근원이다.

존재와 무의 관계에서 무는 홀로 사용될 수 없다. 무는 존재의 곁에서 맴돈다. 존재하지 않는 무는 논의의 대상이 될 수 없기 때문이다. 무에 대한 논의가 불가능한 상태는 존재의 의미 또한 불가능하다. 하이데거의 『존재와 무』에서 무가 가지고 있는 의미는 존재에 대한 원인 때문이다. 존재의 결여가 있다고 해서 무가 존재의 자리를 차지할 수는 없다. 존재의 본질이 사라지면 무도 사라져 버리기 때뮤이다. 존재와 무는 서로가 소통하는 본질의 상호작용이다. 존재에 있어 대자는 즉자의 결여로 나타나며, 이러한 결여를 존재 결여라고 한다. 대자는 즉자의 결여를 통해 자유를 갈망하고 존재를 구체화시킨다. 대자 존재가 추구하는 자유는 실존이며, 실존은 본질에 앞선다는 사르트르의 말이 이러한 이유에서 나오게 된다. 존재와 무에서 무는 결여에서 나온다. 즉자의 결여는 대자를 소망한다. 즉자가 스스로를 무화하는 것은 즉자의 존재 속에 결여에 대한 인식이 존재하기 때문이다. 이것은 즉자 존재의 결여가 갖는 필연성에 근거한다. 대자는 즉자와의 관계 속에 나타난 무를 인식함으로서 대자의 결여를 발견한다. 대자는 즉자를 초월하지만 즉자는 결여를 통해 대자화된다.

대자가 무의 부정을 통해 가능성 속으로 나아가는 것은 시간의 연장성 때문이다. 유한한 즉자 존재의 가능성이 세계를 향해 나아갈 때 시간의 속성 안에서 대자로의 전환을 시도한다. 시간의 속성은 현재를 지시할 뿐 과거나 미래는 알 수 없다. 돌이킬 수 없는 과거의 시간은 즉자적 회상이며, 현재는 대자적 시간이다. 시간의 속성은 매순간 즉자와 대자의 위치를 바꾸어 버린다. 즉자가 대자화되는 순간, 대자는 즉자를 통해 본질로 나아가는 필연적 존재이다. 즉자는 현재를 말하려 하지만 과거로 인식되고, 대자는 즉자의 시간을 초월하여 대자적 존재가 된다. 결국 존재자로서 나는 존재의 시간 속에서 본질이다. 우리는 존재를 무로부터 세계의 존재로 끌어내며, 그 시간 속에서 존재의 형식으로 남게 된다.

현존재는 자기 밖에 있으며, 세계 속의 본질로 그것 안에 있다. 현존재는 자기에 앞서 있음이며, 현상이다. 현존재는 무로부터 자기 자신을 세계에 기투시키는 현존 가능성이다. 무는 오직 현존재의 가치 위에서 자신을 무화無化 할 수 있다. 무가 인식되어질 수 있는 것은 비교 대상이 아니며, 과거나 미래의 시간도 아니다. 무는 오직 존재의 틀 속에서 밑바탕이다.

존재의 문제에 있어 결여는 욕구에서 나오며 욕구는 결여를 향한다. 욕구의 결여와 욕구의 자유가 대자를 향해 지향하는 것은 즉자를 통한 대자화 때문이다. 즉자가 대자화 되는 의식은 실체 의식이며 자기원인이다. 이러한 인식은 신의 피조물로 태어난 인간이 존재의 근원인 신이 되고자 하는 것과 같다. 하지만 인간은 신에 도달할 수 없다. 인간의 본성은 실존하는 인간 자체이다. 하지만 원죄 의식에서 벗어나지 못함으로써 존재의식을 망각한다. 신의 피조물인 인간의 의식은 현존재를 찾지 못하면 어둠이 된다. 자유를 향한 인간의 의지는 신의 이름을 걷어버리고, 주어진 운명 속에서 자유를 찾아가야 한다. 이러한 자유 의지는 삶의 의지이며 존재의 의지이다. 우리의 존재가 세계 속에 있지 않다면 신의 존재는 무엇이란 말인가?

57

슬픈 열대

문명과 야만의 이분법적 개념 비판

슬픈 열대에 불어오는 바람. 스치며 지나가는 꽃잎의 흔들림 속에 바람의 끝을 어루만지는 손길. 바람꽃은 대지에 뿌리내린 구조이고, 바람은 흔들림의 공간과 시간이다. 가느다란 꽃잎으로 세계에 홀로 선 바람꽃은 바람과 가장 가까운 곳에 있다. 열대의 습도는 몸의 땀방울을 스스로 밀어낸다. 이마에 흘러내리는 땀방울의 흔적은 소매 끝으로 가볍게 닦아낸다. 슬픈 열대의 강과 나무에서 뿜어내는 습기의 발화는 영혼의 울림이다. 움직임은 시작되었고, 강의 울음도 시작되었다. 슬픈 열대의 조그마한 발자취는 인류사회의 구조체계를 발견하는 시간이다.

『슬픈 열대』는 프랑스의 사회인류학자 클로드 레비스트로스Claude Levi Strauss가 1955년에 쓴 기행문으로 1937년부터 1938년까지 브라질 내륙지방 원주민인 카두베오족Caduveo, 남비크와라족Nambikwara, 투피-카와이브족Tupi-Kawahib, 보로로족Bororó 등의 원주민 문화를 관찰하고 얻어낸 연구의 결과이다. 『슬픈 열대』는 근대 이후 서양 사회를 중심으로 판단되어진 문명과 야만의 이분법적 개념을 비판한다. 이분법적 개념은 문명이라고 자부하는 서구사회 지식인들의 잘못된 관습과 해석으로 만들어진 체계이며, 레비스트로스는 이러한 개념을 비판한다.

문명과 원시의 구분은 민족과 관습에 따라 다르게 평가된다. 지구상의 인류는 수많은 종족으로 각 대륙과 지역에 자리 잡고 살아왔다. 그들이 갖는 삶의 방식은 그들의 선조로부터 내려오는 관습과 규칙을 따르는 것이었다. 과학과 기계문명으로 서구화된 민족은 더 풍족한 생활을 누리게 된다. 하지만 원시사회의 틀 속에서 관습과 규칙에 따라 사는 원주민은 그들의 오래된 전통에서 행복을 찾는다. 서구사회는 이러한 지역적·관습적 문명 속에서 문명의 발전 정도에 따라 문명사회와 원시사회로 구분한다.

레비스트로스는 문명인으로 원시사회에 들어가 그들의 생활 속에서 원시사회가 갖는 체계를 연구했다. 원시 부족과의 생활에서 그들이 갖는 생활방식, 종교, 의식, 예술 등을 관찰하면서 그들 사회가 전통적으로 간직하고 있는 자율적 문명을 발견하게 된다. 레비스트로스는 원시사회의 생활이 과학과 자본으로 물들여진 서구사회의 합리성보다 미개하다고 생각할 수 있는 어떤 근거도 찾아볼 수 없었다. 레비스트로스는 원주민과의 생활을 통해 그들의 삶에 동화되어갔다. 그들 사회도 그들만의 전통적 역사와 뿌리를 가지고 있으며, 사회구조 체계가 잘 보존되어 있다는 것을 알게 되었다. 레비스트로스의 역사의식에 따르면 인류 역사는 유사한 구조의 체계 속에서 발전되어왔다는 점이다.

지역과 민족에 따라 각각의 부족들은 민족과 국가를 이루며 다양한 문화를 발전시켰다. 민족의 문화적 차이는 과학과 기술에 따라 서로 다른 문명으로 발전하였다. 레비스트로스는 문명의 차이만을 가지고 문명사회와 원시사회를 비교하려는 태도를 지적한다. 하나의 문명이 다른 문명과 결합되면 또 다른 문명으로 진화되어 가는 것일 뿐 문명 간의 계급적 차이는 존재할 수 없다는 것이다. 레비스트로스가 슬픈 열대에서 느끼는 슬픔은 중층적 의미를 담고 있다. 서구의 문명사회가 원시사회에 가한 가혹한 편견은 매우 주관적이고 관념적이라는 것이다.

16세기 서양 선교사들은 원시사회의 식인문화를 보고 충격에 휩싸여 다음과 같은 시선으로 원주민을 평가했다. "그들은 인간에 대한 존경과 배려가 전혀 없다. 그리고 정의도 없다. 원주민들이 자유로운 동물로 남아 있기보다는 인간의 노예가 되는 것이 낫다." 문명인들은 인간이 인간을 먹는 식인문화를 보면서 원주민들을 인간보다는 동물에 가깝다고 보았다. 하지만 레비스트로스는 이러한 원시사회의 식인문화는 생존을 위한 문화적 차이일 뿐 문명의 차이가 아니라고 보았다. 그들의 식인문화는 그동안 내려왔던 선조들의 문화를 존중하고 따르는 것뿐이었다.

어느 날 원주민들은 자신들이 붙잡아온 백인을 물속에 던져 죽였다. 그들은 물속의 시체를 오랫동안 관찰했다. 그들이 시체를 관찰하는 것은 백인이 신이 아닐까 하는 의구심에서였다. 백인들은 인육을 먹는 원주민들이 동물이라고 생각했지만, 원주민은 백인들이 자신들과 다른 신이 아닐까 하고 의심했다. 이러한 생각의 차이는 서로의 문화와 관념적 차이에서 나오는 견해일 뿐이다. 백인들은 사회과학에 의한 시선을 가지고 있으며, 원주민은 자연과학에 의한 시선을 가지고 있다. 이들은 서로 다른 시선으로 세계를 바라보았다. 레비스트로스에게 슬픈 열대는 문명에 의해 파괴되는 원시사회의 현실을 서양인의 눈으로 바라보아야 하는 아픔에 있었다.

인간에게 있어 문화 활동은 상징적 체계의 집합이다. 모든 문화나 사회는 하나의 체계로 구성되어 있다. 개인의 존재가 강조되는 자유 의식과는 상관없는 일이다. 사회의 통합적 견해에 있어 표상이 되는 집단 표상은 논리적 체계 속에서 상징적 구조체계를 가지고 있다. 레비스트로스는 사회의 집단 표상이 언어의 구조와 비슷하다고 보았다. 사회의 무의식적 구조는 오랜 기간 동안 문화와 관습으로 내려온 구조체계로서 언어의 심층구조와 같은 논리적 구조를 가지고 있다.

레비스트로스는 스위스의 언어학자 소쉬르의 언어와 기호학에서 영향을 받았다. 그는 구조 인류학에서 무질서해 보이는 사건들 이면에 일정한 규칙적 형식을 가진 패턴이 존재하고 있다고 보았다. 이러한 패턴은 사회의 구조로 연결되어 있는 체계화된 구조이다. 보편성을 갖는 언어도 나라마다 지역적 특성을 가지고 있다. 이러한 개인적·지역적 언어의 해석을 소쉬르는 파롤Parole이라 했다. 하지만 언어의 본질적 의미는 랑그Langue이며, 랑그는 기호적 성격을 가지고 있다. 기호는 또다시 기표와 기의로 나누어진다. 소쉬르의 이러한 언어의 구조체계는 레비스트로스에 철학적 영향을 미치게 된다. 레비스트로스로부터 정립되어지는 구조주의 철학은 참여의 철학이 아니고 비참여의 철학이며, 체험의 현상학이 아니고 인지의 기호학이다. 사회 문화에 있어 자연의 구조와 인간 정신의 구조는 동일한 법칙에 의해 지배되고 있다. 이러한 동일구조의 체계를 야생적 사유체계라고 한다. 야생적 사유는 인간과 자연, 물질과 정신을 공통적으로 연결시켜 주는 무의식이다. 무의식은 인간의 깊은 사유 속에 존재하는 의식이 된다.

원시사회의 구조에 나타난 근친혼의 금지는 교환에 의한 증여를 가능하게 하는 선천적 규칙이다. 이 규칙은 개인의 결혼 자체보다 부족의 전통과 관습을 따르며, 타인의 관계를 중시한다. 레비스트로스는 친족과 신화의 연구에서 원시사회와 문화 현상뿐 아니라 상징기호로서의 구조를 파악한다. 인간과 사회의 기본구조는 교환의 가치로부터 생겨났다. 교환 가치는 인간의 심층구조에서 생겨나는데 여성의 교환, 부의 교환, 언어적 의사소통의 교환 등이다. 그중에서 인간사회의 인적 구성의 기본구조는 근친혼의 금지이다. 근친혼의 금지는 서로의 친족끼리 결합되는 것을 거부하고 친족이 아닌 족외혼의 결합을 통해 여성을 교환하는 구조이다. 이러한 사회 기본구조의 틀 속에서 여성의 교환은 친족의 기본구조에서 발생한다. 근친혼의 금지는 자연적 결혼관에서 벗어나 인간이 만들어놓은 규칙에서 생겨난다. 이러한 규칙은 사회를 연속시키는 방식이며, 관습이다. 사회와 문화 속에서 무의식으로 규정되는 일반규칙들은 이러한 것을 포함한다. 이러한 구조를 사회의 심층적 구조라고 한다. 레비스트로스는 신화의 구조도 이와 비슷하다고 보았다.

야생적 사유에서 신화, 토템, 의례, 주술, 샤머니즘 등은 다양한 의식의 구조 속에 있다. 이 중에서도 토템과 신화는 레비스트로스의 구조주의 언어학에 가장 관계가 깊다. 토테미즘은 야생사회의 의식과 분류이며, 행위이다. 토템은 상징적 의미로서 관계이다. 사회와 개인이 동물 및 자연물과 관계를 맺는 행위로서 숭배 관계, 친족 관계, 신적 관계 등으로 연결되어 있다. 이러한 토템은 원시사회의 종교와 깊은 연관을 가지고 있다. 토테미즘의 해석관계도 관계의 맥락에서 파악되어야 한다. 맥락은 은유와 환유의 두 가지 방식으로 해석된다. 야생의 열대에서 원주민들은 토템을 균형과 교환의 질서를 유지하기 위한 것이었다. 토템이 갖는 이항적 대립구조는 사회의 균형을 갖는 체계이다. 토템은 자체적으로 갖는 의미를 홀로 가지는 것이 아니고 관계와 위상의 구조에서 파악한다. 사회의 관계와 위상은 부족과 집단의 사회 문화적 맥락과 연관되어진다. 그리고 토템에서 주어지는 금기는 사회의 위계질서이다. 토테미즘 사회에서 교환의 경제는 사회의 체계를 유지시킨다. 여자의 교환은 생물학적 교환 경제이고, 물질적 교환은 경제가치의 교환이다. 이러한 교환의 가치는 사회의 맥락에서 상호작용한다. 레비스트로스는 종에서 개체로, 개체에서 종으로, 사유체계가 토템적으로 변해가는 것을 토템적 조작자라 했다. 토템적 조작자는 두 개의 이항 대립요소가 수평적·수직적으로 연결되어 있는 구조체계이다.

인간에게 있어 사유는 하나의 체계이다. 그것은 본질적으로 야생적 사유체계이다. 야생뿐 아니라 문명인에게도 이러한 사유체계는 불변적으로 체계화되어진다. 야생적 사유는 인간의 본질적 사유이며, 하나의 체계를 찾아가는 것이다. 문화와 원시의 대립적 이항체계는 인간의 관념이 만들어 낸 차별화일 뿐이다. 본질은 변하지 않는다. 가장 단순하고 확실한 본질이 인간의 관념과 문화적 해석에 따라 다르게 인식되어지는 것은 인간의 사고와 판단이 명확성을 갖지 못하기 때문이다.

레비스트로스의 신화적 구조를 보면 질적인 질서의 대립, 형식적 질서의 대립, 사회적 질서의 대립 등 이항적 대립 구조를 이루고 있다는 것을 알 수 있다. 레비스트로스는 이항적 대립구조를 이루는 언어의 의미적 차원을 넘어 이항적 논리체계의 결합으로 야생적 사유와 토테미즘, 그리고 신화적 사유를 통해 세계는 구조화되어 있다는 점을 밝힌다. 레비스트로스는 토템과 신화 구조 속에서 의미의 주체가 나라고 주장하는 실존적 입장을 거부한다. 형이상학의 철학적 논쟁 속에서 주체의 문제는 너무 오랫동안 인간의 이성을 차지하고 있었다. 레비스트로스는 주체의 철학에서 벗어나 주체의 자아를 인류 속에 해체시키며, 인간성의 문제를 자연으로 통합시켜 자연과 문화의 이분법적 대립을 극복하려 했다.

58

타자의 욕망

자아는 타자의 욕망을 통해 욕망한다

존재에 대한 인간의 욕망은 무의식으로부터 나온다. 무의식은 언어처럼 구조화되어 있다. 무의식에 욕망의 위상을 부여하는 것이 구조이다. 구조가 가지고 있는 언어는 무의식 안에서 규정되며, 객관화될 수 있다. 무의식은 의식과의 간극이다. 무의식의 간극은 신경증의 하나이며, 의식으로 연결될 수 없는 것에 대해 연결을 시도한다. 이렇게 연결된 무의식은 간극의 틈을 메우며 자국을 남기는데 프로이트는 이러한 간극의 흔적을 흉터라고 한다. 이러한 흉터는 의식의 흉터가 아닌 무의식의 흉터이다.

프로이트가 말하는 무의식은 상상이나 꿈이 빚어낸 환상적 무의식이 아니다. 그에게 있어 무의식은 인간 정신의 가장 심층적이고 중요한 의식의 하나이며, 전前의식과 달리 의식의 외부에 위치하며 자신이 자각하지 못한다고 보았다. 의식과 무의식은 빙산에 비유되기도 한다. 의식은 물 위로 나와 있는 빙산으로서 우리가 지각하고 인지할 수 있는 영역이다. 하지만 무의식은 물 아래 잠겨 있기 때문에 우리의 지각과 인식의 바깥에 있다. 의식의 간극에서 발생된 무의식은 발견을 통해 인지된다. 발견은 의식이 알지 못하는 것을 스스로 찾아내는 해결사이다. 의식으로부터 알고 있었던 모든 존재의 욕망들은 부질없는 속삭임으로 세계 속에 파편화된다. 하지만 무의식은 파편화된 의식을 구조의 틀 속에서 발견한다.

무의식은 현존재가 남긴 철학적 질문에 답한다. 세계의 주체가 삶의 길을 잃고 헤매고 있을 때, 무의식은 현존재의 허무를 뛰어넘는 발견을 하게 된다. 발견은 상실의 의미 속에서 그것을 찾아낸다. 상실은 니체가 울부짖었던 신의 죽음에 대한 상실이며 허무이다. 신이 존재하지 않는 세계에서 현존재의 상실은 의식의 상실이며, 목적의 상실이다. 우리는 상실이 가져온 그 틈을 무의식으로 메우려 한다. 무의식은 방사형처럼 의식의 중심으로부터 상실의 세계를 향한 발견이다. 무의식은 인간의 욕망을 표현한다. 욕망은 쾌락과 구별된다. 쾌락은 인간의 선험성과 본질을 유희로 해석해 버리지만, 욕망은 자아와 타자의 관계 속에 있다. 욕망은 이성의 한계 속에서 타자의 문지방을 넘어가며 자아를 욕망한다. 자아의 상실은 타자의 욕망을 통해 달성한다. 자아의 욕망은 자신을 드러내며 욕망하지만, 그 욕망을 일깨워주는 것은 타자이다. 프로이트는 욕망의 타자는 오직 죽음뿐이라고 말했다.

라캉의 욕망은 주체의 결핍이며, 환유이다. 생후 6개월에서 18개월 사이의 어린아이는 거울 단계를 통해 주체 형성 모형을 찾는다. 이 시기는 어린아이가 세계를 대하는 초기 단계로서 자신의 존재를 깨닫기 시작하는 시기이다. 어린아이는 거울에 비친 자신의 모습을 보며 통합된 신체의 이미지를 확보한다. 하지만 어린아이가 보고 있는 거울 속의 모습은 자기인식의 오인이다. 상상계로서의 초기 자아가 언어를 배우며 금지와 통제를 받기 시작한다. 엄마와 아이의 관계로 구성된 세계가 제3의 존재를 통해 통제를 받게 되는 시기를 상징계라고 한다. 라캉은 제3의 존재를 아버지라는 이름으로 지칭하지만, 여기서 아버지는 사회적 규범이다. 제3자인 아버지는 아이의 존재에 있어 되는 것과 안 되는 것 사이의 규범이다. 라캉은 언어적 질서와 규범이 지배하는 마음의 세계를 상징계라고 했다. 라캉은 말과 뜻이 만들어 내는 상징계의 불완전한 속성을 간극으로 보고 이를 실재계라고 했다. 실재계는 말과 글을 통해 도달할 수 없는 언어의 세계에서 순수한 차이를 통해 도달할 수 있는 세계이다. 언어가 가지고 있는 해석의 불일치에서 실재계의 대상을 라캉은 대상a 라고 했다. 여기서 대상a는 현실에 존재하는 대상이 아니고 대상+a의 상태를 통해 실재계의 본질을 드러내는 존재이다.

라캉은 아리스토텔레스로부터 시작된 형이상학적 사고가 합리, 경험, 관념, 현상, 실존까지를 거치면서 본질적 오류를 고착시켰다고 보았다. 라캉의 거울 단계 이론은 불완전한 시대의 이성이 상상계의 거울 속에서 자신을 들여다보는 것이다. 라캉은 사유의 체계에 언어의 구조를 사용하며 상징계의 대상을 바라다본다. 그에게 있어 욕망은 환유이며 대상은 바람에 떠도는 먼지이다. 그는 이성을 통해 욕망을 잡으려 하면 욕망은 그만큼 멀리 도망가 버린다. 대상이 욕망을 완전히 충족시킬 수 없기에 인간의 욕망은 그것을 쫓기만 한다. 영원히 잡을 수 없는 대상의 욕망을 자신에게 되돌리는 것은 죽음뿐이다. 죽음만이 욕망을 완전하게 충족시킬 수 있는 유일한 방법이다.

욕망의 주체에서 말하는 주체와 대상이 되는 주체는 다르다. 욕망의 주체에서 의식은 대상을 향하고 욕망은 타자를 향한다. 진실을 말하고자 하는 나와, 진실의 자아를 욕망하는 나는 하나이다. 무의식의 세계에서 나는 어디에 서 있는 것인가? 욕망의 본질은 하나인데 대상은 끝없는 욕망을 추구한다. 라캉의 타자의식은 사회의식이다. 라캉은 타자의식이 없는 사회는 자아의식도 없는 사회라고 보았다. 욕망하는 주체로서 자아의식은 타자의 응시를 통해 주체성을 확립한다. 자아의 인식을 위한 완전한 현전은 없다. 오직 자아를 인식하게 하는 타자의 시선만이 존재한다.

라캉은 그의 욕망이론에서, 존재론을 통한 세계의 시간만을 바라보는 인식을 편집증적 인식이라고 보았다. 존재론에서 현존한다고 믿는 의식은 상상적 이미지일 뿐이다. 상상의 이미지는 거울 속의 나를 통해 자아의 욕망을 구현한다. 거울은 대상의 반사일 뿐이다. 거울 속 자아로부터 탈출 방법은 그것을 깨뜨려 버리는 것이다. 관념과 허상의 거울을 깨뜨려버리면 환상은 사라져 버린다. 환상으로부터 사라져 버린 나의 자아를 타자의 시선으로 돌려놓는다. 이제 나의 자아는 타자의 욕망과 함께 세계의 자아로 등장한다. 타자는 나와 다른 또 하나의 나이다. 타자의 존재는 자아의 존재를 통해서만 가능해진다. 타자는 자아의 존재 부정을 통해 자아의 시선으로 들어간다. 타자는 긍정과 부정 사이에서 해답을 찾으려는 욕망이 생겨난다.

자아의 역할을 하는 대상은 인식론적 대상이 아니고 욕망의 원인이다. 우리가 바라는 신과 이데아, 그리고 절대 선도 모두 다 욕망에서 비롯된다. 라캉의 욕망 이론에서 의식과 무의식, 정상과 비정상은 환상이라기보다는 차이이다. 라캉은 인간의 욕망을 타자의 욕망으로 보는 것은 무의식의 차원에서 보는 것이라고 했다. 무의식의 세계에서 세계의 주체는 말하는 자보다 바라보는 타자에게 있다. 타자에 의해 의식하는 욕망은 무의식의 욕망이다. 무의식적 자아는 주체의식을 타자의 시선과 욕망으로부터 이끌어낸다. 이제 타자의 욕망은 무의식적 욕망을 통해 주체를 확립한다.

타자의 욕망에서 언어 활동의 중심은 무의식이다. 무의식의 언어 구조는 능기*의 기호학으로 은유와 환유로 나타난다. 무의식의 표출은 압축과 치환의 과정을 통해 은유와 환유로 나타난다. 타자의 욕망은 이러한 두 가지 양상을 통해 자신을 드러낸다. 라캉의 사상에서 중요한 것은 무의식이 인간의 언어 활동처럼 합리적 규칙성을 가지고 있다는 것이다. 라캉이 말하는 자아와 타자의 균열에서 인간의 욕망은 주체의 분열을 통해 구성된다. 주체의 분열은 타자에 의해 형성된 개념으로 언어의 구조체계와 같다. 무의식의 언어는 구조화되며, 타자의 욕망과 함께 기록된다. 무의식에서 하나의 구조는 시간적 구조이다. 시간은 세상의 모든 것을 변화시키는 힘을 가지고 있다. 인간의 불안도 이러한 시간의 유한성에서 온다.

라캉의 무의식은 잠재의식 속에 있는 의식이 아니고 타자를 통해 욕망하는 거리만큼 떨어져 있다. 이러한 거리의 욕망은 의식을 넘어 무의식의 사유 속에 잠재해 있다. 우리는 타자의 욕망을 통해 잃어버린 자아를 찾으려 한다. 실존주의자들이 말하는 현존재의 틀 속에는 현존재를 욕망하는 타자가 우리 곁에 있다. 타자는 나의 욕망이며, 나는 타자의 욕망 안에 있다.

* 能記. 소쉬르의 기호 이론에서, 귀로 들을 수 있는 소리로써 의미를 전달하는 외적 형식을 이르는 말. 말이 소리와 그 소리로 표시되는 의미로 성립된다고 할 때, 소리를 이른다.

59

천 개의 고원, 천 개의 길

리좀의 선들은 지층화되어 있고 탈영토화되어 있다

들뢰즈Deleuze는 천 개의 고원에서 기쁜 지식에 대해 말한다. 기쁜 지식이란 본질을 이해하기 위한 사랑이다. 사랑은 천 개의 고원을 통해 깊은 내면의 세계로 들어간다. 사랑의 깊은 계곡은 진정한 사랑을 통해 둘이 하나 되는 것이다. 인간으로서 사랑을 모르고 사는 삶은 허무할 뿐이다. 사랑이 없는 허무는 절망이다. 사랑도 예술도 모두 노력을 통해 이루어진다. 세상에 있어 노력하지 않고 이루어지는 것은 아무것도 없다. 노력은 무엇인가를 이루려는 의지이다. 이러한 노력은 실천을 통해 나타난다. 실천하지 않는 노력은 무의미할 뿐이다. 실천은 삶의 의식이며 깊이이다. 인생에 있어 무의미로부터 탈출하는 방법은 천 개의 고원을 바라보는 것이다. 그리고 의식의 전환을 통해 천 개의 문턱을 넘어가는 것이다. 하나로부터 시작된 고원은 많은 역경과 고난을 통해 천 개의 고원을 만들어 낸다. 천 개의 고원에 천 개의 길이 있다.

들뢰즈의 철학 중 리좀Rhizome은 그의 철학을 뒷받침하는 중요한 개념이다. 리좀은 들뢰즈와 가타리의 공동 저서인 『천 개의 고원』에 등장하는 용어이다. 리좀은 땅속줄기 또는 지하경莖을 말한다. 리좀은 식물의 생산이 땅속에 있으며 줄기와 잎만을 땅 위로 나오게 하는 식물이다. 리좀은 가지가 대지에 닿아 뿌리로 변화하는 지피식물이다. 리좀은 수목형 나무와 다르다. 수목형 나무는 뿌리와 기둥, 가지, 잎의 위계체계를 가지고 있으며, 수립된 계층적 질서를 갖는다. 반면 리좀은 뿌리의 한계를 벗어나 번짐과 엉킴으로 대지에 뿌리를 내린다. 대지에 뿌리내린 리좀은 무한한 영역으로 확장된다.

리좀은 생산의 형식에 있어 나무에 대비된다. 나무는 뿌리로부터 기둥, 가지, 나뭇잎, 열매로 구조화되어 있다. 하지만 리좀은 구조의 체계를 거부한다. 리좀은 서로의 객체성을 중요하게 생각하기 때문이다. 리좀은 예정된 질서보다 자유를 택한다. 리좀은 스스로 뻗어 나가는 자유를 통해 질서를 만들고 무한한 연결점을 창조해 낸다. 이러한 연결점이 소통이다. 리좀은 세계와 소통한다. 소통의 형식에서 나무의 체계도 리좀의 성격을 띠고 있다. 하지만 생산의 흐름에 있어 리좀은 나무와 다른 구조를 가지고 있다. 나무의 구조는 수직적인 반면, 리좀의 구조는 수평적이다. 신과 인간, 말과 글의 구조가 수직적 구조체계라면, 인간과 인간의 구조는 수평적 구조를 가지고 있다. 수평적 구조는 무한한 확장성을 가지고 있는 시간적 구조이다. 하지만 수직적 구조는 시간 개념의 계층적 구조를 이룬다. 수직적 구조의 각 시점은 역사적 구조의 체계 속에 있다. 수직적 구조에서 하나의 시점마다 생산의 역사가 다르게 쓰여져 왔다.

리좀의 점들은 끊어지거나 부서질 수 있다. 리좀의 끊어짐은 새로운 선이나 복원을 통해 다시 복구될 수 있다. 리좀의 선들은 지층화되어 있고 탈영토화되어 있다. 이들의 선은 무한히 증식하며, 한정된 영역을 갖지 않는다. 이 선들은 끊임없는 탈주를 시도한다. 탈주는 도주가 아니고 생성을 위한 통로이다. 생성으로서 도주선은 리좀 안에 있다. 리좀이 만들어 내는 분할의 탈주는 생성을 위한 관계로 연결된다. 이러한 소통의 원리가 리좀이며 실체의 관계이다. 리좀의 구조는 나무의 구조처럼 지정된 위계나 체계를 찾아볼 수 없다. 리좀은 각각의 점을 연결하는 선만이 존재한다. 리좀의 선은 연결점만을 위해 뻗어 나간다. 이러한 선을 도주의 선이라 한다. 도주의 선은 서로의 연결을 통해 생산적이다. 뿌리의 영양분은 선의 연결을 통해 뻗어 나가고 새로운 속성을 생성한다. 이러한 속성의 생성이 실체의 대상이다.

도주선이 갖는 특징은 다음과 같다. 첫째, 다양한 점이 채우고 있는 유한한 차원의 수는 실재적으로 존재한다. 둘째, 다양한 점들이 도주선에 의해 변형되지 않는다면 그 어떤 보완적인 차원도 불가능하다. 셋째, 모든 다양체의 점들은 외부의 판 위에서 판판하게 만들 수 있고, 또 만들어져야 한다. 외부의 판은 책의 내용을 담아내는 것처럼 실체, 존재, 이성, 경험, 실존, 구조적인 것들을 펼쳐놓는 대지이다. 자연의 모든 것들은 분절되고 위계화된다. 이러한 분절과 위계는 스피노자의 코나투스 욕망처럼 연장을 통해 자연을 보존해야 하기 때문이다. 나무의 속성은 다른 나무로 분절되고 위계화된다. 나무에서 생성된 열매들의 원인은 나무의 가지로부터 얻게 되는 도주선 때문이다. 나무의 열매는 각각의 점에 속한다. 하지만 나무는 리좀과 다르게 구조적 체계를 갖는다. 나무의 생산체계가 갖는 뿌리-영양분-기둥-가지-잎-열매의 과정은 리좀의 구조와 다르다. 리좀은 그물망처럼 연결되어 있으며 위계 없는 체계이다.

인간의 무의식에서 수많은 것들이 생산, 소멸되는 것처럼 무의식은 리좀의 생산의식이다. 무의식은 꿈의 해석처럼 몽환적이다. 하나의 구조가 역사의 시작과 끝을 마무리하는 구조주의적 의식체계에서 무의식은 구조로부터 벗어난다. 시간과 공간을 초월한 무의식의 사슬은 리좀의 연결점을 통해 확장되어간다. 따라서 리좀은 무의식을 생산한다. 무의식은 의식으로부터 독립적이며, 시작도 끝도 없다. 리좀은 시간, 흐름, 에너지를 통한 연결과정이다. 생성과 존재의 문제에 있어 리좀은 힘의 에너지로 탈주한다. 탈주의 선은 각각의 점들과 연결되어 생성된다. 생성을 위한 분할 선은 여러 차원을 순환한다. 이러한 차원의 순환을 탈영토화라 한다.

리좀은 복제의 대상이 아니며, 서양 사회에 뿌리 깊게 내려온 구조체계도 아니다. 리좀은 계보 없는 자유이다. 리좀의 자유로운 항상성은 세계의 모든 원리와 관계되어 있다. 우주의 모든 질서는 리좀처럼 연결되어 있다. 그러나 그 끝은 무한하다. 리좀은 팽창, 변이, 증강, 관계, 소통으로 연결되어 있다. 리좀은 본질의 속성을 자유롭게 구성한다. 각각의 점은 사과이기도 하고 낙타이기도 하다. 각각의 점은 서로의 계통 관계나 위계관계가 없다. 하지만 이들은 서로 소통하며 확장된다. 세계의 모든 원리가 이와 같은 연결에 있다. 리좀은 시작되지도, 끝나지도 않는 과정이다. 리좀은 생성과 소멸의 중간자이다. 세계의 이성은 구조적이지만 리좀은 연결 관계이다. 현대사회에서 위계의 체계는 사라지고 오직 관계만이 존재한다. 관계적 구조는 사건과 논리에 대한 체계이다. 그러나 리좀은 무엇으로, 무엇을 향하여, 무엇에 관하여처럼 현재진행형이다. 리좀의 체계에서 완전한 결말은 없다. 리좀은 오직 어디론가 향하고, 어디론가 연결된다. 이러한 지시와 방향이 리좀이 갖는 지향적 속성이다.

하나의 논리는 논리에서 시작하여 논리로 끝난다. 소통 없는 논리는 주장에 불과하다. 하나의 주장은 자신의 관념에 영혼을 가두는 것이며, 그 영혼은 자유가 없다. 영혼 없는 자유는 방종에 불과하다. 그동안 철학은 지식을 키우는데 몰두했으나, 인간의 본질을 찾는 데는 실패했다. 따라서 인간의 본질적 속성은 반성과 탐구에 있다. 반성 없는 인간은 실체를 말할 수 없고, 탐구하지 않는 인간은 실체의 의식을 형성할 수 없다.

현존재의 존재의식은 의식의 구조에서 현존재이다. 현존재의 한정된 시간은 불안을 야기한다. 불안을 이겨내는 것은 현존재의 끝없는 연장을 통해 가능하다. 이러한 존재의식의 연장은 탈주이다. 현존재로부터의 탈주, 구조체계로부터의 탈주는 자유를 향한 우리의 의지이다. 현존재는 시간의 문을 열고 세계에 들어왔지만 나가는 문이 없다. 탈출구 없는 현존재는 길 잃은 영혼이 되어 버렸다. 유목적 세계에서 길 잃은 영혼이 찾고 있는 진리의 문은 리좀처럼 자유롭게 연결되어 있는 의식이다. 실체의 문제에 있어 다양성이 존재하는 현대사회에서 지식의 관념을 부숴 버리고 진리의 문으로 우리의 영혼을 이끌어가야 한다. 기쁜 지식이 우리를 기다리고 있다. 들뢰즈의 고원은 천 개의 고원이며, 천 개의 관계이다. 이들의 관계는 무의식적으로 연결된 관계이다.

들뢰즈의 책 속에 등장하는 기관 없는 신체는 형식과 구조에 얽매이지 않는다. 신체를 구성하는 질료는 분자들의 결합으로 이루어진다. 각각의 분자는 몸의 장기를 구성하고 각각의 영역에서 기능한다. 이러한 신체의 기능은 서로 다른 신체의 점들과 함께 리좀처럼 연결되어 있다. 하나의 중심으로부터 다른 하나로의 이동은 유목적 이동을 따른다. 유목적 이동은 서로의 위계 없이 자유롭게 연결되고 소통되는 것이다. 유목민은 정주된 장소로부터 벗어나 자유로운 영토성을 확보한다. 세계는 존재의 영역에서 현존재로 나아가며, 유목화되어간다. 탈영토화의 확산은 인체의 기관처럼 확장된다. 인체의 분자가 배출하는 생성들은 소멸을 위한 확산이며, 자유이다. 리좀적 생성이 위치와 장소를 옮겨가며 생산해내는 것을 재영토화라 한다. 세계가 탈영토화되고, 재영토화되는 것은 탈 코드화이다. 탈 코드화는 통합된 구조의 틀 속에서 벗어나 서로 소통하고 관계짓는 것에서 시작된다. 대지는 생산의 모든 과정이 흔적을 남기는 밑바탕으로부터 나온다. 이러한 대지는 물질적 대지를 넘어 생산적 대지가 된다. 무의식으로 지향된 영토는 탈영토화의 과정을 통해 생산적 의식으로 되돌아온다.

인간의 이성 안에 초월적 기체基體가 있다. 초월적 기체는 실체의 모든 이념을 담고 있다. 아담과 이브의 사과에서 색은 사과를 규정하는 속성이 아니다. 여기서 사과는 사과 그 자체이다. 하지만 대상의 사과는 영토에 따라 다르게 불린다. 이제 아담과 이브의 사과는 본질에서 벗어나 사과들로 불린다. 탈영토화된 세계에서 사과는 아담도 이브도 아니다. 이제 사과는 나무이며, 나뭇가지이고, 뿌리이다. 나무의 뿌리와 사과는 실체의 의식으로부터 사라져 버렸다. 이제 이러한 의식은 신화적 이야기일 뿐이다. 세계의 사과는 나무의 기관이 존재하지 않는 신체가 되었다. 각각의 사과는 영토나 구조의 관계 속에 존재하지 않고 탈영토화의 시간 속에 존재한다. 인체의 기관이 대상으로서 물질적이기 이전에 우리의 몸은 기관 없는 원자일 뿐이다. 기관 없는 신체의 유기체화는 물질로서의 대상을 관계적 대상으로 바꾸어 놓았다.

이제 탈영토화는 의식의 탈주를 통해서 가능하다. 탈주를 갈망하는 기관 없는 신체는 유기체화된 우리의 몸이다. 탈영토화의 영역은 개개의 속성에 의해 이루어질 수 없다. 탈영토화가 되기 위해서는 반드시 두 개의 항이 존립해야 하기 때문이다. 대지와 나무, 나무와 사과, 자연과 문화, 말과 글의 이항 대립은 탈주를 통해 재영토화되어야 한다. 탈주란 시간과 함께 기존 관념으로부터 벗어나는 것이다. 하나의 지층 위에 두 개의 운동성이 존재한다. 탈영토화는 영역이 구조화되어 있지 않는 자유의 상태로서 두 개의 영토에 상호 작용한다.

낙타가 될 것인가? 인간이 될 것인가? 세계는 장소에 머물러 있지 않다. 탈영토화적 이슈는 세계의 관심사가 되어 버렸다. 디지털 시대를 통해 세계가 하나로 소통하는 사회에서 장소의 개념은 사라져 버렸다. 이제 장소는 어디에 있는가를 넘어 어떻게 있느냐의 문제가 되었다. 장소는 가상공간으로 대체되고, 영토는 사라져 버렸다. 이제 세계의 존재는 네트워크처럼 그물망 구조를 통해 연결된다.

60

광기의 역사

광기는 담론의 대상으로서 이성의 탄압 앞에 선 비이성이다

광기는 역사의 한 부분이다. 합리적 이성이 중심이 되는 시대에서 광기는 치료와 격리의 대상이었다. 격리의 대상이었던 광인은 이성 중심적 사고가 빚어낸 역사이다. 이성에 의해 정신병자나 거리의 부랑아들은 비이성적 인간으로 치부되면서 탄압의 대상이 되었다. 미셸 푸코는 이러한 상황을 광기의 역사라 했다. 광기의 역사는 광기를 억압하는 이성의 횡포이다. 당시 시민사회는 국가의 규칙에 따르고 일상적 사고를 하는 사람들을 이성적 인간으로 취급하였다. 그러나 정신이상자, 부랑아, 가난한 사람들은 비이성적 인간으로 간주되면서 감금과 처벌의 역사가 시작된다.

중세부터 르네상스 시대까지 광인은 정신병의 일종이었지만, 사회의 일원이었다. 정신병이 사회의 격리 대상이 되는 것은 합리주의 시대를 거치면서부터이다. 합리주의 사회는 이성이 중심이 되는 사회이다. 합리적 이성이 중심이 되는 사회에서 광인은 사회의 일원으로 인정받

지 못했다. 이들은 이성이 정하는 관습과 규정을 벗어나면 정신병자로 취급받아 격리의 대상이 되었다. 중세 말이 되면서 나병이 사라지고 정신병자, 부랑자, 걸인들이 나병 환자의 격리시설로 수용되었다. 구빈원으로 불리는 파리의 수용소는 인구의 1%가 강제 수용되기도 했다. 이러한 시대를 대감금의 시대라고 한다. 당시 구빈원의 설립은 유럽 각지로 확산되었고, 근대 정신병원이 탄생하게 되는 계기가 되었다. 근대 정신병원의 설립은 광기에 대한 인식을 바꾸어 놓았다. 광기는 수용의 대상에서 치료의 대상인 질병으로 바뀌었다. 질병으로의 인식은 수용의 쇠사슬보다 자유로운 것 같지만, 사회 속에서 가해지는 탄압은 더욱 심화되었다. 수용은 자유를 배제한 강제적 감금을 말한다. 이러한 감금은 자유를 억압받지만 사회적 냉대나 차별로부터 동떨어져 있다. 왜냐하면, 그들은 완전한 감금상태에서 자유 없이 격리되기 때문이다. 치료는 완전한 감금과 다르다. 치료는 병자에게 도움을 주는 사회적 관심이다. 치료의 대상인 병자들은 우리의 가족이거나 이웃이다. 질병으로부터 소외받은 사람들은 사회가 치료하고 함께 해야 할 구성원들이다. 하지만 프랑스에서 보여준 초기 정신병원의 모습은 전혀 달랐다. 그들은 수용을 통해 광인들을 격리의 대상으로 보았다. 격리, 수용, 탄압은 미셸 푸코가 말하는 광기의 역사에 대한 대표적 사례들이다.

미셸 푸코는 16세기부터 20세기까지의 자료를 조사하고 연구하여 광기의 역사를 저술했다. 1656년 파리 구빈원 설립과 함께 약 6,000여 명의 범죄자와 부랑아들을 무차별적으로 수용한 대감호의 사건은 미셸 푸코에게 광기의 역사를 바라볼 수 있는 시각을 제공했다. 17세기 중엽, 광기가 사회적으로 통제되기 시작하는 것은 이성에 의한 광기의 배제이다. 광기를 통한 사회적 통제는 성병이나, 나병에서 벗어나 정신병으로 인식되었다. 18세기 중엽이 되면서 정신병은 광인으로 취급되며 치료의 대상이 되었다. 그리고 이러한 정신병의 사회적 격리는 근대적 의미의 정신병원이 생겨나게 되는 계기가 되었다.

17세기는 광기와 정신착란에 대한 인식의 전환이 시작되는 시기이다. 고전 시대를 대변했던 광인의 배는 17세기가 되면서 광인의 병원으로 탈바꿈한다. 광인의 병원은 치료보다는 격리와 수용에 목적을 둔다. 이들의 수용은 광인의 치료 목적보다 격리에 목적이 있다. 푸코는 이러한 격리를 명백한 탄압이라고 보았다. 정신병원의 운영형태는 관리받는 병자보다 관리하는 의사와 간호사의 권위를 높였다. 이러한 관리와 통제의 관계는 환자에겐 탄압이 되었다. 푸코는 이러한 정신병원의 구조를 부르주아 사회의 권력 구조라고 보았다. 권력 구조의 사회는 이성과 비이성의 이분법적 잣대를 들이대며 억압과 통제를 자행했다.

광기의 역사는 그동안 서양문화를 중심으로 시대적 사고가 만들어낸 차별성을 어떻게 보아야 할 것인가에 대한 질문이다. 광기는 담론의 대상으로서 이성의 탄압 앞에 선 비이성이다. 푸코는 이성이나 합리성의 구조적 사회현상이 광기의 역사에서 어떻게 사회적 병리 현상으로 변화되는가를 진단한다. 푸코는 이성으로 채워진 오만과 편견을 광기의 역사라는 측면에서 들여다보았다. 그는 광기의 역사를 통해 이성에 의해 외면받아온 비이성의 보따리를 풀어헤쳐 이성의 민낯을 드러내고자 하였다.

광기는 인간의 필연적 욕망의 요소로서 누구나 가지고 있는 본성이다. 하지만 이성으로 길들여진 현대인으로서 광기를 사회에 들춰내는 것은 비난 받을 일이 될 수 있다. 『죄와 벌』로 우리에게 알려진 도스토옙프스키Dostoyevsky는 자신의 이웃을 가두어 놓음으로써 자신의 이성을 확신하는 것은 사람이 할 짓이 아니라고 했다. 이성이란 사람마다 놓여 있는 환경과 상황에 따라 해석이 다르기 때문이다. 따라서 광기는 담론의 대상이지 탄압의 대상은 아니다. 이성의 시선으로 광기를 탄압하면 광기는 비이성이 된다. 하지만 탄압을 하는 이성이 탄압을 받는 비이성보다 더 정의롭고 이성적이라는 근거는 어디에도 없다.

영국의 페미니즘 작가로 유명한 버지니아 울프는 체험의 일종인 광기는 멋진 징표이며 확신이라고 보았다. 그녀는 자신이 사용한 모든 문학적 소재들은 광기를 통해 새로운 모습으로 다시 태어난다고 보았다. 그녀의 문학에서 광기에 대한 인식은 강렬했다. "이성의 끈적거림을 몸으로 끌어안고 세계의 본질에 찔끔거리기보다, 한꺼번에 모든 것을 끝장내 버리는 광기"는 일상적인 이성보다 더 매력적인 것이다. 그녀는 남성 중심 사회의 문명은 이성과 광기의 충돌처럼 대립적으로 흘러왔다고 말한다. 그녀는 의식의 흐름에 따라 사회의 부조리에 펜을 들었다. 그녀의 펜은 이성의 펜이기보다 광기의 펜이다. 평생을 우울증에 시달리며 자살로 생을 마감한 울프의 인생은 그녀가 가지고 있는 비이성의 또 다른 이면을 잘 보여준다.

버지니아 울프는 두 번의 정신착란과 함께 투신자살을 기도하며 정신적으로 괴로워했다. 정신적 문제가 그녀를 괴롭히는 것은 그녀가 광인이라기보다는 정신병이기 때문이다. 하지만 그녀는 그것을 이겨내지 못하고 요양소에 들어가 두 달 만에 자살을 기도했으며, 1941년 2월 마지막 작품 막간을 끝으로 우즈강에 투신해 자살해 버렸다. 광기의 역사에서 보면 울프는 격리와 탄압의 대상이 되지만, 그녀는 그러한 정신적 광기를 문학적으로 승화시켰다.

광인은 일반인들에게 닫혀 있는 두려운 세계일 수 있다. 하지만 우리 곁에 있는 광인은 우리와 다른 정신병을 가지고 있는 사람일 뿐이다. 그들은 자신의 정신 상태에 충실하고, 그것에 따라 행동한다. 그러나 그러한 행동이 사회에 해가 되는 경우 그들은 치료의 대상일 뿐 격리나 탄압의 대상이 될 수 없다. 우리의 이성도 이와 같다. 이성의 영역을 벗어난 비이성은 격리나 배격의 대상이 아니라 함께 고민하고 논의해야 할 담론의 대상이다. 이성에 의해 가려진 비이성을 빛의 세계로 들춰내는 것은 우리의 의무이다. 이러한 의무를 시행함으로써 우리는 자유의 빛을 보게 될 것이다.

중세시대에 광인들은 두려움의 대상이거나 악마의 영혼을 받은 기피의 대상이었다. 르네상스 시대에 들어와서 광기는 중세보다 더 심한 격리상태를 거친다. 그들을 광인의 배에 태워 머나먼 바다로 격리시켜 버린다. 광인의 배는 르네상스 시대가 보여준 광기의 상징적 의미를 잘 보여준다. 푸코는 이러한 광기의 역사를 설명하는데 보쉬의 광인들의 배를 예로 들고 있다. 1500~1510년경에 그려진 것으로 추정되는 네덜란드 화가 보쉬Jérôme Bosch의 〈광인의 배La Nef des fous〉는 바보 같은 자신의 운명 속에 술주정뱅이와 걸인으로서 바다에 내 던져진 광인들의 배에 대한 그림이다. 당시 사회는 중세에서 근세로 넘어가는 과도기로서 정욕, 범죄, 탐욕 등이 빈번하게 발생하는 어두운 세계였다. 보쉬의 광인의 배는 이러한 시대를 표현한 알레고리이다. 그림의 중앙에 배 한 척이 놓여 있고 다양한 인물들이 배에 모여서 이상한 행동을 하고 있다. 그림의 가운데를 차지하는 두 사람은 프란체스코 수도사와 류트Lute를 연주하는 수녀이다. 그들은 입을 크게 벌려 노래하는 것처럼 보이지만 보트의 정중앙에 매달려 있는 팬케이크를 손을 대지 않고 먹으려는 모습으로 묘사된다. 이들은 그들의 직업과는 다르게 그들의 입은 음식을 향하고 있다. 그들의 직업과 의식은 이성을 향하지만, 광인의 배에서는 인간의 욕망만이 보일 뿐이다. 수도사와 수녀 뒤에 두 선원이 있다. 그중 하나는 노를 저으며, 다른 사람은 그것을 바라본다. 좌측의 여자는 술병을 들고 누워 있는 남자를 내려치려 한다. 광인의 배를 가득 채운 다양한 사람들의 행동과 다르게, 우측 상단에 움츠리며 무엇인가를 마시는 사람은 이들과 동떨어진 광인이다. 여기서 광인은 배에 탄 일반인들과는 다르다. 그리고 그는 외톨이처럼 홀로 나뭇가지 위에 앉아 있다. 그는 다른 사람으로부터 소외되고 격리되어 있다. 비록 작은 배이지만 사람들로부터 홀로 떨어져 있다. 배 안의 사람들이 서로의 주장과 행동으로 광인을 무시하지만 광인은 그들의 시선을 의식하지 않는다. 바보들의 배에 탄 사람들은 자신들이 이성적 사람이라고 생각하지만, 광인은 그것을 초월한다. 광기의 초월은 화가와 시인의 표현에서 잘 나타난다. 그들은 이성과 비이성을 구분하기보다 본질을 보려고 노력하기 때문이다. 광기는 가장 순수하고 완전한 형태로 우리의 욕망을 반영하고 있다.

이성은 비이성을 구분하고 격리시키지만, 비이성은 이성을 격리시키지 않는다. 비이성은 이성과의 차별성을 시도하지 않는다. 오직 하나의 이성만이 있을 뿐이다. 하나의 이성은 바로 인간의 본질적 이성이다. 푸코는 현대 이성이 가지고 있는 틈을 발견한다. 그 틈은 서구중심적 사상과 사고가 만들어 놓은 틈이다. 광기는 그 틈을 타고 흘러 자행된다. 가역적 관계에 있는 사람들에게 모든 광기는 이성에 있고, 모든 이성은 광기에 있다.

주관적 주장은 본질을 벗어나 타락의 길을 걷는다. 타락한 이성은 비이성으로 변하는 것이 아니고 광기로 변질된다. 푸코는 광기의 역사를 통해 이러한 틈을 들춰낸다. 광기는 이성에 의해 박탈당한 세계의 부조리 속에서 그 가치를 재발견하는 것이다. 광인은 말한다. 부조리한 세계 속에서 광인은 웃는다. 그 웃음은 자유를 향한 웃음이다. 하지만 그들을 광인이라고 부르는 사람은 웃을 수 없다. 그들은 자유보다 구속을 택했기 때문이다. 광기는 하나의 정신병이 아니고 세계를 향한 배이다. 그 배는 어떠한 구속과 차별도 없는 자유를 향한다. 광기는 자유의 배이며, 우리는 그 배를 타고 있다.

미셸 푸코의 광기는 이성에 대한 비이성의 탄압을 담론의 대상으로 바꾸어 놓았다. 인간이 가지고 있는 불완전한 지식을 이성이라 명명하면서, 다름을 인정하지 않는 현 사회의 이중성에 일침을 가한다. 인간의 본질적 욕망이 비이성으로 치부되는 현 사회에서 미셸 푸코의 광기는 비이성을 넘어 가장 순수한 이성의 광기이다.

61

차이와 차연

차연은 차이에 대한 의미유보이다

다양성은 세계의 필연성이다. 자연은 다양하기 때문에 아름답다. 서로 다르다는 것은 다양한 것들이 모여 있기 때문이다. 우리는 서로 다르다는 것을 인정할 때도 있고 부정할 때도 있다. 이러한 견해의 차이는 당연하다. 왜냐하면, 인간의 인식은 서로 다른 것을 지향하고 있기 때문이다. 차이의 기준은 명백하다. 옳고 그름의 차이는 옳고 그름에 있고, 정의와 불의의 차이는 정의와 불의에 있다. 이처럼 차이는 그것의 의미를 담고 있는 의미 자체에 있다. 하나의 실체에 하나의 본질이 있고, 하나의 속성에 여러 개의 차이가 있다. 우리는 서로 다름을 통해 차이를 인정하여야 한다.

서로 다름 속에서 우리는 왜 차이를 왜 발견하려 하는가. 그것은 차이의 가치에 대한 발견 때문이다. 세계는 차이의 발견을 통해 미의 본질을 발견해낸다. 미란 본질을 발견하는 것이다. 인상파 화가인 마네와 모네는 예술의 발견을 하나의 인상으로 보았다. 인상이란 자연의 현상이 시간의 흐름에 따라 시각적으로 차이를 보이며, 우리의 눈으로 들어온 현상이다. 인상파 화가들은 자연의 현상에서 이러한 차이를 발견했다.

인상파 이전의 예술에 있어 세계의 자연은 하나의 보편적 자연이었다. 그들은 끊임없이 변해가는 자연을 뒤로 한 채 자연의 대상을 묘사하는 것에만 몰두했다. 하지만 인상파 화가들은 자연의 차이를 발견했다. 그들은 동일한 자연 속에서 시간의 흐름과 그 흐름에 따라 다양하게 변해 가는 자연을 발견했다. 이러한 차이는 시간 속에 나타나는 현상들이다.

인상파 화가들은 그들의 예술적 영감을 빛과 시간의 변화에서 찾았다. 시간의 변화는 자연의 차이를 넘어 예술의 차이에서 발생한다. 그들은 자연 현상의 차이를 통해 인상으로 보여진 자연을 그림으로 그렸다. 이러한 인상파의 차이는 근대예술의 발전에 지대한 영향을 미쳤다. 인상파의 차이에 대한 개념은 입체파, 야수파, 추상주의, 신조형주의, 설치미술, 비디오아트, 팝아트, 그래피티아트 등 다양한 예술 분야에서 새로운 예술에 대한 영감을 주었다.

예술에 있어 차이의 발견은 헤겔의 힘에의 의지처럼 강렬하다. 예술가들은 이러한 차이의 간극을 거침없이 파고들었다. 차이의 간극은 예술가들의 영감에 힘을 주면서 새로운 예술의 역사를 써 내려갔다. 차이의 발견은 예술의 시작이며 끝이다. 현대예술의 의미는 발견에 있다. 그 발견은 차이의 발견이다. 예술은 남들이 보지 못하는 것에 대한 발견을 통해 예술로 다가선다. 이러한 발견의 다양성이 바로 차이이다. 차이가 예술 분야뿐 아니라 건축과 디자인 분야에서도 다양한 방식으로 나타난다. 고대부터 내려오는 건축양식은 역사 속에서 발견하는 차이이다. 문명의 발상지인 메소포타미아 건축과 이집트 건축이 다르다는 것은 문명의 차이뿐 아니라, 그 지역과 풍습의 차이도 있다. 이러한 문화적 차이는 건축의 차이로 나타난다. 그리고 고대 그리스·로마 건축도 그 지역이 속하는 장소, 기후, 사회, 문화의 영향을 받아 차이의 역사를 만들었다. 역사의 흐름을 통해 만들어 낸 다양한 건축양식은 차이뿐만 아니라 발견도 포함하고 있다. 로마의 건축이 비잔틴 건축과 로마네스크, 고딕, 르네상스, 바로크, 로코코 건축을 거쳐 근현대 건축으로 발전하는 것도 그 시대의 문화적 차이를 발견하였기 때문이다. 이처럼 건축, 예술에서의 차이는 다름이며, 시간의 역사가 써 내려간 흔적이다. 차이와 발견은 어떠한 현상을 어떠한 시각으로 바라보느냐의 문제이다. 인간의 시각은 감각적 시각뿐 아니라 정신적 시각까지 가지고 있다. 감각적 시각은 제한적인데 반해 정신적 시각은 무한하다.

계몽주의 철학 이후 존 로크에 의해 주장된 오성은 경험적 측면이 강하다. 우리가 알고 있는 것들은 우리의 경험적 인식을 통해 알게 된다는 것은 자명하다. 하지만 반드시 그런 것도 아니다. 칸트로 시작되는 관념주의자들은 이러한 경험적 인식에 반대한다. 우리가 인식하고 경험하는 모든 것은 경험적 인식 이외에도 선험적 인식이 있다는 것이다. 선험적 인식이란 우리가 경험해보지 않고도 알 수 있는 인식을 말한다. 이러한 인식은 선험성에 의해 알고 있다는 것이다. 관념주의의 완성이라고 할 수 있는 헤겔은 이러한 점을 인간의 정신에 있다고 보았다. 헤겔의 인식은 정신 안에 있는 것이기 때문에 흔들릴 수 없는 절대정신으로 보았다.

세계의 현상을 바라보는 예술가나 철학자들 모두 서로 다른 차이를 통해 자신의 생각을 세계에 담론으로 던져놓는다. 이러한 담론은 데리다의 차연이 나오기 전까지 차이로만 회자되었다. 구조주의 이전의 시대에서 차이는 모든 학문과 예술의 기본구조였다. 하지만 프랑스 철학자 자크 데리다Jacques Derrida의 해체철학이 나오면서 차이difference는 차연differance을 통해 새로운 담론을 끌어낸다. 자크 데리다는 차이의 개념에서 차연差延을 발견했다. 그리고 차연*은 새로운 담론의 주제가 되었다. 세계철학의 기초개념인 차이가 차연이라는 이름을 통해 세계로 나오게 된 것은 현대철학에 있어 하나의 커다란 사건이다. 이러한 사건은 해체라는 개념을 만들었다.

구조주의자들은 차이를 통한 자신들의 예술적 가치에 스스로를 자랑스러워했다. 하지만 데리다의 차연 개념이 등장하면서 기존의 차이는 이분법적 차이라는 비난을 받게 된다. 데리다의 차연은 기존 가치의 차이를 인정하면서도 그 가치에 대한 의미의 유보를 주장한다. 이러한 의미의 유보는 그동안 우리의 관념 속에 뿌리내려온 형이상학적 구조체계에 대한 물음이다. 데리다의 차연differance에 대해 조금 더 깊이 있게 살펴보면 다음과 같다. 그는 차이difference에서 나오는 'e'를 'a'로 바꾸면서 차연이라고 했다. 이러한 두 개의 단어는 본질적으로 차이가 없다. 오직 'e'와 'a'의 차이뿐이다. 이를 발음하는 음성도 동일하다. 하지만 데리다는 이러한 차이의 본질에서 차연이라는 'a'를 통해 우리들의 기존 관념에 의구심을 던진다. 이러한 의구심은 우리가 믿어왔던 언어 중심의 구조체계로 들어가 혹시라도 있을 오류를 발견하는 것이다.

보편적 의미의 차이는 우리가 일상적으로 믿고 판단했던 차이일 뿐이다. 하지만 차연은 차이에 대한 자의적 해석에 대해 확신을 미루는 것이다. 이러한 그의 철학은 '해체'라는 개념으로 제시된다. 해체는 기존

* 데리다가 독자적으로 사용한 신조어로 '차이'와 '연기'를 아울러 이르는 말. 이는 의미의 구조가 불안정하고 변덕스러우며, 또 다른 의미를 통해 지연되고 연기된다는 개념에 의한 것으로, 차연은 어느 한 쪽의 의미로만 치우치지 않으며, 언어의 연쇄 작용을 통한 해석이 다른 해석을 통해 지연되고 차이가 생기는 구조를 이른다.

질서가 가지고 있는 의미의 체계를 부정도 긍정도 하지 않는 체계이다. 해체는 우리의 의식과 신념에 대한 의미적 해석을 지연시키고 연기시킨다. 차이가 가지고 있는 의미에 답하기보다, 차이의 담론 속으로 들어가 그것이 담고 있는 의미를 유보시키고 언어의 구조적 의미를 탈구조화시켜 본질로의 환원을 꾀한다. 데리다는 차이의 틈 속에서 차연을 발견한다. 물론 차이 속에 차연이란 없다. 하지만 이 틈은 차이를 해체시킨다. 차이 속에서 발견한 차연의 의미는 너무나도 큰 차이를 가지고 있다.

데리다의 차이와 차연은 하나의 랑그에서 두 개의 기표로 생성된다. 두 개의 기표인 차이와 차연은 개인적 발화에 따라 서로 다른 기의가 된다. 이러한 랑그의 해석은 자의적이다. 데리다의 해체는 이러한 것에 의구심을 가진다. 세계의 다름을 하나의 고정된 시각으로 바라보는 구조적 사고에 대해 질문한다. 그는 차연을 통해 하나의 의미가 한쪽 의미로 환원되지 않고 의미의 결정을 미루면서 언어의 의미작용에 대한 해석을 지연시키고자 했다. 여기서 지연이란 시간의 간격을 둔다는 의미이다. 시간의 간격은 의미의 유보를 말한다. 만약 형사 사건에 있어 증거가 명확하지 않는 사건에 대해 그것의 단서를 찾거나 물증을 찾기 전에 형을 내린다면 선량한 사람이 상처를 입을 수도 있다. 따라서 차연은 개별적 발화내용에 대해 의견을 수렴할 뿐 그것에 대한 결론은 유보시킨다. 데리다는 성급한 판단의 오류를 막기 위해 해체를 시도한다. 이러한 해체의 한 방법으로 차연이 도입된다. 차연은 차이를 인정하면서도 그것의 진실이 진리에 이르기 전까지 그 사실에 대한 결론을 유보시키는 것이다. 차연은 차이의 세계에서 자만에 빠진 우리들에게 생각의 시간을 준다. 이 시간은 자만의 시간이 아니고 반성의 시간이다.

데리다의 차이와 차연 개념은 그의 해체철학으로부터 시작된다. 그는 구조주의에 대한 지나친 숭배에 거부감을 느끼며, 후기 구조주의의 영향을 받아 관습적이고 구조화된 인간의 인식에 의구심을 던지며, 철학적 질문을 했다. 해체주의는 기존 관념에 취해 관습적으로 받아들이고 있는 것들에 대해 의구심을 가지고 그것에 대해 질문하는 것이다. 세계의 질서는 카오스처럼 얽혀 있으며, 불확실성을 가지고 있다. 과학의 힘이 자연을 뒤쫓는 것처럼 보이지만 과학의 힘은 인간의 부분적 지식일 뿐 자연의 신비에 도달할 수 없다. 인간은 이러한 자연의 신비 앞에서 나약한 겁쟁이가 된다. 인간의 불완전한 한계 속에서 진리의 본질에 도달한다는 것은 매우 어려운 일이다. 우리의 인식과 판단은 주장만 오갈 뿐 어느 것 하나도 명확하지 않다. 우리의 의식 속에서 쏟아져 나오는 판단의 모호성은 본질을 타락시킬 뿐 진리를 향하지 못한다. 데리다는 이러한 판단의 오류를 차연을 통해 해체한다.

데리다는 소쉬르의 언어학에서 구조의 체계를 발견하였지만, 언어가 어떤 의미에서 직접적으로 진리를 대신하는지는 발견하지 못했다. 그는 서구 철학이 걸어왔던 기원을 보면서, 그들의 주장은 이분법적 체계 안에서 이루어진 서로의 논쟁일 뿐이었다고 주장한다. 데리다는 이러한 논쟁의 틈에서 판단을 중지하고 의미를 유보시키는 것만이 진정한 철학의 길이라고 보았다. 그는 차연을 통해 철학적 구조를 해체시켰을 뿐 아니라 자신마저도 해체시켰다.

구조주의적 체계는 은유와 상징에 의존해 사회적 위계질서를 확립하는데 이러한 구조체계는 특권층을 위한 논리일 뿐이다. 데리다는 언어가 가지고 있는 텍스트의 모호성을 발견하고 그것을 해체한다. 해체된 텍스트는 다른 텍스트와의 관계에서 비교될 뿐 본질적일 수 없다. 데리다는 언어가 가지고 있는 초월적 기원이나 의미는 완전한 허구라고 보았다. 그는 사회적 언어는 그 의미를 고취시키려 하지만, 그것을 해석하려는 사람들에 따라 전혀 다른 의미로 재해석되어진다는 것이다.

데리다의 해체가 현대사회에 던지는 질문은 간단하다. 그동안 지식으로 길들여진 문명사회는 반성 없는 주장만을 진리의 목표로 삼았다. 하지만 아리스토텔레스로부터 시작된 형이상학적 질문은 인간의 지식으로 쉽게 답할 수 없는 문제를 건드린 것이었다. 이러한 문제를 답하는 과정에서 신, 이성, 존재, 실체 등의 용어들은 우리가 쉽게 답하고 결론 내릴 수 없는 문제들이다. 우리는 존재를 믿기 때문에 신을 믿을 수밖에 없고, 신을 믿기에 세계는 존재한다고 믿는다. 이러한 믿음은 신으로부터 인간으로, 인간으로부터 신으로 순환한다. 인간이 신을 찾고 신에게 의지하는 것은 본질을 찾고자 하는 마음 때문이다.

데리다로부터 제기된 차이와 차연은 인간의 자만심과 성급함을 동시에 지연시키며, 스스로를 반성하게 만드는 시간의 해체이다. 유한한 삶 속에서 세계의 나는 남과 다른 차이를 가지고 있으면서 스스로를 차연해 나간다. 이제 우리는 우리의 삶에 있어 이것은 진리가 아니고 저것이 진리라고 답하기 전에, 이것이 진리이면 저것도 진리이고, 이것이 진리가 아니면 저것도 진리가 아니라는 해체적 사유 체계를 마음속 깊이 간직하여야 할 것이다.

62

시뮬라크르Similacre

기존 가치와 예술이 가지고 있는
위계론적 존재론을 타파할 수 있는 힘

혼돈의 시대! 예술과 삶의 가치가 한낱 주장에 불과한 것으로 전락해버린 사회에서 시뮬라시옹simulation의 바람은 어디로 불어가고 있는가? 플라톤의 이데아로부터 시작된 재현의 세계는 끝없는 발자취를 남기며 새로운 역사를 써 내려왔다. 그가 말한 이데아의 세계는 모든 사물의 원형으로서 예술은 이데아의 모방을 통해 재현되어진다. 예술의 재현은 이데아의 그림자처럼 원본에 기대어 유한한 시간성 속에 담겨 있다. 하지만 니체가 말한 신의 죽음처럼, 원본의 이데아는 사라지고 복제만이 세상를 뒤덮는다. 이러한 혼돈의 시대에 우리의 의식은 시뮬라크르simulacre를 지향하며, 원본 없는 사회를 만들어가고 있다.

다양성의 시대! 원본이 복제가 되고, 복제가 원본으로 오인되는 사회는 혼돈의 사회이다. 원본과 복제, 현실과 가상의 경계는 하나의 세계가 되어 혼재된 양상을 이룬다. 이러한 시대를 복제의 시대라고 한다. 복제의 사회에 있어 어떤 것으로부터 어떤 것이 만들어지기 위해서는 복제의 대상인 원본이 필요하다. 하지만 원본은 사라지고 이름 없는 복제품만이 난무한다. 소비사회에서 사물은 복제의 대상을 넘어 원본보다 더 원본 같은 시뮬라크르로 변화한다. 이제 사람들은 물리적 만족을 넘어 문화적 만족을 위해 소비하며, 소비가 생산을 결정하는 사회가 되었다. 시뮬라크르는 다양한 소비기호를 충족할 수 있는 새로운 소비기호이다. 현대사회에서 소비의 의미는 권리나 즐거움이 아닌 의무이다. 소비는 기호와 사물의 의미를 변화시키는 잠재적 체계로서 시뮬라크르를 극대화한다.

플라톤에 있어 시뮬라크르는 원본에 대한 복제로서 가장 낮은 단계의 세계이다. 하지만 발터 벤야민Walter Benjamin은 기술 복제 시대의 예술작품에서 시뮬라크르를 예술이 갖는 힘의 논의 대상이라고 하였다. 그는 기술 복제 시대의 가장 두드러진 특징으로 사진기술을 통한 예술의 변화를 기존 예술에 대한 아우라의 붕괴라고 말했다. 아우라의 붕괴는 기존 예술이 가지고 있는 유일성의 붕괴를 통해 모방에 대한 종말을 고하고, 새로운 예술세계의 가치를 확보하는 것이다.

들뢰즈Gilles Deleuze는 현대사회를 시뮬라크르의 사회라고 칭하고, 기존 가치와 예술이 가지고 있는 위계론적 존재론을 타파할 수 있는 힘이라고 했다. 그는 시뮬라크르 사회를 기존 질서의 가치를 재평가하고, 더 조화로운 사회를 만들 수 있는 가능성으로 보았다. 그는 플라톤의 시뮬라크르에 대한 평가에 정당성을 부여하며, 복제물과 시뮬라크르 사이에 중간지대를 설정했다. 실재 사물의 복제물과 복제의 복제화는 시뮬라크르 사이에서 차이로 드러난다. 두 개의 복제에 대한 본성은 각각이 분리된 객체를 넘어 상호 공유하는 관계에 있다. 따라서 시뮬라크르는 복사물의 원형 중심사상을 전복한다. 들뢰즈는 이러한 관계를 통해 시뮬라크르가 철학의 중심이 될 수 있는 사유체계로 비유사성의 모델이 되는 타자의 모델을 제시한다. 여기서 제시되는 타자는 원본으로부터 해방된 시뮬라크르이다. 들뢰즈의 철학에서 탈중심화 현상의 이념은 이러한 노마드적 성격을 담고 있으며, 기존 가치체계를 거부하는 분출구의 역할을 시도하고 있다.

현대 소비사회에 이르러 프랑스 철학자 장 보드리야르Jean Baudrillard는 시뮬라크르와 시뮬라시옹을 통해 재현된 이미지가 현실을 대체한다고 주장했다. 시뮬라크르는 존재하지 않으면서도 존재하는 것처럼, 원본보다 더 생생한 인식을 가져오는 이미지를 말하며, 시뮬라시옹은 시뮬라크르가 작용하는 것을 말하는 동사이다. 그가 주장하는 시뮬라크르는, 플라톤의 재현개념에서 벗어나 실제로 존재하지 않는 대상을 존재하는 것처럼 생산해내는 인공물을 말하며, 이는 철학적 개념으로 원본 없는 복제이다. 원본 없는 복제는 재현되지 않으며, 그 자체로 가치를 지닌다. 이러한 가치는 어떤 절대적 기준에 의해 평가될 수 없다.

보드리야르는 원본 없는 이미지가 그 자체로서 원본을 대체하고, 대체된 이미지는 현실을 지배하기 때문에 시뮬라크르는 원본보다 더 원본다워 보인다고 했다. 이러한 원본과 재현의 문제는 예술의 절대성과 상대성의 이원론적 논의 대상이었다. 하지만 시뮬라크르는 원본과 재현의 개념을 넘어 그 자체로 참된 것이 된다. 시뮬라크르의 참됨은 원형의 가치를 갖추는 것이 아니고, 새로운 개념을 통해 기존가치 체계에 대한 새로운 인식의 방식을 제시하는 것이다.

예술의 개념에 있어 모사의 의미는 원본과의 유사성에 기인하는 것이 아니라 시뮬라시옹의 과정 속에 담겨 있다. 이제 예술은 어떤 것을 모사하거나 재현하는 것이 아니라 그것을 표현하는 작가의 의도가 무엇을 지향하는가에 따른다. 이제 예술은 모방이 되기도 하고 창조가 되기도 한다. 예술 세계는 다양한 형식들이 파도의 부서짐처럼 거대한 물결이 되어 튀어 오른다. 파도의 솟음은 시뮬라크르의 욕망을 세계에 내던져 새로운 힘으로 나타난다. 그동안 믿어왔던 예술이 모방의 범주를 탈주하고, 새로운 시뮬라크르가 되어 비이성의 욕망을 들춰내며 실재의 자리를 차지하려 한다. 이제 세계는 원본 없는 복제를 통해 실재보다 더 실재 같은 하이퍼리얼리티Hyper Reality의 세계를 향해 나아간다. 하이퍼리얼리티는 현실과 복제물의 구분이 불가능해진 세계에서 복제물이 원본보다 더 현실처럼 느껴지는 경험을 느끼게 한다. 이제 세계의 사물은 이미지를 따르고, 이미지는 복제의 과정을 거치지 않고도 원본의 왕좌를 획득하게 되었다. 이러한 원본의 획득은 원본의 가치를 이미지에 두지 않고 새로운 정신에 두기 때문에 가능하다.

현대 예술은 더 이상 복제의 개념에서 머물지 않는다. 이제 예술은 눈에 보이는 대상을 모방하는 단계를 넘어 탈 영토화, 탈 이미지화, 탈 기호화를 추구한다. 시뮬라시옹은 원본도 복제도 없는 파생 실재를 통해 원본을 대체한다. 파생 실재는 전통적인 실재의 의미를 거부하고 전혀 다른 새로운 이미지에 가치를 둔다. 하지만 기존 예술은 자연의 실제 대상을 통해 전통적 예술의 굴레에서 벗어나지 못하였다. 그러나 파생 실재는 하이퍼리얼리티의 의미를 더하면서 새로운 개념으로 의미를 전도시킨다. 파생 실재는 현실을 통해 재현된 실재가 아니고, 실재와 어떤 연관 관계도 갖지 않는 전혀 다른 실재를 말한다.

이제 세계는 기존 관념에 매몰되어 있는 이미지에 종말을 고한다. 어떤 사물로부터 재현되어지는 세계는 이미지가 아니고 그림자일 뿐이다. 실체가 없는 그림자는 이미지의 사형선고를 통해 자취를 감춰 버린다. 빛에 의해 드러난 시뮬라크르의 세계는 모사의 그림자를 빛의 세계로 들고나와 세계의 허상 속으로 던져 버린다. 그림자는 사라져 버리고 이미지는 재현된 사물의 원형을 잃어버린다. 원본 없는 세계에서 이미지의 모사는 상상이거나 허상에 불과하다. 이제 복제에 의한 허상은 존재 가치를 상실해 버린다. 신의 죽음처럼 존재 가치의 상실은 허무만을 가져온다. 하지만 허무를 극복하는 힘은 원본 없는 이미지의 시뮬라크르를 통해 가능하다. 이미지의 실체가 없는 세계에서 시뮬라크르는 창조의 힘이며, 새로운 가치가 된다.

사물의 재현이 실재의 범주를 넘어 다른 공간으로 이동하고, 시뮬라시옹의 과정을 통해 원형에 대한 소멸로의 변신은 새로운 기호 체계 속에서 원형을 대체한다. 이제 세계는 더 이상 모방이나 사물의 이중성에 영향을 받지 않는다. 시뮬라크르는 원형의 기호를 대체한다. 원형으로부터 재현된 실재는 더 이상 단일 실재의 지위를 상실한다. 예술은 오직 상상이나 새로운 사유로부터 파생 실재를 찾아내고 절대적 궤적으로부터 벗어나 시뮬라크르를 재생산해낸다. 이렇게 재생산된 실재는 무엇으로부터 어떤 것을 만들어 내는 것을 넘어 무의식 속에 잠재되어있는 의식을 끌어내는 새로운 시뮬라크르의 세계를 개척한다.

시뮬라시옹은 일상으로부터 벗어나 다름을 추구하는 현실 세계에서 절대자에 대한 신의 존재를 시뮬라크르로 재해석한다. 이제 신은 원형의 창시자로서 세계에 존재하는 것이 아니라 시뮬라크르로서 신을 대신한다. 신으로부터 내려왔던 모든 믿음과 신뢰는 재현의 벽을 넘어 시뮬라크르 되기를 통해 새로운 실재가 된다. 하나의 구조로 시작된 절대적 이데아는 자연을 재현하면서 세계의 실재가 된다. 하지만 자연의 실제는 예술을 통해 기존 의식의 체계를 벗어나지 못하고 현실적 순환만을 추구한다. 이처럼 한 방향의 직선적 시간성은 구조의 체계 속에 실려 있는 수레바퀴처럼 정해진 틀을 달린다. 그러나 시뮬라크르의 세계에서 직선적 시간성은 순환구조의 원형적 체계로 탈바꿈된다.

순환구조가 갖는 기하학적 구조는 직선의 한 방향 구조로부터 벗어나 원형의 순환구조를 이룬다. 직선의 체계를 갖는 일반구조는 절대적 시작점과 진행 방향을 갖게 된다. 그러나 순환적 원형구조는 시작도 끝도 없는 순환적 성질만을 가진다. 시뮬라크르는 이러한 원형의 순환구조 체계 속에서 질서 대신 무엇이 되기를 추구한다. 이제 구조체계에서 주장하는 질서나 수의 의미는 허구적 기호들로 인식된다. 절대적 기호체계로 명증성을 확보하려던 구조주의의 허구성은 시뮬라크르에 의해 새롭게 태어난다.

시뮬라크르가 추구하는 이미지의 연속성은 새로운 지위를 부여하는 것에서 출발한다. 이미지의 사실성은 이미지 내부에 어떤 사실을 감추고 있음으로써 본질을 변질시키며, 이미지가 갖는 원형의 부재를 감추려 한다. 하지만 이미지가 무엇을 반영하였는지는 중요한 문제가 아니다. 이미지는 이미지가 되는 순간 원형의 본질을 포기하고 이미지로서 재생산되기 때문이다. 이때 이미지에 내포된 원형의 폐기는 시뮬라크르의 상징이다. 시뮬라크르는 이미지의 재현이 아니라 원형이 없는 것에 대한 상실된 이미지의 보존을 위해 존재한다. 이것이 시뮬라시옹의 새로운 질서이다. 새로운 사물의 질서체계 속에서 이미지는 사물의 외향을 따르기보다 이미지 자체의 내부적 욕망을 따른다.

시뮬라크르의 완벽한 모델로 디즈니랜드가 있다. 디즈니랜드는 환상과 공상이 만들어 낸 가상의 세계이다. 하지만 인간은 가상의 세계에서 시뮬라크르의 세계를 만난다. 이 세계는 참도 거짓도 아닌 상상의 세계이다. 이곳은 단지 놀이를 위한 유토피아적 세계이다. 디즈니랜드가 만들어 내는 유토피아적 세계는 상상과 이상이 교차하는 놀이 공간이다. 하지만 디즈니랜드의 세계로 들어온 사람들은 현실 세계를 망각하고, 시뮬라크르의 세계로 빠져든다. 그들은 이제 현실 세계의 사람이 아니고 동화 속에 존재하는 시뮬라크르의 시민이 된다. 디즈니랜드의 상징적 캐릭터인 미키마우스는 더 이상 동물적 쥐를 대변하지 않는다. 디즈니랜드의 미키마우스는 디즈니랜드의 상징적 시뮬라크르이다. 이제 디즈니랜드의 모든 공간은 미키마우스로 채워진다. 미키마우스는 캐릭터를 넘어 유토피아적 시뮬라크르가 된다.

시뮬라크르는 실재와 가상실재의 전략적 관계이다. 시뮬라크르 사회에서 실재의 절대성은 더 이상 발견될 수 없다. 이들이 발견하려고 노력하는 것은 오직 시뮬라크르들뿐이다. 왜냐하면, 실재는 더 이상 존재하지 않기 때문이다. 세계의 모든 것은 이제 패러디로 남게 된다. 이러한 패러디가 파생 실재이며 시뮬라크르이다. 시뮬라크르의 세계는 이쪽도 저쪽도 아닌 자립적 존재이다. 이제 시뮬라크르는 편향적 속성을 벗어나 자유를 대변하는 상징적 체계이다. 시뮬라크르 사회에서 기성 사회의 구조적 모순을 발견하고, 기존 체계의 다름을 통해 파생되는 실재의 질서 속에 시뮬라크르의 세계가 있다. 현실 세계의 사물들은 기존 제도의 틀 속에 자리 잡고 원형을 기다리지만, 우리 곁으로 다가오는 것은 오직 시뮬라크르의 상징들뿐이다. 시뮬라크르의 세계는 새롭게 모사된 가치를 실재화시켜 버렸다. 이러한 실재의 조건에는 반드시 독립적인 실재성을 확보해야 하는 시뮬라크르의 당위성이 포함되어야 한다. 왜냐하면 시뮬라크르는 현실과 어떠한 등가관계도 성립되지 않기 때문이다.

보드리야르는 시뮬라크르를 3가지 과정으로 비유한다. 첫 번째, 시뮬라크르는 모방과 위조를 뜻한다. 이러한 시뮬라크르는 자연의 이상적인 제도로부터 벗어난 시뮬라크르를 말한다. 이러한 시뮬라크르는 신에 의해 창조된 사물의 이미지를 모방하며 본질로부터 벗어난다. 두 번째, 시뮬라크르는 힘과 에너지에 의해 물질화된 시뮬라크르이다. 모든 생산 시스템을 통해 기계화된 물질들을 포함하며, 지속적인 팽창과 세계화를 추구하며 기존 질서체계를 유지 발전시키는 시뮬라크르이다. 세 번째,

시뮬라크르는 파생 실재, 완전한 조작, 원형으로의 탈피 등을 통해 새로운 세계로 나아가는 시뮬라크르이다. 이러한 미래지향적 시뮬라크르는 새로운 시대를 이끌어가는 힘의 시뮬라크르이다. 이와 같은 3가지 유형의 시뮬라크르는 역사, 시간, 인식의 차이에 따라 다르게 해석되는 개념이다.

자본주의 사회에서 원형의 구조적 기호들은 자신의 자리를 굳건히 지키려 한다. 하지만 파생 실재들이 곳곳에서 튀어 나온다. 이제 사회는 예측 불가능의 사회로 전락해 버렸다. 기존의 질서는 유희 속으로 빠져들어가 시뮬라크르화되고, 절대적 이성은 무한한 해체를 통해 사회적 가치로 재생산된다. 이제 시대적 사유는 불안의 개념을 통해 시뮬라크르의 사회를 지향한다. 현실과 상상의 히스테리는 본래의 의미를 상실해 버린다. 그리고 소비사회의 시뮬라시옹은 더욱 가속도를 붙이며 달려간다. 다양한 소비사회는 그 자체로 파생 실체의 이미지를 재생산해낸다. 파생 실재의 생산은 기존가치에 대한 생산성을 담보하면서도 새로운 이미지들로 재생산된다. 실재로부터 파생된 실체는 기존의 가치를 소멸시켜 버린다. 이러한 소멸의 과정은 시뮬라시옹의 과정을 통해 환각적 원형체계를 인식하게 만든다. 실재의 개념은 소비사회의 과잉 생산을 통해 주체의식의 변화를 가져온다. 이제 주체는 실체 없는 원본을 통해 시간 속으로 사라져 버린다. 우리 곁에 남은 것은 오직 원형의 부재를 통해 생성된 시뮬라크르의 이미지들뿐이다.

신은 죽었다고 선언한 니체의 허무주의처럼 원본 없는 복제는 공허한 이미지로 남는다. 하지만 그 공허는 생성을 위한 새로운 가치 창조의 공허이다. 원본이 사라진 세계의 사물은 자아의 상실을 통해 원본 없는 복제로 나아가고 이러한 결과는 창조적 힘이 된다. 신의 죽음 이후 교회의 첨탑들이 신의 자리를 대신하듯, 이성의 죽음을 통해 비이성의 광기가 이성의 자리를 대신한다. 이제 절대성에 대한 권력은 그 힘을 다하고 오직 새로운 기운만이 현대 소비사회의 시장을 선도한다. 시뮬라크르가 갖는 이성의 힘은 절대성의 포기를 통해 무의식, 비이성의 길로 걸어간다. 이제 사회는 끝없는 추진력을 통해 시뮬라시옹의 열기를 더해간다. 하나의 전략, 하나의 목표, 하나의 이성은 더 이상 세계의 이성을 이끌어나갈 수 없다. 이제 절대주의에 대한 미광微光은 어둠 속으로 사라져 버리고 오직 시뮬라크르의 다양성만이 세계를 향해 질주한다.

시뮬라크르 사회에서 상징적 기호는 소쉬르의 언어와 기표의 체계를 넘어 추상화되고 일반화되었다. 우리가 마주 대하는 수많은 기호는 부질없는 관념들의 기호를 재생산하는 과정의 일부분이다. 관념은 복제에 복제를 더하는 이미지의 재생산일 뿐 시뮬라크르의 참된 실체가 아니다. 이미지가 갖게 되는 기호는 그 의미가 명확해지는 순간 기호로서의 예술성은 사라져 버리고 오직 의사소통의 약속언어가 된다. 이러한 절대적 기호는 시뮬라크르의 세계에서 무용한 것이 된다. 기호가 지시대상을 상징하는 한에서 기호는 기호가 아니다. 이러한 기호는 사물이다. 기호가 사물을 대신하면, 사물과의 관계에서 혼동을 야기한다. 사물과 기호는 어떠한 연관 관계도 갖지 않기 때문이다.

철학의 위로

불확실한 삶을 위한 단단한 철학 수업

1판 1쇄 발행 2020년 9월 21일
1판 2쇄 발행 2020년 11월 26일

발행인 박명곤
사업총괄 박지성
기획편집 채대광, 김준원, 박일귀, 이은빈
디자인 구경표, 한승주
마케팅 박연주, 유진선, 이호
재무 김영은
펴낸곳 (주)현대지성
출판등록 제406-2014-000124호
전화 070-7791-2136 **팩스** 031-944-9820
주소 경기도 파주시 회동길 37-20
홈페이지 www.hdjisung.com **이메일** main@hdjisung.com
제작처 영신사 월드페이퍼

현대지성 홈페이지

"믿을 수 있는 고전"

현대지성 클래식

1 **그림 형제 동화전집**
그림 형제 | 김열규 옮김 | 1,032쪽

2 **철학의 위안**
보에티우스 | 박문재 옮김 | 280쪽

3 **십팔사략**
증선지 | 소준섭 편역 | 800쪽

4 **명화와 함께 읽는 셰익스피어 20**
윌리엄 셰익스피어 | 김기찬 옮김 | 428쪽

5 **북유럽 신화**
케빈 크로슬리-홀런드 | 서미석 옮김 | 416쪽

6 **플루타르코스 영웅전 전집 1**
플루타르코스 | 이성규 옮김 | 964쪽

7 **플루타르코스 영웅전 전집 2**
플루타르코스 | 이성규 옮김 | 960쪽

8 **아라비안 나이트(천일야화)**
르네 불 그림 | 윤후남 옮김 | 336쪽

9 **사마천 사기 56**
사마천 | 소준섭 편역 | 976쪽

10 **벤허**
루 월리스 | 서미석 옮김 | 816쪽

11 **안데르센 동화전집**
한스 크리스티안 안데르센 | 윤후남 옮김 | 1,280쪽

12 **아이반호**
월터 스콧 | 서미석 옮김 | 704쪽

13 **에디스 해밀턴의 그리스 로마 신화**
에디스 해밀턴 | 서미석 옮김 | 520쪽

14 **메디치 가문 이야기**
G. F. 영 | 이길상 옮김 | 768쪽

15 **캔터베리 이야기(완역본)**
제프리 초서 | 송병선 옮김 | 656쪽

16 **있을 수 없는 일이야**
싱클레어 루이스 | 서미석 옮김 | 488쪽

17 **로빈 후드의 모험**
하워드 파일 | 서미석 옮김 | 464쪽

18 **명상록**
마르쿠스 아우렐리우스 | 박문재 옮김 | 272쪽

19 **프로테스탄트 윤리와 자본주의 정신**
막스 베버 | 박문재 옮김 | 408쪽

20 **자유론**
존 스튜어트 밀 | 박문재 옮김 | 256쪽

21 **톨스토이 고백록**
레프 톨스토이 | 박문재 옮김 | 160쪽

22 **황금 당나귀**
루키우스 아풀레이우스 | 송병선 옮김 | 392쪽

23 **논어**
공자 | 소준섭 옮김 | 416쪽

24 **유한계급론**
소스타인 베블런 | 이종인 옮김 | 416쪽

25 **도덕경**
노자 | 소준섭 옮김 | 276쪽

26 **진보와 빈곤**
헨리 조지 | 이종인 옮김 | 640쪽

27 **걸리버 여행기**
조너선 스위프트 | 이종인 옮김 | 416쪽

28 **소크라테스의 변명·크리톤·파이돈·향연**
플라톤 | 박문재 옮김 | 336쪽

29 **올리버 트위스트**
찰스 디킨스 | 유수아 옮김 | 616쪽

30 **아리스토텔레스 수사학**
아리스토텔레스 | 박문재 옮김 | 332쪽

31 **공리주의**
존 스튜어트 밀 | 이종인 옮김 | 216쪽

32 **이솝 우화 전집**
이솝 | 박문재 옮김 | 440쪽

33 **유토피아**
토머스 모어 | 박문재 옮김 | 296쪽

현대지성 클래식 살펴보기